Santa Teresa de Jesus

LÚCIA PEDROSA-PÁDUA

Santa Teresa de Jesus

MÍSTICA E HUMANIZAÇÃO

Dados Internacionais de Catalogação na Publicação (CIP)
(Câmara Brasileira do Livro, SP, Brasil)

Pedrosa-Pádua, Lúcia
   Santa Teresa de Jesus : mística e humanização / Lúcia Pedrosa-Pádua.
– São Paulo : Paulinas, 2015.

   Bibliografia
   ISBN 978-85-356-3925-4

   1. Misticismo - Ordens religiosas 2. Santos cristãos - Biografia
3. Teresa, d`Ávila, Santa, 1515-1582 4. Vida espiritual - Igreja Católica
I. Título.

15-03301   CDD-231.7

Índice para catálogo sistemático:
   1. Vida humana : Deus : Teologia cristã   231.7

1ª edição – 2015
2ª reimpressão – 2023

Direção-geral: *Bernadete Boff*
Editora responsável: *Vera Ivanise Bombonatto*
Copidesque: *Cirano Dias Pelin*
Coordenação de revisão: *Marina Mendonça*
Revisão: *Sandra Sinzato*
Gerente de produção: *Felício Calegaro Neto*
Projeto gráfico: *Jéssica Diniz Souza*

Nenhuma parte desta obra pode ser reproduzida ou transmitida por qualquer forma e/ou quaisquer meios (eletrônico ou mecânico, incluindo fotocópia e gravação) ou arquivada em qualquer sistema ou banco de dados sem permissão escrita da Editora. Direitos reservados.

Cadastre-se e receba nossas informações
www.paulinas.com.br
Telemarketing e SAC: 0800-7010081

Paulinas
Rua Dona Inácia Uchoa, 62
04110-020 – São Paulo – SP (Brasil)
✆ (11) 2125-3500
✉ editora@paulinas.com.br
© Pia Sociedade Filhas de São Paulo – São Paulo, 2015

Dedico este livro aos meus pais, Leopoldo e Rosa Maria, por seu apoio e amizade incondicionais. Como Santa Teresa, eles são amigos do amor e da liberdade, da humildade e da verdade, da beleza e da poesia.

Abreviaturas gerais

ABC Archivum Bibliographicum Carmelitanum
BMC Coleção Biblioteca Mística Carmelitana
DH *Enchiridion Symbolorum, Definitionum et Declarationum de rebus fidei et morum.* Ed. H. DENZINGER e P. HÜNERMANN (São Paulo: Paulinas/Loyola, 2007)
DV Constituição dogmática *Dei Verbum* – Concílio Vaticano II
EDE Editorial de Espiritualidad
GS Constituição pastoral *Gaudium et Spes* – Concílio Vaticano II
LG Constituição dogmática *Lumen Gentium* – Concílio Vaticano II
T.A. Tradução da autora
TEB Tradução Ecumênica da Bíblia

Abreviaturas das obras de Santa Teresa

Utilizamos as seguintes abreviaturas para as citações das obras teresianas:

C	*Caminho de Perfeição* (segundo o códice de Valladolid)
CE	*Caminho de Perfeição* (segundo o códice de El Escorial)
M	*Castelo Interior ou Moradas*
V	*Livro da Vida*
Excl	*Exclamações da Alma a Deus*
CAD	*Conceitos do Amor de Deus*
R	*Relações*
P	*Poesias*
Cta.	*Cartas*
F	*Fundações*

Em C, CE, M, V, Excl., CAD, R e F, o primeiro algarismo após a abreviatura indica o capítulo; o segundo indica a divisão habitual do capítulo. No caso da obra *Castelo Interior*, o algarismo antes da abreviatura indica a morada correspondente.

Para os Prólogos e Epílogos, utilizaremos as abreviaturas Pról e Epíl, respectivamente.

Edições utilizadas

Não havendo outra indicação em pé de página, seguimos em geral a edição brasileira das *Obras completas de Teresa de Jesus*, São Paulo: Ed. Carmelitanas/Loyola, 1995, coord. por Frei Patricio Sciadini, ocd, e realizada a partir do texto estabelecido pelo Frei Tomás Alvarez, ocd. Nas *Cartas*, essa edição segue a Frei Silverio de Santa Teresa, ocd.

Para o livro *Caminho de Perfeição* (códice de El Escorial), sem tradução brasileira, utilizaremos o texto fixado pelo Padre Alberto Barrientos (dir.) na quarta edição das *Obras completas de Santa Teresa de Jesús*, Madrid: EDE-Editorial de Espiritualidad, 1984.

"Renova-te.
Renasce em ti mesma.
Multiplica os teus olhos, para verem mais.
Multiplica os teus braços para semearem tudo.
Sê sempre a mesma.
Sempre outra.
Mas sempre alto.
Sempre longe.
E dentro de tudo.
Perguntarão pela tua alma.
A alma que é ternura,
Bondade,
Tristeza,
Amor.
Mas tu mostrarás a curva do teu voo
Livre, por entre os mundos..."

CECÍLIA MEIRELES, *CÂNTICOS*

"Vendo seus altos voos, nós nos atrevemos a voar também.
Como os filhotes das aves...
É de grandíssimo proveito, sei por mim."

SANTA TERESA, REFERINDO-SE AOS MESTRES DA VIDA NO ESPÍRITO

3 *MORADAS* 2, 12

Apresentação

A preocupação com a revisão da imagem de Deus está presente, hoje, tanto na reflexão teológica quanto na espiritualidade cristã e na pastoral. É um dos resultados da profunda mudança cultural que estamos experimentando e que repercute, diretamente, na vida e na reflexão da Igreja. Quem é, mesmo, o Deus pregado pela Igreja? Qual é a identidade, se podemos falar assim, desse Deus?

A constituição pastoral *Gaudium et Spes*, n. 19, do Concílio Vaticano II, nos lembra a nossa responsabilidade de crentes no aparecimento do ateísmo. As palavras do Concílio continuam plenamente atuais. É verdade que a Igreja expressou sempre sua fé no Deus cristão: um Deus relacional, Trindade, amor. Entretanto, essa visão bíblica de Deus, e nem sempre articulada com ela, foi apresentada a imagem de Deus, junto com a visão do mundo e do ser humano, tomada do pensamento grego, especialmente neoplatônico, estoico e aristotélico. Tal utilização do pensamento filosófico clássico por parte da reflexão teológica foi uma mediação que a Igreja foi desenvolvendo para dialogar criticamente com a cultura grega predominante. A Igreja assumiu também elementos de outras religiões, especialmente do Judaísmo. O objetivo era comunicar a realidade do Deus cristão. Hoje, chamamos a esse esforço da Igreja de *inculturação*. Os resultados foram positivos. Basta lembrar as grandiosas construções teológicas elaboradas pela patrística e pela grande escolástica medieval, motivos de nossa admiração e respeito. A Igreja foi se tornando grega com os gregos, como queria o Apóstolo Paulo (cf. 1Cor 9,18-23). Só assim se tornaria possível a evangelização da cultura grega.

Na época medieval, encontramos o mesmo dinamismo inculturador, expressado mediante a utilização crítica do aristotelismo (Santo Tomás...). Lembremos que a fé cristã se expressa sempre numa determinada cultura, mas não se identifica com ela, antes, ela transcende toda inculturação. Esta transcendência possibilita a evangelização das diversas culturas.

Então, o que aconteceu quando, na Modernidade, se deu uma profunda mudança na visão do mundo e do ser humano? Simplesmente que, com o passar dos séculos, houve uma quase identificação entre a visão bíblico-cristã de Deus e as mediações filosóficas e religiosas utilizadas para uma comunicação significativa dessa fé. É fácil perceber, nessa quase identificação, uma das causas que levaram, na Igreja, à profunda crise que ainda hoje experimentamos. Com efeito, a fé no Deus Criador-salvador acabou sendo rejeitada por muitos porque a mediação cultural utilizada pela Igreja tinha sido criticada e abandonada pela cultura moderna, especialmente no domínio científico. Deixada de lado a cosmovisão antiga e medieval, a fé em Deus expressada nessa cultura foi igualmente abandonada. A confusão entre a fé em Deus e sua expressão cultural, a falta de uma autêntica hermenêutica, tudo isso levou, em grande parte, à crise que chega até os nossos dias. Destarte, aquelas mediações que, em outros tempos, ajudaram na comunicação da fé cristã em Deus, acabaram, na Modernidade, tornando-se um obstáculo para essa comunicação.

É bem conhecido o fato de que o ateísmo moderno tem insistido na interpretação negativa da fé em Deus. Esta não passaria de ilusão e engano, de alienação, de fuga da dureza da realidade da vida, de uma projeção das carências e desejos humanos, de uma resignação passiva diante da negatividade da vida e da história humana etc., etc. No ateísmo reaparece, uma e outra vez, a contradição entre um Deus onipotente, absoluto, senhor e controlador universal, e a experiência do homem/mulher moderno que se autopercebe possuindo independência e autonomia interior. Esse Deus, assim caracterizado, eliminaria qualquer possibilidade de tal independência e autonomia do sujeito humano. Mas como são consideradas reais, elas estariam a nos dizer que esse Deus não pode existir. Assim, simplificando muito, raciocina o ateu.

Podemos dizer que se trata de uma caricatura do Deus cristão, e é verdade, mas não podemos negar que certo tipo de teologia e de espiritualidade tem dado margem para essa interpretação.

Assim, na revisão em andamento da imagem de Deus, a reflexão teológica procura distinguir a fé no Deus bíblico das expressões culturais e religiosas utilizadas no passado para o anúncio dessa fé, tentando, ao mesmo tempo, a mediação da cultura moderna, assumida criticamente, para comunicar o conteúdo dessa fé nos ambientes influenciados pela visão moderna (e pós-moderna) do ser humano e do mundo. E, de maneira mais direta, tenciona-se mostrar que a aceitação do Deus cristão leva consigo, inseparavelmente, uma profunda humanização do ser humano.

Neste horizonte teológico, situa-se a obra da Professora Doutora Lúcia Pedrosa. Ela estuda o itinerário espiritual e teológico de Santa Teresa de Ávila, ressaltando a dimensão humanizadora da experiência de Deus, do Deus cristão.

A Professora Lúcia Pedrosa sabe situar, cuidadosamente, Santa Teresa no contexto da sua época (a Espanha do século XVI), mostrando a diversidade de correntes que influenciaram sua vida e obra, mas com não menor cuidado e sensibilidade sabe ler os textos teresianos sem deixar de lado nossas preocupações eclesiais atuais. Pode, assim, estabelecer um diálogo fecundo entre a Teresa do século XVI e o momento atual.

Esta obra pode nos ajudar, e muito, a perceber como uma genuína experiência do Deus cristão, tal como vivida pela santa de Ávila, constitui a melhor resposta à objeção daqueles(as) que consideram a fé em Deus um obstáculo para o desenvolvimento da liberdade e da autonomia do ser humano.

É verdade, e isto é ressaltado decididamente no estudo da Professora Lúcia Pedrosa, que em Teresa o fundamental é sempre a total gratuidade do amor de Deus, atuando na pessoa humana. Entretanto, no coração mesmo dessa experiência encontra-se a realização mais profunda do ser humano. Com a experiência teresiana de Deus, acontece algo similar ao que aparece ao longo de toda a revelação bíblica: o teocentrismo é inseparável do antropocentrismo. Entre ambos se dá uma relação de inclusão. Ou seja, conforme a pessoa aprofunda a união com o Deus salvador-criador, vai-se desenvolvendo o processo de humanização e torna-se maior o compromisso pela justiça e pelo amor efetivo, no cotidiano da vida.

Mediante minuciosa pesquisa, a Professora Lúcia Pedrosa nos mostra como Santa Teresa experimenta a autocomunicação da Trindade, como vive e reflete a experiência trinitária de Deus e como estabelece relações específicas com cada uma das pessoas da Trindade. E isso respeitando sempre a transcendência e o mistério de Deus.

Desse estudo emerge, redescoberta, a originalidade do Deus cristão, um Deus, no dizer de Santa Teresa, humilde e que se torna escravo, por amor, um Deus relacional, um Deus amor, compassivo, que se faz indefeso, assumindo a fragilidade humana. Um Deus solidário com o sofrimento humano, muito diferente do Deus apático. Não um Deus fechado na sua onipotência, onisciência, impassibilidade, um Deus visto apenas como natureza divina, o Deus apresentado pelo pensamento filosófico grego. Não um Deus distante, impassível, mas que, por amor, quer ficar tão perto de nós, tão próximo, que se faz nosso irmão, em Jesus Cristo. Sim, grande paradoxo, nos diz a santa de Ávila, a maior grandeza de Deus está em que ele, por amor, se abaixar...

Constatamos, admirados, que o caminho percorrido por Santa Teresa, no aprofundamento da experiência de Deus, poderia ter servido de iluminação para enfrentar, de maneira fecunda, o desafio que a nova visão do mundo e do ser humano, na Modernidade, significava para a aceitação de Deus. Infelizmente, a perspectiva dualista e racionalista da teologia predominante no século XVI e nos séculos imediatamente posteriores não soube integrar a rica contribuição teresiana para um diálogo crítico com a Modernidade.

Sim, o Deus visto unilateralmente como onipotente é superado pelo Deus relacional, Deus amor, que, sendo realmente todo-poderoso, se faz, livremente e por amor, pequeno e indefeso. Esta visão do Deus relacional, do Deus-Trindade, é revalorizada decididamente na teologia contemporânea, sobretudo, na teologia que procura desenvolver um diálogo crítico com a ciência atual, especialmente na perspectiva evolucionista. Trata-se de um Deus que com infinita delicadeza atua incessantemente no mais interior do ser humano e do cosmos, incentivando, impulsionando e potencializando para que as criaturas "se façam" a si mesmas, e de modo todo especial a pessoa humana.

E como vive e reflete Santa Teresa a dimensão humanizadora da experiência do Deus cristão?

A Professora Lúcia Pedrosa estuda diretamente essa dimensão na última parte da obra, se bem que se trate de algo presente em todo o trabalho.

Do itinerário espiritual vivido e tematizado por Santa Teresa vai sendo indicado um rico e profundo caminho de humanização, que pode ser resumido, conforme a teologia bíblica da criação e utilizando uma linguagem atual, na vivência da relação com o Deus da Vida e do Amor, nas relações com os outros seres humanos, pautadas pelo reconhecimento do outro como outro e pelo diálogo, na relação agradecida e responsável com o mundo criado pelo amor de Deus e na relação autêntica, sem máscaras nem fingimentos, com o próprio ser interior. Ora, a Professora Lúcia Pedrosa ressalta no seu estudo como Santa Teresa vai desenvolvendo um processo de harmonização das dimensões da pessoa humana, incluindo cada uma das relações fundamentais.

Certamente, Teresa é tributária da linguagem dualista predominante no tempo dela, especialmente quando se trata das relações entre corpo e alma. Mas, na medida em que a vivência da união com o Deus cristão e o encontro com o Cristo vivo se aprofundam, a santa vai concretizando a integração das dimensões constitutivas da pessoa humana.

É a partir da Encarnação e da experiência do Deus "quenótico", diríamos em linguagem teológica atual, que se realiza em Teresa a progressiva harmonização das dimensões da pessoa humana, que ela vai desenvolvendo um processo de integração entre corpo e alma, ou, como ela ressalta, entre corpo, alma e espírito. A superação do dualismo percebe-se de muitas formas, começando pela reconciliação com o corpo, tão desprezado na época. Manifesta-se, igualmente, na corajosa defesa da mulher precisamente na sua corporeidade, num tempo em que era fortemente discriminada e vítima de numerosos preconceitos.

O corpo é visto como corpo de esperança, expressão de amor. Os sentidos são também muito valorizados, considerados que são veículos de explicações de realidades profundas. Sem esquecer da abertura admirada da santa ao mundo da natureza, expressada nas belas imagens utilizadas para ilustrar aspectos importantes do itinerário espiritual.

Nesta superação do dualismo resulta especialmente ilustrativo o estudo que a Professora Lúcia Pedrosa faz sobre o aprofundamento de Teresa no encontro com Cristo, em cada uma das *Moradas*. Em cada uma delas, para a santa, está sempre presente a Humanidade de Cristo, contrariando, assim, a opinião de não poucos "espirituais" seus contemporâneos, que afirmavam ser necessário abandonar toda imagem corpórea, inclusive a Humanidade de Cristo, para se chegar aos graus mais elevados da mística. Ela não prioriza o divino em Jesus Cristo em detrimento do humano, como tem acontecido nas tendências monofisistas. O Cristo é o único Salvador e Mediador, porque é realmente humano e divino, podendo, assim, ser a ponte, a medição entre Deus e os seres humanos.

A superação do dualismo aparece, igualmente, na íntima correlação que Santa Teresa estabelece entre a oração e a vida cotidiana. Supera, na prática, toda dicotomia que acaba esterilizando ambas as dimensões da vida cristã. Na relação pessoal com o Deus cristão, nada há de alienação, pois existe uma vinculação inseparável entre mística e práxis cristã. De fato, ninguém como Teresa viveu a íntima relação entre intensa vida espiritual e os compromissos do viver diário, em especial o serviço em prol da reforma do Carmelo e da Igreja.

Da mesma maneira, embora faça parte do movimento dos "espirituais", com sua acentuada valorização da oração, ela sabe vincular a vida de intensa oração com uma rica reflexão teológica, superando, assim, a dicotomia entre o espiritual e o teológico. É a partir da experiência de Deus que Santa Teresa se abre fecundamente à reflexão teológica. A experiência espiritual é tematizada teologicamente por ela. Segue, assim, um caminho indutivo e não mais dedutivo, como era comum naquela época. Fica evidente que esse caminho da santa supõe a valorização, outro aspecto da superação do dualismo, da dimensão subjetiva da pessoa humana, descuidada pela teologia escolástica. Certamente, não uma subjetividade fechada, não um "eu" autárquico, mas aberto à presença amorosa e iluminadora de Deus, ao convívio dialógico com os outros seres humanos e ao agradecimento pelo dom do mundo criado pelo amor de Deus.

Tal vinculação entre a mística e a reflexão teológica é particularmente relevante hoje. Com efeito, na atualidade, vai ficando cada vez mais clara a necessidade da mística para enriquecer a teologia dogmática ou sistemática, tentada ainda hoje por um racionalismo bastante árido e estéril. De fato, a experiência testemunhada pelos místicos, assumida no método teológico, contribui decididamente para a compreensão da palavra viva de Deus, defende a Professora Lúcia Pedrosa.

Outros dois aspectos da superação do dualismo podem ser constatados, primeiramente, na dimensão de jogo e de prazer que Teresa percebe na atuação de Deus na pessoa humana. O assombro provocado pela presença de Deus transformado em júbilo! Em segundo lugar, quando trata da resposta da pessoa humana à autocomunicação de Deus, fica muito claro que ela implica a aceitação da finitude da criatura, não uma finitude frustrante, mas trata-se da vivência de uma transcendência que recria a pessoa inteira, fundamento da genuína liberdade e da realização do ser humano. Como é distante o Deus experimentado por Teresa da imagem de um Deus que suscita medo no ser humano, medo da destruição da liberdade e da criatividade.

Em Teresa, encontramos uma grande fidelidade à Palavra de Deus e à grande tradição eclesial com a procura de caminhos novos. Como na Patrística, ela soube articular muito bem o discernimento com a coragem. Algo muito necessário para a Igreja atual, atravessada por forte crise e tentada pelo imobilismo e pela regressão, consequência do medo diante dos grandes desafios da cultura moderna/pós-moderna.

A Professora Lúcia Pedrosa revela-se grande admiradora e fiel discípula da santa de Ávila. Consegue, com maestria, colocar o foco do seu trabalho na experiência de Deus vivida por Santa Teresa. Seus comentários pessoais, pertinentes, mas breves e concisos, permitem que o itinerário espiritual de Teresa de Ávila apareça sempre no primeiro plano.

Esta é uma obra com um conteúdo denso, resultado de uma laboriosa e atenta pesquisa, mas a leitura não resulta pesada ou enfadonha. O assunto é tratado de maneira ágil, resultando numa leitura agradável.

A Professora Lúcia Pedrosa e Paulinas Editora estão de parabéns pela publicação desta obra. Ela, certamente, vai contribuir para o aprofundamento da reflexão atual sobre a imagem do Deus cristão. Um Deus que humaniza em profundidade o ser humano, no extremo oposto da visão do Deus que o esmaga com a sua grandeza, que o priva de criatividade e de autonomia. Um Deus que liberta para a liberdade, a criatividade e o amor. E, igualmente, em conexão com a experiência desse Deus, a obra pode ajudar a superar a dicotomia entre o espiritual e o teológico, entre o afetivo e o racional, entre a oração e o compromisso concreto pela justiça e pelo amor efetivo, entre a dimensão subjetiva e a objetiva da experiência cristã. Sem dúvida, toda uma estimulante contribuição para a reflexão teológica atual, para a espiritualidade e para o serviço evangelizador.

Alfonso García Rubio
Professor Emérito da PUC-Rio

Prólogo

Santa Teresa de Jesus (1515-1582) ainda hoje cativa nossos contemporâneos, alimenta a espiritualidade e provoca a teologia. A santa de Ávila convida à leitura de suas obras e ao conhecimento de seu testemunho de mulher forte e corajosa, amiga da amizade e do amor, da liberdade e da pobreza, da humildade e da verdade, do bom humor e da alegria, da beleza e da poesia. Teresa foi uma estrela luminosa que a mística cristã concedeu à humanidade.

Nas páginas deste livro percorro alguns itinerários da experiência teresiana de Deus e mostro como eles abrem caminhos de humanização. Busco apresentar uma mulher plenamente humana e, ao mesmo tempo, toda de Deus. Estou convencida de que Santa Teresa oferece uma espiritualidade integrada e integradora, tão necessária em nossas comunidades, sedentas do encontro com Deus e necessitadas de testemunhos que as animem em sua vida cristã.

O livro está articulado em quatro partes. Na primeira, apresento o contexto histórico-teológico da grande mística de Ávila, para compreendê-la melhor. Na segunda, destaco os núcleos teológicos da sua experiência de Deus para, na terceira parte, tecer os itinerários de Teresa em direção a este Deus vivo, comunhão e amor. Na quarta e última parte, apresento os caminhos de humanização abertos pela integração entre corpo e alma e pela fina qualidade da resposta que Santa Teresa dá a Deus e, nele, à Igreja e à humanidade.

Desejo ao leitor que esses itinerários o ajudem no conhecimento da grande Teresa. Especialmente, desejo que eles despertem o amor a Deus e à vida, bem como a coragem, tal como fez a santa andarilha em seu tempo, de concretizar hoje o seguimento de Jesus em nossos espaços vitais.

Esta obra tem sua gênese em minha tese doutoral em Teologia, orientada pelo Professor Doutor Padre Alfonso García Rubio. Gentilmente, ele aceitou fazer a apresentação do livro. A passagem da tese a livro exigiu adaptação da linguagem, supressão de capítulos, corte substancial de indicações metodológicas e de notas bibliográficas e explicativas e a utilização das edições brasileiras de Santa Teresa. Agradeço às pessoas que me incentivaram a fazer este trabalho ver a luz e me apoiaram nesta empreitada. Faço menção especial ao Padre Tomás Álvarez, teresianista admirável, bem como ao mestre e amigo Padre J. A. Ruiz de Gopegui, sj, ambos integrantes da minha banca de defesa de tese. Abstenho-me de nomear mais pessoas para não ser injusta, mas manifesto minha sincera gratidão a tantos que me apoiaram: na Instituição Teresiana, no Ataendi – Centro de Espiritualidade da Instituição Teresiana, na PUC-Rio, nos círculos de amizade e na minha família.

Tenho me dedicado ao estudo e divulgação da espiritualidade teresiana há mais de vinte anos, em grupos diversos – no Brasil e em outros países – e no mundo universitário. Acredito que o diálogo entre a mística e a teologia já está dando bons frutos. Mas, especialmente, posso testemunhar o bem que Teresa, distante no tempo quinhentos anos e tão próxima de nós no desejo de viver em Deus, pode irradiar.

Coloco todo o empenho nas mãos de Deus e de Maria.

Lúcia Pedrosa-Pádua

Introdução geral

Teresa de Jesus, Teresa de Ávila, Doutora da Igreja Universal[1] ou, simplesmente, *Teresa*. Este livro é sobre ela, seu contexto, seus itinerários experienciais, sua teologia, sua humanidade.

Teresa, uma mulher "eminentemente humana e toda de Deus".[2] Testemunha do mistério divino que a habita e abarca e, ao mesmo tempo, desbravadora de processos de humanização relacional, comunitária e ética. Atesta que a experiência de Deus é experiência de totalidade, vivida em situações e contextos diferentes, segundo testemunha a rica tradição cristã.[3]

O século XVI espanhol reuniu uma série de fatores que permitiu que aflorasse e se desenvolvesse uma poderosa espiritualidade que explora o *espaço interior* como porta de entrada da experiência de Deus, que se comunica com os demais espaços vitais, como o ético, o estético e o inter-relacional. Tal espiritualidade percebeu a interioridade humana como habitada e dinamizada por Deus, capaz de se dilatar, desejar, gemer, exaltar-se e se transformar, mas também de se frustrar e destruir. No espaço interior brotam as qualidades positivas da pessoa e a riqueza da descoberta do silêncio fecundo que a habita e se comunica.[4] Por isso

---

[1] Santa Teresa de Jesus foi declarada Doutora da Igreja Universal pelo Papa Paulo VI, em 27 de setembro de 1970. Cf. PAULUS VI. Litterae Apostolicae "Multiformis Sapientia Dei", 27 Sept. 1970. In: *Acta Apostolicae Sedis* 63 (1970) 185-192.

[2] Expressão de Pedro Poveda, sacerdote espanhol e fundador da Instituição Teresiana, in: POVEDA, Pedro. *Amigos fortes de Deus*. Introdução, comentários e seleção de D. Gómez MOLLEDA. Rio de Janeiro: Intercultural, 2000. p. 109.

[3] Sobre a dimensão mística da existência humana, SCHILLEBEECKX, Edward. *Los hombres relato de Dios*. Salamanca: Ediciones Sígueme, 1995. p. 115-158.

[4] Remeto ao meu estudo sobre a integração dos espaços interior, ético, estético e relacional na experiência de Deus: "Espaços de Deus: pistas teológicas para a busca e o encontro de Deus na

seus maiores protagonistas – entre eles Santa Teresa – têm uma palavra que permanece até os tempos atuais.

Protagonista de uma experiência profunda e totalizadora que fez dela uma existência configurada por Deus, Teresa deixou testemunhada em sua obra sua doutrina, sua experiência, enfim, sua própria vida. Por sua obra podemos conhecer algo do mistério de Deus em relação à pessoa humana, pois nela nossa autora se ofereceu como testemunha do Mistério, abrindo, assim, caminhos ao mesmo tempo para o conhecimento teológico e para uma experiência espiritual de amor comprometida com a ética e com o amor concreto.

Vemos hoje um ressurgimento de tendências místicas no pensamento e na arte, a volta à religião e ao mito. O novo mapa religioso do nosso contexto brasileiro revela cada vez maior pluralidade de experiências religiosas e movimentos espirituais, da religiosidade dos "sem-religião" aos pentecostalismos católico e protestante, que oferecem uma mediação com o sagrado.[5] O desejo de Deus está muito vivo.

O ressurgimento da mística, em sentido amplo, pode revelar uma reação contra o racionalismo moderno do Ocidente, cartesiano-dualista, de separação entre mundo interior e mundo exterior, construído sobre a interioridade fechada e defensiva, sem dialética entre o lado de dentro e o lado de fora. Pode ser visto também como uma reação contra a experiência de impotência na esfera sociopolítica depois que, nos anos 1960, acreditou-se ser possível reestruturar toda a sociedade. No contexto pluricultural e plurirreligioso da América Latina, a Teologia Latino-americana, cuja influência foi decisiva para o desenvolvimento do campo sociopolítico, busca responder aos novos desafios pastorais e alimentar a esperança de um novo mundo. O tema da espiritualidade, já presente na gênese da Teologia da Libertação,[6] ressurge com força.

---

sociedade plural". In: OLIVEIRA, P. A. R. de; DE MORI, G. (orgs.). *Deus na sociedade plural; fé, símbolos, narrativas.* Belo Horizonte/São Paulo: SOTER/Paulinas, 2013. p. 21-46.

[5] Além da bibliografia citada ao final, remetemos aos dados do Censo de 2010 do IBGE disponíveis em: <http://censo2010.ibge.gov.br/noticias=-censo?view=noticia&id1=&idnoticia2170=&t-censo-2010-numero-catolicos-cai-aumenta-evangelicos-espiritas-sem-religiao>. Acesso em: 26 set. 2014.

[6] Cf. o debate de Gustavo GUTIÉRREZ sobre sua tese, segundo a qual o mistério de Deus, que se revela na oração e na práxis da solidariedade com os pobres, é o momento primeiro da teolo-

Urge, hoje, reencontrar as fontes de uma relação com Deus que ative as potencialidades humanas e não, ao contrário, entorpeça a resistência contra os abusos sociais, a pobreza, a desigualdade, o desrespeito pelas diferenças culturais e a injustiça. No entanto, não podemos nos esquecer de que a experiência de Deus é a experiência da gratuidade, liberdade não manipulável que não se presta a ser prevalentemente algo "útil". Ela é espaço de reverência e humildade, de encantamento do mundo, de encontro com as fontes da vida de si mesmo e com o outro em sua dignidade imperativa.

Tal contexto leva a teologia a voltar seu olhar para a questão mística, e a buscar novas maneiras de apresentar o significado da fé e de falar sobre Deus.

A experiência de Teresa de Jesus é uma real contribuição da mística cristã para a teologia dogmática, em sua busca de caminhos para falar sobre Deus. Teresa não viveu pelos dogmas, mas por uma fé viva. "Os místicos são pessoas de fé que despertaram um dia de um sonho dogmático e que tratam de ouvir a voz divina que, estão convencidos, sempre fala."[7]

O interesse pela mística hoje mostra, especialmente, o desejo dos que creem, e também dos que não creem, mas que ainda buscam a Deus, de redescobrir e expressar, em primeira pessoa, as verdades apresentadas pelo discurso religioso, mas cujo sentido está mais ou menos perdido. A mística lembra à teologia dogmática esta necessidade de elaborar uma palavra sobre Deus que seja relevante para a fé dos cristãos, ou seja, para o ato de acolher pessoal e comunitariamente a Palavra revelada. Se Deus puder ser experimentado como alguém que ama e chama a pessoa a uma relação amorosa e solidária, ele poderá ser dito de maneira sempre renovada. A mística traz uma percepção da realidade divina e de sua relação com a pessoa humana de que a dogmática nem sempre se lembrou.[8] Alguém já

---

gia em *A verdade vos libertará* (São Paulo: Loyola, 2000) e o seu já clássico *Beber en su próprio pozo. En el itinerario espiritual de un pueblo* (Lima: CEP, 1983).

[7] VERGOTE, Antonio. Una mirada psicológica sobre la mística de Teresa de Avila. In: EGIDO MARTINEZ, Teófanes; GARCIA DE LA CONCHA, Víctor; GONZÁLEZ DE CARDEDAL, Olegario. *Actas del Congreso Internacional Teresiano.* Salamanca: Universidad de Salamanca, 1983. v. II, p. 663.

[8] Cf. GONZÁLEZ DE CARDEDAL, O. *La entraña del Cristianismo.* Salamanca: Secretariado Trinitario, 1997. p. 72.

disse que ela é como o canto de certos pássaros, que só podemos escutar à noite, em silêncio. Escutamos os místicos nos momentos de crise, de quebra de paradigmas, de transição nebulosa...

Teresa viveu uma experiência plenificadora de autoconhecimento, de vida e salvação. Essa experiência foi realizada em saborosa relação com as Pessoas divinas – Trindade –, em imersão reverente no mistério que lhe foi sendo revelado progressivamente. Essa experiência foi direcionada totalmente *para* o serviço, para a missão de Jesus no mundo. Neste livro buscaremos o sentido, o conteúdo e a força vital dessa experiência de Deus.

Mística e Teologia

Segundo o Concílio Vaticano II, a experiência mística não se fecha num registro individual, mas é uma contribuição na elaboração e transmissão da teologia, pois é experiência autêntica do Espírito.[9]

A constituição dogmática *Lumen Gentium* concede uma base teológica e eclesial aos diversos carismas da Igreja, dentre eles a contemplação e experiência dos mistérios da fé.[10] Pelo dom do Espírito, tal contemplação e experiência são uma forma de participação na função profética de Cristo, através de um testemunho vivo. Como carisma eclesial, a penetração nos mistérios da fé está a serviço da renovação e da edificação da Igreja.

O texto da *Dei Verbum* também ressalta o valor da contemplação e da experiência espiritual na transmissão e no enriquecimento da grande Tradição da Igreja:

> [...] cresce, com efeito, a compreensão tanto das coisas como das palavras transmitidas, seja pela contemplação e estudo dos que creem, os quais as meditam em seu coração (cf. Lc 2,19 e 51), seja pela íntima compreensão que experimentam das coisas espirituais, [...].[11]

---

9 Para o tema da relação entre mística e teologia, remeto a meu artigo "Teresa de Ávila: testemunha do mistério de Deus", *Perspectiva Teológica* 96 (2003) 155-186. Também: CASTELLANO, Jesús. Presencia de Santa Teresa en la espiritualidad actual. *Teresianum* 33 (1982) 181-232.

10 Cf. LG 12.

11 DV 8.

De dentro do conceito mesmo de revelação, contido na *Dei Verbum*, brota o reconhecimento implícito do valor do testemunho dos místicos na transmissão e aprofundamento da compreensão da fé – sempre que estejam de acordo com as Escrituras e com a grande Tradição eclesial.[12] No testemunho dos místicos, trata-se da revelação de Deus mesmo e de sua comunicação, através de palavras e gestos salvíficos, acolhida mediante a ação do Espírito, que com seus dons aperfeiçoa a inteligência, abrindo os "olhos da mente". Os místicos atestam, com sua experiência, esta comunhão de Deus com a pessoa, por Cristo, no Espírito.

Resumindo, o Vaticano II reconhece, na mística, um carisma eclesial. A mística é uma forma de participação na função profética de Cristo, um serviço à renovação e à edificação da Igreja, e um enriquecimento na compreensão e transmissão da Revelação. Trata-se de um serviço à teologia e à Igreja e um testemunho vivo de Cristo ao mundo.

Ficamos aqui com a expressão de Rahner: "[...] quem ensina mística, ocupa-se de teologia, fala a partir da revelação, comunica interiormente algo à Igreja para edificação dos que creem em Cristo".[13] A mística cristã é teologia. É um discurso sobre Deus, tendo por ponto de partida a experiência pessoal do mistério. Este é o acontecimento primeiro, que estimula a reflexão e a narração – sem a experiência não há mística. Assim, do ponto de vista metodológico, a teologia mística é indutiva e dedutiva. Santa Teresa ressalta igualmente que a experiência espiritual dos leitores e uma atitude aberta às possibilidades da ação de Deus no interior humano facilitam a compreensão de seus escritos. A experiência gera, na pessoa que lê a doutrina mística, uma compreensão prévia. Nas palavras de Teresa, "quando não há experiência é assunto difícil de entender".[14]

Tudo isso leva à afirmação de que não é apenas possível, mas é necessário que a teologia dogmática considere o testemunho dos místicos em seu proceder. Mística e teologia se exigem e se criticam mutuamente. A separação gera grave distorção no discernimento da experiência

---

[12] Cf. DV 2.5.
[13] RAHNER, K. La experiencia personal de Dios más apremiante que nunca. *Revista de Espiritualidad* 29 (1970) 310-312 – aqui, p. 311 (tradução da autora).
[14] 1 M 1, 9.

mística, por um lado, e na intencionalidade da teologia, por outro. Schillebeeckx observou que, pela mística, a dogmática "entra em contato íntimo com seu objeto, que é o Sujeito em sua relação conosco". Por outro lado, pela dogmática crítica, a mística "não se funde num Cristianismo apócrifo ou em um fanatismo irracional". Por essa relação, a mística torna-se instância crítica eclesial. Ela torna a Igreja consciente de que as próprias estruturas institucionais não são o seu sentido final; tampouco o são suas (necessárias) teologias. O sentido final da Igreja está na "intencionalidade que faz com que a Igreja transcenda suas estruturas e que anima sua teologia: a comunhão com Deus em Jesus Cristo e, nela, com todos os homens".[15]

Nesta tentativa de unir mística e teologia chegamos ao que a própria Teresa de Jesus sempre considerou desejável: que os "espirituais" fossem também "letrados",[16] isto é, teólogos, e que os "letrados" fossem "espirituais", isto é, conduzidos por uma profunda e coerente experiência pessoal de Deus.[17] Em sua vida, realizou um diálogo permanente entre sua experiência e o parecer dos teólogos, que, para ela, têm o carisma de ser "luz para a Igreja".[18] Ela mesma, Teresa, sintetizou em sua pessoa essas duas características.

Por tudo isso, temos, neste livro, uma tríplice intencionalidade. A primeira, colaborar com os estudos teresianos. A segunda, contribuir para uma teologia dogmática que incorpore em seu método o testemunho dos místicos no progresso da compreensão da Revelação, ao modo da proposta do Concílio Vaticano II. Finalmente, cooperar com a reflexão e práxis de uma espiritualidade integradora do humano, geradora de vida, justiça e felicidade.

---

[15] SCHILLEBEECKX, E. Profetas de la presencia viva de Dios. *Revista de Espiritualidad* 29 (1970) 319-321 (tradução da autora).
[16] Cf. 6 M 9, 11.
[17] Cf. 6 M 8, 9.
[18] 5 M 1, 7.

Parte 1

Contexto histórico-teológico de Teresa de Jesus

Introdução

A experiência e a doutrina teresiana só podem ser plenamente compreendidas dentro de um contexto que nos ajude a interpretá-las e de um sistema de ideias historicamente situado. É a partir dessas coordenadas que Teresa dará sua contribuição e suas respostas, mesmo que, em vários momentos, a força da sua experiência mística pessoal tenha trazido o alargamento e mesmo o rompimento profético dos limites de tais coordenadas, contribuindo com a gênese de novas referências de interpretação e ação para os que vieram depois. Ignorar o contexto e tratar a experiência teresiana como atemporal, psicologista e abstrata corresponderia a despersonalizá-la.

Quais seriam os marcos de interpretação da experiência teresiana do mistério de Deus? Esta é a pergunta que nos interessa agora. Os próximos capítulos nos ajudarão a compreender o horizonte religioso da Espanha do século XVI, tanto do ponto de vista da experiência de Deus quanto do ponto de vista da doutrina teológica.

Assim procedendo, aceitamos que a história da teologia é ao mesmo tempo humana e divina. Humana porque depende das questões colocadas no tempo e ambiente, e dos recursos da razão nesta mesma época. E divina porque não há teologia, em sua tarefa de ilustrar o significado vital da fé e sistematizá-la, sem uma graça de luz e de fidelidade. Nesse sentido temos de nos fazer perguntas a cada tempo histórico. Qual horizonte de racionalidade humana? Diante de quais necessidades? Com que recursos? Em que meio cultural? Que respostas do Espírito Santo? Que frutos? Qual a grandeza e quais os limites dessas respostas?[1]

---

[1] Cf. CONGAR, Y. *La fe y la teología*. Barcelona: Herder, 1981. p. 274-275.

O horizonte religioso de Santa Teresa se faz no encontro e no entrechoque de várias correntes e elementos teológico-espirituais. Apresentaremos os mais importantes para o nosso tema: a corrente dos espirituais, a corrente dos neoescolásticos e os influxos percebidos no contexto imediato da vida de Teresa.

Capítulo 1

A corrente dos espirituais

Como acontece a um rio, Santa Teresa recebe as águas de uma corrente de espiritualidade e também contribui para a beleza e pureza destas águas, através de seu testemunho, sua doutrina e seu diálogo criativo-crítico. Esta corrente é a dos chamados "espirituais".

1. Um ambiente: desejo de reforma espiritual

A vida de Teresa de Jesus (1515-1582) transcorre fundamentalmente em dois períodos distintos da história sociopolítica e espiritual espanhola. O primeiro, um período de reformas que se estende pelo período imperial de Carlos V (1530-1556). O segundo, o período polêmico e tenso de Felipe II (a partir de 1557 até a morte de Teresa). O primeiro gestará a mulher que terá sua obra e atuação desenvolvidas no segundo período.[1]

Teresa de Ávila interage com os acontecimentos de sua geração[2] – a condição judeo-conversa de sua família e a condição feminina são fatos

---

[1] Cf. ALVAREZ, T. Santa Teresa y los movimientos espirituales de su tiempo. In: *Estudios Teresianos*. Burgos: Monte Carmelo, 1995. v. I., p. 405-446. Id. *Santa Teresa y la Iglesia*. 2. ed. Burgos: Monte Carmelo, 1980. p. 118-132. ANDRES, M. *La Teología Española en el siglo XVI*. Madrid: BAC, 1977. v. II.

[2] Cf. EGIDO, Teófanes. El tratamiento historiográfico de Santa Teresa. *Revista de Espiritualidad* 40 (1981) 171-189. Santa Teresa y las tendéncias de la historiografía actual. *Teresianum* 33 (1982) 159-180. La biografía teresiana y nuevas claves de comprensión histórica. In: ROS

relevantes – e com os acontecimentos de sua sociedade e Igreja, refleti-dos de maneira significativa em seu espaço geográfico, a cidade caste-lhana de Ávila, então com cerca de 7.800 habitantes. Essa interação faz de Teresa uma filha de seu tempo.

O ambiente de reforma espiritual caracterizou a Espanha desde fins do século XV. Mas seu grande impulso veio, em nível oficial, com o Cardeal Francisco de Cisneros – franciscano, confessor da rainha Isa-bel, Cardeal Arcebispo de Toledo desde 1495, Primaz da Espanha e Supremo Inquisidor, regente do Reino a partir de 1516 e fundador da Universidade de Alcalá.

Essa mentalidade de reformas sofreu substancial alteração com o iní-cio do reinado de Felipe II (1557), com o término do Concílio de Trento (1563), que trouxe várias medidas disciplinares e declarações dogmáticas diante dos luteranos e com o antagonismo entre teólogos e espirituais, cristalizado na posição inquisitorial em desfavor dos últimos. Inicia-se outra etapa na teologia e na espiritualidade do século XVI.

Vejamos mais de perto o mundo em que transcorre a reforma de Cisneros.[3] Há grande efervescência espiritual, com a peculiaridade de acontecer em todo o país e envolver intelectuais, ordens religiosas, povo, nobres e reis católicos, para quem o plano de reforma fazia parte de sua política religiosa. Os reis nomeiam bispos de vida considerada exemplar e com dedicação pastoral.

Essa reforma foi, ao mesmo tempo, alimentada pela busca religiosa de Deus e a alimentou. O vetor dessa busca se dá em direção à interiori-dade, a uma espiritualidade em espírito e verdade que ofereça o consolo

---

GARCIA, Salvador (coord.). *La recepción de los místicos;* Teresa de Jesús y Juan de la Cruz. Sa-lamanca/Avila: Ediciones Universidad Pontificia/Centro Internacional Teresiano-Sanjuanista, 1997. p. 45-60. E o clássico EFRÉN DE LA MADRE DE DIOS; STEGGINK, Otger. *Tiempo y vida de Santa Teresa.* Madrid: BAC, 1968 – reeditado com revisão pela BAC Maior, 1996. Em português, cf. meu capítulo "Vida e significado de Santa Teresa de Jesus" in PEDROSA-PÁ-DUA, L.; CAMPOS, M. B. (orgs.). *Santa Teresa.* Mística para o nosso tempo. São Paulo/Rio de Janeiro: Reflexão/PUC-Rio, 2011, p. 19-53.

[3] Para a contextualização do mundo em que transcorrem os acontecimentos teológico-espirituais do século XVI espanhol, vide a bibliografia ao final. Destacamos os seguintes autores: M. BA-TAILLON, Adolpho DE LA M. DE DIOS, Melquiades ANDRES, D. de PABLO MAROTO, A. HUERGA, V. BELTRÁN DE HEREDIA, T. ALVAREZ, J. GARCIA ORO, J. CASTEL-LANO, C. BOVA, U. DOBHAN. Em português, destaco a tese doutoral de M. Carmen C. AVELAR.

da união com Deus e do perdão, a valorização do amor e do dom da sabedoria. Derivados dessa busca de interioridade, encontramos o cultivo da oração mental e o forte impulso às altas esferas da vida mística. Essa tensão em direção à interioridade é característica não apenas espanhola, mas europeia do princípio do século XVI, que se cristalizará também em Lutero e Erasmo. Busca-se a vivência pessoal de Deus.

As ordens religiosas observantes, em especial a franciscana, a beneditina e a dominicana, são o lugar concreto a partir do qual se realiza a reforma, que se centra na estrutura da comunicação religiosa com Deus, principalmente interior, e acentua o valor da pobreza, da austeridade e da crítica aos desvios. A observância nos conventos se generaliza e cresce a prática dos votos. Surgem também grandes movimentos renovadores, como os de Santo Inácio de Loyola († 1556) e São João de Ávila († 1569).

A destinação dessa reforma espiritual é popular e universal. São institucionalizados eremitérios e casas de oração e de retiro; os métodos oracionais se abrem a todos os cristãos que o desejem, e caminhos de oração são formulados claramente com as obras de Santo Inácio de Loyola, García de Cisneros, Alonso de Madrid, Francisco de Osuna, Bernabé de Palma, Bernardino de Laredo, Ortiz.[4]

As universidades, por sua vez, empreendem um esforço de renovação do método do ensino teológico em Salamanca, em Valência e Alcalá, buscando uma teologia não "verbosista" ou escolasticista, com o resgate da teologia positiva com novos recursos filológicos e históricos.[5] Em Alcalá, é promovida a primeira edição da Bíblia Poliglota.

Em 1500, é editado o livro *Exercitatorio de la vida espiritual,* do Monge beneditino García de Cisneros, que introduz na Espanha, a partir da Abadia de Montserrat, em língua castelhana, a *devotio moderna,* a partir da compilação e citação de vários autores desta corrente. Dessa maneira, influencia a espiritualidade emergente. Essa nova espiritualidade é, em seu primeiro momento, sistematizada e publicada entre

---

[4]   Cf. PABLO MAROTO, D. La oración teresiana en su entorno histórico. *Revista Teresa de Jesús:* Temas Teresianos. Avila, número especial, 1987, p. 103-114 – aqui, p. 104-107.

[5]   Cf. CONGAR, Y. *La fe y la teología.* Barcelona: Herder, 1981. p. 331.

1521 e 1535, e tem por principais autores os franciscanos Francisco de Osuna, com seu *Abecedario Espiritual* (1527) e Alonso de Madrid, com *El arte para servir a Dios* (1521), seguidos por Bernardino de Laredo, com *Subida del Monte Sión* (1535) e Bernabé de Palma, com *Via Spiritus* (1532).

A imprensa se desenvolve de forma impressionante. De 1530 a 1559, são editados nas gráficas castelhanas mais de 198 títulos de livros de espiritualidade. Os autores são, com frequência, teólogos de formação escolástica, que tentam chegar experiencialmente ao mistério de Deus vivo. As edições dos *Abecedarios* de Francisco de Osuna se multiplicam. A época de Osuna, Laredo e Palma culmina com as obras *Audi, filia* (1556), de São João de Ávila, e *Libro de oración y meditación* (1554) e *Guía de pecadores* (1555-1556), de Luís de Granada. O ritmo das edições é reduzido apenas logo após a promulgação do Índice de 1559. O protagonismo editorial de Santa Teresa acontece no período posterior, com a edição *princeps* de suas obras em 1588, seis anos após sua morte, tendo por editor Frei Luís de Leão.[6]

Vai-se formando um movimento espanhol que busca uma espiritualidade subjetiva e vital, baseada em livros que descrevem experiências pessoais, utilizam novos conceitos e propõem caminhos de oração, em contraste com uma espiritualidade objetiva, baseada em obras externas, na oração vocal e fixada em livros edificados sobre a autoridade. Essa nova espiritualidade caminha na fronteira entre o ortodoxo e o heterodoxo, e é materializada nas correntes protestantes, erasmistas, alumbradas e nas correntes da oração mental. Tal multiplicidade de correntes gerará muitas tensões e conflitos, envolvendo o grupo dos teólogos e as atividades inquisitoriais.

---

[6] Com esta publicação acontece, pela primeira vez, a apresentação oficial de uma mulher escritora de língua castelhana por um teólogo humanista. Para a relação de Frei Luís de Leão e as obras de Santa Teresa, ver: ALVAREZ, T. Fray Luis de León y Santa Teresa de Jesús. El humanista ante la escritora. In: *Estudios Teresianos*. Burgos: Monte Carmelo, 1995. v. I, p. 483-510. Id. Fray Luis de León revisa la edición príncipe de las "Obras" de Santa Teresa. In: *Estudios Teresianos*. v. I., p. 511-522. Junto com Teresa, começa o protagonismo da primeira geração dos carmelitas descalços, jesuítas, agostinianos, franciscanos, o Padre Granada e Carranza. A edição *princeps* das obras de São João da Cruz se dá em 1618. Cf. SAN JUAN DE LA CRUZ. *Obras completas*. Madrid: EDE, 1993 (introducción general de F. RUIZ, p. 7).

Uma das características doutrinais principais deste momento de redescoberta da espiritualidade é o triunfo progressivo da oração mental ou de recolhimento.

Do ponto de vista das correntes teológicas, outra característica desse ambiente de reformas é que se desenvolverá um movimento, inicialmente sinergético, entre o grupo dos "espirituais" e dos teólogos, e antagônico a partir da segunda metade do século. A obra de Santa Teresa é escrita no segundo momento, de crises e antagonismos; suas raízes, no entanto, alimentam-se no período anterior.

2. A corrente dos espirituais e sua influência em Santa Teresa

A corrente dos espirituais é definida por viver e propor uma mística básica comum, ancorada na *oração mental* ou *oração de recolhimento*. Por isso é também chamada de corrente dos recolhidos.[7]

Do ponto de vista diacrônico, há um fio condutor que constitui a corrente dos espirituais. Ele se inicia na obra do beneditino Cisneros e passa pela geração seguinte, que codifica a via do recolhimento, os franciscanos Francisco de Osuna, Alonso de Madrid, Bernardino de Laredo e Bernabé de Palma. Em seguida, passa pelos autores espirituais contemporâneos à redação das obras de Santa Teresa, como o beneditino Luís de Granada, o Padre secular São João de Ávila, o franciscano São Pedro de Alcântara e o jesuíta São Francisco de Borja. Santa Teresa e São João da Cruz constituem o ápice dessa corrente.

Quase todos os nomes citados anteriormente estão diretamente relacionados à história teresiana.[8] Com exceção do *Exercitatorio* de Cis-

---

[7] Cf. ANDRES, Melquiades. *Historia de la mística de la edad de oro en España y America*. Madrid: BAC, 1994. p. 234-235 e 333-371. Id. *Los recogidos;* nueva visión de la mística española (1500-1700). Madrid: Fundación Universitaria Española, 1976.

[8] As leituras dos espirituais espanhóis, bem como todas as leituras, que ecoam na obra *Caminho de Perfeição*, realizadas por Teresa podem ser vistas em ALVAREZ, T. *Introdución al Camino de Perfección*. Tipografia Poliglota Vaticana, 1965. p. 49-66. As leituras de Santa Teresa, em geral, foram estudadas pelo constantemente citado estudo de ETCHEGOYEN, Gastón. *L'amour divin; essai sur les sources de Sainte Thérèse*. Bordeaux-Paris: Biblioteque de l'Ecole de Hautes Études Hispaniques, 1923. fasc. IV. Cf. também os estudos de GARCIA DE LA CONCHA, Víctor. *El arte literario de Santa Teresa*. Barcelona: Ariel, 1978. p. 62-79. Também pode-se encontrar um estudo

neros e dos livros de São Francisco de Borja, Teresa lerá as obras mais importantes de todos os demais, citando-as direta ou indiretamente em obras e cartas: de Osuna, o *Tercer Abecedario,* que chega às suas mãos em 1538, sendo Teresa já carmelita e aos vinte e três anos de idade; de Palma, lê *Via Spiritus*; de Laredo, *Subida ao Monte Sión*; de Alonso de Madrid, *El arte para servir a Dios*; de São Pedro de Alcântara lê o *Tratado de la oración y meditación*. De João de Ávila lê *Audi, filia* e de Luís de Granada, *Libro de la oración y meditación*. Acrescentam-se, dentro do grupo dos escritores espirituais franciscanos, Francisco de Evia, com *Itinerario de la oración*, também lido pela santa. São Pedro de Alcântara[9] e São Francisco de Borja[10] serão confessores de Teresa em momentos decisivos de sua vida. A São João de Ávila envia seu *Livro da Vida* para ser avaliado, e dele recebe um parecer que exercerá influência decisiva em sua vida de escritora,[11] e a Luís de Granada escreve, em 1575, agradecendo a Deus pela doutrina de seu livro.[12]

Em linhas gerais, Teresa verá a si mesma como uma "espiritual", ou do grupo daqueles que ela também chama de "experimentados", porque têm experiência da oração.[13]

Embora Teresa se identifique com esta corrente de espiritualidade, em alguns pontos ela vai divergir de seus predecessores e contemporâneos e em outros vai aprofundar e precisar termos. Em tudo manterá seu peculiar estilo literário. Essas diferenças, no entanto, não impedem que se busquem as características que, nesta corrente, iluminam a compreensão e vivência do mistério de Deus que Santa Teresa terá. É a partir da corrente dos espirituais que a santa desenvolverá sua experiência, unida, evidentemente, ao substrato de sua vivência comum religiosa, transmitida pela família e alimentada pela religiosidade popular.

---

exaustivo e quase sinótico das possíveis influências literárias e ideológicas de Osuna, Laredo e Palma em Santa Teresa em ANDRES, *Los recogidos...*, p. 622-642.

[9] Cf. V 27, 18 e 30, 2-7.

[10] Cf. V 24, 3 e R 4, 3, onde conta que esteve duas vezes com Francisco de Borja.

[11] Cf. alusão constante na Carta a D. Luísa de la Cerda, em Toledo, em 2.11.1568. Cta. 15.

[12] Carta ao Frei Luís de Granada, de 1575, na qual alude à sua "tão santa e proveitosa doutrina". Cta. 96.

[13] As alusões à experiência são recorrentes. Cf. C 6, 3; V 20, 23; V 8, 5; V 18, 8. Além deste fato, Santa Teresa tem consciência de não fazer parte do grupo dos letrados (C 19, 3; 36, 4; 5 M 3, 7). Cf. ALVAREZ, Santa Teresa y los movimientos..., p. 418-419.

3. Fontes

Há tipos diferentes de fontes que desembocarão no movimento dos espirituais. Em primeiro lugar, as fontes bíblicas. O grande índice de passagens bíblicas, constantes no *Tercer Abecedario* e nas obras de Santa Teresa, é exemplo disso.[14] A leitura da Bíblia é normalmente alegórica ou espiritual, a modo da patrística e dos autores medievais.

Fonte imprescindível é a experiência pessoal e herança espiritual de outros companheiros, compartilhada nas casas de oração e recoletórios franciscanos. Os codificadores da via do recolhimento não recomendam nada que não tenham experimentado, pondo de manifesto a liberdade divina, que se dá ao homem como e quanto quer, por puro amor. A experiência, no entanto, não constitui um sistema doutrinal único. Ela se une à Bíblia e à tradição.

Outro conjunto de fontes são os Padres da Igreja. Dentre eles ressaltam-se Santo Agostinho, São Gregório Magno e São Jerônimo. Na obra de Osuna, são estes os Padres mais citados.[15] Note-se que, nas bibliotecas dos nobres em Castela, era comum a presença desses autores.[16] Dentre eles sobressai o bispo de Hipona. Através de São Boaventura e da corrente franciscana, a linha agostiniana permanecerá viva, atravessará a Idade Média e chegará ao século XVI espanhol. Sua influência no terreno medieval da espiritualidade é máxima e, nos albores da Modernidade, sua doutrina da imagem criada adquire especial importância, sendo desmembrada em vários aspectos intimamente relacionados à espiritualidade moderna, como a renovação do homem interior, o cristocentrismo, a

---

[14] Cf. ANDRES, *La teología española...*, p. 220. MUÑIZ RODRIGUEZ, Vicente. *Experiencia de Dios y lenguaje en el Tercer Abecedario Espiritual de Francisco de Osuna*. Salamanca: Universidad Pontificia, 1986. p. 15. CASTELLANO CERVERA, Jesús. El entramado bíblico del *Castillo Interior*. *Revista de Espiritualidad* 56 (1997) 119-142.

[15] Cf. MUÑIZ, *Experiencia de Dios y lenguaje...*, p. 15. Cf. também a introdução de LÓPEZ SANTIDRIÁN em: OSUNA, Francisco de. *Místicos Franciscanos Españoles II. Tercer abecedario espiritual de Franscisco de Osuna*. Madrid: BAC, 1998. p. 61-62.

[16] Cf. RODRIGUEZ SAN PEDRO, L. E. Libros y lecturas para el hogar de Don Alonso Sanchez de Cepeda. *Salmanticensis* 34 (1987) 169-188.

inabitação trinitária na alma do justo e a afirmação do tema da interioridade que buscará a Deus no ápice da mente, *abdito mentis*.[17]

A influência do Pseudo-Dionísio (na época, São Dionísio) pode ser constatada na Espanha desde o século X e sua autoridade de discípulo de São Paulo chega ao século XVI de maneira incontestável. Em especial sua doutrina do conhecimento de Deus pela via apofática, sua mística ascendente e o encontro com Deus para além de todo o conhecimento chegam aos espirituais.[18] Há estudos que afirmam que o Areopagita foi mais conhecido de maneira indireta, através de São Boaventura e Hugo de Balma, do que direta, pela dificuldade em elucidar as questões das traduções das obras dionisianas ao castelhano. Há outros estudos contrários, que consideram a obra *De Mystica Theologia* como "chave hermenêutica" do *Tercer Abecedario* de Osuna.

Outra fonte é a corrente monástica medieval, em especial São Bernardo. Este autor sistematiza as relações espirituais da pessoa humana com Deus no símbolo do matrimônio espiritual – de raíz bíblica, esboçado por Orígenes, melhor exposto por Gregório de Nissa. São Bernardo criará, na Idade Média, uma escola conhecida pelo nome de "mística nupcial", que será desenvolvida por São João da Cruz e, sob sua direção espiritual, por Santa Teresa. A ele se deve também a revolução da piedade mariana e cristológica, sobretudo a volta à Humanidade de Cristo como mediadora diante do Pai, o descobrimento de Cristo-homem, que favoreceu o seu seguimento – neste ponto colaboraram também os mendicantes, em especial São Francisco. São Bernardo é autor conhecido e citado por Osuna no *Tercer Abecedario*.[19]

O desenvolvimento do tema da interioridade deve ser buscado na linha dionisiana, boaventuriana e cartuxa, relida dentro de uma

---

[17] Para a influência de Santo Agostinho na espiritualidade da Antiguidade, da Idade Média e da Idade Moderna, ver os artigos: CILLERUELO LOPE. Influencia de S. Agustín en la espiritualidad cristiana hasta la Edad Media. *Revista de Espiritualidad* 14 (1955) 125-155 – aqui, p. 126. Também: CAPANAGA, Victorino. San Agustín y la espiritualidad moderna. *Revista de Espiritualidad* 14 (1955) 156-169 – aqui, p. 158. Para as características da corrente agostiniana, cf. CONGAR, *La fe y la teología*, p. 318-320.

[18] Cf. ANDRES, *Los recogidos*, p. 779.

[19] Cf. PABLO MAROTO, Daniel de. *Historia de la espiritualidad cristiana*. Madrid: Editorial de Espiritualidad, 1990. p. 158. São Bernardo é citado cinquenta vezes no *Tercer Abecedario* de Osuna. Cf. OSUNA, *Místicos Franciscanos Españoles II...* (ed. LÓPEZ SANTIDRIÁN), p. 61.

antropologia humanista que busca harmonia entre o interno e o externo, como veremos a seguir.[20]

A importância de Boaventura na espiritualidade pode ser indicada pela tradução de várias de suas obras ao castelhano entre 1500 e 1530. São Boaventura desenvolve a teologia da pessoa humana como imagem trinitária de Deus.[21] Desse autor também é a síntese dinâmica entre fé e vida, o gradual subir a Deus através dos sentidos exteriores, interiores, entendimento e vontade, chegando à *sindéresis*, centro da alma ou *apex mentis*, que Boaventura descreve no *Itinerarium mentis in Deum*.

O livro *Mística teología*, de Hugo de Balma, cartuxo nortenho do século XIII, falsamente atribuído a São Boaventura, popularizou a doutrina do Pseudo-Dionísio. Sua importância foi transmitir a tradição medieval do amor como conhecimento, e da vontade como potência que sai de si e se une a Deus, quando o entendimento cala por haver coberto o seu próprio campo. Pode ser considerado como uma das melhores interpretações populares do Areopagita e foi comparado ao famoso livrinho de autor inglês desconhecido *Nuvem do não saber* [*Cloud of unknowing*]. Teve várias edições em castelhano.

Os autores da *devotio moderna* Tomás de Kempis, Dionísio Cartuxo, Landulfo da Saxônia, Mombaert e Groote foram amplamente lidos na Espanha, antes mesmo de 1500, data em que é publicado o *Exercitatorio de la vida espiritual*. Também são importantes os livros editados pelo Cardeal Cisneros, em especial *Viola Animae*, de Sabunde, e *Liber qui dicitur Angela de Fulginio*, tratando-se este último da espiritualidade de uma mulher do século XIV.

Os místicos alemães, M. Eckhart, Tauler e Suso, e flamengos, Ruysbroeck e Herp, começam a ser citados, com variações entre eles, em torno de 1520.

Não como fonte, mas como influência na corrente mística, encontramos a mística muçulmana.[22] Dentro da sociedade muçulmana

---

[20] Cf. ANDRES, *La teología española...*, p. 111-224. Também: Id. *Historia de la mística...*, p. 206.

[21] Cf. ZAS FRIZ, R. *La teología del símbolo de San Buenaventura*. Roma: Pontificia Università Gregoriana, 1997. p. 311.

[22] Destacam-se os estudiosos ASIN PALACIOS e Luce LÓPEZ-BARALT – esta última oferece os preciosos artigos "Santa Teresa de Jesús y el Islam. Los símbolos de los siete castillos con-

espanhola, os sufis incidiram como buscadores incansáveis de Deus. A sabedoria sufi vive da experiência de entrar no amor divino e submergir nele como resposta à chamada de Deus. Isso exige desapego do eu para viver em espírito – assim se alcança a verdadeira liberdade diante das pessoas, coisas e normas. Distingue fim – que é a união com Deus – e meios para alcançá-lo. Há estudos que mostram a relação entre o sufismo e o Cristianismo. Sendo a mística muçulmana herança da espiritualidade cristã oriental, ao mesmo tempo que do neoplatonismo, ela desembocaria na teoria da roda que gira sem cessar e que se repete. Assim sendo, não há por que estranhar que os místicos do século XVI acolhessem consciente ou inconscientemente os ensinamentos sufis.

Igualmente percebe-se nos espirituais a influência dos judeus conversos, como minoria vinculada ao cultivo das ciências e das letras e sensibilizada pelo estigma social que carregavam, pela história de amargura do processo de expulsão da Espanha (definitivo em 1492) e pelo fenômeno massivo e forçado da conversão ao Cristianismo. A mística do recolhimento contará, em sua maioria, com conversos. Faz parte da vida dos judeus conversos a leitura e exegese bíblica em casa, espírito veterotestamentário, estima da sabedoria e da exegese bíblica literal, desapego ao cerimonial, afeição à interioridade, apreço à lei do amor a Deus a ao próximo.[23]

---

cêntricos" (*Teresianum* 33 [1982] 629-678) e "Simbología mística musulmana en San Juan de la Cruz y en Santa Teresa" (*Nueva Revista de Filología Hispánica* 30 [1981] 21-91). Também: ARDONA CASTRO, A. La mística sufi y su función en la mística española: de Ramon Llull a San Juan de la Cruz. In: CRIADO DE VAL, M. (dir.) *Santa Teresa y la literatura mística hispánica. Actas del I Congreso Internacional sobre Santa Teresa y la mística hispánica.* Madrid: EDI-6, 1984. p. 149-157.

[23] Cf. GUTIERREZ NIETO, Juan Ignacio. El proceso de encastamiento social de la Castilla del siglo XVI: la respuesta conversa. In: EGIDO MARTINEZ, Teófanes, GARCIA DE LA CONCHA, Víctor, GONZALEZ DE CARDEDAL, Olegario (dirs.). *Actas del Congreso Internacional Teresiano.* Salamanca, 1983. v. I, p. 103-120. PEDRERO-SANCHEZ, Maria Guadalupe. *Os judeus na Espanha.* São Paulo: Giordano, 1994. p. 98. ANDRES, *Historia de la mística...*, p. 211.

4. Uma antropo-teologia

O ponto de partida dos espirituais é o conhecimento de si mesmo. Este conhecimento significa entrar no mais profundo do próprio ser, no centro, onde se encontra a Deus que é mais íntimo que a própria intimidade. Por sua vez, o centro do universo é Deus, em direção a quem a pessoa se encaminha. Dessa maneira, a partir do ponto de vista especulativo e vivencial, o ser humano é um microcosmos e também, a seu modo, centro do universo. Nasce uma concepção cósmica e espiritual, relacionada, ao mesmo tempo, com a imanência e com a transcendência. O homem baixa ao fundo de si mesmo (aniquilação, autoconhecimento), onde reside Deus, e se encontra com ele, porque este centro é imagem de Deus.

Nesse sentido, a subjetividade do "eu" da mística dos espirituais não se confunde com a subjetividade fechada, moderna, soléptica. Ela é referida a Deus e na relação com ele vai se constituindo.[24] Em Teresa de Jesus, tal antropo-teologia será levada a um depurado desenvolvimento cristológico e trinitário. No livro das *Moradas*, a pessoa humana é o eixo atravessado pela Trindade e pela Humanidade de Cristo e, enquanto Humanidade, cruz e ressurreição.

O fato de que Deus seja buscado no espaço interior da pessoa humana traz à antropologia uma especial importância. Por isso vamos nos aproximar da concepção antropo-psicológica desta corrente a partir, principalmente, do *Tercer Abecedario*, de Osuna, que pode ser considerada básica para a via do recolhimento.[25]

5. Antropologia tripartida: corpo, alma e espírito

O caminho para Deus se faz a partir de dentro da pessoa. Por isso ela deve primeiro "entrar dentro de si mesma" e, num segundo

---

[24] Cf. CEREZO GALAN, Pedro. La experiencia de la subjetividad en Teresa de Jesús. In: ROS GARCIA, Salvador (coord.). *La recepción de los místicos;* Teresa de Jesús y Juan de la Cruz. Salamanca/Avila: Ediciones Universidad Pontificia/Centro Internacional Teresiano-Sanjuanista, 1997. p. 171-204.

[25] Cf. ANDRES, *La teología española...*, p. 203-209.

momento, "subir sobre si". Trata-se de um processo dialético que, ao mesmo tempo, unifica, simplifica e interioriza a pessoa. Entra-se dentro de si quando os sentidos externos e internos se submetem às potências superiores. E sobe-se "sobre si" quando as potências da alma se recolhem à parte superior ou mais profunda da alma. Ela é a que se une com Deus por amor e por desejo. Segundo Osuna,

> ninguém pode subir a Deus se primeiro não entrar dentro de si; quanto mais forte e profundamente entrar, mais alto subirá, como acontece à bola que sobe mais alto quanto maior for o golpe consigo mesma, na terra.[26]

As duas "asas principais" da alma são o entendimento e a vontade, sendo que, no recolhimento, o entendimento cala e a vontade trabalha.[27] A vontade tem maior capacidade do que o entendimento para conhecer a Deus porque, segundo as escolas do Pseudo-Dionísio e cartuxa (Hugo de Balma), a divindade não é definível, e é mais verdadeiro negar o que não é do que afirmar o que não é.

> Maravilhoso calar é o do amor, no qual nosso entendimento se cala ao encontrar uma notícia experimental que muito o satisfaz, porque, segundo vemos claramente, quando os que se amam se encontram por experiência, ambos calam e a falta de palavras é recompensada pelo amor que os une.[28]

O entendimento que se "cala" é o entendimento especulativo, que deseja dissecar o segredo das coisas, e não a inteligência.

Para que se deem esses movimentos interiores, há o reconhecimento dos sentidos exteriores e interiores, e das potências superiores da alma: a memória sensitiva e intelectiva, a vontade, o entendimento ou razão discursiva, e a inteligência, cujo objeto são as verdades invisíveis, sem mescla de imaginação ou razoamento. Esta última diz respeito às operações intuitivas ou contemplativas.

---

[26] OSUNA, Francisco de. *Tercer Abecedario Espiritual*. Ed. de M. ANDRES. Madrid: BAC, 1972. p. 522.

[27] OSUNA, *Tercer Abecedario...*, p. 374.

[28] OSUNA, *Tercer Abecedario...*, p. 590-591.

Além dos sentidos e faculdades, há um terceiro elemento que será descrito segundo a metáfora agostiniana do "mais interior" e "superior". Trata-se da parte superior da alma, ou o mais profundo do ser. Em linguagem agostiniana, o *apex mentis*.[29]

A parte mais alta da alma corresponde ao ápice da mente, "sindérese" ou torre do recolhimento. Em movimento descendente, encontra-se o que é descrito como o mais íntimo do castelo da alma, o mais profundo do ser, fundo, abismo do ser. Osuna não emprega o termo "centro" da alma, que Teresa utilizará, e sim outros equivalentes. Esse autor recomenda buscar Deus dentro do coração, dentro de si. Nesse sistema de linguagem, o coração é a parte mais secreta e profunda da alma. Fundo e ápice formam uma mesma realidade, ilustrando a passagem de Santo Agostinho na qual ele se dirige a Deus como *"interior intimo meo et superior summo meo"*.[30] Introversão e elevação são dois movimentos de uma mesma realidade, e vão apontar para a simultaneidade da absoluta transcendência e imanência de Deus em relação ao espírito humano. Os místicos encontram a Deus no mais profundo e no mais alto de si mesmos.

O conjunto dos sentidos interiores e exteriores, potências e "sindéreses" em movimento, configurarão o que se pode chamar uma antropologia tripartida em corpo, alma e espírito.[31] Essa compreensão fundamental da pessoa humana, cuja unidade é definida no movimento dialético que articula os três momentos, dará aos místicos um substrato de linguagem que possibilita a explicitação de sua experiência. A dinâmica dos sentidos (corpo), potências (alma) e espírito (parte superior) é descrita como unificação dos dois primeiros na parte superior, onde está

---

[29] Para um estudo da antropologia da mística a partir de uma perspectiva filosófica, ver as seguintes obras do Padre Henrique Cláudio de Lima VAZ, sj: Antropologia tripartida e Exercícios Inacianos. *Perspectiva Teológica* 23 (1991) 349-358 – aqui, p. 351-353. *Antropologia filosófica I.* São Paulo: Loyola, 1992. p. 62-71 e 239-271. *Experiência mística e filosofia na tradição ocidental.* 2. ed. São Paulo: Loyola, 2000.

[30] SANTO AGOSTINHO. *Confissões.* 6. ed. São Paulo: Paulus, 1984. III, 6, 11, p. 69: "[...] mais dentro de mim do que a minha parte mais íntima [...] superior a tudo o que eu tinha de mais elevado".

[31] A expressão é de H. de LUBAC, "anthropologie tripartite", desenvolvida pelo Padre Henrique Cláudio de Lima VAZ: "Antropologia tripartida...".

impressa a imagem de Deus.[32] Em sentido contrário, encontra-se o movimento que vai do *espírito* ao *corpo*, passando pela *alma*, possibilitando uma maneira purificada de expressar-se no mundo exterior através do *corpo*, e de exercer as funções interiores através da *alma*, ou *psiquismo*. Dessa forma o movimento dialético no qual a finitude humana se manifesta como lugar de expressão do absoluto é o lugar antropológico da experiência mística.[33]

Santa Teresa descreverá tal processo numa linguagem própria. Embora evidentemente conheça e compreenda o que querem dizer os termos "entrar dentro de si" ou "subir sobre si", optará por outra linguagem:

> Dizem que a alma entra em si; outras vezes, que "se eleva acima de si". Com esta linguagem não saberei esclarecer nada, pois tenho este defeito: pensar que, dizendo as coisas como sei, me dou a entender, quando talvez elas só estejam claras para mim.[34]

E em seguida tratará do recolhimento dos sentidos e potências através do simbolismo do "silvo do pastor", que as chama para dentro do "castelo interior":

> Façamos de conta que os sentidos e as faculdades – que, como já disse, são os habitantes do castelo – saíram e andam, há dias e anos, com gente estranha, inimiga do bem do castelo. Suponhamos também que, vendo a sua perdição, eles já vêm se acercando deste, embora não cheguem a entrar (porque terrível é o mau costume). Mas já não são traidores e andam ao seu redor. Vendo-os já animados de boa vontade, o grande Rei que reside no castelo deseja, por sua grande misericórdia, trazê-los de novo a si e, como bom pastor, com um assovio tão suave que nem mesmo eles quase ouvem, faz que conheçam sua voz e não andem tão perdidos, mas voltem à sua morada. E tem tanta força esse assovio do pastor que eles abandonam as coisas exteriores que os absorviam e entram no castelo.[35]

---

[32] OSUNA, *Tercer Abecedario...*, p. 526-530.
[33] Cf. VAZ, *Experiência mística e filosofia...*, p. 26.
[34] 4 M 3, 2.
[35] Ibidem.

O texto citado nos mostra que, para Teresa, o exercício do recolhimento não pode ser realizado de maneira voluntarista, porque ninguém pode tirar de si o entendimento, a não ser Deus. Ela parte da estrutura psicológia básica da corrente na qual se situa, mas se diferenciará ao enfatizar que o entendimento, bem como todas as potências da alma, é chamado a cumprir suas funções, pois só Deus, e não os artifícios humanos, pode tirar as funções da alma.

Teresa chamará o profundo da alma de centro, morada principal do castelo interior. No final do seu itinerário espiritual, Teresa o chamará claramente "espírito", diferenciando-o da alma, embora sempre em relação com ela.[36] Assim, embora se considere iletrada e, segundo ela, incapaz de nomear os vocábulos, de entender o que é a mente ou que diferença há entre a alma e o espírito, Teresa segue a antropologia tripartida presente em seu mestre Osuna e, possuidora de uma experiência cuidadosamente refletida, desenvolverá em filigrana a dialética da relação entre o corpo, psique (alma) e espírito, e também a relação entre as potências da alma, ou seja, a relação entre a memória, o entendimento e a vontade.

Ao lado da antropologia tripartida dinâmica, encontramos entre os místicos também o esquema clássico dual de corpo e alma, utilizado no século XVI segundo a *doctrina communis*, por si dualista. Nesse esquema, não dialético e sim analítico, a alma é distinta do corpo e está em forte contraste com ele, com o mundo exterior, com os valores externos, com as coisas do mundo.

6. Um elemento comum: a oração mental

É pela oração que se estabelece a dinâmica de união da pessoa com Deus. A percepção antropo-teológica da pessoa será a base para o desenvolvimento teórico da vida de oração. A oração relacionada ao mais profundo da pessoa humana chama-se "oração mental", que não

---

[36] 7 M 1, 11. Cf. V 18, 2.

é apenas ou principalmente intelectiva, mas de toda a alma. Trata-se da oração realizada no mais íntimo, ou interior da pessoa.[37]

A oração mental, ou de recolhimento, chega ao povo por meio dos pregadores franciscanos e sobrevive na Espanha durante os séculos XVI e XVII, fundindo-se com e na mística teresiana e sãojoanista.

Seria ela o ápice de uma escala de profundidade da oração, que passa pela oração vocal, seguida pela oração de pensamento. Osuna compara essas formas de oração ao beijo. A primeira seria como um beijo nos pés; a segunda, como um beijo nas mãos; a terceira, como um beijo na boca. A primeira pertence ao estágio de purgação; a segunda, ao estágio de iluminação; a terceira, ao de perfeição. A memória é aperfeiçoada na primeira, o entendimento na segunda e a vontade na terceira.[38]

Dentre todas as potências, a vontade, e não o entendimento compreendido como razão discursiva, é a que se eleva mais alto a Deus. E o faz levada pelas "asas do desejo" e impulsionada pelo amor, porque este, "se é verdadeiro, não sabe buscar rodeios de razões compostas, mas, calando, faz grandes coisas".[39]

Teresa, cuja obra se desenvolverá em plena contenda entre a oração vocal e a mental, elege claramente esta última como o caminho para alcançar a perfeição e o recomenda para as destinatárias de *Caminho de Perfeição*. Para ela, o amor sempre tem a primazia como critério de ação e fim da oração,[40] e este tem origem na vontade determinada em amar, não no entendimento. O amor é a seta que a vontade envia e que "fere" a Deus.[41] E a oração mental é a oração profunda que opera a união da vontade humana com a vontade de Deus de maneira a crescer

---

[37] O termo *mens*, de raíz agostiniana, indica a parte superior na estrutura do homem interior, na qual Deus está presente como interior e superior (*interior intimo et superior summo*, Conf. III, 6). Cf. VAZ, *Antropologia filosófica...*, p. 64.

[38] Cf. ANDRES, *La teología española...*, p. 200-201. Também: OSUNA, *Tercer Abecedario...*, p. 405.

[39] OSUNA, *Tercer Abecedario...*, p. 403 (T.A.).

[40] Para ela "só o amor dá valor a todas as coisas, e o mais necessário é que seja grande o bastante para que nenhuma o estorve" (Excl 5, 2).

[41] CAD 6, 5.

e sedimentar-se até a união inseparável do espírito humano ao Espírito de Deus.[42]

7. Características doutrinais

Dentre as características doutrinais da corrente dos espirituais, ressaltaremos três: a afirmação da presença de Deus dentro da alma, a dimensão afetiva da espiritualidade e a valorização da experiência pessoal.

Tal experiência segue, segundo os autores desta corrente, três etapas: a primeira, de "aniquilação"; a segunda, de contemplação e conformação a Cristo; e a terceira, como momento-cume, de fruição em quietude.

7.1. Deus age no interior do humano

Os espirituais buscam a união com Deus localizado na profundidade da alma, *interior intimo meo*, na expressão de Santo Agostinho. Não basta buscá-lo na natureza nem nas atividades corporais, nem em palavras ou leituras. Por isso a vida espiritual ativará as potencialidades interiores e buscará os caminhos em direção à interiorização, como já foi descrito: acontece uma redução dos sentidos exteriores aos sentidos interiores e potências, e destas à parte superior, centro, ou fundo da alma, onde a pessoa se encontra com Deus e é nele transformada.

Essa busca por interioridade possui conexões com o Humanismo renascentista, que dignifica a pessoa humana em si mesma e traz a ideia de um homem novo, que quer pensar por si seus problemas, lançar seu próprio projeto, e que busca adquirir técnicas de dominação exterior das coisas.[43]

Teologicamente, conecta-se com a orientação nominalista de Gabriel Biel, que exalta o indivíduo em seus problemas concretos e

---

[42] Cf. CE 55,3.5; 56,1.
[43] Cf. CONGAR, *La fe y la teología*, p. 328-329. Também: PABLO MAROTO, La oración teresiana..., p. 107.

particulares, e a liberdade de Deus;[44] e com a doutrina espiritual tradicional boaventuriana, que distingue os vestígios de Deus na natureza e a imagem de Deus no homem.[45]

A afirmação da presença de Deus no interior humano, "dentro da alma", é das mais importantes na obra teresiana e ideia fundamental do seu livro-síntese, *Castelo Interior ou Moradas*. Tem sua origem na experiência da presença de Deus dentro de si mesma, que culminará com a graça da experiência da inabitação trinitária.

7.2. Espiritualidade afetiva

Em sentido amplo, afetivo equivale a amoroso, fervoroso, devoto. Nesse sentido, a espiritualidade afetiva possui raízes no agostinianismo medieval, no qual a teologia é um conhecimento de ordem afetiva e moral, não ciência dedutiva e racional. Ela entra na ordem do que posso fazer para salvar-me e unir-me a Deus, estando relacionada, assim, com a afetividade religiosa – é um *habitus* afetivo.[46]

No sentido estrito,[47] equivale à união com Deus por meio da vontade, ou conhecimento amoroso e notícia experimentada. Traz sua origem especialmente do Pseudo-Dionísio, de São Boaventura, de Hugo de Balma. São Boaventura fala do "ápice do afeto" – *apex afectus* –, que chega a Deus e nele se transforma: "[...] nesta passagem, se é perfeita, é necessário deixar todas as operações intelectuais e que o ápice do afeto se una a Deus e se transforme em Deus".[48] Essa experiência é recebida por aqueles que têm o desejo inflamado pelo fogo do Espírito até a medula: "[...] é experiência [...] que ninguém conhece, a não ser

---

[44] Cf. PABLO MAROTO, La oración teresiana..., p. 107.

[45] Para a antropologia do *Itinerarium Mentis in Deum*, de São Boaventura: VILLALMONTE, A. San Buenaventura. In: PIKAZA, X.; SILANES, N. *El Dios cristiano. Diccionario Teológico*. Salamanca: Secretariado Trinitario, 1992. p. 442-443. Note-se aqui o substrato da patrística agostiniana, de raíz neoplatônica, segundo a qual o "homem interior é coroado pela *mens*, na qual o homem está presente como interior e superior. Cf. VAZ, *Antropologia filosófica...*, p. 64.

[46] Cf. CONGAR, *La fe y la teología*, p. 319.

[47] Cf. ANDRES, *La teología española...*, p. 147-150.

[48] SAN BUENAVENTURA, *Itinerario de la mente...*, p. 631 (cap. 7, 4) (T.A.).

quem a deseja; e que ninguém deseja, a não ser aquele a quem o fogo do Espírito inflama até a medula".[49] Depois de mais ou menos 1530, Herp, Tauler, Serafín de Fermo e Nicolás Esquio reforçarão na Espanha a espiritualidade afetiva. A intenção da nova espiritualidade não é instruir ou adoutrinar, mas tocar o coração, aumentar o amor através do desejo. Também marcaram essa orientação os livros da *devotio moderna*, as obras de Santa Catarina de Sena, Angela de Foligno, Gertrudis e Matilde; *Viola animae*, de Dortland; o *Libro del amigo y del amado*, de Lulio; *Escala del paraiso*, de São João Clímaco; os vitorianos e outros.

O elemento afetivo, em sentido estrito, será um dos pontos-chave para o desenvolvimento da mística espanhola. A Inquisição encontrará nele pontos de suspeita, e o tomismo terá com ele muitos pontos de fricção.

Teresa, em cuja obra encontramos uma especial valorização do intelecto, não por isso se separará da via afetiva, pois para ela é a vontade, e não o entendimento, a potência decisória e originante do amor. O epicentro da oração teresiana não é o entendimento, mas o coração, através do qual se chega às "profundidades abismais do espírito". Teresa não cai, no entanto, nos extremos das técnicas místicas do vazio mental, pelo qual se busca "suspender o entendimento" e, voluntariamente, "não pensar nada".[50]

7.3. Valorização da experiência pessoal

A categoria de experiência foi valorizada pelo Renascimento tanto na espiritualidade quanto na filologia, filosofia e psicologia. A exposição da própria experiência será característica da Modernidade também entre políticos, cientistas, historiadores; a narração das experiências nas Américas torna-se fonte para o conhecimento.

Mais uma vez os místicos do recolhimento seguem a Hugo de Balma, tradutor popular de Dionísio, o Areopagita:

---

[49] Ibidem.
[50] Cf. ALVAREZ, Tomás; CASTELLANO, Jesús. *Teresa de Jesús, enséñanos a orar*. Burgos: Editorial Monte Carmelo, 1981. p. 138.

LÚCIA PEDROSA-PÁDUA

> Quem quiser conhecer esta sabedoria espiritual precisa conhecer sua verdade, primeiramente, em si mesmo, por experiência [...] nesta sabedoria a prática da experiência precede a retórica da inteligência [...] esta teologia e sabedoria divina é adquirida com mais rapidez se for ensinada pelo mais nobre mestre, convém saber, por Deus [...][51]

O grupo dos espirituais busca e ocupa-se das vivências imediatas, acontecidas no cotidiano, enriquecidas pela experiência de outros. Dessa maneira encontra-se na mística um realismo vivencial, psicológico, a valorização do autobiográfico, a descrição da ação de Deus na pessoa humana. Para a mística, é a experiência amorosa que coloca a pessoa em contato com a verdade última, não a razão. Por isso os espirituais vivem tudo o que é referido à oração interior – tanto a ascese quanto a experiência de união com o Absoluto, Incompreensível, Imenso Deus – a partir de um código, arte ou via. A experiência é um livro pelo qual a letra exterior é captada em seu sentindo interior e transforma-se em sabedoria do coração.

A valorização da experiência faz com que a linguagem esteja cheia de aproximações, analogias, e que nem sempre se acerte a clarificar os processos. Isso porque, se por um lado a experiência de Deus é indispensável, por outro é indescritível. Alguns utilizam paralelamente duas teologias: escolástica e mística: Osuna, Alonso de Madrid, João de Ávila, Carranza, Luís de Granada, Domingo de Soto. A experiência é fundamental, é mestra do espírito e se realiza para além do entendimento.[52]

A experiência, no entanto, deve ser contrastada com a revelação, com a tradição e com a razão:

> A alma entende, por experiência, o gosto da conversação divina, até onde é possível em nossa mortalidade e, quando a alma encontra dentro de si alguma satisfação do saber que desejava, deve compará-lo à doutrina de Cristo e dos santos e perguntá-lo aos sábios [...]; assim, entenderá a verdade e rejeitará o incerto; assim se fará científica no

---

[51] BALMA, Hugo de. *Sol de contemplativos* (Toledo, 1514). Ed. a cargo de Theodoro MARTIN. Salamanca: Sígueme, 1992. p. 39 (T.A.)]
[52] Cf. ANDRES, *La teología española...*, p. 167-172.

espiritual mais e mais e muito mais do que se entendesse o que lê e perguntasse as dúvidas [...]

[...] é muito de notar que as lições de mística teologia não se deixam entender através do estudo das letras, mesmo que seja muito, se falta oração mental frequente, pura, humilde, aficionada, violenta, atenta, cuidadosa e ordenada e sem tempo e sem lugar; com essas condições, não há ninguém que não as entenda.[53]

Teresa, como seus mestres, "não falará nada que não tenha por experiência".[54]

Os espirituais ressaltam três momentos na experiência mística: o autoconhecimento, a contemplação de Cristo e, como ápice, a união com Deus por amor.

7.3.1. O conhecimento próprio

O socratismo cristão, ou seja, o "conhece-te a ti mesmo", é proposto por uma longa tradição de místicos como primeiro passo para o conhecimento de Deus. Um resumo dessa tradição encontra-se neste texto de Ricardo de São Vítor, no século XII:

Queres ver a Jesus Cristo transfigurado? Sobe a este monte, aprende a conhecer-te a ti mesmo [...]. Queres, sem expositor ou doutor, entender a Lei e os Profetas? Sobe a este monte, aprende a conhecer-te a ti mesmo. Queres o arcano do segredo paterno? Sobe a este monte, aprende a conhecer-te a ti mesmo.[55]

O caminho ou via do recolhimento parte da análise de si próprio, do que foi recebido de Deus, da tarefa que a pessoa tem de realizar. Quem percorre este caminho é um ser carregado de desejo que quer

---

[53] LAREDO, Bernardino de. Subida del monte Sión (introd. de J. B. Gomis). In: *Místicos Franciscanos Españoles II*. Madrid: BAC, 1948. p. 36-37 (T.A.).

[54] C Pról. 3. E também, dentre outros: V 18, 8 e C 2, 7.

[55] RICARDO DE SAN VICTOR. *Benjamin minor*. Apud MARTIN VELASCO, Juan de Dios. "Búscame en ti – búscate en mí". In: EGIDO MARTINEZ, Teófanes; GARCIA DE LA CONCHA, Víctor; GONZALEZ DE CARDEDAL, Olegario. *Actas del Congreso Internacional Teresiano*. Salamanca: Universidad de Salamanca, 1983. v. II, p. 819 (T.A.).

conhecer a verdade de Deus e unir-se a ele. Tem pela frente uma luta espiritual e amorosa.

O termo "conhecimento próprio" corresponde às palavras "aniquilar-se" e "aniquilação", que aparece em Kempis, Palma, Laredo, todos eles autores lidos por Teresa de Jesus; aparece em contemporâneos da santa, como São João de Ávila, São Francisco de Borja, Luís de Granada, São João da Cruz e Lutero; está presente em Santa Catarina de Sena, cujas *Cartas* também foram lidas pela santa, e em outros. O conhecimento próprio vai unido à negação de si, à purificação ativa. É uma entrada em si, aos princípios de si mesmo, para que a pessoa se conheça pela raíz e saiba quem é.[56]

Em Teresa, este tema é muito importante. Em sua obra, o termo possui um matiz especial, que enfatiza o conhecimento de Deus como fonte do conhecimento de si mesmo. Quanto mais próxima de Deus, mais se abrem os caminhos do autoconhecimento e vice-versa. A pessoa se vê, por um lado, como miséria diante da riqueza de Deus e, por outro lado, grandeza e mistério diante da sua benignidade. Esse dar-se conta da própria miséria e grandeza dá início à confiança em Deus, ao desapego de si e à entrega de tudo a Deus, que, pouco ou muito, tudo quer para si. Essa entrega é também descrita como desejo de Deus. Nenhuma outra coisa ou pessoa pode substituí-lo, porque Deus dá mais à pessoa do que ela sabe ou pode desejar.[57]

7.3.2. A questão da centralidade de Cristo

Os espirituais consideram Cristo em sua humanidade e divindade. Centram-se fundamentalmente na contemplação da paixão e conformação a Cristo: crucificar-se com Cristo e morrer com ele. No século de Santa Teresa, essa contemplação é prescrita pelas ordens franciscana, dominicana, beneditina, agostiniana, e outras, e recomendada nas suas obras.[58]

---

[56] Cf. ANDRES, *Historia de la mística...*, p. 235-236.
[57] Cf. 1 M 2, 9; 4 M 2, 5; 5 M 1, 4; 5 M 3, 12.
[58] Cf. ANDRES, *Historia de la mística...*, p. 239-246.

A consideração da humanidade de Cristo durante os graus mais elevados da contemplação é, no entanto, um problema teológico no século XVI. As posições dos codificadores da via do recolhimento, embora compartam o mesmo método, possuem nuanças que os diferenciam e que Teresa perceberá claramente. Bernabé de Palma parece chegar a desvalorizar a humanidade de Cristo e a propor uma contemplação fora da humanidade. Osuna, mais cristológico, insiste, no prólogo do *Tercer Abecedario*, que Cristo encarnado é caminho, verdade e vida. Alega que a fé de Maria era mais madura que a dos apóstolos, porque contemplava simultaneamente em Cristo sua dimensão de Deus e homem, e afirma que a humanidade de Cristo não impede nem estorva o recolhimento. No entanto, observa:

> *Convém*, aos que querem chegar à mais alta e pura contemplação, deixar as criaturas e a sacra humanidade para subir mais alto e receber mais por inteiro a comunicação das coisas puramente espirituais, conforme o que disse São Cipriano: que a plenitude da presença espiritual não poderia vir enquanto permanecesse a presença corporal de Cristo, que os apóstolos estavam detidos no amor à sacra humanidade, a qual necessariamente deveriam liberar para que, assim, buscassem coisas maiores, desejando a vinda do Espírito Santo.[59]

Em Laredo o "convém" de Osuna se transforma em um "necessário" prescindir da presença corporal para a perfeição. Para ele, o amor perfeito não está na meditação da sagrada humanidade, mas na contemplação da divindade inacessível.[60]

Dessa maneira, vemos que, mesmo em Osuna e Laredo, faz-se sentir a relação entre perfeição e abandono das coisas corpóreas. É possível perceber, nos autores lidos por Teresa com tanto entusiasmo, um substrato neoplatônico, de matiz dualista, apreendido do Pseudo-Dionísio.

Tal problemática não era exclusiva dos espirituais, sendo também tratada pelos teólogos da Universidade de Salamanca. Para Domingo

---

[59] OSUNA, *Tercer Abecedario...*, pról., p. 126 (T.A.).
[60] Cf. LOPEZ SANTIDRIAN, Saturnino. El consuelo espiritual y la Humanidad de Cristo en un maestro de Santa Teresa: Fr. Francisco de Osuna. *Ephemerides Carmeliticae* 31 (1980) 161-193.

de Soto, não se deve deter totalmente na contemplação da humanidade de Cristo, nem colocar nela o último grau da nossa atenção, mas fazê-lo ou degrau ou meio para ascender à atenção mais alta do mesmo Deus e de sua deidade. Para ele,

> para tomar o princípio e o tino do amor inefável com que Deus nos ama e governa, devemos, cada um segundo as possibilidades do seu entendimento, começar a contemplá-lo em si mesmo, o que ele sempre foi, é e será, sem princípio nem fim em sua eternidade, infinitamente, antes que o mundo fosse.[61]

Teresa de Jesus entrará nesse debate diferenciando-se de seus predecessores, inclusive dos teólogos, levando a humanidade de Cristo até o último grau da contemplação, à "sétima morada", onde se encontram a Trindade e a "sagrada Humanidade". Trata-se de uma total novidade para a mística do seu tempo.

A consideração radical da humanidade de Cristo será fonte do humanismo teresiano e da ênfase dada à dimensão ética da experiência espiritual, que deve traduzir-se em "obras", as quais são, em última instância, o único que quer o Senhor. Será também a base – o caminho – para sua experiência trinitária.

Resumindo, a questão cristológica da humanidade de Cristo é uma realidade desigual no grupo dos espirituais e dos teólogos, mas em Teresa a humanidade de Cristo é afirmada até as últimas consequências, a ponto de estabelecer uma relação entre a mística, a experiência de Cristo e a experiência trinitária. Dentre os pontos doutrinais do movimento dos espirituais, será talvez aquele no qual a diferença teresiana será mais decisiva. Em sua experiência, Teresa tenderá a superar o dualismo neoplatônico e valorizará o corpo, a concretude da vida, da história e do cosmos.

---

[61] SOTO, D. *Tratado del amor de Dios.* Apud ANDRES, *La teología española...*, p. 579-580 (T.A.).

7.3.3. A existência de um momento cume

A oração se desenvolve até chegar a um estado em que se saboreia o amor desejado, um momento de descanso e fruição. Este momento receberá nomes diferentes, como quieta contemplação, recolhimento, sábado interior, união de entendimento e vontade:

> Aquelas meditações que assinalamos para os dias de semana [...], servem principalmente àqueles que começam, para que tenham umas como que "cordas", às quais recorrer. Mas, depois de exercitados, não é necessário permanecer sempre nos mesmos passos, mas que se encaminhem para onde o Espírito Santo os levar [...]. Alguns, à consideração das perfeições divinas, de suas maravilhas e benefícios; outros, à meditação das Sagradas Escrituras; e ainda outros à afeição em que, tendo o entendimento sossegado e quieto, a vontade repousa e folga em Deus, empregando-se toda em amor e gozo do Sumo Bem.
> Este é o estado perfeitíssimo, que sempre devemos anelar, em que o homem já não busca incentivos de amor com a meditação, mas que goza do amor encontrado e desejado, e descansa nele como ao término de sua inquisição e desejo [...].[62]

Teólogos de Salamanca criticarão este momento da oração. Irão considerá-lo alumbrado, não evangélico e incompatível com os que não vivem os conselhos evangélicos da castidade, obediência e pobreza.

No entanto, a corrente dos espirituais continuará afirmando que a oração tem um cimo, um ponto de chegada, um cume. A Teresa caberá identificar de maneira mais clara estes pontos, delinear nomes, momentos, modalidades.[63] Identificará com riqueza de detalhes a quietude, o recolhimento, a união com Deus, o noivado e o matrimônio espirituais, sempre relacionando-os com a ética e o princípio do amor.

Chegando até aqui, e perfilados os pontos principais da corrente que chegará a Santa Teresa, é o momento de parar e buscar o grande conflito que se desenhará no horizonte de compreensão e vivência do

---

[62] GRANADA, Luis de. *Libro de la oración y meditación*. BAE VIII, p. 157 (T.A.).
[63] Cf. ANDRES, *Los recogidos...*, p. 624.

mistério de Deus. Este horizonte será descrito a seguir como contraposição entre "razão" e "espírito".

8. Horizonte de compreensão e vivência do Mistério de Deus: espírito e razão unidos

Desde o século XV, em parte devido à inflação de discussões de escolas e à técnica racional escolástica, é criada a Teologia Ascética e Mística, significando uma separação entre escolástica e mística, entre o aparato da ciência teológica e a busca de uma percepção fruitiva da fé. Surge uma linha pietista, em que autores espirituais sustentam a vida fervorosa das pessoas, nutrindo seus tratados com o "lugar" experiência espiritual, e propõem uma mística desta experiência, mais que uma mística dos mistérios sustentada pela Sagrada Escritura, pela liturgia e pela teologia escolástica.[64]

Os espirituais da via do recolhimento dificilmente podem ser enquadrados dentro desta linha pietista. Eram, em geral, letrados, sem contudo valorizar o conhecimento intelectualista de Deus. Por exemplo, para Osuna, proceder segundo ambas as teologias, a escolástica e a mística, significa ter "duas mãos direitas". Do mesmo modo pensam também Bernardino de Laredo e Bernabé de Palma. Para Laredo, é grande dignidade ter mística e escolástica ao mesmo tempo; segundo Palma, chega-se ao conhecimento de Deus por ciência catedrática e por meditação e contemplação, ambas ajudando-se mutuamente para que o conhecimento seja perfeito.[65]

Também alcançam harmonia entre entendimento e vontade, embora ensinem que o entendimento, como caminho para ir a Deus, é limitado, enquanto o afeto pode dilatar-se e incendiar-se sem limites:

> Nosso entendimento nos leva a Deus para que o conheçamos [...]; mas o amor nos tira de nós para que nos coloquemos no que amamos. Ele entra no mais secreto de nós, onde o conhecimento não entra.[66]

---

[64] CONGAR, *La fe y la teología*, p. 240.
[65] Cf. ANDRES, *La teología española...*, p. 99.
[66] OSUNA, *Tercer Abecedario...*, p. 589-591.

A via do recolhimento leva a Deus por uma ciência que os sábios deste mundo não alcançam, daí o limite do entendimento. Chamam tal caminho de sabedoria, ciência saborosa: "por ela os homens sabem o sabor de Deus".[67] A distinção franciscana entre saber (*scire, cognoscere*) e saborear (*sapere*) é recorrente. É também saber profundo e apaixonado.[68]

Na segunda metade do século aparece nos espirituais uma posição mais anti-intelectualista que anti-intelectual, em franca reação contra aqueles que os consideravam incompetentes nos terrenos do espírito e ineptos para guiar as almas pelos caminhos da oração.[69] O exemplo abaixo, de São Pedro de Alcântara, o indica. Escreve ele a Santa Teresa, indignado pelo fato de ela haver solicitado o parecer de um letrado sobre um assunto referente ao seguimento do conselho evangélico da pobreza:

> Espantou-me que Vossa Mercê tenha colocado sob o parecer de letrados o que não lhes compete; sobre a perfeição de vida não se deve tratar a não ser com os que a vivem.[70]

Embora sejam acusados de anti-intelectualismo, os espirituais são, na verdade, entusiastas da oração e da vida contemplativa. Eles querem estimular a oração que aprofunda o amor e provoca a conversão. A conversão, estão convencidos, não vem das ciências e do estudo (que tantas vezes levam ao orgulho), mas da oração, do amor e do serviço.

Os intelectuais, por sua vez, nutrem em relação aos espirituais uma opinião desfavorável e intransigente. A antinomia entre homens de letras e homens de espírito, neste momento, decisivo da história da Europa, não é apenas uma divergência de pareceres. Um especialista a viu como "luta de classes", que se acentua à medida que a Reforma avança, e abarca tanto católicos quanto protestantes.[71]

---

[67] OSUNA, *Tercer Abecedario...*, p. 238. Cf. também todo o capítulo 2 do trat. 6.
[68] Cf. ANDRES, *La teología española...*, p. 148.
[69] ALVAREZ, *Santa Teresa y los movimientos...*, p. 421-422.
[70] SANTA TERESA. *Obras completas*. Madrid: BAC, 1959. Apêndice ao t. III, "Letras recibidas", p. 832 (T.A.).
[71] MARQUEZ, Antonio. *Los alumbrados; orígenes y filosofía*. Madrid: Taurus, 1980. p. 125.

Santa Teresa é, ao mesmo tempo, vítima e protagonista neste contexto conturbado. Vítima porque é mulher e espiritual e, segundo ela, "iletrada" – dois adjetivos que a desqualificam e a fazem objeto de suspeita. Protagonista por suas posições muito claras de dar especial importância às "letras" e aos "letrados". Teresa buscou sempre a opinião dos teólogos para fundamentar e verificar se sua experiência era "conforme as Escrituras". Fugiu dos confessores "semiletrados", que, segundo ela, mais confundem do que ajudam e, entre confessores santos e iletrados, não deixou de demonstrar que, na impossibilidade de haver coincidência de santidade e letras na mesma pessoa, sua preferência recaía sobre quem possui letras.[72] Por outro lado, vai surpreender o leitor com sua tenacidade apostólica em levar os teólogos à vida espiritual,[73] numa atitude profética que intui o recrudescimento do racionalismo.

Conclusões

Vida e obra de Teresa transcorrem num entrelaçamento histórico-teológico que possibilita que nossa autora beba das fontes da espiritualidade patrística e medieval em um contexto moderno e renascentista, através dos espirituais espanhóis. Não devemos nem podemos a-historicizar Teresa e sua experiência de Deus.

Os espirituais correspondem à nova espiritualidade que responde à sede de interioridade e encontro com Deus, segundo o sentir coletivo da Espanha do seu tempo. Teresa herda o anseio de toda uma geração de aproximar-se do mistério de Deus por experiência. Concomitantemente, herda uma antropologia que possibilita a compreensão e expressão desta experiência religiosa, herda a certeza da possibilidade da experiência de Deus, um trajeto, um caminho, uma cristologia. Receberá desta corrente todo um marco experiencial que a ajudará a interpretar sua própria experiência. Lê livros, põe-se em contato com autores contemporâneos, busca conselhos. Enfim, sua experiência não se desenvolverá no vazio, mas segundo várias balizas doutrinais e práticas mais

---

[72] Cf. V 13, 16-19.
[73] Cf. V 12, 4.

ou menos definidas e com algumas convergências semânticas com os movimentos heterodoxos.

Teresa diferencia-se dos espirituais de maneira mais evidente na sua cristologia, muito mais radical e definida. Também percebe que a sua experiência sobrepassa a tradição experiencial dos espirituais. Em *Moradas* vemos como nossa autora tem consciência do essencial que a diferencia dessa corrente: seus autores tratam mais sobre o que a *pessoa pode fazer* na oração e pouco do que *Deus faz*.[74] Ou seja: Teresa tem a audácia de falar *sobre* Deus.

Outra diferença com os espirituais contemporâneos a ela é que o seu horizonte de racionalidade será o de integração entre razão e espírito, consciente, no entanto, de que a razão não é capaz de conter toda a novidade da ação de Deus. Não será este o horizonte vencedor. Veremos, a seguir, por onde ia a corrente teológica dominante e os pontos em que haveria enfrentamentos que influenciariam de alguma maneira o contorno da doutrina teresiana.

---

[74] Cf. 1 M 2, 7.

Capítulo 2

A corrente neoescolástica e os conflitos entre as correntes de espiritualidade

Introdução

A vida de Santa Teresa transcorre em um entrelaçamento instigante de correntes de espiritualidade. A corrente dos espirituais, em que se insere Teresa, interage e contrasta com a corrente neoescolástica. É o que veremos neste capítulo, que destaca a Escola de Salamanca, centro irradiador da neoescolástica no transcorrer da vida de nossa Doutora. Dentre seus protagonistas, alguns foram importantes interlocutores de Santa Teresa e censores oficiais da Inquisição.

A neoescolástica nos revela o horizonte de pensamento de nossa autora pela via do conflito, dos contrastes, das diferenças, dos confrontos, das controvérsias e das disputas. O contexto de Santa Teresa é tecido por apostas realizadas num mundo em transformação, em que as linhas que delimitam o certo e o errado, o permitido e o proibido, o ortodoxo e o heterodoxo são tênues, por vezes mesclando-se, outras vezes separando-se e chocando-se. No tempo de Teresa de Jesus, a construção do pensamento e das propostas de vida cristã tem um alto preço, podendo chegar à própria vida.

1. A Escola de Salamanca

A Escola de Salamanca foi o principal centro revitalizador da escolástica no século XVI. Alcançou grande projeção teológica e eclesial, com teólogos influentes no Concílio de Trento. Foi também principal foco de irradiação da escola tomista, com a adoção da *Suma teológica* de Santo Tomás como livro-texto em 1530 e o desenvolvimento de importantes comentários de partes dela.[1]

A importância da Escola de Salamanca deve ser situada dentro do contexto mais amplo da primeira metade do século XVI espanhol, com a vitalidade das reformas e observâncias, do humanismo, erasmismo e Protestantismo, da crítica à teologia escolasticista, do retorno à Bíblia e do movimento paralelo em outros centros universitários, como Alcalá, Valladolid, Valência, Baeza, Gandía, e um grupo numeroso de teólogos.[2]

A nova escolástica, nascida em Salamanca, resistiu por mais tempo e em espaço geográfico mais amplo do que aquela escolástica de Santo Tomás e Duns Escoto. Os dominicanos do Convento de Santo Estêvão (Salamanca) monopolizaram a primeira cátedra – *de prima* – desta universidade durante todo o século, sobressaindo os nomes de Francisco de Vitória (†1546), Melchor Cano (†1560), Domingo de Soto (†1560), Mancio de Corpus Christi (†1575), Bartolomé de Medina (†1580) e Domingo Báñez (†1604). Domingo de Soto teve importante papel nos debates sobre a doutrina da justificação, em Trento, tendo escrito vários comentários interpretativos do Decreto da Justificação (DH 1520-1583).

---

[1] CONGAR, Y. *La fe y la teología.* Barcelona: Herder, 1981. p. 333-334. BELTRÁN DE HEREDIA, Vicente. *Controversia "De certitudine gratiae" entre Domingo de Soto y Ambrosio Catarino.* Salamanca: Imp. Diocesana Calatrava, 1941. Id. *Domingo de Soto; estudio biográfico documentado.* Salamanca: Biblioteca de Teólogos Españoles, 1960. p. 177-180. FERNANDEZ ALVAREZ, Manuel (dir.). *La Universidad de Salamanca I;* historia y proyecciones. Salamanca, 1989. FUSTER, Sebastián. Escolástica. In: *El Dios cristiano; diccionario teológico.* Salamanca: Secretariado Trinitario, 1992. p. 440-447.

[2] Cf. ANDRES MARTIN, Melquiades. *La teología española en el siglo XVI.* Madrid: BAC, 1977. v. II, p. 345-376.

1.1. Relação com Santa Teresa

A maioria dos dominicanos citados anteriormente participaram da história de Santa Teresa, de maneira direta ou indireta. De maneira indireta, por suas ideias, estão Domingo de Soto, por sua doutrina sobre a graça, vitoriosa em Trento, e Melchor Cano, por sua influência doutrinal como teólogo da Inquisição em questões sobre a oração mental, o Iluminismo e o luteranismo.[3] Diretamente, citados textualmente por Teresa, como amigos e confessores, temos Mancio de Corpus Christi, Bartolomé de Medina e, de maneira especial, como censor inquisitorial do *Livro da Vida*, como confessor que ordena a redação de *Caminho de Perfeição* e como censor de *Conceitos do Amor de Deus*, Domingo Báñez.[4]

Se considerarmos também os dominicanos detentores da segunda cátedra e substitutos na Universidade de Salamanca, encontramos amigos e confessores da santa como João da Peña, Diego de Chávez e Vicente Barrón.[5]

Dentro da Escola de Salamanca é possível encontrar, no século XVI, dois momentos históricos ou duas escolas. O término do Concílio de Trento (1563), com a implantação de seus cânones, e o crescimento da utilização da metafísica na metodologia teológica são alguns dos principais pontos de inflexão entre ambas. Fazem parte da primeira escola Francisco de Vitória – seu iniciador –, Melchor Cano e Domingo de Soto; Mancio de Corpus Christi constitui uma linha divisória; Bartolomé de Medina e Domingo Báñez pertencem à segunda escola.

---

[3] Cf. ALVAREZ, T. Santa Teresa y los movimientos espirituales de su tiempo. In: *Estudios Teresianos*. Burgos: Monte Carmelo, 1995. v. I, p. 405-446. Também: CABALLERO, Fermín. Censura de los Maestros Fr. Melchor Cano y Fr. Domingo de Cuevas sobre los Comentarios del Catecismo Cristiano y otros escritos de Fr. Bartolomé de Carranza [Amberes 1559]. In: *Conquenses Ilustres II. Vida del Ilustrísimo Melchor Cano*. [Madrid 1871], Apêndice 58, p. 536-615.

[4] Cf. R 4 A/B e 4, 11, em particular. Báñez foi o censor inquisitorial do *Livro da Vida*. Cf. "Censura del Pe. Domingo Báñez en el autógrafo de *Vida*", publicado em: SANTA TERESA DE JESUS. *Obras completas*. Madrid: EDE, p. 305-309. Teresa inicia e termina a redação dos dois códices de *Caminho de Perfeição* evocando a licença recebida por Frei Domingo Báñez para escrevê-lo e seu possível papel de censor: CE Pról. 1 e 73, 6; C Pról. 1 e 42, 7. Sobre *Conceitos do amor de Deus*, ver a nota 9 relativa a CAD 7, 10, da edição que utilizamos, que traz o parecer de Báñez.

[5] Cf. R 4, 8.

1.2. A unidade teológica da primeira escola

A primeira escola de Salamanca abriu novos caminhos teológicos e espirituais. Buscou na teologia uma unidade entre escolástica, teologia moral, teologia positiva e espiritualidade. A orientação é mais antropocêntrica e o método teológico buscava harmonizar especulação e uso de fontes bíblicas e patrísticas. Há sistematização teológica dos temas de espiritualidade e um clima de reforma espiritual e teológica. A oração é tema para Domingo de Soto, para Francisco de Vitória e para Melchor Cano. Aliado a isso, a primeira geração de Salamanca provém da corrente de reforma espiritual e teológica, de inspiração savonaroliana, promovida entre os dominicanos.[6]

A concepção do homem como imagem de Deus, e da lei natural como participação da lei eterna, bem como a integração do estudo teológico à vida político-social, levaram a importantes consequências no campo da teologia moral. Sobressai o nome de Francisco de Vitória, que inaugura o direito internacional e o direito dos povos, num tempo de escravidão e conquista, sendo exemplo da medida das responsabilidades humanas e cristãs do teólogo.[7]

Encontramos assim cristalizado na primeira escola de Salamanca um esforço de várias gerações de revitalização da escolástica e reversão do processo de fragmentação da teologia em especialidades, já em marcha desde o fim da Idade Média, e ao final vitorioso.

Com relação à espiritualidade afetiva, que enfatiza a experiência de Deus, no entanto, não foi Salamanca o *locus* privilegiado de reflexão. Ao contrário, para esses catedráticos a oração é ato do entendimento, não da vontade. Por mais incrível que possa parecer, a questão da espiritualidade provocará uma crise que atingirá a corrente dos espirituais.

---

[6] Cf. ANDRES, *La teología española...*, p. 300-333 e 576-582. Id. *Historia de la mística de la edad de oro en España y America*. Madrid: BAC, 1994. p. 313-314 e listagem da p. 163. FUSTER, Sebastián. Escolástica. In: *El Dios cristinano; diccionario teológico*. Salamanca: Secretariado Trinitário, 1992. p. 444. ALVAREZ, Santa Teresa y los movimientos..., p. 413-415. Também: BELTRÁN DE HEREDIA, Vicente. *Las corrientes de espiritualidad entre los dominicos de Castilla durante la primera mitad del siglo XVI*. Salamanca: BTE, 1941. p. 19.

[7] Cf. CONGAR, *La fe e la teología*, p. 334 e nota 8. Também: ANDRES, *La teología española...*, p. 298; 356-381 e 460-507.

1.3. O caminho tradicional e clássico: espiritualidade baseada na prática das virtudes e no desenraizamento dos vícios

A progressiva aceitação da *Suma teológica* de Santo Tomás fez com que se buscasse a doutrina da *Secunda Secundae* como caminho de ir a Deus, praticando as virtudes e desenraizando os vícios. Essa doutrina se reflete nas sumas morais, nos livros de confessores e de sacramentos, nos catecismos e nos sermonários, editados desde o fim do século XV, e cristaliza-se como caminho de espiritualidade tradicional e clássica.

Propõe-se um ascetismo metódico rigoroso como meio de perfeição, na observância da regra, dos votos, dos ritos e cerimônias, praticadas com a intenção que teve a Igreja ao instituí-los e sancioná-los. As escalas de atos e os exercícios graduados e repetidos formam o hábito, chegando-se à prática das virtudes teologais e cardeais, desterrando no homem algumas tendências e vícios. Quer seguir o caminho seguro, trilhado pelos santos. Entre os dominicanos, o autor mais conhecido é João da Cruz. A via tradicional defende a oração vocal, estima a oração discursiva metódica e, às vezes, a oração afetiva ou de recolhimento.

Nessa tendência, transparece uma postura antimística, que se opõe ao exercício da oração mental e contemplativa. Surge uma defesa da oração oficial da Igreja diante do que pudesse derivar do Protestantismo ou alimentá-lo.[8]

1.4. O reducionismo teológico da segunda escola

O curso dos acontecimentos verá um fechamento progressivo à mística. A segunda escola de Salamanca será bem diferente da primeira.[9] Com Felipe II como rei da Espanha (1557) se imprime um selo de

---

[8] Cf. ANDRES, *La teología española...*, p. 292-312 e 603-604. Também: PABLO MAROTO, Daniel. *Dinámica de la oración*. Madrid: Editorial de Espiritualidad, 1973. p. 105.

[9] Cf. PABLO MAROTO, Daniel de. Santa Teresa y el protestantismo español. *Revista de Espiritualidad* 40 (1981) 277-309. Id. *Dinámica de la oración*, p. 95-97. ANDRES, *La teología española...*, p. 298-299, 311-312, 612-627. Também: GARCIA ORO, José. Reformas y Observancias: crisis y renovación de la vida religiosa española durante el Renacimiento. *Revista de Espiritualidad* 40 (1981) 191-213. ALVAREZ, Santa Teresa y los movimientos..., p. 427-429.

ortodoxia e repressão religiosas, abandonando-se qualquer atitude conciliadora com relação aos luteranos, erasmistas ou alumbrados.

No terreno teológico-espiritual, dois acontecimentos visibilizarão uma atitude de suspeita e perseguição com relação à corrente da espiritualidade afetiva ou mística: o Índice de Valdés e a detenção do Arcebispo Carranza, pela Inquisição, em virtude do seu livro *Comentarios sobre el catecismo cristiano*. No campo eclesial, termina o Concílio de Trento em 1563. Com isso, os teólogos retornam às suas cátedras e os bispos às suas dioceses, e começa a aplicação dos cânones da reforma. A anterior reforma católica espanhola transforma-se em contrarreforma, resposta à Reforma Protestante.

A segunda escola de Salamanca vai ocupar-se dos temas tratados em Trento, seguindo a segurança doutrinal oferecida pelas decisões conciliares. Bartolomé de Medina e Domingo Báñez, sendo este o metafísico por excelência da segunda escola de Salamanca, ocuparão a cátedra *de prima*.

O emprego da metafísica entra fortemente no ambiente espanhol, especialmente a partir de 1580, em detrimento da teologia positiva. A escolástica especulativa do italiano Cayetano é adotada, e esta "caetanização" da segunda escola de Salamanca faz com que se considere a *scientia de Deo et de verbus divinis* como *scientia conclusionum* e se discorra mais sobre os princípios de fé e verdades da razão do que sobre o conteúdo neles revelado. O discurso argumentativo toma, por ponto de partida, a Sagrada Escritura como concretização literária da Revelação. Nesse sistema, a Bíblia entra no lugar dos primeiros princípios aristotélicos, que governam as ciências segundas ou derivadas.

Do ponto de vista da teologia moral, a partir de Bartolomé de Medina, os moralistas se creem obrigados a fazer uma opção entre os diferentes sistemas: probabilismo, probabilionismo e equiprobabilismo. A atitude de espírito se torna mais jurídica que teológica. Instaura-se uma moral casuística, entendida como obrigação legal e não como derivada da existência cristã.

Cf. GONZÁLEZ MONTES, A. *Fundamentación de la Fe*. Salamanca: Sec. Trinitario, 1994. p. 314-316. Também: CONGAR, *La fe e la teología*, p. 334.

Do ponto de vista da espiritualidade, aumenta o contraste entre as orientações ascética e mística.

1.5. Deus como mistério cognitivo

O mistério de Deus limitou-se às realidades que, embora façam parte da Revelação e estejam na Bíblia, são logicamente não explicáveis. Assim, o sistema de pensamento neoescolástico reduz a noção do mistério de Deus.

A disputa *de auxiliis*,[10] entre a liberdade e a graça, é um bom exemplo desta redução. Do lado do pensamento tomista, é o dominicano Domingo Báñez o principal defensor. Sua argumentação é fundada na total primazia de Deus como causa primeira e, como consequência, a dependência da criatura com relação a Deus e a inexistência de passividade em Deus. Rejeita-se, assim, como falso, todo conhecimento que contradiga os princípios dessa sã filosofia. É mistério o que ultrapassa o limite do pensamento, o que não pode ser explicado por sistema dedutivo, mesmo que seja contraditório, como o problema da predestinação e da iniciativa do homem para o mal.

Na questão da predestinação aparece o problema de compatibilizar, por um lado, a vontade universal de salvação; por outro lado, outros textos que revelam a predestinação de alguns escolhidos. Se Deus "quer que todos [os homens] sejam salvos e cheguem ao conhecimento da verdade" (1Tm 2,4), e a vontade e o conhecimento divinos são causa primeira e eficaz, como explicar a revelação de Deus em Rm 9,13: "Amei mais a Jacó do que a Esaú" e outras alusões do Novo Testamento (1Cor 9,27; 2Cor 13,5; 2Tm 2,20 e Mt 7,23)? Báñez reconhece que há um mistério, não criado pela teoria do homem, mas pela revelação de Deus.

---

[10] *De Auxiliis (gratie)* foi uma congregação especial instituída pela Santa Sé para que tomistas (dominicanos, protagonizados por Domingo Báñez, op) e molinistas (jesuítas, protagonizados por Luis Molina, sj) se entendessem sobre as questões da graça e da liberdade humana. Os debates e discussões duraram nove anos, tendo por conclusão a proibição a ambas as partes de se acusarem mutuamente de heresia. Cf. CONGAR, *La fe e la teología*, p. 335. Para um resumo desta disputa, ver: FORTMAN, Edmund J. *Teología de Dios*. Santander: Sal Terrae, 1969. p. 317-327.

Sugere que a dificuldade reside em tentar chegar a uma compreensão demasiadamente profunda do mistério.

Diante do mistério que a razão não pode explicar, resta aceitar a revelação como desígnio inexplicável. O mistério não é mistério de salvação, mas sim mistério cognoscitivo, um problema, uma impossibilidade de pensamento, uma verdade incompreensível e imune à crítica. A reflexão sobre Deus perde sua polifonia, sua contrapartida em teologia espiritual e sua perspectiva trinitária.

Além disso, acontece outra coisa: a perseguição e a invisibilização do pensamento discordante.

1.6. A exteriorização do Cristianismo

O empobrecimento da reflexão sobre Deus reflete-se no âmbito da espiritualidade. O Cristianismo passa a ser religião extrínseca à subjetividade. Os elementos de autoridade e exterioridade são reforçados. O triunfo do racionalismo e, sobretudo, o medo da Igreja Católica em sucumbir à heresia luterana geraram a exteriorização do Cristianismo e o estilo polêmico e apologético. Coube aos místicos seguir seu caminho, valorizando a subjetividade, considerando sua experiência em suas reflexões, apostando no espírito, o centro da alma, como raiz de todas as possibilidades, agente que harmoniza corpo e alma numa unidade.

Acontece uma situação paradoxal. A invisibilização do tema da espiritualidade afetiva em termos dogmático-teológicos, fruto da fragmentação e redução escolásticas, torna possível a convivência justaposta, não oficial, da escolástica metafísica com a admiração pela mística.

Assim, não é de estranhar que o grande metafísico Domingo Báñez fosse amigo pessoal e confessor de Santa Teresa já na fase plenamente mística, sem interferir em seu processo espiritual. Até mesmo reverencia Teresa como mulher extraordinária – não como as outras mulheres –,[11] corrigindo de maneira muito pontual as afirmações doutrinais de

---

[11] Teresa é, para Báñez, um caso especial de mulher, como atesta no processo de beatificação de Teresa, relatando o encontro entre ele e outro dominicano, João de Salinas, no qual este lhe pergunta quem era aquela "tal Teresa de Jesús" de quem ele [Báñez] era tão "devoto". Báñez sugere que ele a conheça pessoalmente. Cf. Biblioteca Mística Carmelitana – BMC, v. 18, Burgos,

nossa autora sobre a graça, adaptando-as segundo os cânones de Trento. Não é que Báñez se opusesse ou discordasse da mística teresiana; simplesmente esta não influía no seu sistema de pensamento, uma vez que a escolástica não se dedicava a refletir sobre a experiência mística. No entanto, a mística é aceita como graça extraordinária, como mais um mistério que não cabe ao homem explicar, e da qual Báñez desconfia bastante, em especial se se trata de mulheres.

Sinal de que a espiritualidade era considerada inferior com relação à teologia foi o evento que viveu o primeiro biógrafo de Teresa, o jesuíta Francisco de Ribera. Professor em Salamanca, teve inúmeras dificuldades em obter permissão do Geral da Companhia de Jesus para escrever a biografia da Doutora Mística. O Geral julgava haver tarefas teológicas mais sérias e importantes, como os comentários aos profetas bíblicos, do que dedicar-se à vida das beatas.[12]

Se a teologia dogmática se fecha nesse proceder, tendo-o por único, é difícil o diálogo entre ela e a espiritualidade. Esta propõe o conhecimento de Deus por experiência, ou seja, uma maneira indutiva de falar de Deus.

2. Confronto com a corrente dos espirituais

A mística não será apenas invisibilizada pela teologia, mas confrontada e combatida. A tendência intelectualista, encabeçada pela primeira escola de Salamanca, é assumida oficialmente nas atividades inquisitoriais. Será posto em marcha o movimento antimístico, ou antimisticismo.

1934, p. 9-10. Também é atestado que Báñez respeitava com devoção os êxtases acontecidos com Teresa em sua presença, quando lhe dava a comunhão. Suas censuras de *Vida* e *Conceitos do amor de Deus* são favoráveis a Teresa, mas não se lhe pode escapar a desconfiança com relação à possibilidade da experiência mística exteriorizada nas visões e revelações desta mulher. Cf. "Censura del Pe. Domingo Báñez en el autógrafo de *Vida*".

[12] Cf. ALVAREZ, T. El ideal religioso de Santa Teresa de Jesús y el drama de su segundo biógrafo. In: *Estudios Teresianos*. Burgos: Monte Carmelo, 1995. v. I, p. 573-615. Ribera se dedica a inúmeras páginas sobre as visões e revelações na Sagrada Escritura e na tradição para justificar a redação da biografia de Santa Teresa. Cf. RIBERA, Francisco de. *La vida de la madre Teresa de Jesús* (Salamanca, 1590). Madrid: Librería de Francisco Lizcano, 1863. p. 1-28.

2.1. Dois acontecimentos fundamentais do movimento antimístico

Dois acontecimentos ilustrarão a atitude de suspeita e perseguição com relação à corrente da espiritualidade afetiva ou mística.[13]

O primeiro fato, a detenção (1559) e o processo movido contra o dominicano Frei Bartolomé de Carranza, Primaz da Espanha e Arcebispo de Toledo, por heresia. Carranza representava, dentro da Ordem Dominicana, juntamente com Luís de Granada, o movimento dos espirituais. O processo é movido pelo Inquisidor-Geral Fernando de Valdés contra sua obra *Comentarios sobre el catecismo cristiano*. O censor oficial, autor da *Censura*, é Melchor Cano, codificador do método teológico da Escola de Salamanca. Nesta obra, a agressividade e a paixão alcançarão índices elevadíssimos. Expressões que hoje não apresentariam problemas são tachadas pelo teólogo censor como perigosas para o povo, heréticas, luteranas, doutrina de alumbrados etc.

O segundo acontecimento é o *Índice de Livros Proibidos*, ou *Índice de Valdés*, de 1559. Segundo o decreto de Valdés, que abre a listagem dos livros proibidos, o Índice busca conter erros e doutrinas consideradas escandalosas, suspeitas e incompatíveis com a fé católica. Dita que ninguém, de nenhum estado, dignidade ou ordem, mesmo que seja cardeal, bispo ou arcebispo, pode ler nenhum dos livros do Índice.

O Índice responde aos problemas pastorais espanhóis referentes à conservação da pureza da fé: Protestantismo e heresia, doutrinas afins, conversos judeus e muçulmanos, superstições populares, necromancia, cabalística e astrologia, erasmismo, livros de espiritualidade suspeitos em língua vulgar, bíblias em romance. Estão no Índice treze edições consideradas errôneas da Bíblia latina, onze do Novo Testamento e todas as versões do Antigo e do Novo Testamento em língua vulgar ou

---

[13] Cf. ALVAREZ. Santa Teresa y los movimientos..., p. 427-429. PABLO MAROTO, Santa Teresa y el protestantismo..., p. 288-289. Id. *Historia de la espiritualidad cristiana*. Madrid: Editorial de Espiritualidad, 1990. CABALLERO, Fermín. Censura de los Maestros Fr. Melchor Cano y Fr. Domingo de Cuevas sobre los Comentarios del Catecismo Cristiano y otros escritos de Fr. Bartolomé de Carranza [Amberes 1559]. In: *Conquenses Ilustres II. Vida del Ilustrísimo Melchor Cano*. [Madrid 1871], Apêndice 58, p. 536-615. ANDRES, *La teología española...*, p. 616-622.

castelhana. Permanecem apenas as Bíblias em grego, hebraico, caldeu e a Vulgata latina.

A orientação contra a espiritualidade afetiva e recolhida evidencia-se nas obras em língua castelhana proibidas. Dentre os autores estrangeiros constam as seguintes obras traduzidas: Tauler (*Instituciones*), Herp (*Teología mística* ou *Espejo de perfección*), Fermo (*Obras espirituales*), Rickel (ou Dionisio Cartujano, *De los cuatro postreros trances*), Savonarola (*Exposición del Pater noster*).

Entre os espanhóis encontram-se no Índice quase todos os grandes autores espirituais, todos lidos, conhecidos ou admirados por Santa Teresa: Francisco de Osuna (*Gracioso convite*), Bernabé de Palma (*Via spiritus*), Luís de Granada (*Libro de la oración y meditación*; *Guía de Pecadores*), São João de Ávila (*Avisos y reglas cristianas sobre aquel verso de David: Audi, Filia*), São Francisco de Borja (*Obras del cristiano*), Bartolomé de Carranza (*Comentarios al catecismo cristiano*). Isso significa que entram no Índice: um jesuíta famoso, Francisco de Borja; um sacerdote secular com grande e conhecida atividade pastoral em Andaluzia, o Padre João de Ávila; o codificador da via do recolhimento e místico franciscano mais editado: Francisco de Osuna; os dominicanos partidários da espiritualidade afetiva: Granada, escritor popular e muito editado, e o Arcebispo Carranza.

2.2. Efeitos produzidos pelo Índice de Livros Proibidos na mística

O Índice provocou forte impacto depressivo entre editores, livreiros e autores de livros de espiritualidade, seguido de uma retomada criativa.[14] São João de Ávila queimou muitas páginas manuscritas. Sua obra, *Audi, filia*, bem como o famoso *Libro de la oración y meditación*, de Luís de Granada, foram retocados pelos próprios autores ou seus auxiliares, a mando dos teólogos dos tribunais eclesiásticos. São Francisco de Borja esclareceu notarialmente quais eram seus livros e quais não.

---

[14] ANDRES, *La teología española...*, p. 542-625.

Um depoimento de época descreve o efeito da proibição na vida espiritual e no ambiente social da cidade de Granada:

> Os tíbios tiveram um bom pretexto para serem mais tíbios e os que buscavam a virtude esmaeceram [...]; estamos em tempos em que se predica que as mulheres voltem às suas rocas de fiar e a seus rosários, e não se dediquem mais às devoções.[15]

Após o desconcerto inicial, a vida mística continuou seu rumo, independentemente da ideia dos autores do Índice, seguindo as linhas traçadas por Osuna, Laredo e Palma. Os livros de Luís de Granada, tanto novos como os que, tendo constado no Índice, foram revisados, mantiveram edições continuadas, o mesmo acontecendo, embora postumamente, com as obras de João de Ávila. São posteriores ao Índice as obras-cume da mística espanhola, as de Santa Teresa e de São João da Cruz.

Santa Teresa menciona o Índice de Valdés quando escreve *Vida*, em 1565. Trata-se de um discreto, porém doído, comentário rememorativo:

> Senti muito quando se proibiu a leitura de muitos livros em castelhano, porque alguns me deleitavam, e eu não poderia mais fazê-lo, pois os permitidos estavam em latim.[16]

A sorte de Teresa, no entanto, é que uma voz interior lhe assegura: "[...] não sofras, eu te darei um livro vivo".[17]

Do ponto de vista da espiritualidade, desencadeia-se uma separação cada vez maior da teologia oficial. Autores não são citados ou fontes são omitidas, salvo sejam autores clássicos indiscutidos como Santo Tomás, ou autores estrangeiros que não constam no Índice. A influência da mística nortenha – alemã e flamenca – cresce. Por outro lado, independentemente da postura oficial adotada, não poucos membros do Santo Ofício e altas personalidades da Igreja aceitam e veneram

---

[15] NAVARRO, sj, Pedro. Apud ANDRES, *La teología española...*, p. 626.

[16] V 26, 5.

[17] Ibidem. Para um comentário sobre a "sorte" de Teresa, cf.: ALVAREZ, T. Santa Teresa maestra de vida espiritual. In: *Estudios Teresianos.* Burgos: Monte Carmelo, 1996. v. III, p. 333-351.

místicos e beatas e toleram respeitosamente, nessas últimas, manisfestações de fatos extraordinários menos sóbrios.

A vitória antimística não foi apenas espanhola, mas europeia – Roma, Genebra, Paris e Londres.

Quem não percebeu essa mudança foi vítima dela. Santa Teresa o percebeu perfeitamente – sua expressão "son tiempos recios", tempos difíceis, refere-se a essa crise. Para ela, nunca o século XVI foi visto como "século de ouro". Teresa possuía em si todos os atributos para uma condenação: ser mulher, ser espiritual, ser de ascendência judia, ser escritora... Além de que dava lições de vida espiritual a teólogos que, em princípio, possuíam o monopólio da teologia e das ciências espirituais. Sofreu, em vida, ação inquisitorial duas vezes, por motivos ambientais – clima de desconfiança, oposição, suspicácia em relação à sua pessoa – e doutrinais – conceitos e terminologia, ensinamentos, especialmente sobre sua prática da oração. Seu primeiro livro, *Vida*, permaneceu no Santo Ofício doze anos e, depois de sua morte, teve sua obra estudada pelos que a queriam condenar por alumbradismo ou iluminismo.[18] Por mais inacreditável que possa parecer, a obra de Teresa desenvolve-se em pleno movimento antimístico.

2.3. Disputas sobre espiritualidade

A disputa que se estabelece é entre a espiritualidade tradicional, baseada na aquisição de virtudes e desenraizamento dos vícios, e a vertente mística da espiritualidade. A primeira insiste mais nos hábitos, busca livrar a pessoa da tirania das paixões, dotando-lhe de equilíbrio e serenidade racional baseada na prudência. A segunda insiste mais nas

---

[18] Cf. LLAMAS-MARTINEZ, Enrique. Teresa de Jesús y los alumbrados. Hacia una revisón del "alumbradismo" español del siglo XVI. In: EGIDO MARTINEZ, Teófanes; GARCIA DE LA CONCHA, Víctor; GONZALEZ DE CARDEDAL, Olegario (dirs.). *Actas del Congreso Internacional Teresiano*. Salamanca, 1983. v. I, p. 137-168. Do mesmo autor: *Santa Teresa de Jesus y la Inquisición española*. Madrid: Cons. Sup. de Invest. Científicas, 1972. Também: HUERGA, Alvaro. *Historia de los alumbrados (1570-1630)*. Madrid: Fund. Universitaria Española, 1978. II, p. 159-166. Em língua portuguesa: PEDROSA-PÁDUA, Lúcia. Vida e significado de Santa Teresa. In: PEDROSA-PÁDUA, L.; CAMPOS, M. B. (orgs.). *Santa Teresa;* mística para o nosso tempo. São Paulo/Rio de Janeiro: Reflexão/PUC-Rio, 2011. p. 28-29.

raízes espirituais da pessoa que vai praticá-la, a ascese não tem sentido fora da mística. Junto à espiritualidade tradicional, foram defendidos os ritos, cerimônias, obras externas e demais manifestações do Cristianismo popular diante dos alumbrados, erasmistas e alguns espirituais.[19]

Uma das causas da virulência do confronto pode ser encontrada na linguagem comum ao luteranismo, erasmismo, alumbradismo e mística. Todos utilizam conceitos semelhantes: amor de Deus na pessoa, espírito, ritos, oração mental e vocal, união e transformação, graça e pecado, certeza da graça, amizade com Deus, salvação, natureza e graça, homem e Deus, fé e obras, sacramentos e seus efeitos. Em torno desses temas desenvolve-se um clima de verdadeira flutuação e insegurança em certos grupos. Com o tempo, as correntes e os grupos vão sendo perfilados em seus conceitos, linguagem, antropologia, teologia. Os escolásticos considerarão várias expressões dos espirituais como suspeitas de serem alumbradas, erasmistas e protestantes.

Há três pontos especialmente conflitivos entre os espirituais e os teólogos da Escola de Salamanca.

2.3.1. Primeiro conflito: a oração oferecida às mulheres, aos pobres, aos iletrados e aos leigos

O movimento dos espirituais baseia-se no fato da criação à imagem de Deus. Por isso todos são chamados à perfeição, sem distinção de estado: sacerdotes, religiosos, casados e solteiros; de sexo: homens e mulheres; de estudo: letrados e ignorantes; e de situação social: ricos e pobres. Algumas obras de mulheres, como Santa Ângela de Foligno, Santa Matilde e Santa Catarina de Sena são reeditadas e suas vidas apresentadas como modelo, até mesmo para os homens.

Os espirituais não temem os abusos e apresentam uma antropologia otimista. O recolhimento serve a todos: ao escrivão, ao carpinteiro, ao pintor, ao filósofo,[20] aos casados, aos pecadores, às mulheres.

---

[19] Cf. ANDRES, *La teología española...*, p. 540-568.
[20] Cf. ibidem, p. 207.

Essa universalização gerará conflitos, especialmente a prática da oração pelas mulheres, pelas pessoas sem letras e pelos homens leigos casados, "que têm mulher ao lado". O conflito foi detectado por Osuna, autor espiritual, franciscano, lido por Teresa, como mostra o texto abaixo:

> Algumas pessoas não podem suportar que um exercício tão delicado como a oração possa ser comunicado a pessoas envolvidas em pecado, dadas aos deleites carnais e entremetidas nos negócios mundanos, e dizem que aqueles que têm mulher ao lado mal podem pensar em Deus.[21]

Os espirituais defendem as mulheres, apesar do forte condicionamento social ao qual às vezes também eles sucumbem.[22] A predisposição de suas obras com relação às mulheres é mais positiva e as referências a elas são muitas.

Podemos imaginar o impacto e a simpatia que certamente essas leituras, feitas no tempo da juventude, provocaram em Santa Teresa. Osuna, por exemplo, em resposta às objeções que se faziam contra a oração aberta a todos, responde: "[...] eu não escrevo nem aconselho este exercício [oração] a não ser aos que guardam os mandamentos de Deus, quem quer que seja".[23] Para Laredo, em livro lido por Santa Teresa, as mulheres confundem os homens:

> [...] só a experiência pode dar a entender o assunto da oração [...]; Deus não se esconde às mulheres, para maior confusão de varões tão barbudos, tão tíbios, tão temerosos, tão frouxos e tão dignos de digna repreensão.[24]

A experiência espiritual pode ser atestada entre leigos. Osuna toma o exemplo dos que parecem causar maior repugnância e contradição em seu tempo histórico, os mercadores e negociantes:

---

[21] OSUNA, *Tercer Abecedario...*, p. 278 (T.A.).
[22] Cf. DOBHAN, Ulrich. Teresa de Jesús y la emancipación de la mujer. In: EGIDO MARTINEZ, Teófanes; GARCIA DE LA CONCHA, Víctor; GONZALEZ DE CARDEDAL, Olegario (dirs.). *Actas del Congreso Internacional Teresiano*. Salamanca, 1983. v. I, p. 121-136.
[23] OSUNA, *Tercer Abecedario...*, p. 278 (T.A.).
[24] LAREDO, Bernardino de. Subida del monte Sión. Introd. de J. B. GOMIS. In: *Místicos Franciscanos Españoles II*. Madrid: BAC, 1948. p. 205 (T.A.).

Vi mercadores de grandes fazendas e negócios que, vivendo sem pecado mortal, tomaram por coisa principal o recolhimento da alma, e tiraram disso tanto proveito que eu me espantava e louvava [...] ao Senhor, que não faz acepção de pessoas e prefere corações dispostos à sua graça.[25]

Criticando o monopólio da vida de oração pelos homens consagrados, Osuna remete a São Bernardo, que perguntava: "Porventura Deus é apenas dos solitários? Não, por certo ele é de todos [...]".[26]

Não se receia selecionar textos bíblicos em que uma mulher é colocada como sujeito em quem Deus se revela em espírito e verdade, e modelo na qual Deus lê a todos sua verdade, como faz Laredo com a samaritana:

Assim hão de adorar os verdadeiros adoradores, não sobre o monte da Samaria, onde se ignoram a si mesmos [...] e negam a Jesus Cristo; uns em vaidade, sem verdade e sem espírito; outros em orgulho e soberba, e todos em vanglória. Sei que esta é a lição que o Doutor da verdade leu a todos nós através daquela mulher, junto ao poço de Samaria.[27]

Osuna, por sua, vez, chama a cananeia (Mt 15,27) de grande oradora.[28] Não faltam alusões a Deus como mulher que amamenta, na contemplação.[29]

Para os místicos, as mulheres são seres plenamente capazes de oração. *Audi, filia* foi escrito para uma mulher, e seu autor, João de Ávila, promovia grupos de catecismos e grupos de mulheres.[30]

Frei Luís de Granada, em carta dirigida ao Cardeal Carranza, comenta que o inquisidor Fernando Valdés é "inimigo de coisas de contemplação para mulheres de carpinteiros".[31] Assim, faz lembrar àquela

---

[25] OSUNA, *Tercer Abecedario...*, p. 438 (T.A.).

[26] OSUNA, *Tercer Abecedario...*, p. 281 (T.A.).

[27] LAREDO, Subida..., p. 114-115 (T.A.). Cf. Também: OSUNA, *Tercer Abecedario...*, p. 280.

[28] Cf. OSUNA, *Tercer Abecedario...*, p. 525.

[29] ANDRES, *La teología española...*, p. 216, nota 29.

[30] Cf. ROS GARCIA, Salvador. *Juan de Ávila y Teresa de Jesús;* el valor de una carta. Avila: Centro Internacional Teresiano-Sanjuanista, 1998. p. 56. (fotocop.)

[31] FREI LUÍS DE GRANADA. *Obras*. Ed. J. Cuervos. p. 440 (T.A.).

sociedade dividida por preconceitos que Maria, a mãe de Jesus, foi esposa de um carpinteiro...

Pedro de Alcântara alerta Teresa de que os ensinamentos de Cristo não são diferentes para homens e mulheres, como mostra sua carta a ela endereçada: "Se vossa mercê quer seguir o conselho de Cristo de maior perfeição em matéria de pobreza, siga-o, porque ele *não se deu mais aos homens que às mulheres*, e fará com que tudo saia bem".[32]

A posição dos codificadores da via do recolhimento e dos espirituais não agradava a todos. Para grande parte da sociedade e dos teólogos, a mulher deveria silenciar-se em tudo o que fosse relacionado aos mistérios da fé.

Para Luís de Maluenda, mulher, ensinamento, doutrina e Sagrada Escritura são realidades não relacionadas e sequer relacionáveis:

> A mulher, por mais sábia que seja, com relação aos mistérios da fé e da Igreja ponha um cadeado de silêncio na boca. Pois o que os antigos disseram é certo: a joia que mais embeleza a mulher é o cadeado de silêncio às portas de sua boca para todas as práticas e, particularmente, para os mistérios de santidade, e não ser mestra de doutrinas das Santas Escrituras.[33]

Apesar do grande número de beatas e mulheres que buscavam a espiritualidade, o preconceito com relação às mulheres com fama de santas era forte. Alguns nomes se tornaram negativamente famosos: a beata Isabel da Cruz, mestra e dogmatizadora do movimento dos alumbrados; Maria de Santo Domingo, ou a "beata de Piedrahita", dominicana rebelde à hierarquia da Ordem, cuja experiência envolvia êxtases e revelações; e Madalena da Cruz, abadessa clarissa que simulou durante anos sua experiência interior, associada à ação do demônio.[34] Das mulheres com fama de santas se escreveu: "[...] de fêmea com fama de santa

---

[32] SANTA TERESA. *Obras completas*. Madrid: BAC, 1959, p. 832. Apêndice ao t. III: "Letras recibidas" (tradução e itálico nossos).

[33] MALUENDA, L. *Excelencias de la fe*. (1535). Apud ANDRES, *La teología española...*, p. 558 (T.A.).

[34] Bibliografia ampla ao final do capítulo. Para um resumo: ALVAREZ, Santa Teresa y los movimientos..., p. 418-419.

e de fazer milagres se santigua o bom cristão nestes tempos [...] Não há dama errada que não se tenha por muito correta [...]".[35]

O juízo dos teólogos em relação às mulheres, aos iletrados e leigos era depreciativo, como veremos a seguir.

Francisco de Vitória, em sua cátedra de Salamanca, aborda a questão a partir do comentário à questão 184 da *II-II* de Santo Tomás. Partindo de que a perfeição cristã consiste na caridade, pergunta-se em que consiste o amor a Deus e ao próximo e que classe de amor a perfeição requer. Para este autor, de dois modos uma coisa pode ser perfeita: tendo o que se requer para ser o que é, ou tendo uma certa excelência em sua espécie. Segundo o primeiro modo, é perfeito quem ama a Deus e ao próximo e não peca mortalmente. O segundo modo exige excelência de virtude e de bondade – isto acontece quando se evitam não apenas os pecados mortais, mas também os veniais, segundo Mt 19,21: "[...] Se queres ser perfeito, vai, vende os teus bens, dá o dinheiro aos pobres, [...]".

Para o teólogo, o afeto do homem se atrasa na entrega com totalidade a Deus, tanto através dos pecados veniais como através de muitas coisas lícitas, entre elas a riqueza e a mulher. Mesmo assim, pode-se ser perfeito fazendo-se o propósito de evitar os pecados veniais e de renunciar a tudo nesta vida com afeto, já que não o faz com efeito. O problema que se coloca é que o teólogo não conhece este caso concreto:

> [...] mas há uma dúvida a propósito do que dizeis: que a perfeição consiste no amor de Deus e do próximo. Se isto é verdade, segue-se que há que se deixar de lado os conselhos, pois seria melhor deixá-los e exercitar-se no amor de Deus e do próximo; consequentemente, parece que os conselhos são vãos. Respondo que, sem dúvida, *assim é se me apresentais alguém que ame a Deus, mesmo sem jejuar e tendo esposa. Mas, quem é este homem, e o louvaremos?* Em conclusão, para o estado de perfeição, há apenas que se preocupar dos preceitos.[36]

---

[35] MALUENDA, *Excelencias de la fe...*, p. 558 (T.A.).
[36] VITORIA, *Comentarios a la II-II*. Apud ANDRES, *La teología española...*, p. 561 (tradução e itálico nossos).

Conclusão: não se pode amar a Deus com perfeição e ter uma mulher. Para este importante teólogo, a mulher é um impedimento para o amor perfeito.

O antifeminismo de Cayetano, cuja influência, já vista na segunda escola de Salamanca, foi grande, também é notório. Para ele, talvez tendo em mente a "beata de Piedrahita", assuntos de reforma são coisas dos superiores, não de mulheres, "cuja cabeça é o homem". Chega a afirmar que Cristo não deixou a direção da Igreja a cargo de sua mãe, mas de Pedro e seus sucessores.[37]

O teólogo Melchor Cano não fica atrás. Entre os itens contidos na *Censura* ao *Catecismo* do Cardeal Carranza,[38] que valeu ao cardeal a prisão e o exílio, encontra-se o fato de ele dar a ciência dos sacerdotes, juízes e prelados da Igreja aos homens populares e às mulheres.

Com relação aos leigos em geral, Melchor Cano enfatiza que a universalização da perfeição evangélica é prejudicial para a Igreja e para a sociedade civil. Os populares, segundo ele, não devem se dedicar à contemplação, mas exercitar-se na via ativa, sob pena de desorganização tanto da república quanto das almas.

Cano não aprecia como os espirituais e místicos recomendam a todos o cumprimento dos deveres de estado e confunde, continuamente, espirituais e alumbrados. Para ele, a perfeição está relacionada aos estados de perfeição e a vocação cristã, à profissão. A oração contemplativa demoveria da sociedade espanhola a tradição que recomenda o trabalho manual. Dessa forma, sua posição reforça a tradicional inferioridade e subordinação dos leigos no que diz respeito à vida espiritual. O uso da riqueza e o exercício da liberdade e da sexualidade são contrapostos a uma espiritualidade que integra a contemplação em seu interior.

De maneira semelhante, para o teólogo Domingo de Soto a oração mental é amiga do ócio e inimiga dos que têm que ter vida ativa, ela pertence aos reclusos que se afastaram do mundo no silêncio dos mosteiros.

---

[37] Cf. DOBHAN, Teresa de Jesús y la emancipación de la mujer, p. 126.
[38] ANDRES, *La teología española...*, p. 559ss.

Todo esse preconceito atinge a pessoa e a obra de Teresa de Jesus. Chegou até nós, através do testemunho de Domingo Báñez, a informação sobre o preconceito que o catedrático Bartolomé de Medina tinha sobre Teresa, antes de conhecê-la e tornar-se seu amigo. Para ele, "um tal ir de lugar em lugar era próprio de mulheres à toa". Tais mulheres "melhor fariam se ficassem em suas casas fiando e rezando". O próprio teólogo Báñez não consegue dissimular seu preconceito contra as mulheres ao escrever, no corpo da *Censura* ao *Livro da Vida*, que há no livro "muitas revelações e visões, as quais sempre se deve muito temer, especialmente se são de mulheres, que são mais propensas a crer que tais visões são de Deus e a colocar nelas a santidade".[39]

Frase que se tornaria famosa é a do núncio papal Felipe Sega, que se refere a Teresa de Jesus como "mulher inquieta e andarilha, desobediente e contumaz" e que, além de tudo isso, "inventa más doutrinas, ensinando como mestra e indo contra o ensinamento de São Paulo, de que as mulheres não ensinassem".[40]

Teresa responderá a esse preconceito com seu testemunho de vida e com sua obra. Quando já se havia instalado o movimento antimístico e, com ele, a vitória oficial da desconfiança em relação à mulher, Santa Teresa torna-se um arauto contra o baixo conceito que os homens têm das mulheres e a favor das suas potencialidades.

O seu texto mais feminista, evidentemente censurado, demonstra o seu sentir e pensar. Nele Teresa denunciará a situação das mulheres, sempre "encurraladas" e julgadas incapazes, reprimidas, sem poder falar "algumas verdades que choramos em segredo", desqualificadas pelos "juízes do mundo", que são "todos varões" e não conseguem ver as "virtudes de mulher" sem suspeita.[41] Em seus livros, nossa doutora advogará pelas mulheres de forma habilidosa e proporá não só a elas,

---

[39] Censura del Pe. Domingo Báñez en el autógrafo de *Vida*. In: SANTA TERESA DE JESUS. *Obras completas*. Dir. Alberto Barrientos, com revisão textual, introduções e notas. 4. ed. Madrid: Editorial de Espiritualidad, 1994. p. 306 (T.A.).

[40] Remeto ao meu estudo "Santa Teresa de Ávila. Dez retratos de uma mulher 'humana e de Deus'". In: PEDROSA-PÁDUA; CAMPOS (orgs.), *Santa Teresa; mística para o nosso tempo*, p. 103-129.

[41] CE 4, 1. E também, entre outros, CE 21, 7; 73, 1; V 26, 6. Cf. item 2.1. do Capítulo 8: "Teresa se dirige a Cristo e ao Pai eterno como sacerdotisa e feminista".

mas a todos os seus leitores, sem medo, a prática da oração mental, em seu livro *Caminho de Perfeição*.

Dois movimentos básicos convivem no tempo de Teresa. O primeiro, antifeminista e oficial, que persegue e desconfia de toda "virtude de mulher". E outro, mais favorável, porém perseguido e subterrâneo, que corre o risco de sucumbir a partir de 1559. Esse movimento teve sua gênese no período anterior e possibilitou a continuidade de um protagonismo feminino no terreno da espiritualidade. De maneira especialíssima, possibilitou e nutriu a experiência de nossa autora, acostumada, como todas as mulheres, a se nutrir nos mananciais secretos que fazem viver e a entrever as brechas sutis das possibilidades históricas de expansão e transformação.

A obra de Santa Teresa adquire, ao situar-se no período mais fechado do século de ouro espanhol, um caráter militante, feminista, arriscado e audaz. Gestada em um tempo histórico mais favorável, foi à luz em um momento francamente adverso. Solidária às lutas das mulheres, dos pobres e dos leigos, a vida de Santa Teresa revela como a força do Espírito solicita coragem e que não lhe ponham travas. Assim fez Teresa, cooperando com a irrupção da novidade de Deus.

2.3.2. Segundo conflito: experiência *versus* teologia

Os teólogos da Escola de Salamanca não veem a oração mental com bons olhos.[42] Veem com suspeita o conhecimento por experiência e temem que a oração interior alimente a arbitrariedade teológica e os movimentos heterodoxos, como os alumbrados, luteranos e erasmistas. Por isso, veem a oração vocal como mais segura.

Em seu comentário à q. 83 da *II-II* da *Suma teológica*, Francisco de Vitória recolhe de Santo Tomás que a oração é ato do entendimento e não da vontade. Defende a legitimidade da oração vocal contra a tendência excessivamente interiorista de erasmistas e alumbrados, por

---

[42] Cf. ANDRES, *La teología española...*, p. 566ss.

vários motivos: com ela se excita mais o afeto interior; ela é expressão do homem em sua totalidade, como corpo e alma. Sobre a contemplação, a meditação metódica e a mística, referindo-se à meditação que praticam os monges sem o uso do pensamento, a seu parecer é boa, mas pouco recomendada na Sagrada Escritura e na Tradição dos santos. A verdadeira contemplação é a leitura da Sagrada Escritura, e faz uma cáustica depreciação da oração e dos que não podem lê-la e meditá-la: *qui non possunt studere, orent.*[43]

Melchor Cano, em sua *Censura* ao *Catecismo* do Cardeal Carranza, observa que a oração mental se dá em desfavor das obras e da caridade. Além disso, associa a oração ao alumbramento, pois, para ele, pela oração considera-se que Deus concede o conhecimento das coisas divinas, sem necessidade de escolas, trabalho, livros, universidades, estudos ou do conselho dos homens. Para ele, "se isto é verdade..., fechemos os livros, pereçam as universidades, morram os estudos e demo-nos todos à oração". A democratização da oração mental torna-se concorrente perigosa do saber escolástico.

Outros dominicanos, no entanto, intervêm a favor da oração mental, como Luís de Granada, João da Penha e Carranza. Mas os espirituais, ao enfatizar a oração mental, não desprezam a oração vocal ou a reflexão bíblica. A contraposição é mais evidente em grupos de alumbrados e erasmistas que, em seu afã de interioridade, infravalorizam ou mesmo desprezam a oração vocal.

Santa Teresa, apesar de todo o contexto adverso e das possíveis semelhanças com a heresia, optará firmemente pela oração mental, defendendo-a e ensinando-a, sem menosprezar a oração vocal, as Escrituras ou a teologia.[44]

No pano de fundo do confronto sobre a oração estão a concepção aristotélico-tomista e a concepção platônico-agostiniana do conhecimento, representadas por dominicanos e franciscanos, respectivamente. Ou, em outros termos, entre racionalistas e místicos. Os primeiros objetivam a ciência, entregam-se ao conhecimento das coisas e de Deus

---

[43] VITORIA, *Comentarios a la II-II...*, p. 566.
[44] Cf. ALVAREZ, Santa Teresa y los movimientos..., p. 424-436.

– este é o fim da oração. Nos platônico-agostinianos a subjetividade religiosa não pode ser separada da ciência, cujo objetivo primeiro é a salvação. Para os racionalistas, Deus é um problema; para os místicos, Deus é um mistério.[45]

Do ponto de vista eclesial e social, não é difícil compreender porque a tensão contra a oração mental esteve presente durante dois séculos. O problema teológico é apenas aparente. Trata-se, na verdade, de um movimento popular, que questiona concepções enraizadas, social e eclesialmente, relacionadas à posição da mulher, à função esperada dos leigos, ao papel do Magistério eclesiástico, à ênfase nas obras e atos exteriores, à riqueza e à honra como pilares sociais, e à primazia do estudo e do saber racional como fontes primordiais do conhecimento.

Quando os leigos, as mulheres e os pobres começam a rezar, Deus passa a ser o sujeito de uma especial experiência, conhecido como bondade, amor, presença, mistério de salvação de vidas concretas, fonte e manancial de vida. Abre-se o espaço sagrado a todos, e especialmente descobre-se no interior humano um templo privilegiado de Deus, espaço de liberdade. Embora tal experiência se dê, na corrente dos espirituais, dentro das coordenadas da Sagrada Escritura, da liturgia, da doutrina e da moral da Igreja, ela levanta o temor teológico e eclesiástico e se torna um ponto nevrálgico, capaz de despertar paixões.

2.3.3. Terceiro conflito: a familiaridade com o mistério

Esta disputa está relacionada às anteriores.[46] É travada contra os livros de oração editados em castelhano e acessíveis a todos. Consequentemente, é travada em detrimento de uma das maiores preocupações pastorais dos espirituais: a catequese dos fiéis.

Teólogos opinam que a experiência do mistério de Deus não é tão necessária ao povo católico, que já recebeu a fé, o verdadeiramente necessário é a prática das virtudes. Livros dos espirituais são desqualificados.

---

[45] Cf. PABLO MAROTO, *Historia de la espiritualidad cristiana*, p. 178. Também: CONGAR, *La fe e la teología*, p. 318-320.
[46] Cf. ANDRES, *La teología española...*, p. 571ss.

Muitos se opõem a que homens cultos se dediquem a ensinar os segredos da experiência espiritual a quem, por si só, segundo eles, não pode alcançá-la.

Por sua vez, Melchor Cano defende que o mistério de Deus não pode ser tão familiar ao povo. Por quatro motivos a obra *Comentarios al catecismo*, de Carranza, é julgada prejudicial: por democratizar a teologia e a Sagrada Escritura, estendendo-as ao "povo rude"; por conceder a ciência dos sacerdotes, juízes e prelados da Igreja às mulheres e homens populares; por dar aos mistérios de Deus uma "familiaridade cotidiana", o que reduz sua obscuridade e, em consequência, a atitude de reverência em relação a ele; e por fazer mal às "mulheres e idiotas".[47] A acusação de Cano mostra que o fato de escrever em língua romance traz em si grande e ilegítima pretensão de universalidade da perfeição, ensina a todos o que a poucos convém e promete caminho de perfeição a todos os estados.

A crise antimística durou poucos anos, mas as afirmações de Cano eram repetidas ainda em 1601 na Universidade de Salamanca: os mais secretos mistérios da Sagrada Escritura e os Evangelhos não devem andar pelas praças públicas, o que equivale a fazê-los muito baratos.

Tal argumentação nos reafirma a noção de mistério como algo secreto, privado e elitista. Deus se torna privilégio de um grupo ilustrado, masculino, considerado capaz e em estado de perfeição propiciado pelos votos. Essa privatização seria, segundo tal opinião, a fonte da reverência diante do mistério. Fora dessas características, seria imprudente a aproximação aos mistérios de Deus.

A obra de Teresa será, ao contrário, um convite à familiaridade com o mistério como caminho de vida. O trato contínuo com as coisas de Deus pela oração faz que Deus se revele em sua grandeza, sempre maior. Seu maior assombro é perceber que o Deus transcendente se aproxima de nós, comunica-se e, engrandecendo-nos, mantém o seu mistério.

---

[47] CABALLERO, Fermín. Apud ANDRES, *La teología española...*, p. 573.

3. Neoescolásticos, espirituais e movimentos heterodoxos

Vejamos algumas características de dois movimentos heterodoxos contemporâneos aos espirituais: o alumbradismo e o erasmismo. Eles entrarão em rota de colisão com os neoescolásticos, cuja posição é assumida pela ação inquisitorial.

Ser acusada de alumbrada foi a "sombra" que pairou sobre Teresa, segundo as acusações sofridas na Inquisição; o pensamento de Erasmo de Roterdã, por sua vez, influenciou fortemente o pensamento humanista na Espanha, encontrou pontos de fricção com a neoescolástica, e possui curiosas conexões com a obra teresiana.

3.1. Alumbrados

O alumbradismo[48] é uma heresia original espanhola, geograficamente delimitada. Um movimento pequeno, no qual as mulheres possuíram especial papel magisterial.[49]

O vocábulo "alumbrado" precede o "iluminado" para designar tal seita ou heresia e aparece por volta de 1522 a 1524. O termo é pejorativo, carregado de ironia, inventado pelo povo tradicional e burlesco. Os integrantes deste movimento foram chamados "alumbrados", por dizerem possuir a iluminação interior do Espírito Santo, "deixados", por se deixarem ao amor de Deus, ou "perfeitos", por se situarem no mais alto grau de perfeição cristã. Provalmente, segundo os estudiosos, os próprios alumbrados nunca souberam que o fossem nem o que significava propriamente este nome.

Segundo alguns estudos, pode-se afirmar que os iniciadores do movimento não foram pessoas iletradas, embora fossem julgados como tal pelos teólogos da Inquisição. Tampouco eram visionários. Embora

---

[48] O termo "alumbradismo" foi imputado pejorativamente ao movimento coletivo dos que se julgavam iluminados por Deus e julgado herético. Manteremos a mesma forma na língua portuguesa. Queremos evitar o termo "iluminismo" para não criar confusões desnecessárias com o iluminismo do "século das luzes". A Igreja Católica condenou todo iluminismo, compreendendo o termo, neste caso, no sentido em que pode ser aplicado aos alumbrados.

[49] Ampla bibliografía ao final do capítulo. Especialmente: MARQUEZ, *Los alumbrados...* HUERGA, *Historia de los alumbrados...* ANDRES, *La teología española...*

acusados de quererem reger-se por revelações e alumbramentos divinos, na verdade opunham a revelação objetiva, visível na Igreja, à inspiração pessoal ou alumbramento divino, que para eles carecia de toda manifestação externa.

Não há documento que possa reconstituir o corpo do pensamento dos alumbrados. O Edito de Toledo (1525) contém quarenta e oito proposições julgadas errôneas ou heréticas, extraídas de denúncias concretas sobre pessoas concretas, a partir das quais pode-se extrair um núcleo verídico: a maioria das pessoas denunciadas procediam do meio dos judeus conversos; era a primeira geração pós-inquisitorial; simpatizavam com uma abolição das excessivas cerimônias litúrgicas e sacramentais; inclinavam-se à leitura da Bíblia e à oração mental mais do que às práticas externas da Igreja. O núcleo central e característico deste movimento é o método peculiar de contemplação, o chamado "deixamento", ou abandono em Deus, cuja elaboração e propagação, ao que parece, deve-se à beata Isabel da Cruz.[50]

A doutrina do "deixamento" afirma que, para chegar à perfeição cristã são necessários o elemento divino e o humano, ou seja, a ação de Deus e a impotência do homem. O ser racional não é apenas impotente para o bem, como também é inclinado ao mal. Daí, a necessidade da graça divina, que é amor. A resposta do homem é entregar-se, abandonar-se, deixar-se a Deus. Deus é amor, e sua ação é misericórdia. Logo, quanto mais pecador, o homem é mais objeto da misericórdia de Deus, porque Deus ama mais a quem mais perdoa. O "deixamento" tira o desejo de pecar, pecar é impensável ao verdadeiro deixado a Deus. Cresce a desvalorização do elemento humano ante a soberania de Deus, não aceitam nenhuma ação que não seja por Deus, mesmo que seja ler a Bíblia para consolar-se, fazer a própria vontade, amar a um filho ou a outra pessoa, pois aquele que faz algo para salvar-se perde-se.

A Inquisição perseguiu os alumbrados durante todo um século (1525-1625). Destacam-se os processos inquisitoriais e autos de fé de 1525 em Toledo, e de 1570 em Andaluzia, que tiveram grande

---

[50] Cf. MARQUEZ, *Los alumbrados...*, p. 66-67.

repercussão na sociedade.[51] Ambos os julgamentos aconteceram durante a vida de Santa Teresa.

As obras de Santa Teresa sofreram acusações de alumbradismo. Através das acusações, é possível perceber várias concepções sobre este movimento. Essas concepções levaram a uma interpretação forçada e ideológica de sua obra, segundo as convicções do acusador. Considerando-se que o mesmo pode haver acontecido com outros acusados de alumbradismo, há estudiosos que sugerem uma revisão histórica e doutrinal dessa heresia espanhola.[52]

Até onde é possível depreender dos processos, a espiritualidade dos alumbrados não é cristocêntrica. Entre Deus e o homem não há nenhum tipo de mediação e não há consideração da humanidade de Cristo, que estorva o "deixamento" em Deus. Além disso, os alumbrados não se atêm a nenhum ato exterior litúrgico. São decididamente antissacramentários e a dessacralização do culto é total e sistemática.

Encontra-se nos alumbrados desprezo radical de todo conhecimento racional e acadêmico. A experiência o substitui, e ela é inefável. A teoria do "deixamento" leva ao silêncio absoluto, a uma sabedoria distinta, totalmente contraposta à acadêmica, para conhecer a Deus.[53]

Teólogos atribuíram a raiz do alumbradismo à leitura da Escritura pela gente simples, o que fechou ainda mais a possibilidade de uma leitura mais universal da Bíblia, naquele contexto. A *Censura* de Melchor Cano à proposição 104 de Carranza manifesta o veredicto teológico contra todo iluminismo, compreendido no sentido da iluminação sobrenatural pregada pelo alumbradismo. Para o teólogo, este leva à certeza da graça pela via experimental, um erro semelhante ao luteranismo, que advoga a certeza da graça pela fé.[54]

---

[51] Cf. ibidem, p. 227-235.

[52] Cf. LLAMAS-MARTINEZ, Teresa de Jesús y los alumbrados..., p. 137-168 – traz a sugestão do historiador I. Tellechea de que seria necessário um processo às inversas, quer dizer, "aos juízes do iluminismo, já que em algumas ocasiões os critérios que presidem suas condenações são gravemente comprometedores do ponto de vista da doutrina espiritual, quando não objetivamente falsos" (p. 165-166).

[53] Cf. MARQUEZ, *Los alumbrados*..., p. 167.

[54] Cf. ibidem, p. 168.

3.2. Interpretações sobre o alumbradismo

Há várias interpretações sobre o movimento dos alumbrados entre os estudiosos modernos. Uma delas é a de que os alumbrados são, em seu primeiro momento, uma compreensão errônea da via do recolhimento, desenvolvida em um meio judeu converso, ajudado pelo ambiente espanhol da época, caracterizado pelo amor à interioridade e experiência pessoal.[55] Outra opinião é a de que os alumbrados são parte do iluminismo espanhol, um grupo de origem judia (a primeira geração pós-inquisitorial), de formação conscientemente autodidata e consciente do que falam e predicam.[56] O movimento possuiria também várias conexões com a heterodoxia cristã europeia: com luteranos e begardos e, mais diretamente, segundo o conteúdo das proposições, com valdenses e cátaros. No entanto, não se pode saber em cada caso, isto é, em cada proposição doutrinal, o que os réus realmente defendiam, independentemente do que lhe atribuíam seus acusadores (delatores, teólogos e juízes inquisitoriais).

Ainda outra opinião[57] entra em divergência com as duas anteriores: não aceita que os alumbrados sejam uma corrente malcompreendida da espiritualidade do recolhimento e considera que os alumbrados poderiam ter sido influenciados pelo entusiasmo de Lutero na misericórdia e abandono fiducial aos desígnios divinos – para os luteranos, a fé salva; para os alumbrados, o "deixamento" salva, como sugere o parecer do teólogo Melchor Cano. Mas, principalmente, esta opinião defende a hipótese de que os alumbrados seriam um ramo do monismo popular com reforço neoplatônico, que buscava uma forma de unir-se ao divino por iluminação e fazer parte dele. Eles seriam uma forma da gnosis mística que entra na península ibérica do século XIV ao XVI. Esta espiritualidade não promoveria a personalização, mas a aniquilação da própria consciência individual para chegar a ser o Outro.

---

[55] Esta é a opinião do professor Melquiades ANDRES em *La teología española...*, p. 235.
[56] Trata-se da opinião de Antonio MARQUEZ em *Los alumbrados...*
[57] Opinião de Saturnino LÓPEZ SANTIDRIÁN na sua introdução ao *Tercer Abecedario* de F. de OSUNA (Cf. OSUNA, F. *Místicos franciscanos españoles II Tercer Abecedário*. Introd. y ed. por S. LÓPEZ SANTIDRIAN. Madrid: BAC, 1998. p. 67-78).

Do ponto de vista doutrinal, e até onde é possível fazer juízos sobre um movimento mal documentado, o alumbradismo despreza a noção de Deus trinitário. A ausência da pessoa de Cristo, Filho de Deus, se faz sentir eticamente. Nesse sentido, tal movimento faz parte do grupo das heresias não relacionadas à história, à dinâmica encarnatória da graça, à progressiva Encarnação de Deus na história humana, da qual o Verbo encarnado e a Igreja são consequência teológica e o compromisso ético, um desdobramento natural.

Por outro lado, os alumbrados demonstram imensos desejos de união com Deus, encontrando-a apenas no amor. Canalizam várias preocupações comuns, de modo elementar, e prometem a todos, inclusive leigos, a união suprema com Deus de modo fascinante, seguro, sem intermediários eclesiásticos e sem obras.

A estima dos alumbrados pela interioridade procede possivelmente da tradição conversa e do ambiente religioso da época. Defendiam-se do meio social que os repelia, do meio eclesiástico que não os admitia e da Inquisição, à qual temiam recorrendo à espiritualidade, único campo aberto aos conversos. O movimento atraía também por ser destinado a mulheres, leigos, casados, enfim, a todos. Era um movimento desafiante com relação ao meio. Às mulheres e aos leigos era dado ler, interpretar e ensinar as Sagradas Escrituras.[58]

Vejamos um texto de época, de Melchor Cano, condenatório dos alumbrados:

> Sem letras nem erudição humana, nem magistério, guiados pelo Espírito Santo, era prometida luz para entender, como se Deus lhes houvesse aberto, como aos apóstolos, o sentido de entender a Sagrada Escritura [...] Chamam mulheres e mestres leigos peculiares para que lhes interpretem as Escrituras. E, como isto não é possível de ser feito em templo, publicamente de modo cômodo, encerram a luz do Evangelho em rincões tenebrosos, fato que sempre foi pernicioso, e o é, sobretudo, agora, quando a Sagrada Escritura era exposta a qualquer mulher com as portas fechadas. Ainda mais: também as mulheres expunham a Escritura. Esses conventículos ocultos, que se propunham fazer discípulos

---

[58] Cf. ANDRES, *La teología española...*, p. 257-258.

do Espírito Santo, oxalá tudo tivesse sido verdade, e nós não tivéssemos experimentado o quanto foram danosos[59]

Os círculos dos alumbrados seguiram vivos, apesar das condenações e dos processos inquisitoriais ao longo de todo o século, durante todo o período de supervivência da mística espanhola. As alusões a eles nas obras da época são frequentes, assim como a confusão entre alumbrados e recolhidos.

Tudo isto mostra como foram sérias as acusações do "Tribunal do Santo Ofício" contra Teresa. Foram duas delações durante sua vida e uma tentativa após sua morte, todas por alumbradismo ou iluminismo.[60] O assunto adquire maior gravidade quando sabemos que dois julgamentos de alumbrados ocorreram na Espanha durante a vida de Teresa, e que a suspeita de alumbradismo era precedida por vários escândalos envolvendo mulheres, relacionadas a êxtases e possessões do maligno. Não eram tempos fáceis para o discernimento da experiência de Deus. Teresa padeceu essa dificuldade de discernimento, mas, com o passar do tempo, percebeu em si o dom do magistério sobre a oração. Oficialmente, seu magistério foi reconhecido universalmente apenas no século XX, com a sua proclamação como Doutora da Igreja Universal.

3.3. Erasmistas

O erasmismo na Espanha[61] desenvolve-se rapidamente. Entre 1516, data da publicação da primeira obra em Sevilha, e 1530, são editados

---

[59] CABALLERO, apud ANDRES, *La teología española...*, p. 258 (tradução e itálico nossos).

[60] Cf. LLAMAS-MARTINEZ, *Santa Teresa de Jesús y la Inquisición española*. Id. Teresa de Jesus y los alumbrados... ALVAREZ, T. *Santa Teresa y los movimientos...* Também: BOSCO, Cristina. *Teresa, mujer y ruin*. Madrid: Alderabán, 1998. PEDROSA-PÁDUA, Vida e significado..., p. 25-32.

[61] Para a síntese que apresentamos a seguir utilizamos: ANDRES, *La teología española...*, p. 271-293 e 598-60. Id. La religiosidad de los privilegiados: Santa Teresa y el erasmismo. In: EGIDO MARTINEZ, Teófanes; GARCIA DE LA CONCHA, Víctor; GONZALEZ DE CARDEDAL, Olegario (dirs). *Actas del Congreso Internacional Teresiano*. Salamanca, 1983. v. I, p. 169-198. Também: GONZÁLEZ DE CARDEDAL, O. *La entraña del cristianismo*. Salamanca: Secretariado Trinitario, 1997. p. 205-208. BATAILLON, Marcel. *Erasmo y España*, estudios sobre la historia espiritual del siglo XVI. México/Buenos Aires: Fundo de Cultura Económica, 1966.

dezenove tratados de Erasmo. Sua obra teológica mais transcendente é *Ratio seu methodus compendio perveniendi ad veram theologiam*. Mas foi *Enchiridion militis christiani*, traduzida como *Manual del caballero cristiano*, que indica um caminho prático de ir a Deus, a mais editada, e irá influenciar a mística espanhola, já em curso. Entre os partidários de Erasmo se encontram leigos e clérigos.

Erasmo critica a escolástica como não religiosa, carente do sentido de busca de Deus, que não é encontrado no estudo, mas na oração e meditação. Para ele, a verdadeira teologia é de Cristo, a do Evangelho, de São Paulo, ilustrada por alguns Santos Padres, especialmente os alexandrinos. A escolástica, por sua vez, é dependente da filosofia, racionalista e ordenada à controvérsia, mediante silogismos; não é bíblica nem pastoral e por isso não converte os pagãos nem faz melhores os cristãos, buscando apenas a vitória na disputa, mais que a verdade em si mesma. Erasmo tem em mente a escolástica verbosista parisiense.

Humanista, para ele a doutrina deve ser parenética, simples, popular, acessível a todos, como o Evangelho. Os sermões devem proceder por imagens e parábolas, e não por raciocínio abstrato e desumanizado. O teólogo deve ser piedoso e douto, já que o fim da teologia é fazer crescer na vida espiritual. Além disso, deve conhecer profundamente as artes liberais, as três línguas sagradas, e possuir formação literária. Erasmo detém-se, antes de tudo, na formação científica.

O espírito de retorno às fontes e às raízes do Cristianismo é avivado com Erasmo, que publica a primeira grande edição crítica do Novo Testamento grego. Busca a perfeição na prática da caridade e não na multiplicação externa de atos de culto, dos quais a vida cristã do século XV e inícios do XVI estava inflacionada. Em moral, Erasmo apela à caridade para resolver os casos de consciência, e se afasta com desprezo do casuísmo, muito desenvolvido por influência do nominalismo.

Erasmo recolhe a herança da exegese alegórica medieval e a revitaliza dentro da sociedade renascentista. No conflito entre fé e razão, situa-se na solução ascético-mística agostiniana, adotada por São Bernardo na luta entre dialéticos e não dialéticos no século XII, pelos espirituais franciscanos e místicos renanos nos séculos XIII e XIV, pelos reformados e observantes franciscanos, agostinianos e beneditinos espanhóis, pela devoção moderna do século XV, por Lutero e por Pascal.

O primeiro elemento de sua espiritualidade é o culto em espírito. O cristão deve adorar a Deus em espírito e verdade; por isso as obras, gestos e ações exteriores, o explícito religioso e a colaboração humana são secundários, para as crianças e principiantes, pois servem apenas para conduzir ao interior. Desvaloriza o exterior do homem, o seguimento à humanidade de Cristo. Critica duramente as instituições religiosas, as pessoas consagradas, a escolástica.

O segundo elemento de sua espiritualidade está na liberdade. Ela libera o homem da lei carnal do Velho Testamento, do legalismo da moral casuísta e dos moralistas, das formulações teológicas escolásticas e dos ritos e cerimônias. Não condena as leis morais, quer que elas se ordenem à vida do espírito.

Inimigo de Lutero na contenda do livre-arbítrio e neutro em muitos outros aspectos da disputa protestante, Erasmo acabou por constituir-se numa terceira força entre Roma e Wittenberg.

Até 1527, a Inquisição espanhola foi favorável a Erasmo. Então foi convocado um grupo de professores na cidade de Valladolid para qualificar algumas proposições de Erasmo, fato denominado "Juntas de Valladolid". A partir dessa data, um conjunto de teólogos de várias faculdades o desqualificou como teólogo e como escritor espiritual da via do evangelismo e paulinismo. Começou, então, a ser considerado humanista e exegeta, menos lido e, assim mesmo, como nas palavras de João de Ávila, "com cautela".

Entre os espirituais, a influência de Erasmo se encontra em João de Ávila, João de Zumárraga e em Luís de Granada.

3.4. Teresa e o erasmismo

Não é improvável que Teresa conhecesse pessoalmente alguma das dez edições da tradução castelhana de *Enchiridion militis christiani*, o *Manual del caballero cristiano*, embora também não se possa afirmar este conhecimento. O *Manual* é uma adaptação substancialmente distinta do original, dando margem a que se distinga um erasmismo espanhol com variações, supressões, substituições, ampliações que provocam alterações ideológicas. Entre elas, a suavização de afirmações antieclesiásticas e contra os ritos exteriores, e a relativização do neoplatonismo original.[62]

Teresa nunca cita Erasmo e não há nenhuma evidência que prove uma relação direta entre ambos. Há, no entanto, coincidências verbais e conceituais, em que transparecem a ênfase na vida interior e o humanismo teresiano. Teresa recusa a sobrecarga de atos exteriores, especialmente no relativo às orações vocais não litúrgicas, aos hábitos alimentares e aos jejuns e disciplinas, se comparada a outras Ordens religiosas. Propõe uma transformação na situação da mulher, é neste sentido feminista.[63] Além disso, há uma coincidência entre a crítica de Erasmo aos escolásticos e a de Teresa aos letrados, como em *Conceitos do Amor de Deus*.[64]

No conjunto, e considerando o mais profundo da obra teresiana, encontramos mais divergências que possíveis afinidades entre Teresa e Erasmo, como o binômio carne-espírito, mais dualista em Erasmo; a cristologia, que em Erasmo se afasta das aparências sensíveis em prejuízo do seguimento do Cristo crucificado; a eclesiologia, que em Erasmo é anticlerical e antisacramental, desprezando a vida religiosa e os votos e sendo muito reticente em relação ao magistério eclesiástico; a antropologia, que em Erasmo faz com que a religião se converta em religião de puro espírito. Em seus escritos, Teresa rechaça as teses negativas mais típicas do erasmismo: contra o desprezo da vida religiosa e dos votos, afirma sua importância e vive ela mesma a vocação no Carmelo; contra o desprezo dos ritos e cerimônias, estaria disposta a "morrer mil mortes" pela "menor cerimônia da Igreja".[65] Diante do desprezo pelas imagens e procissões, Teresa se insere na tradição da religiosidade popular e dá especial ênfase à iconografia em suas fundações, além de que a forma e as imagens estão presentes no mundo de suas experiências místicas.[66]

---

[62] Cf. ANDRES, La religiosidad de los privilegiados...
[63] Cf. CE 4, 1.
[64] Cf., por exemplo, CAD 6, 7.
[65] Cf. V 33, 5.
[66] Cf. ALVAREZ, Santa Teresa y los movimientos espirituales..., p. 415-416. Também: ANDRES, La religiosidad de los privilegiados..., p. 186-195.

Mas talvez a maior diferença seja a de que erasmismo e mística encarnam duas atitudes radicalmente diversas sobre as formas de piedade exterior e interior, sobre a mortificação e despojamento interior, sobre a verdadeira sabedoria, sobre os atos extraordinários de Deus na alma, sobre a moral, sobre as exigências de pobreza. Enquanto o erasmismo propõe um ideal cristão de corte intelectual, os místicos e reformadores propõem um Cristianismo de transformação interior profunda, que afeta o ser mesmo da pessoa, não apenas o viver e agir. É a conversão do cristão em Cristo. A redenção não é magistério e imitação de virtudes, mas união e transformação, como os ramos da videira (Jo 15). Nos recolhidos, o ar vital é outro. Aparentemente, a doutrina ascética que propõe nos dois primeiros estágios não se diferencia da ascética tradicional. Mas na realidade eles, em um certo momento da vida interior, não se dirigem tanto aos hábitos quanto ao "eu" profundo, às raízes da pessoa, ao centro da alma, ao mais íntimo, que é o que se une com Deus. Esta dinâmica interior é diferente porque, apenas de maneira secundária, insiste nas virtudes e vícios determinados.

Conclusões

Do ponto de vista formal, tomando por base o parecer dos teólogos e da Inquisição sobre a doutrina teresiana, podemos dizer que Teresa "triunfou" sobre as delações e perseguições inquisitoriais. Não pesou sobre ela nenhuma condenação, apesar das denúncias – todas elas movidas por invejas e disputas internas.

Não obstante, o contexto teológico é preponderantemente adverso à experiência de Deus proposta pelos espirituais. A corrente neoescolástica se apresentará como um formidável contraponto à experiência mística e será oficialmente vitoriosa. Porém, não será capaz de conter a corrente de espiritualidade que atingirá seu ápice na vida e obra de São João da Cruz e de Santa Teresa. Nesse contexto, mesclam-se fortes preconceitos sociais e culturais, o temor de sucumbir à heresia e à busca da verdade pelos caminhos da razão e do espírito.

Apesar disso, é patente a relação de Teresa com vários dos mais reconhecidos teólogos do seu tempo, e a valorização que ela faz do trabalho teológico. Em *Caminho de Perfeição*, por exemplo, convocará suas irmãs à oração por eles, para que tenham discernimento e não sucumbam aos perigos do mundo. Em *Moradas*, afirmará que os teólogos são luz para a Igreja. No entanto, em *Caminho* afirmará que, se eles não tiverem uma força interior, a oração, não merecerão o nome de "capitães". Para ela, o critério para a ação magisterial não é o título ou o posto ocupado na Igreja, mas a fidelidade ao Evangelho, só possível pela relação vital com o Espírito.[67]

É interessante notar que os teólogos serão o arauto da religiosidade tradicional e popular. Freando os ventos humanistas, vão reafirmar uma espiritualidade baseada nos ritos, nas orações vocais prontas e na prática das virtudes. A oração mais nobre era a meditação da Bíblia, mas as Escrituras em vernáculo estavam proibidas e especialmente longe das mulheres, dos pobres e dos casados...

A obra de Teresa adquire grande brilho sobre a noite deste contexto. Ela recolhe a tradição dos espirituais desenvolvida ao longo do século, de uma espiritualidade sincera, de amor para com Jesus, de busca da verdade pessoal diante de Deus, de forte conteúdo bíblico e teológico, sem pietismos infundados ("de devoções tolas, livre-nos Deus"[68]). Uma espiritualidade simples e popular, oferecida a todos, ao mesmo tempo humanista, de um humanismo em que é Deus mesmo quem valoriza e potencializa a todos: mulheres, profissionais, casados, pobres, iletrados. Ela testemunha o auge do desenvolvimento da mística do espaço interior e através dele, do serviço a Deus, ao irmão, ao mundo.

Teresa de Jesus permanece oferecendo-se às gerações posteriores como profetisa das possibilidades humanas do encontro com Deus por pura graça, diante do avanço do racionalismo, da exteriorização do Cristianismo, da exacerbação da autoridade eclesiástica, da sobrevalorização do falar *sobre* Deus em relação ao falar *com* Deus (lembramos a frase de Francisco de Vitória, teológo de Salamanca: "os que não podem

---

[67] Cf. C 3, 3.
[68] V 13, 16.

estudar, que orem"), da restrição da oração, da Bíblia e da experiência de Deus a uma minoria eclesiástica estudada.

As tênues linhas da ortodoxia, os estreitos limites teológicos que levavam à desconfiança com relação à experiência de Deus, a passagem de uma teologia positiva a uma teologia apologética e metafísica formam um contexto que confere à obra de Santa Teresa um caráter militante, feminista, corajoso e profético. Nela encontramos abertura, liberdade, raízes bíblicas, fé viva e tolerância.

Capítulo 3

Influxos teológicos e espirituais imediatos na vida e obra de Santa Teresa

Introdução

As correntes de espiritualidade configuram parte do contexto teológico-espiritual de Teresa de Jesus. Mas apenas elas não nos permitem compreender tudo. Há influências imediatas que complementam este horizonte e ajudam a traçar o marco hermenêutico e ideológico no qual a experiência e a doutrina de Santa Teresa devem ser interpretadas.

Neste contexto imediato de nossa autora estão:

1. Os influxos da *cosmologia*, da *religiosidade popular e familiar* em que Teresa de Jesus estava naturalmente inserida.
2. A influência que o *conhecimento bíblico* exerceu sobre Teresa e a peculiar relação que nossa autora teve com as Escrituras, realidades que a possibilitaram deparar-se com o Deus da Revelação.
3. A influência das *leituras dos Padres da Igreja* na espiritualidade teresiana: São Jerônimo, São Gregório Magno e Santo Agostinho.
4. As *noções sobre Deus* presentes no contexto de Teresa, mas só descobertas à medida que sua atividade literária e sua experiên-

cia espiritual impactam e envolvem outras pessoas; essas serão percebidas no *zelo pela ortodoxia das obras teresianas* e nos principais *conselhos dos confessores* que efetivamente a ajudaram em sua vida espiritual.

1. Cosmologia e religiosidade popular

A obra de Santa Teresa está mesclada de elementos procedentes das mentalidades coletivas daquele mundo que necessariamente a condicionou.[1]

1.1. O espírito de sacralização

O século XVI é caracterizado por um espírito de sacralização envolvente, no qual a fé em Deus possui um caráter óbvio. Na cidade de Teresa, Ávila, um sentido de sacralização universal da vida era mantido pelos eventos religiosos. O sagrado, o mistério, Deus, envolvia os tempos e ritmos da cidade, através das manifestações da religião. Os cultos em várias Igrejas, a celebração das festas dos santos patronos, sermões, novenas e profissões religiosas formavam um ambiente onde se falava de Deus e se ouvia sobre Deus. Teresa escreverá em sua autobiografia: "De falar de Deus e ouvir sobre ele nunca me cansava".[2]

O ambiente de sacralização em que se movia Teresa contrasta com a autonomia do mundo que foi se formando na Modernidade. A percepção do espaço, do tempo e do ambiente não delineia fronteiras entre o natural e o transcendente, entre as realidades sobrenaturais e as naturais. O tempo pode ser medido pelo "espaço de uma Ave-Maria",[3] o

---

[1] Ver este tema em: LLAMAS, E. Santa Teresa de Jesús y la religiosidad popular. *Revista de Espiritualidad* 40 (1981) 215-252. EGIDO, Teófanes. Presencia de la religiosidad popular en Santa Teresa. In: EGIDO MARTINEZ, Teófanes; GARCIA DE LA CONCHA, Víctor; GONZALEZ DE CARDEDAL, Olegario (dirs.). *Actas del Congreso Internacional Teresiano*. Salamanca, 1983. v. I, p. 197-228. E em nível da teologia das sétimas moradas: MAS ARRONDO, Antonio. *Teresa de Jesús en el matrimonio espiritual*. Avila: Institución Gran Duque de Alba, 1993. p. 292-361.

[2] V 8, 12 e também V 3, 1; 6, 2. 4.

[3] V 38, 10; 4, 7; R 1, 23.

ritmo das estações se adapta aos ciclos do Advento, Natal, Quaresma e Páscoa, ou às festividades do dia.[4]

A morte adquire um relevo especial dentro da mentalidade coletiva. Afinal, a esperança de vida não ultrapassava os vinte e seis anos de idade. O momento da morte como investida final do duelo entre Deus e o demônio, os sacramentos finais, o purgatório, as orações pelos mortos, tudo isso faz parte da religiosidade comum, da mentalidade da época.[5]

1.2. A crença nos demônios

O ambiente sacralizado está em permanente luta contra os demônios, cuja ação, segundo São Gregório Magno, em *Morales*, era permitida por Deus. A amplitude da ação do diabo quase era do mesmo nível que a influência do próprio Deus. A figura do demônio, como personificação do mal que engana as almas, ocupa um lugar relevante nos escritos de espiritualidade do século XVI.[6]

A crença na existência do diabo não é apenas um elemento do imaginário popular. Ela se insere numa visão de mundo, numa cosmologia. Segundo essa visão, o poder do mal, personificado pelo demônio, escraviza os que sucumbem à sua ação, devendo ser objeto de constante luta e vigilância. Teólogos, homens cultos, pastores, predicadores e hierarquia participam desta mentalidade e se deixam impressionar.

Junto a esta visão de mundo surgem também superstições amplamente compartilhadas pelo ambiente. Obras importantes de autores cultos o demonstram, e também a popularidade que tais obras alcançam. Exemplo delas é *Disquisiciones mágicas*, de Martín del Río. Teólogo jesuíta, catedrático de Salamanca, comentarista do Livro do Eclesiastes e de Sêneca, descreveu detalhadamente sobre o poder do demônio e sobre as cerimônias do pacto diabólico. Seu livro era consultado por teólogos e juristas.

---

[4] Cf. EGIDO, Presencia de la religiosidad..., p. 202.
[5] Cf. ibidem, p. 224-227.
[6] LLAMAS, E. Santa Teresa de Jesús y la religiosidad..., p. 237ss.

Menendez Pelayo, em seus estudos, apresentou Martín del Río, não sem uma dose de ironia.[7] Observa que, para del Río, o poder do demônio é grande. Não pode deter nem impedir o curso celeste e o movimento das estrelas, nem arrancar a lua do céu, como os antigos acreditaram. No entanto, segundo del Río, ele poderia mover a terra, desencadear os ventos, produzir e acalmar as tempestades, lançar o raio, secar as fontes, dividir as águas, estender as trevas sobre a face da terra, engendrar os minerais nas suas entranhas, exterminar os rebanhos, levar os rebanhos de um lugar a outro, tirar seus servidores do cárcere, e procurar para eles honras e dignidades, mas não dinheiro (rara distinção), ao menos que não seja moeda falsa e de material de baixa lei.

Sobre encantar animais, como serpentes e touros, o teólogo del Río atribuía ao demônio grande poder. Admite monstros e demônios súcubos e íncubos. O demônio faz com que se pareça o que realmente não é. Por alta permissão de Deus, os magos podem fazer falar as bestas e podem trocar os sexos. Tudo isto o autor afirma com exemplos e testumunhos. Há uma longa classificação dos demônios, na qual desfilam os seres sobrenaturais de toda mitologia, grega, oriental e setentrional, desde os espíritos ígneos, aéreos, terrestres e subterrâneos, até os lucífugos, inimigos do sol e outros.

Até sobre a visibilidade do demônio del Río se pronuncia. O demônio pode mover um cadáver e aparecer nele, ou formar um corpo dos elementos, não apenas do ar, pois nem sempre aparece em forma de vapor, mas às vezes em corpo sólido e palpável. E que, se agora não são tão frequentes as aparições do demônio como antigamente, para del Río é por haver crescido tanto a perversidade humana que o inimigo já não necessita meios tão extraordinários para vencer-nos.

Pelayo mostra também o que fala Martín del Río sobre feitiçarias e superstições. A doutrina sobre o malefício é dividida em sonífera, amatória, hostil, de fascinação, de ligadura, incendiária etc. Em todos os malefícios, costuma-se proceder por ervas e unguentos. E também pelo alento, por palavras, ameaças, deprecações e por outros ritos mais

---

[7] Cf. MENENDEZ PELAYO, Marcelino. *Historia de los heterodoxos españoles.* Santander: Aldus, 1947. v. IV, cap. Artes mágicas, feitiçarias e superstições nos séculos XVI e XVII, p. 366-370.

horrendos e sanguinolentos, tais como o infanticídio, a sucção de sangue e até a profanação da hóstia consagrada. Longamente, del Río discute se o malefício amatório pode forçar a vontade ou apenas o apetite.

Del Río descreve inúmeras adivinhações, distinguindo-as escrupulosamente das profecias. Segundo Pelayo, del Río nomeia as adivinhações com nomes inventados por ele, que era grande helenista e termina com um minucioso tratado sobre as provas ilícitas para se descobrir as bruxas.

A última parte do livro de del Río é prática e legal, um tratado de procedimentos para os juízes em causas de feitiçaria e manual de avisos para os confessores. Nessa parte, são descritos os indícios, testemunhos e provas das feitiçarias; aconselha-se fazer o menor uso possível do tormento e, mesmo assim, só em casos de grave necessidade, e propõe-se uma escala gradual de penas. Na opinião de Menendez Pelayo, a contribuição de del Río é regularizar o procedimento com certa benignidade, sempre relativa.

Outra obra famosa é *Malleus Maleficarum* e *Reprobación de las supersticiones y hechizerías*, de Pedro Sánchez Ciruelo, catedrático de Salamanca e Alcalá, que também aceita o pacto com o diabo e os malefícios.[8]

Segundo Ciruelo, feitiçarias, superstições e conjuros eram públicos por aqueles tempos. Na *Reprobación de las supersticiones y hechizerías* (Salamanca, 1556) o autor aceita a existência do pacto com o demônio e fala sobre como enganam aqueles que o fazem. Para ele, na Espanha daquele tempo apareciam pessoas tidas por muito sábias que, por algum pacto que faziam com o diabo, esse entrava nelas em certos dias e horas e movia a língua dessas pessoas de tal forma que todos se maravilhavam: não apenas os leigos e homens simples, mas também prelados e grandes senhores, letrados, juristas, grandes filósofos e teólogos. E estes, que deveriam resistir a tais malefícios, iam atrás dos que faziam o pacto com o demônio, como bobos, a ouvir as coisas que aqueles diziam.

Junto com as teorias demoníacas, há também as ilustrações expressivas que ilustram livros como *Los Morales*, de São Gregório, *Flos*

---

[8] ANDRES, M. *La teología española en el siglo XVI*. Madrid: BAC, 1977. v. II, p. 254-255.

Sanctorum, algumas *Vitae Christi*, e as esculturas presentes em diversos ambientes.[9]

Na obra de Teresa, de acordo com o seu contexto, encontramos referência a figas,[10] água benta,[11] cruzes,[12] santos e anjos[13] contra os demônios. Mas não devemos nos fixar nesta leitura. À medida que sua vida mística amadurece, nossa autora se torna muito crítica com relação à noção de demônio presente em seu ambiente: "[...] não entendo estes medos".[14] Segundo ela, a verdade e o amor, vindos de dentro da pessoa, são o melhor combate ao demônio, não as figas e a água benta, que vêm de fora. Com sua inteligência sagaz, a doutora da Igreja chega a dizer que tem "mais medo dos que temem muito o demônio do que dele mesmo". O motivo? "Ele [o demônio] não me pode fazer nada, ao passo que aqueles [os que temem o demônio], especialmente se são confessores, trazem muita inquietação."[15] Essa expressão revela como Teresa percebeu perfeitamente que, por medo ou em nome do que se chamava "demônio", alguns oprimiam e manipulavam as pessoas, em especial as mulheres.[16]

1.3. A religiosidade comum: cultos, ritos e festas

Sua experiência mística não pode ser desvinculada da vivência da religiosidade comum, baseada nos cultos, ritos e festas. Desde a infância, aprende de sua família a dimensão da participação litúrgica – mesclada com as tradições populares, como nas ocasiões do Natal –, o acatamento da fé e da liturgia da Igreja, a leitura da Bíblia e a veneração da Eucaristia, o amor às imagens, as devoções, a confiança e a oração

---

9 Cf. EGIDO, Presencia de la religiosidad..., p. 207.
10 V 29, 5-6.
11 V 31, 4-5, 9-10.
12 V 29, 6; 25, 19; 2 M 1, 6.
13 V 27, 1.
14 V 25, 22. Cf. V 25, 20-21.
15 V 25, 22.
16 Cf. PEDROSA-PÁDUA, Lúcia. Os demônios estão soltos. Sobre as ameaças do nosso tempo. In: GARCIA RUBIO, A.; AMADO, J. P. *Espiritualidade cristã em tempos de mudança*. Contribuições teológico-pastorais. 2. ed. Petrópolis: Vozes, 2010. p. 193-214.

aos santos, a relação terna e confiante para com a Virgem, a meditação da Paixão do Senhor, a devoção à água benta.[17]

A vida de Teresa testemunha sua devoção mariana: as orações comuns e a oração do Rosário, ensinados pela mãe; a confiança com que, diante da morte da mãe, suplica com lágrimas que Maria fosse sua mãe,[18] e outros acontecimentos narrados em sua vida. O mesmo se pode dizer de sua devoção aos Anjos e Santos, como protetores e intercessores. Maria e os Santos serão objeto de várias experiência místicas, descritas especialmente no *Livro da Vida* e nas *Relações*.

A religiosidade de Ávila era profundamente cristã. As famílias educavam seus filhos nos grandes mistérios da fé, sendo que a leitura do *Flores Sanctorum* e de *Vitae Christi* era uma ocupação cotidiana. Talvez despertassem, nos jovens e nas jovens leitoras, o entusiasmo pela figura de Jesus, assim como acontecia o entusiasmo com a leitura dos livros de cavalaria e seus protagonistas.[19]

Não apenas na sociedade abulense,[20] mas na espanhola, destaca-se, no contexto da piedade popular, a piedade cristológica. Nela encontra-se uma rica iconografia, imagens de Cristo, quadros e estampas, xilogravuras do *Flos Sanctorum* e *da Vita Christi*. Procissões e quadros plásticos da Semana Santa e *Corpus Christi*. Destes últimos muitos podiam ser encontrados no Convento da Encarnação, onde Teresa viveu dos vinte aos quarenta e sete anos de idade, retornando mais tarde como priora por mais um triênio. Toda uma paisagem iconográfica refletia o sentimento religioso e artístico da imaginária espanhola, "mais humilde e devota e muito mais próxima do sentimento religioso popular que a italiana ou flamenga". Desse ambiente Teresa fixará o ciclo da Encarnação e da infância de Jesus, mas, de maneira especial, o ciclo pascal.[21]

---

[17] CASTELLANO CERVERA, Jesus. Teresa di Gesú nel suo ambiente spirituale. In: BORRIELLO, L. *Teresa d'Avila; una donna di Dio per il mondo di oggi.* Napoli: Ed. Dehoniane, [1982]. p. 25-78.

[18] V 1, 7.

[19] Cf. LLAMAS, E. Teresa de Jesús y su encuentro con Cristo. Una constante en su biografía. *Religión y Cultura* 26 (1980) 791-819 – aqui, p. 799.

[20] Abulense é a pessoa que nasce na cidade de Ávila (N.E).

[21] Cf. ALVAREZ, Tomas. Jesucristo en la experiencia de santa Teresa. In: *Estudios Teresianos.* Burgos: Monte Carmelo, 1996. v. III, p. 11-43 – aqui, p. 14.

As procissões surgem como culto, nem sempre ou não exatamente correspondente ao tempo litúrgico; formam-se confrarias penitenciais na Semana Santa que seguem a imagem do Crucificado.[22] Assim, oração e arte vão sendo caminhos de penetração do mistério de Cristo.

"Amiga de imagens", Teresa gostava de mandar pintar a imagem do Senhor em muitas partes.[23] A iconografia, para ela, apoia a noção do ser humano imagem de Deus, e de Deus esculpido no seu interior, revelando íntima relação entre vida mística e plástica. O místico busca expressar de forma concreta os seus conhecimentos; da mesma maneira, em sentido inverso, pode-se afirmar que a vivência de uma autêntica religiosidade popular propulsou e concedeu sua força à vida mística teresiana.[24]

Todo este ambiente religioso condicionará a reflexão e experiência teresianas, sua divisão do tempo, sua concepção da vida como luta entre o bem e o mal, entre Deus e os demônios, e sua experiência mística, que trará vários elementos deste imaginário. O mistério de Deus será experimentado dentro das coordenadas históricas e do horizonte cultural de Teresa.

2. Teresa de Jesus e a Bíblia: o conhecimento do Deus bíblico

Levantaremos aqui os elementos que permitem configurar a experiência teresiana de Deus como uma experiência mediatizada e permeada pela Bíblia e, ao mesmo tempo, expressa em termos bíblicos.

2.1. Contextualização histórica

Uma breve contextualização histórica situa com mais propriedade a relação de Teresa com as Sagradas Escrituras.

---

[22] ANDRES, *La teología española...*, p. 91, nota 18.
[23] Cf. V 7, 2; 22, 4.
[24] LLAMAS, E. Santa Teresa de Jesús y la religiosidad..., p. 233-236. A relação entre a iconografia e a teologia teresiana nas sétimas moradas foi tratada com detalhes por MAS ARRONDO, *Teresa de Jesús en el matrimonio espiritual*, p. 292-361.

O movimento de reforma espiritual do século XVI, que vimos no primeiro capítulo, foi acompanhado pela busca da leitura e meditação da Bíblia. Os livros espirituais trazem inúmeros textos da Sagrada Escritura e conteúdos bíblicos.

Destaca-se neste sentido o livro *Vita Christi*, escrito no período medieval (entre 1348 e 1368), que teve grande difusão na Espanha ao ser traduzido em castelhano em 1502-1503, com o título *Meditações da Vida de Cristo* ou *Vita Christi Cartuxano*, por ter por autor o cartuxo Landulfo da Saxônia. Teresa o leu, citou-o em sua autobiografia[25] e o indicou nas suas *Constituições*. Esse livro propõe um método de meditação cristocêntrica. Na tradução castelhana, o texto foi reordenado pelo tradutor, Frei Ambrósio de Montesino, conforme o ano litúrgico. Servia, assim, à preparação das festas litúrgicas. Serviu também para alimentar a vida de oração e ainda possibilitou a Teresa uma certa formação bíblico-espiritual e litúrgica. Para a santa, que não fazia uso pessoal da Bíblia em castelhano, o *Cartuxano* era o seu Evangelho.[26] Só ele já bastaria para explicar a cultura bíblica de Teresa.

O *Tercer Abecedario*, do franciscano Francisco de Osuna, também toma seus materiais mais importantes da Sagrada Escritura, junto com as obras dos Santos Padres. Interpreta os textos de uma forma alegórica e simbólica, segundo a formação escriturística do autor na Universidade de Alcalá, cuja doutrina relativa aos sentidos da Escritura foi fixada no prólogo da Bíblia Poliglota complutense: "[...] o sentido literal ensina os fatos; o sentido alegórico, o que deves crer; o moral, o que deves fazer; o anagógico, para onde tender" – *littera gesta docet; quid credas allegoria, moralis quid agas; quo tendas anagogia*".[27]

O Cardeal Carranza, testemunha privilegiada da polêmica quanto à Bíblia em língua vernácula, comenta em seu *Catecismo* que o uso da Bíblia em língua castelhana já levantava temores bem antes da proibição

---

[25] V 38, 9.

[26] Cf. GIOVANNA DELLA CROCE. La Vita Christi di Landolfo di Sassonia e Santa Teresa D'Avila, *Carmelus* 29 (1982) 87-110.

[27] Cf. MUÑIZ RODRIGUEZ, Vicente. *Experiencia de Dios y lenguaje en el Tercer Abecedario Espiritual de Francisco de Osuna*. Salamanca: Universidad Pontificia, 1986. DE LUBAC, H. *Exégese Médiévale. Les quatre sens de l Ecriture I.* Paris: Aubier, 1959. p. 23. ANDRES, *La teología española...*, p. 63-76.

LÚCIA PEDROSA-PÁDUA

definitiva de 1559. Segundo ele, a Espanha editou Bíblias em castelhano na época em que as três religiões – cristã, judaica e muçulmana – eram praticadas uma ao lado da outra. Após a expulsão dos judeus, tais Bíblias foram proibidas ao povo espanhol porque alguns judeus se utilizavam dela para ensinar aos filhos a lei de Moisés.[28]

Com Lutero começam as traduções da Bíblia em língua vernácula em vários países e a proclamação do princípio do *Libre examen* para a utilização da Bíblia. Na Espanha, circulam várias traduções de partes da Sagrada Escritura e, em 1553, surge a Bíblia em castelhano editada na cidade italiana de Ferrara. O uso da Bíblia por "mulheres e homens sem letras" provoca na Espanha polêmica e temor pela ortodoxia oficial, pela fé e pela coesão política.[29]

Melchor Cano, teólogo de Salamanca e um dos censores designados para a apreciação e censura da obra de Carranza, comenta:

> a experiência ensinou que a leitura de semelhantes livros, em especial com liberdade de se ler a Sagrada Escritura, ou toda ou grande parte dela, e *traduzi-la ao vulgar, fez muito mal às mulheres e aos idiotas*.[30]

Não só os teólogos da Inquisição eram favoráveis a restrições à leitura da Bíblia na língua materna. O próprio Cardeal Carranza, que sofreu um longo processo inquisitorial pelo seu *Comentarios sobre el Catecismo*, busca uma forma mais flexível para as traduções vulgares da Escritura: uma parte para ampla difusão, com valor de edificação, e outra, relacionada ao dogma, não necessária ao povo.[31]

Segundo a doutrina oficial, divulgar a Bíblia equivalia a semear a heresia. Os argumentos contra os alumbrados mostram bem isso. Os

---

[28] Cf. BATAILLON, M. *Erasmo y España;* estudios sobre la historia espiritual del siglo XVI. México/Buenos Aires: Fondo de Cultura Económica, 1966. p. 555.

[29] PABLO MAROTO, D. Meditaciones sobre los Cantares. In: BARRIENTOS, Alberto (dir.). *Introducción a la lectura de Santa Teresa*. Madrid: Editorial de Espiritualidad, 1978. p. 311-371.

[30] CABALLERO, Fermín. Censura de los Maestros Fr. Melchor Cano y Fr. Domingo de Cuevas sobre los Comentarios del Catecismo Cristiano y otros escritos de Fr. Bartolomé de Carranza [Amberes 1559]. In: *Conquenses Ilustres II. Vida del Ilustrísimo Melchor Cano.* [Madrid 1871], Apêndice 58, p. 536-615 – aqui, p. 536. Apud ANDRES, *La teología española...*, p. 573. Tradução e itálico nossos.

[31] Cf. ANDRES, *La teología española...*, p. 556.

índices de 1551 e 1554, culminando com o Índice de Valdés, de 1559, proíbem progressivamente a publicação e leitura da Bíblia em castelhano ou em qualquer outra língua vulgar. A partir de 1559 aceitam-se apenas as Bíblias em grego, hebreu, caldeu e latim, bem como o uso de citações em livros de conteúdo espiritual.[32]

Seguiram circulando as traduções parciais, já admitidas havia algum tempo, junto com algumas outras que a Inquisição tolerou. As *Epístolas y Evangelios*, editadas por Frei Ambrósio de Montesinos (1512), foram reimpressas ininterruptamente.[33]

Não é difícil perceber que as proibições afetaram especialmente as mulheres e o povo "sem letras". Primeiramente, porque reduziram as possibilidades de acesso às Sagradas Escrituras. Também porque, simbolicamente, evidenciaram o preconceito e o temor com relação à leitura que a mulher e os simples podiam delas fazer. Finalmente, porém não menos importante, as proibições associaram a leitura bíblica à heresia.

2.2. Experiência teresiana da Bíblia

Não há evidência clara de que Teresa tenha lido todos os livros das Sagradas Escrituras, mesmo antes da proibição oficial. Na biblioteca de sua casa paterna não constava nenhum exemplar.[34] No entanto, ao lermos sua obra, é possível deduzir claramente que conheceu e leu os Evangelhos, bem como inúmeras partes do texto bíblico.

Teresa foi além do conhecimento bíblico. Podemos afirmar que as Escrituras são para ela fonte de vida espiritual. Suas meditações são expressão de muitas horas de recordação amorosa, e experiências da palavra viva e vivificadora de Deus. Textualmente, relata: "[...] sempre tive afeição pelas palavras dos Evangelhos, que me levavam a maior recolhimento do que livros muito bem redigidos".[35]

---

[32] Cf. ibidem, p. 623. PABLO MAROTO, *Meditaciones sobre los Cantares*, p. 390.

[33] Cf. BATAILLON, *Erasmo y España;...*, p. 554-556.

[34] Cf. a relação dos livros da biblioteca de D. Alonso, elencados com comentários em: RODRI-GUEZ SAN PEDRO, L. E. Libros y lecturas para el hogar de Don Alonso Sanchez de Cepeda. *Salmanticensis* 34 (1987) 169-188.

[35] C 21, 4. Também em CE 31, 6 alude aos Evangelhos.

Em seu livro da maturidade, *Castelo Interior ou Moradas*, encontramos pelo menos duzentas alusões explícitas à Bíblia e cerca de cem alusões implícitas ou reminiscências. Trata-se de um verdadeiro "entrelaçamento bíblico".[36]

De onde vem essa cultura bíblica de Teresa? Podemos encontrar várias fontes para ela: a leitura dos livros espirituais da época, a constante troca de informações e cartas com os teólogos, a leitura dos Evangelhos em algumas traduções existentes na época e nos livros em romance, e a liturgia, em sentido amplo, compreendendo aqui também os livros litúrgicos e semilitúrgicos.[37]

O trato assíduo com os letrados da Escola de Salamanca, como ficou patente no capítulo anterior, acontecia fundamentalmente para saber se suas experiências eram conforme a Sagrada Escritura. Teresa está convencida que a importância maior dos letrados é ensinar e assegurar a Palavra de Deus.[38]

Dentre as leituras, além de *Vita Christi*, já comentado anteriormente, há a leitura de livros dos Padres da Igreja: *Cartas*, de São Jerônimo, e *Los morales de Jó*, de São Gregório Magno. Ambos com citações bíblicas abundantes. *Cartas* possui mais de mil citações e exalta as excelências da Sagrada Escritura; o livro de São Gregório é um comentário ao Livro de Jó. Outro "arsenal de Bíblia" é *Confissões*, de Santo Agostinho, com umas 570 citações, especialmente dos Salmos. Esses autores ensinam a Teresa o método patrístico de interpretação alegórica,[39] também utilizado por Osuna. Tal método será utilizado em suas obras, em especial em *Caminho de Perfeição* e em seu comentário ao Livro Cântico dos Cânticos, *Conceitos do Amor de Deus*.

A liturgia aparece como importante fonte de informação e também de compreensão e experiências repetidas dos textos. Sobressaem

---

[36] CASTELLANO CERVERA, Jesús. El entramado bíblico del *Castillo Interior*. *Revista de Espiritualidad* 56 (1997) 119-142.

[37] Cf. LLAMAS, Román. Santa Teresa y su experiencia de la Sagrada Escritura. *Teresianum* 33 (1982) 447-513 – traz várias citações da relação que Teresa estabelece entre os teólogos e as Sagradas Escrituras.

[38] R 4, 7.

[39] Cf. ETCHEGOYEN, Gastón. *L'amour divin*. Essai sur les sources de Sainte Thérèse. Bordeaux--Paris: Biblioteque de l'École del Hautes Études Hispaniques, 1923. fasc. IV, p. 35.

a oração de livros litúrgicos, como o *Ofício Divino*, de semilitúrgicos, como o *Libro de Horas*,[40] e a Eucaristia.[41]

Teresa apresenta várias alusões às Escrituras como guia seguro da verdade, regra de fé.[42] É evidente o seu desejo de conhecer a Bíblia, para isso buscou realizar esse desejo a partir de todas as possibilidades que se lhe mostravam abertas. Sua obra está atravessada por esse desejo, constantemente manifesto, juntamente com o lamento de não ser "letrada". Apresenta também lúcida consciência da proibição da leitura e da suspeita que pairava sobre a mulher e a Bíblia.[43]

Em sentido existencial, trata-se de uma "leitura vital", na qual a Palavra de Deus alcança e ilumina a pessoa em sua situação concreta. Um estudioso observou que

> Deus fala a *este* homem, sempre a caminho, com uma experiência concreta e pessoal, mística, de vida, de pobreza ou de injustiça, de opressão etc. A Palavra que alcança este homem talvez saia da interpretação que os escrituristas lhe dão. No entanto, não apenas não é ilegítimo o sentido que entronca com a própria vida, como também é, para o homem em questão, o "único" que vitalmente lhe interessa [...] Sua Palavra é para a vida, ou melhor, para o homem vivente. E se não é assim, deixa de ser Palavra Viva, comunicação de Deus para o homem destinatário.[44]

Não se pode afirmar que a cultura bíblica da santa fosse extensa. O que pode ser afirmado é que sua inteligência e experiência da Bíblia, inclusive sua vivência sobrenatural dela, são extremamente profundas. Teresa é um testemunho vivo de que é possível desenvolver uma compreensão profunda e vital das Escrituras mesmo com um pequeno nível

---

[40] Devocionários que, junto com o ofício de Nossa Senhora e dos fiéis defuntos, incluía orações à Trindade, a Cristo, à Virgem, aos Santos. Este livro entrou no Índice de Valdés (1559).

[41] Cf. LLAMAS, R. Santa Teresa y su experiencia... A relação entre compreensão bíblica e liturgia encontra-se, explicitamente, por exemplo, em: CAD 6, 8; V 19, 9 (cf. 3 M 2, 11); V 20, 24.28; V 39, 25 (cf. 40, 5.14); R 61; 29, 1 (cf. V 30, 19; 29, 11).

[42] Cf. ibidem.

[43] Cf. HERRAIZ, Maximiliano. Biblia y espiritualidad teresiana. *Monte Carmelo* 88 (1980) 305-334.

[44] Ibidem, p. 310 (T.A.).

de informações.[45] Talvez essa compreensão tenha sido possibilitada pela tendência de Teresa de interiorizar a Bíblia. Ela considera seu ser, sua pessoa, como uma espécie de "terra santa", onde se realizam os mistérios de Deus e de Cristo.[46]

O que se pode afirmar, com segurança, é que a experiência e a obra de Santa Teresa estão profundamente emoldurados por essa "experiência da Bíblia", que a inspira e apoia, empresta-lhe palavras e um mundo sem fim de sugestões, confirma-lhe a verdade de sua experiência mística; enfim, age em sua vida como Palavra de Deus.

Teresa nos dá uma contribuição no campo da leitura espiritual da Bíblia, com suas tipologias e simbolismos, seguindo a tradição patrística, dos autores medievais e dos místicos de todos os tempos. Trata-se de uma exegese original a partir da experiência mística, especialmente dos grandes textos cristológicos e trinitários.[47]

Tendo em consideração estes dois elementos – o caráter bíblico de sua experiência e, ao mesmo tempo, sua original contribuição à hermenêutica espiritual –, podemos prosseguir.

3. Influências patrísticas na experiência e na obra de Santa Teresa

Vejamos as principais influências da leitura dos Padres da Igreja com relação à experiência teresiana de Deus. São eles: São Jerônimo, São Gregório Magno e Santo Agostinho.

3.1. São Jerônimo e São Gregório Magno

Muito cedo, Teresa lê as *Epístolas de San Jerónimo*. Parece que sua influência é maior do ponto de vista existencial: tinha dezesseis ou

---

[45] Cf. LLAMAS, R. Santa Teresa y su experiencia... Também, do mesmo autor: Teresa de Jesús, testigo de la Palabra de Dios. *Revista Teresa de Jesús: Temas Teresianos,* Ávila, número especial, 1987, p. 67-78.

[46] CASTRO, Secundino. Mística y cristología en Santa Teresa. *Revista de Espiritualidad* 56 (1997) 75-117 – aqui, p. 88.

[47] CASTELLANO, El entramado..., p. 142.

dezessete anos e vivia o momento de discernimento de sua vocação.[48] O contexto em que descreve a leitura revela bem que a influência desse livro animou-a a deixar a casa paterna para ser carmelita e servir a Cristo. A vida de São Jerônimo e sua experiência de Deus também não lhe eram desconhecidas, por seu conhecimento das visões do santo no deserto e do rigor da sua vida.[49] São Jerônimo a ajudará a adquirir uma "linha magisterial de maximalismo",[50] pelo exemplo de sua vida.

Editado em língua castelhana em Sevilha, em 1514,[51] Teresa lê *Los Morales*, de São Gregório Magno, aos vinte e três anos, já professa, no mesmo ano em que lê o *Tercer Abecedario*, no pequeno povoado de Hortigosa. A obra é textualmente citada no *Livro da Vida*.[52] Sua influência em nossa autora pode ser buscada nos conceitos de interioridade e exterioridade que apresenta. Teresa tira várias expressões para designar a interioridade. Levará também alguns conceitos sobre o demônio.[53] Também aprende com São Gregório, juntamente com as leituras de São Jerônimo, os caminhos da interpretação alegórica da Bíblia.

Interessante é a dinâmica interioridade/exterioridade de *Los Morales*.[54]

Nessa obra, a exterioridade é apresentada como correlativa à interioridade e significa uma mutação destrutiva do eu interior. Tal é o drama do pecado original.

O problema não é corpo e alma, mas a exterioridade, definida em referência àquele que é interior por excelência: Deus, Juiz interior. A pessoa exteriorizada perde os critérios de julgamento, que a exterioridade

---

[48] V 3, 7. Cf. EFREN DE LA MADRE DE DIOS; STEGGINK, O. *Tiempo y vida de Santa Teresa*. Madrid: BAC maior, 1996. p. 60-61.

[49] Cf. V 11, 10; 38, 1; e 6 M 9, 7.

[50] GARCIA DE LA CONCHA, Víctor. *El arte literario de Santa Teresa*. Barcelona: Ariel, 1978. p. 55.

[51] ANDRES, *La teología española...*, p. 179.

[52] V 5, 8.

[53] Em V 31, 11, falando do demônio, afirma que ele tem pouco poder, a não ser diante de almas "rendidas" e "covardes". À margem do manuscrito autógrafo, o Padre Domingo Báñez indica São Gregório em *Los Morales* como possível fonte de inspiração para esta afirmação teresiana – cf. nota a V 31, 11, constante na edição da EDE. Cf. também: LLAMAS, E. Santa Teresa de Jesús y la religiosidad..., p. 245.

[54] Seguiremos neste estudo a AUBIN, P. Intériorité et extériorité dans les Moralia de S. Grégoire le Grand, *Recherches de Science Religieuse* 62 (1974) 117-166.

não oferece. Como consequência, o homem exteriorizado não pode julgar sanamente a si mesmo nem interior nem exteriormente, pois o seu julgamento não se comunica com a interioridade do seu verdadeiro juiz interior.

Remetida ao exterior, a pessoa não sabe mais encontrar o caminho de si mesma; não sabe mais considerar o que ofende o juiz interior. Pior, imagina e projeta que o julgamento interior é como o exterior e julgar-se-á segundo a situação exterior: bens materiais, dons exteriores e, sobretudo, reputação diante dos homens, que estão também exteriorizados. E, para julgar favoravelmente a si mesmo, a pessoa buscará a todo preço a glória exterior e o favor humano, através de muitas simulações mais ou menos conscientes, que acabarão por iludir a si mesma. A propensão à exterioridade degrada a interioridade e a degradação da interioridade precipita a exteriorização.

Segundo São Gregório, este processo é atiçado por Satã. Esse ronda a exterioridade. Perigoso, ele ataca o homem como um sitiante a uma cidade, a fim de que se realize uma exterioridade total. Suas estratégias e jogos sutis atingem a exterioridade e a interioridade. Conduz o homem à ostentação. Lança-o freneticamente aos bens exteriores, às atividades externas, às preocupações de vanglória. Afastar-se, no entanto, do *judex internus* é situação de morte interior.

Mas Deus, que age no exterior e no interior, não abandona a pessoa, age através da ação de Cristo e do Espírito Santo (através da Sagrada Escritura, dos anjos e dos pregadores santos). A interioridade é reencontrada porque a sabedoria de Deus vem ao homem pela exterioridade, pela Encarnação, que o reconduz ao interior, por sua vida humana e pobre. Por isso o exame cotidiano e a contemplação da intimidade divina são tão importantes. O progresso da vida interior se faz pela fé, pela esperança e pela caridade. A caridade manifesta-se na exterioridade.

A interioridade deve ser percebida, buscada, descoberta e é associada à luz, ao amor, ao mistério, à visão, à graça, à bondade, à alegria. Para encontrá-la é necessário luz e visão. No fim dos tempos, a exterioridade será transformada definitivamente em interioridade escatológica.

Com tal exposição percebemos porque a doutrina de São Gregório, em *Morales de Job*, é umas das fontes da via do recolhimento. Não é difícil ao leitor de Santa Teresa perceber pontos de concordância entre a dinâmica interioridade/exterioridade de São Gregório e a dinâmica do *Castelo Interior*: a interiorização leva a Deus e ao autoconhecimento; a exteriorização conduz ao afastamento de Deus, à alienação e ilusão de si mesmo e à vida guiada pelas idolatrias da honra e do dinheiro.

3.2. Santo Agostinho

Teresa mesma informa, no *Livro da Vida*, que leu *Confesiones*. Provavelmente leu também a versão castelhana do tríptico pseudoagostiniano *Meditaciones, Soliloquios y Manual.*[55] Tinha trinta e nove anos e esta leitura exercerá uma influência direta em sua vida, irradiando para sua obra.[56] Sua leitura está estreitamente unida ao evento da conversão de Teresa diante do Cristo "muito chagado" e com sua entrada definitiva na vida mística.

Falar da importância de Santo Agostinho na doutrina de Santa Teresa é falar da centralidade que para ela tem a ideia da presença de Deus no mais íntimo de si – *interior intimo meo*. Teresa certamente leu: "[...] tu estabas dentro de mí, más interior que lo más íntimo mío...".[57] Por isso a pessoa deve buscar a Deus no interior de si mesmo, sem cair no equívoco em que caiu o bispo de Hipona: "[...] eis que habitavas dentro de mim e eu te procurava do lado de fora! Eu, disforme, lançava-me sobre as belas formas das tuas criaturas".[58]

A doutrina agostiniana de que Deus habita a alma, e que para ser encontrado é preciso interiorizar-se, é o ponto de partida e uma das ideias mestras de *Castelo Interior*, e encontra-se no centro do *Caminho*

---

[55] Santa Teresa cita a leitura das Confissões em V 9, 7. *Confesiones* foi editado em língua castelhana em 1554, mesmo ano em que a Santa o lê! Os outros três livros tiveram várias edições, sendo muito lidos pelos espirituais, com edições em 1511, 1515, 1526, 1538, 1546, 1550, 1553.

[56] Cf. ALBERTO DE LA V. DEL CARMEN. Presencia de San Agustín en Santa Teresa y en San Juan de la Cruz. *Revista de Espiritualidad* 14 (1955) 170-174. RODRIGUES, Leandro. Cristo en el centro del alma según San Agustín y Santa Teresa. *Revista de Espiritualidad* 37 (1964) 171-185.

[57] *Conf.* III, 6, 11. Citação tirada de: SAN AGUSTÍN. *Obras II . Las Confesiones*. Madrid: BAC, 1951. p. 164-165. Na edição brasileira: "Tu estavas mais dentro de mim do que a minha parte mais íntima" (SANTO AGOSTINHO. *Confissões*. 6. ed. São Paulo: Paulus, 1984. p. 68: III, 6, 11).

[58] *Confissões*, p. 277: X, 27, 38.

de Perfeição, ao expor a doutrina do recolhimento.[59] Trata-se de uma ideia profundamente enraizada na obra teresiana, sendo citada livremente muitas vezes. Em *Vida*: "[...] o glorioso Santo Agostinho, em especial, diz que nem nas praças, nem nos contentamentos, nem em todos os lugares onde o buscou o encontrou como dentro de si";[60] em *Caminho*: "Vede que Santo Agostinho falou que o procurou em muitos lugares e só veio a encontrá-lo dentro de si mesmo";[61] e em *Moradas*:

> Pois, para buscar a Deus no interior da alma – onde, mais que nas criaturas, melhor o encontramos e com mais proveito, como disse Santo Agostinho, que aí o achou, depois de tê-lo procurado em muitos lugares –, é de grande ajuda receber de Deus essa graça.[62]

Há uma outra citação de Santo Agostinho, mais original, que convida os leitores a buscarem a Deus perguntando às criaturas quem as fez:

> Ele também quer que perguntemos às criaturas quem as fez – como diz Santo Agostinho, creio que nas suas *Meditações* ou *Confissões* –, e que não fiquemos como bobos, perdendo tempo, à espera do que uma vez recebemos.[63]

A autoridade do nome do bispo de Hipona é evocada sempre que Teresa precisa reafirmar ou confirmar sua experiência da presença de Deus em si.

Por tudo isso, vemos como os Padres influenciam a doutrina teresiana e embasam pontos fundamentais de sua experiência: a presença de Deus no íntimo da pessoa, unindo radicalmente a existência humana à existência de Deus.

---

[59] ALVAREZ, T. Introdución al *Camino de Perfección*. In: TERESA DE JESUS. *Camino de Perfección*. t. II (Introducción, Facsímil, Transcripción del autógrafo de Valladolid). Roma: Tipografia Poliglota Vaticana, 1965. p. 7-168 – aqui, p. 46.

[60] V 40, 6.

[61] C 28, 2; cf. CE 46, 2.

[62] 4 M 3, 3.

[63] 6 M 7, 9.

4. Noções sobre Deus presentes no contexto vital teresiano

Trata-se, aqui, de buscarmos as noções sobre Deus no contexto teresiano vital e imediato. Optamos por uma investigação indireta e dedutiva, através de dois aspectos fundamentais em sua trajetória espiritual e magisterial: o zelo pela ortodoxia de sua obra e os conselhos dos confessores que, segundo nossa apreciação, consideramos ter provocado inflexões significativas em sua espiritualidade.

4.1. Noções sobre Deus reveladas no zelo pela ortodoxia das obras de Santa Teresa

Os manuscritos teresianos foram objeto de atentas e, na maior parte das vezes, temerosas leituras. Em geral, os leitores foram seus amigos, mas isto não significa que fossem discípulos. Buscaram, na maior parte das vezes, proteger nossa autora das expressões que lhe pareciam heterodoxas e a colocavam em situação de risco diante do perigoso contexto inquisitorial.

4.1.1. Alterações dos censores aos livros de Teresa de Jesus

As correções e censuras das obras de Santa Teresa revelam as preocupações do censor, sua visão teológica e seus preconceitos. Em geral, buscam livrar as obras das suspeitas de alumbradismo ou ajustá-las segundo os cânones de Trento.[64]

No que diz respeito ao *Livro da Vida*, avaliado pelo dominicano Domingo Báñez na qualidade de teólogo oficial da Inquisição, encontram-se poucas correções doutrinais, tanto ao longo do texto quanto na Censura final do livro.

Duas correções de Báñez chamam a nossa atenção. A primeira, a substituição da expressão "Sua Majestade muito se humilha"[65] por

---

[64] Cf. GUSTAVO DEL NIÑO JESÚS. Censores de los manuscritos teresianos: Las correcciones de la *Autobiografía* teresiana, de Báñez a Fray Luis de León. *Monte Carmelo* 65 (1957) 42-60.

[65] V 15, 8. Cf. id. p. 45.

"se humana tanto" – escrúpulo teológico de que Deus se humilhe para estar perto de suas criaturas. A segunda, a substituição da frase em que Teresa fala do efeito da oração de união na pessoa: "[...] já não quer querer, nem gostaria de ter livre-arbítrio [...]",[66] por: "[...] nem ter outra vontade a não ser fazer a de nosso Senhor [...]".

Esta última é a maior alteração do texto e faz desaparecer uma frase que pudesse sugerir alguma doutrina protestante condenada pelo Concílio de Trento. Mas, ao mesmo tempo, faz desaparecer uma expressão que testemunha o desejo profundo e subjetivo da entrega da liberdade a Deus, intuída por experiência por quem tem profunda consciência do limite e do pecado humanos.

A Censura final do livro, realizada por Báñez e datada de 1575,[67] embora afirme não encontrar "má doutrina", é negativa em três pontos. O primeiro, por afirmar que se pode confiar na reta intenção da autora, mas em seguida acrescentar que esta, embora pudesse se enganar em alguma coisa, não era enganadora; o segundo, por explicitar que Teresa "parece" ser virtuosa; e o terceiro, por restringir a leitura do livro a homens cultos, não a qualquer pessoa. Não há condenação do livro, mas a Censura não vai além de salvar a boa reputação da autora, em um momento delicado para a continuação da reforma descalça e para a própria reputação pessoal de Teresa.

O livro mais censurado é, sem dúvidas, a primeira redação de *Caminho de Perfeição* (códice de El Escorial). Traz cerca de cinquenta correções do censor dominicano Garcia de Toledo. Entre as grandes partes riscadas no livro, até a quase ilegibilidade, e que se relacionam à noção de Deus e à oração, constam:

- censura à defesa teológica das mulheres, baseada na prática de Jesus, diferenciando-o dos "juízes deste mundo";
- censura à interpretação espiritual do Salmo 8, que se diferencia da interpretação messiânica corrente na época;

---

[66] V 20, 22. Cf. id. p. 46.
[67] Cf. Censura del Pe. Domingo Báñez en el autógrafo de *Vida*. In: SANTA TERESA DE JESUS. *Obras completas*. Dir. Alberto Barrientos, com revisão textual, introduções e notas. 4. ed. Madrid: Editorial de Espiritualidad, 1994. p. 305-309.

- censura à repreensão aos que aconselham deixar a oração para não andar em perigo, que pareceu ao censor uma repreensão aos Inquisidores;
- censura à linguagem da transformação da pessoa em Deus, substituída pela de união com Deus;
- censura às referências ao pão do céu, que o censor julgou serem desvalorização do pão material e da vida;
- censura a algumas frases indignadas relativas ao Pai, que permite a Cristo ter tanta humildade – no sentir do censor, tal indignação de Teresa deve ter soado exagerada, pois adverte para não se estranhar este fato.[68]

Os cortes e observações de Garcia de Toledo manifestam a diferença entre a linguagem mística, teresiana, e a dogmática, do censor. Deslegitimam a interpretação da relação com Jesus com as mulheres em sentido libertador e profético: Teresa denuncia o antievangelismo dos "juízes deste mundo" e anuncia Jesus como aquele que traz uma noção de Deus favorável às mulheres.[69] Deslegitimam também sua interpretação alegórica e espiritual da Bíblia em função de uma interpretação literal. Emudecem sua crítica ao procedimento inquisitorial. Desqualificam sua interpretação do sentido do pão eucarístico provocada pela profundidade da vivência desse mistério. Censuram a audácia teresiana no diálogo com Deus. Inibem a percepção que Teresa possui do escândalo do abaixamento-humildade de Deus, revelado em Cristo.

Na segunda redação do *Caminho de Perfeição* (códice de Valladolid), a linguagem de Teresa se torna menos efusiva e mais sóbria, e a doutrina mais linear. Entre outras coisas, nossa autora afirma a liberdade de consciência das freiras submetidas à sua reforma; afina o tema do amor puro contra possíveis leituras que buscassem semelhanças com os alumbrados, amplia o tratamento do tema referente à oração.[70]

---

[68] Cf. CE 4, 1: 31, 2; 36, 4; 56, 1; 60, 2; 72, 4; 44, 3, respectivamente, segundo ALVAREZ, Introducción al *Camino*..., p. 74-81.

[69] Ver o item 2.1 do capítulo 8: "Teresa se dirige a Cristo e ao Pai eterno como sacerdotisa e feminista".

[70] Cf. ALVAREZ, Introducción al *Camino*..., p. 84.

A censura de Garcia de Toledo à segunda redação de *Caminho* demonstra sua sensibilidade diante dos temas de Trento, em especial a justificação, a consciência do sobrenatural e o desejo místico da vida eterna. Além disso, risca toda uma página relativa à inclusão do Deus imenso na pequenez da pessoa e suprime a afirmação de que Cristo nunca havia se defendido – certamente julgou exageradas as afirmações sobre a vulnerabilidade e a humanidade de Jesus. Diante da afirmação teresiana de que as pessoas são, quanto mais santas, mais "conversáveis", adverte que é melhor que calem, repetindo a misoginia da censura à primeira redação. Também confirma a teoria de Teresa da necessidade de confessores "letrados".[71]

Por fim, *Moradas* trazem as correções de Jerônimo Gracián e Diego Yanguas, pequeno tribunal censor,[72] que revelam o temor de que Teresa afirmasse doutrinas contrárias a Trento, como a certeza do estado de graça, a segurança na própria salvação, ou doutrinas semelhantes a certas teorias dos alumbrados e dos quietistas. Destacam-se as atenuações e matizações da visão intelectual da Trindade, na sétima morada.[73] O texto teresiano atesta a percepção da Trindade por "visão intelectual". O Padre Gracián retocou: "[...] por visão intelectual que nasce da fé". No mesmo parágrafo, Gracián retoca e atenua a expressão teresiana: "[...] dessa maneira, o que acreditamos por fé é entendido ali pela alma por vista, se assim o podemos dizer, embora não seja vista dos olhos do corpo nem da alma, porque não se trata de visão imaginária". Aqui, simplesmente se pode dizer que os censores não podiam reconhecer a profundidade da experiência teresiana, que revela as dimensões da vida profunda do cristão.[74]

---

[71] Cf. ibidem, p. 108-114.

[72] Cf. a apresentação do texto de *Castillo Interior* de José Vicente RODRÍGUEZ, edição do EDE, p. 830.

[73] Especialmente 7 M 1, 6.

[74] Cf. ALVAREZ, Tomás. Teresa de Jesús. In: PIKAZA, Xabier; SILANES, Nereu. *El Dios cristiano: diccionario teológico*. Salamanca: Secretariado Trinitario, 1992. p. 1352.

4.1.2. O livro das *Relações*

Também o livro *Relações* (ou *Contas de Consciência*) traz alguma informação sobre o que se pensava sobre a experiência de Deus. Sabemos que as Relações 4 e 5 foram escritas como informe oficial ao consultor do Santo Ofício, o Padre Rodrigo Álvarez, jesuíta. Prevenido contra todo gênero de fenômenos extraordinários, o consultor ganhou, no entanto, a confiança de Teresa. Além dessas duas, os estudos históricos mostram que todas as *Relações* dos fenômenos experimentados por Teresa, escritas em Sevilha, têm um sentido inquisitorial, escritas em um mesmo marco ambiental. Constituem um terço das relações e foram escritas em dois anos.[75]

O alto tribunal a declarou inocente. Essa sentença significou uma aprovação de sua vida, seus ensinamentos, sua nova fundação. O episódio nos mostra uma vez mais como a questão da experiência de Deus sempre foi um ponto de discernimento na história da teologia.

4.1.3. O livro queimado: *Conceitos do Amor de Deus*

O livro *Conceitos do Amor de Deus* (ou *Meditaciones sobre los Cantares*) recebe uma censura informal, não oficial. Trata-se do Padre Diego de Yanguas, teólogo dominicano. Por conta dessa censura, feita diretamente a Teresa de Jesus, o texto autógrafo foi queimado pela própria autora e, não fossem as cópias existentes, não teríamos hoje acesso a ele.

A atitude de Yanguas foi avaliada pelo primeiro biógrafo de Teresa, Francisco de Ribera, seu contemporâneo, como "imprudente";[76] por T. Álvarez, como "displicente".[77] Segundo o primeiro, o Padre Yanguas não leu o livro antes de censurá-lo.

---

[75] Cf. LLAMAS, Enrique. Cuentas de conciencia. In: BARRIENTOS, Alberto (dir.). *Introducción a la lectura de Santa Teresa*. Madrid: Editorial de Espiritualidad, 1978. p. 373-382. Id. *Santa Teresa de Jesús y la Inquisición española*. Madrid: C.S.I.S., 1972. p. 105-127.

[76] RIBERA, F. *La vida de madre Teresa de Jesús* (Salamanca, 1590). Madrid: Lib. Francisco Lizcano, 1863. p. 347.

[77] ALVAREZ, T. Los *Conceptos* y su edición príncipe". In: *Estudios Teresianos*. Burgos: Monte Carmelo, 1996. v. II, p. 343-354.

A causa última da censura foi apenas uma, atestada por várias testemunhas de época: que uma mulher se pronunciasse sobre o Livro Cântico dos Cânticos.

Várias testemunhamas atestam isso.[78] No prólogo da primeira edição do livro, Gracián afirma que

> [...] a este livro (o fato que uma mulher escrevesse sobre o Cântico dos Cânticos pareceu a um confessor seu ser coisa nova e perigosa) mandou-se queimar, movido pelo zelo de que, como diz São Paulo, "as mulheres se calem na Igreja de Deus", como quem diz: não prediquem em púlpitos, nem leiam nas cátedras, nem imprimam livros [...][79]

Segundo outros testemunhos da época, a duquesa de Alba e Ana de Santo Estêvão, o Padre Yanguas fala cara a cara com a autora e "mandou que recolhesse todas e as queimasse, não porque tivessem algo mal, mas por não lhe parecer decente que uma mulher, mesmo sendo ela, discorresse sobre o Cântico dos Cânticos", acrescentando: "[...] não entendo, madre, para que se cansa com isso".[80]

Maria de São José, carmelita amiga de Santa Teresa, também testemunha:

> [...] e ele, parecendo-lhe que não era justo que uma mulher escrevesse sobre as Escrituras, disse-o, e ela foi tão fiel à obediência e parecer de seu confessor que o queimou imediatamente.[81]

A mesma testemunha reafirma mais tarde (1610) sobre os *Conceitos* que: "[...] tal padre o mandou queimar, por parecer-lhe que não convinha que uma mulher escrevesse sobre o Cântico dos Cânticos".[82]

---

[78] Cf. PABLO MAROTO, D. Meditaciones sobre los *Cantares*. In: BARRIENTOS, A. (dir.). *Introdución a la lectura de Santa Teresa*. Madrid: EDE, 1978. p. 386 (T.A.).

[79] GRACIÁN, J. *Conceptos del amor de Dios*, 1611. Apud PABLO MAROTO, Meditaciones..., p. 386 (T.A.).

[80] Testemunhos nos processos de beatificação de Santa Teresa. Apud ALVAREZ, T., Los *Conceptos...*", p. 344. PABLO MAROTO, Meditaciones..., p. 386 (T.A.).

[81] BMC 18. Apud PABLO MAROTO, Meditaciones..., p. 386 (T.A.).

[82] Memorias Historiales 15. Apud ibidem (T.A.).

O livro, no entanto, recebeu a valiosa aprovação de Domingo Báñez, então teólogo catedrático *de prima* em Salamanca, com estas palavras: "Esta é uma consideração de Teresa de Jesus. Não encontrei nela nada que ofenda". E no fim do manuscrito: "Vi com atenção todos estes quatro cadernos... e não encontrei nenhuma doutrina má, ao contrário, considero-a boa e preveitosa".[83]

Os testemunhos deixam entrever três motivos para a atitude de Yanguas: que uma mulher escreva sobre a Escritura; que uma mulher escreva sobre o Livro Cântico dos Cânticos; que seja "coisa nova". Dessa forma, que as Sagradas Escrituras estivessem na mão de uma mulher não seria "usual", nem "decente", nem "justo", além de "perigoso". Se por acaso houvesse alguma exceção, seria por prerrogativa pessoal: "sendo ela". Os preconceitos se sobrepõem uns aos outros e nos deixam entrever que o censor ficou nitidamente escandalizado. Isso o impediu de perceber que não se tratava de um comentário ao Livro Cântico dos Cânticos, e sim de "considerações", segundo Báñez, de alguns versículos do primeiro capítulo do livro.

Note-se que o teor da censura não diz respeito a que a Inquisição proibia comentários bíblicos em língua castelhana, e sim à relação entre a mulher e as Sagradas Escrituras. Em outras palavras, entre a mulher e o conhecimento de Deus, revelado na Bíblia. O mistério de Deus estava velado às mulheres. O livro de Teresa, sendo "coisa nova", poderia abrir precedentes.

4.2. Noções sobre Deus reveladas a partir das orientações da vida espiritual

O nosso objetivo aqui é mostrar, a partir de três orientações de confessores, decisivas na vida de Teresa, algumas noções relativas ao mistério de Deus no entorno da santa. São situações nas quais só a autoridade de um varão, teologicamente reconhecido, dirime dúvidas da própria Teresa ou dos que a rodeiam. A primeira é relativa à possibilidade da

---

[83] Anotações autógrafas no manuscristo das Carmelitas Descalças de Alba de Tormes. Citado em ALVAREZ, Los *Conceptos...*, p. 344 (T.A.).

experiência mística. A segunda, relativa à forma de presença de Deus na pessoa humana. A terceira é relativa ao seguimento de Cristo.

4.2.1. As orientações do franciscano São Pedro de Alcântara

Trata-se da experiência mística que, em seu caso, vem acompanhada de "grandes ímpetos", sem que Teresa possa controlá-los ou intencionalmente reduzi-los.[84] Teresa diz que custou a compreender e expressar sua experiência.

A força de sua experiência interior transborda os limites do seu corpo e se faz visível: "o corpo também participa, às vezes muito".[85] Durante a experiência, "nada se pode fazer... não se pode mover os pés nem os braços e, se se estiver de pé, cai-se sentado como objeto sem vida...; a alma dá uns gemidos baixinhos, por lhe faltarem forças...".[86] E, nos dias que durava sua experiência interior, andava como "abobada; não queria ver nem falar com pessoa alguma...".[87] No entanto, grandes arroubamentos aconteceram e, mesmo estando muitas pessoas presentes, não podia contê-los. Começaram, então, a ser divulgados.[88]

Ninguém a compreendia, em especial um espiritual leigo, amigo, com quem Teresa conversava sobre sua vida espiritual, que duvidava que tais ímpetos fossem de Deus, temia o diabo e inquietava Teresa.[89]

É Frei Pedro de Alcântara quem, passando por Ávila e ouvindo Teresa, tranquiliza-a, dizendo-lhe que estivesse certa de que o que se passava com ela era proveniente do espírito de Deus. Em seguida, e a pedido dela, tranquiliza também a seu confessor e amigo leigo.[90]

O parecer de Frei Pedro traz dias de tranquilidade, e os obstinados amigos começaram a render-se. O dominicano Domingo Báñez atesta

---

[84] V 30, 1.
[85] V 29, 13.
[86] V 29, 12.
[87] V 29, 14.
[88] Cf. V 29, 14.
[89] Cf. V 30, 6.
[90] V 30, 5-6.

que, "como este varão lhe deu tanto crédito e demonstrou grande amizade, todos se renderam desde então e houve grande quietude".[91]

Esse episódio nos revela visivelmente a desconfiança com relação à pessoa que realiza a experiência mística. Desconfia-se que Deus possa se manifestar a uma mulher que não havia convencido as pessoas de sua perfeição; prefere-se pensar que Deus se manifeste a homens conhecidos por sua perfeição e santidade – esta era a "contradição dos bons".[92] Dentro do contexto antifeminista é possível explicar parte desse pessimismo, considerando-se o fato de mulheres com fama de santa que foram associadas ao alumbradismo e o caso de algumas freiras e beatas que depois se mostraram enganadoras. Mas o clima de misoginia ultrapassava em muito estes acontecimentos pontuais.

Podemos dizer que a raiz dessa desconfiança é teológica: não compreender a Deus como alguém cujo dinamismo, gratuito, seja capaz de transformar a pessoa humana a partir do mais íntimo de seu ser – este ato era mais relacionado, por incrível que seja, ao demônio. A existência de Teresa, compreendida apenas por aqueles levados pelos mesmos caminhos, no caso Frei Pedro de Alcântara, traz ao seu entorno uma novidade que obriga a repensar o que Deus pode ser e manifestar. O mistério de Deus se revela tão próximo como está próxima a simples mulher, Teresa, que o experimenta; ao mesmo tempo se mostra misterioso, por suscitar tão diversas interpretações.

Neste ponto os franciscanos são os que ajudam Teresa a se compreender e iluminar. Sua tradição, desde a Idade Média, passa por Osuna, Laredo e São Pedro de Alcântara, afirmando e desenvolvendo a relação afetiva, próxima e amorosa com Deus.

4.2.2. As orientações de um letrado dominicano

Trata-se aqui de descobrir por que Teresa precisava saber se Deus estava presente nela:

---

[91] *Informe del P. Báñez.* BMC t.2, p. 149. Apud EFREN DE LA MADRE DE DIOS; STEGGINK, *Tiempo y vida...*, p. 181.

[92] Cf. V 30, 6.

No princípio, atingiu-me uma ignorância de não saber que Deus está em todas as coisas, o que, como ele me parecia então tão presente, eu achava ser impossível. Eu não podia deixar de crer que ele estivesse ali, pois achava quase certo que percebera a sua presença.[93]

Surpreendida pela experiência da presença de Deus, Teresa perguntou aos que "não tinham letras" se aquilo podia ser possível. E eles lhe responderam que Deus estava na alma de uma maneira que nossa autora não se convenceu, até que um teólogo dominicano lhe tirou todas as dúvidas ao afirmar que Deus estava presente na alma e se comunicava com ela.[94]

O que podemos perceber neste episódio é que no entorno de Santa Teresa não foi tão fácil encontrar a resposta às perguntas que ela fazia, respondida satisfatoriamente apenas pelo "grande letrado". Isto significa que, neste contexto, a noção teológica de Deus vivo e comunicante, que atua e faz sentir sua presença a partir de dentro da pessoa, não estava presente.

4.2.3. As orientações dos jesuítas

Queremos ressaltar aqui os conselhos que os jesuítas dão a Teresa. São conselhos cristológicos, no sentido de ajudá-la a voltar a centrar a oração na contemplação de Jesus. Contava nossa autora já com vinte anos de prática da oração mental, e o Senhor a enchia de gostos e consolações, o que trazia a desconfiança de seus confessores anteriores sobre a proveniência desta ação: se de Deus ou do mau espírito. Além disso, parece que, na oração, Teresa havia reduzido a contemplação de Jesus, pois, depois de tranquilizá-la, o jovem jesuíta Diogo de Cetina aconselha-a a meditar cada dia um passo da Paixão e a se concentrar na Humanidade de Cristo. Testemunha Teresa que começou a retomar aquilo que desenvolvera desde a juventude, o "amor pela sacratíssima Humanidade. A minha oração melhorou, como um prédio melhor

---

[93] V 18, 15.
[94] Cf. V 18, 15 e 5 M 1, 10. Este tema é aprofundado na parte II, capítulo 4, item "3. A presença de Deus na pessoa e em todas as coisas 'por presença, potência e essência'", deste livro.

assentado...".[95] O Senhor, por sua vez, a chamava mais fortemente à vida mística.[96]

Nesse momento surge na vida de Teresa o jesuíta Francisco de Borja, que ratifica o cristocentrismo da oração, dizendo-lhe que a iniciasse sempre com um passo da Paixão. Assenta a base da vida mística na prática da oração junto à Humanidade de Cristo. E acrescenta que, se depois o Senhor lhe arrebatasse o espírito, não resistisse mais.[97] Outro confessor jesuíta, João de Prádanos, encaminha Teresa à radicalidade do seguimento de Cristo a partir do discernimento iluminado pelo Espírito Santo. Nessa época, Teresa percebe misticamente quais as amizades ela deve conservar e de quais deve se desfazer, através de uma frase de Cristo escutada em seu interior após um período de oração em que canta o hino *Veni Creator*.[98]

Os jesuítas são importantes por restabelecerem as bases cristológicas da oração e por lhe iluminarem algumas regras de discernimento. Isto nos revela que, no entorno de Teresa, havia uma tendência oracional de subestimação da Humanidade de Cristo e uma tendência mais ao julgamento das ações que ao discernimento do espírito que as move.

Conclusões

O contexto imediato de nossa autora enriquece e concretiza o horizonte em que a experiência mística de Santa Teresa deve ser interpretada.

A cosmologia da época – em que figuram anjos e demônios –, a educação familiar, o contexto religioso espanhol com seus ritos, procissões e imagens, a experiência litúrgica e bíblica, as leituras dos Santos Padres, tudo isto nos mostra como Teresa pode viver, confrontar, dialetizar e sintetizar experiências diferentes. Por exemplo: a experiência comum da religiosidade, centrada no realismo do Cristo através das

---

[95] V 24, 2. Cf. V 23, 16-17.
[96] Cf. V 24, 2.
[97] Cf. V 24, 3.
[98] Cf. V 24, 5.

imagens, ritos e orações, pode ser dialetizada com a nova espiritualidade do encontro com Deus no centro da alma.

As censuras e conselhos recebidos por Teresa mostram como sua experiência rompe limites da teologia da época e amplia esquemas interpretativos da experiência de Deus. Teresa contribui para a retomada da importância da Humanidade de Jesus na oração e na teologia, para a interpretação espiritual da Bíblia, para a recuperação da dignidade da mulher a partir de bases bíblico-teológicas, para a afirmação de Deus Trino como presença comunicante e transformante a partir da interioridade da pessoa.

A experiência teresiana pode contar com o apoio e acompanhamento do melhor que as ordens religiosas ofereciam naquele momento. Através de Teresa, acontece um compartilhamento, uma sinergia e uma rede teológico-espiritual. Poderíamos acrescentar aqui a ajuda inestimável que lhe prestou o Padre secular João de Ávila ao escrever-lhe dando seu parecer favorável ao livro *Vida*.

Revela-se claramente que tanto o polo subjetivo – psicológico-espiritual – da experiência de Deus quanto o polo objetivo – Deus mesmo – são objeto da vivência teresiana, de suas preocupações e de sua busca de discernimento.

Parte 2

Deus vivo está presente no humano:
núcleos teológico-experienciais
da mística teresiana

Introdução

presença de Deus na pessoa humana é o núcleo experiencial e doutrinal que dá sentido e unifica a mística teresiana. A partir dela, Teresa conhece um Deus próximo, presente, comunicante, amigo, transformante e que se revela como Deus que é comunhão e comunicação – Trinitário. Há na obra teresiana uma verdadeira doutrina indutiva sobre a graça e um testemunho de que a vida de Deus se une à pessoa humana para fazê-la viver.

Nesta Parte, queremos:

- adentrar na maneira peculiar de Teresa falar da ação salvífica de Deus, utilizando-se muitas vezes da linguagem simbólica e da importante inter-relação entre graça e oração;
- compreender a experiência e doutrina teresianas sobre a presença de Deus na alma;
- reunir e sintetizar os testemunhos teresianos sobre a inabitação trinitária e refletir sobre seu significado vital e doutrinal.

Estabeleceremos assim, os núcleos teológico-experienciais da mística teresiana.

Capítulo 4

A graça como presença comunicante, experimentável e transformante do próprio Deus

Entremos diretamente na noção existencial, pessoal e dinâmica da graça em Santa Teresa.

1. Viver em graça e oração

Teresa fala da graça a partir de sua experiência, que é, posteriormente, refletida e comunicada em seus escritos. Para ela a graça é a própria vida de Deus, ou Deus mesmo, que é vida e amor, atuante na vida da pessoa. A graça leva a uma comunhão interpessoal divino-humana, dentro de uma realidade dinâmica e existencial.[1]

O dinamismo da graça impulsiona em direção ao centro da alma. Na linguagem teresiana, impulsiona à entrada no castelo interior, que é a pessoa mesma, em direção ao "aposento do Rei", ao mais profundo da alma onde está Cristo. É um dinamismo que provém de Deus que quer

---

[1] Bibliografia ao final. Destacamos os seguintes autores: J. C. GARRIDO, F. DOMINGUEZ REBOIRAS, T. ALVAREZ, A. M. GARCIA ORDAS, M. MARTÍN DEL BLANCO, M. MAURY BUENDIA e S. CASTRO, em seu inspirador "La vida y la luz, la muerte y las tinieblas: gracia y pecado", *Revista Teresa de Jesús: Temas Teresianos*, Ávila, 1987, número especial, p. 147-154.

comunicar-se com a pessoa, comunicando-lhe assim suas grandezas.[2] Por outro lado, exige uma resposta humana, um querer, uma abertura a esta ação de Deus. No caminho que vai da entrada no "castelo interior" até os "aposentos do rei", a graça vai transformando a pessoa profundamente, até o encontro com Deus e a comunhão pessoal com Cristo no matrimônio espiritual, inaugurando concomitantemente uma humanidade transformada.

Em sua linguagem simbólica, querendo expressar a necessidade da resposta humana à ação da graça, Teresa diz que é necessário querer retirar o "piche" que cobre o castelo de cristal, rompendo com a situação de pecado que impede a luz de Deus de refletir no castelo interior; exige que a pessoa reconheça que "não está bem encaminhada para chegar à porta do castelo" e nele entrar.[3] Enfim, o dinamismo da graça inicia-se com a entrada no "castelo" pela porta da oração e da consideração de si mesmo. A pessoa entra, assim, em uma relação consciente com Deus, embora ainda incipiente.

1.1. Símbolos do viver na graça

"Viver na graça" nunca é um termo abstrato na teologia teresiana, pois a santa fala a partir de uma experiência. Esta experiência a possibilitou viver conscientemente a vida na graça e a fez aprender a discernir os efeitos da presença de Deus atuante na alma. Teresa não usa formas rígidas nem as múltiplas definições da graça, presentes na escolástica. Sua maneira de dizer é própria, além de que se enriquece com as noções populares. O termo "graça" adquire várias acepções. No singular, costuma significar a graça santificante. No plural, pode significar: ajuda, auxílio, favor, luz, misericórdias, dons de Deus. Pode também significar qualidades, dons e talentos, como bondade, ânimo, beleza, saber.

Sua experiência de Deus se manifesta de maneiras diversas. Há um conhecimento novo de Deus, que passa pelo sentimento do amor intenso, pelos gostos atribuídos à sua influência, pelas iluminações,

---

[2]   Cf. 1 M 1, 3.
[3]   1 M 1, 8 e 1 M 2, 4.

inspirações e conversões que se percebem como uma chamada interna irresistível a Deus, pelo maior aprofundamento intelectivo. A experiência atinge toda a sua pessoa, sentimentos, sentidos e faculdades. Assim Teresa experimenta a ação de Deus e, posto que ao experimentar os efeitos ela deve também experimentar a causa, podemos dizer que Teresa tem uma certeza existencial da graça.[4]

A autoridade que lhe dá sua experiência faz com que, na obra teresiana, a graça possa ser descrita como algo que se pode perceber, sentir, observar em sua atuação, transformando, iluminando e recriando tudo o que se deixa alcançar pelo raio do seu dinamismo.[5] É a vida de Deus comunicante e comunicada que faz da criatura humana partícipe dessa comunicação, que é vida dinâmica. Ela é ação transformadora porque é a própria vida de Deus operando na pessoa. Com esta ação íntima e pessoal, a pessoa, "lagarta de mau cheiro", torna-se capaz de agradar a Deus. Frequentemente, Teresa se utiliza de símbolos que personalizam ou concretizam a graça para melhor comunicar seu pensamento.

Um desses símbolos é a água. A água é a imagem clássica da graça e também uma imagem especialmente preferida por Teresa. Nas moradas quartas, encontramos esta predileção:

> Para explicar algumas coisas do espírito, nada vejo de mais apropriado do que a água; [...] tenho considerado mais detidamente esse elemento por ser muito amiga dele.[6]

---

[4] O Concílio de Trento, em contenda com a doutrina luterana da fé fiducial, afirmava que ninguém pode ter certeza de ter sido predestinado à vida eterna, a não ser por revelação especialíssima de Deus. Sobre a justificação (DH 1533; 1562; 1564), afirma que dela não se pode ter certeza, não porque a Redenção de Cristo não seja eficaz ou porque Deus não seja fiel no cumprimento de sua palavra, mas porque a justificação depende também da aceitação e colaboração do homem com a graça de Deus. Equivale a dizer que ninguém pode ter certeza absoluta de que participa da segurança *da fé*. Para MARTÍN DEL BLANCO, a certeza que Teresa tem da atuação da graça não vai contra a doutrina tridentina – não é a certeza da fé, mas uma certeza advinda da experiência mística dos efeitos da presença de Deus na alma, uma certeza *experiencial mística*. Tal certeza estimula a pessoa a continuar trabalhando em sua santificação com confiança e amor, mas também com "temor e tremor", como exorta Paulo. Para tratamento maior do tema, cf.: MARTÍN DEL BLANCO, Mauricio. *Santa Teresa de Jesús;* mujer de ayer para el hombre de hoy. Bilbao: Mensajero, 1975. p. 275-277.

[5] SECUNDINO CASTRO, La vida y la luz, la muerte y las tinieblas:..., p. 148.

[6] 4 M 2, 2. O abundante recurso da santa a este elemento pode ser comprovado no verbete "Agua" em: FRAY LUIS DE SAN JOSE. *Concordancias de las obras y escritos de Santa Teresa de Jesús.* 3. ed. Burgos: El Monte Carmelo, 1982. p. 23-26.

Já na morada primeira Teresa explica que a pessoa em graça é como uma árvore de vida "plantada nas águas vivas da vida, que é Deus".[7] Esta água, que é Deus mesmo, faz brotar e florescer o jardim, o paraíso, onde Deus se alegra. As obras da alma em estado de graça são agradáveis aos olhos de Deus e dos homens, pois procedem da fonte de vida. Em seu primeiro livro, *Vida*, Teresa havia descrito as fases da comunicação *de* Deus e *com* ele, a partir das formas de regar o jardim.[8] A graça é Deus mesmo transformando a pessoa.

A graça é também como o perfume. Nas moradas quartas, a percepção da presença de Deus no "abismo íntimo da alma", é traduzida por Teresa como um braseiro de onde exalassem perfumes. Embora não se veja o fogo nem se saiba onde arde, a alma sente o seu calor e os vapores perfumados a penetram, e se estendem ao corpo.[9]

A realidade da vida na graça é também traduzida no simbolismo do amor de esposos. Em *Caminho de Perfeição*, Teresa já havia relacionado amor de esposos e batismo: "[...] estamos desposadas [...] pelo batismo".[10] Nas moradas quintas, a alma, como noiva, é conduzida solenemente ao salão de festa[11] e o simbolismo se desenvolve até o matrimônio espiritual. Nele, unificam-se os conceitos de graça e de amor. A vida de Deus na pessoa é vida de amor e no amor, dinâmica, incontida, que pede e deseja mais.[12]

Sob esta perspectiva do amor esponsal surge o simbolismo do bicho-da-seda. Este simbolismo é apresentado nas moradas quintas e se desenvolve até as sétimas moradas. A alma, uma lagarta feia, que se arrastava no lodo, chega a ser uma linda borboleta branca pelo calor fecundante do Espírito Santo, que coloca em movimento um processo de resposta positiva às mediações humanas e eclesiais do amor de Deus.[13]

---

[7] 1 M 2, 1.
[8] Cf. V 11 a V 21, especialmente V 14, 2. 5. 9; 31, 24-25.
[9] Cf. 4 M 2, 6.
[10] CE 38, 1 (ausente na segunda redação).
[11] Cf 5 M 1, 12.
[12] Cf. DOMINGUEZ REBOIRAS, F. La teología de la gracia en Santa Teresa. *Compostellanum* 19 (1974) 5-64 – aqui, p. 23-30.
[13] Cf. 5 M 2, 3.

O fim da borboleta é transformar-se e consumir-se na luz de Cristo até que morre, pois já é Cristo aquele que vive nela.[14]

Por sua vez, podemos ver no calor e no fogo símbolos do Espírito de Deus dinamizando a pessoa por dentro.[15]

Em todos os simbolismos, utilizados pela santa para expressar a realidade da graça, transparece sua essência: transmitir a vida de Deus e fazer da pessoa que a acolhe participante desta vida. Esta participação se realiza de maneira cada vez mais profunda e engajada. Assim, na alegoria principal de *Moradas*, – a do luminoso castelo interior – o ápice da vida espiritual consiste em que a alma entre no aposento do rei e esposo, introduzida pelo próprio rei. Trata-se do "matrimônio espiritual", no qual há união com o Deus que recria a pessoa no seu ser e no seu atuar e a pessoa assume em si esta vida nova doada por Deus.

Teresa percebe, então, que a graça é Deus mesmo em nós, e viver em graça é participar da vida de Deus. Talvez inspirada na noção bíblica da Carta de Pedro – "[...] a fim de que vos tornásseis participantes da natureza divina [...]" (2Pd 1,4) –, Teresa escreve no livro das *Exclamações da Alma a Deus* que, ao se entranhar no Sumo Bem, "a graça de Deus terá podido tanto que te fez partícipe de sua divina natureza".[16] Um Deus que personaliza porque é Trindade é pessoal. Um Deus que se dá a conhecer por Cristo-esposo que habita o centro do "eu", e que neste centro se esculpe como imagem viva no espelho vivo. O encontro com esse esposo faz reconhecê-lo como a água que faz florescer o jardim "onde Deus se alegra"; como o braseiro que exala perfumes, como a chama que abrasa e consome a borboleta.

1.2. Graça e oração

Teresa estabelece estreita relação entre a ação da graça e a oração. Em seus escritos, de maneira consciente ou inconsciente, as realidades

---

[14] Cf. Cf. 6 M 4, 1ss, 7 M 3, 1 e todas as moradas sétimas tomadas em seu sentido global.
[15] Cf. o Capítulo 6 deste livro.
[16] Excl 17, 5.

da oração e da graça muitas vezes se fundem.[17] Em *Vida*, Teresa tinha mostrado e ensinado os quatro modos de "regar o jardim". Tais modos de regar o jardim diferem uns dos outros pelo maior ou menor esforço empregado, sendo que o esforço é proporcional ao uso das faculdades demandado pela oração. Na metáfora teresiana, o primeiro modo corresponde a regar o jardim apanhando água com baldes num poço; o segundo, a tirá-la mediante nora e alcatruzes movidos por um torno; o terceiro, a trazê-la de algum rio ou arroio; o quarto é por chuvas frequentes e copiosas, modo incomparavelmente melhor do que tudo o que foi dito. É, então, o Senhor mesmo quem rega, sem nenhum trabalho nosso.[18]

As formas de regar são as imagens que ela usa para a oração, a partir da qual a pessoa passa a trazer de maneira consciente, em sua vida, a dinâmica graça de Deus. Se o "jardim" não for regado, perecerá. Esta graça, descrita a partir da imagem da água, surge no princípio da vida de oração de maneira suave e constante, como "umas fontezinhas que tenho visto brotar: nunca cessa de haver movimento na areia, empurrada por elas para cima".[19] Em *Caminho de Perfeição*, ensina que pela oração se chega à fonte.[20]

Nas moradas quartas, vemos o simbolismo da água utilizado para mostrar como a graça nos é comunicada por maneiras distintas na vida de oração, assim como a água pode encher um reservatório de maneiras distintas. A primeira é uma maneira trabalhosa, "através de muitos aquedutos e artifícios"; a segunda, uma maneira gratuita e simples, dada pelo fato de o reservatório encontrar-se na própria nascente: "[...] construído na própria nascente, vai se enchendo sem nenhum ruído".[21] O primeiro caso é comparado aos esforços na oração. O segundo caso é comparado ao fato de a pessoa perceber a presença de Deus no mais íntimo de si, sem nenhum esforço pessoal, simplesmente é como se um

---

[17] SECUNDINO CASTRO, La vida y la luz, la muerte e las tenieblas:..., p. 148-149.
[18] Cf. V 11, 7.
[19] V 30, 19.
[20] Cf. CE 35, 2; 39, 5.
[21] 4 M 2, 4.

manancial de águas brotasse de sua interioridade para todo o seu ser. Eis as palavras de Teresa sobre o efeito da presença de Deus na segunda maneira de oração:

> Assim, quando Sua Majestade deseja e é servido de conceder alguma graça sobrenatural, produz esta água com grandíssima paz, quietude e suavidade no mais íntimo de nós mesmos [...] Essa água vai correndo por todas as moradas e faculdades até chegar ao corpo. Por isso eu disse que ela começa em Deus e termina em nós. O certo é que, como o constatará quem o tiver provado, todo o ser exterior usufrui desse gosto e suavidade.[22]

Nas moradas sextas, as fontes de água que enchem o reservatório transformam-se em mar. É assim que Teresa nos descreve, inspirada em vários textos bíblicos:[23] "[...] neste caso, o poderoso Deus – que detém os mananciais das águas e não deixa o mar sair de seus limites – parece abrir as represas de onde a água vem a esse reservatório".[24] As ondas se tornam enormes, levantando a pequena nau da alma, que perde o domínio de seus sentidos e faculdades; perde o controle de sua própria oração. É Deus, então, quem domina o pequeno barco.[25]

Vemos, assim, como a experiência une conceitos e, ao ser expressa em símbolos, exige relacionar graça-vida-amor-oração. A linguagem da teologia mística, ao utilizar o simbolismo e relacionar os conceitos, difere-se da linguagem da teologia dogmática, que busca distinguir os termos. Para Santa Teresa, a oração é definida como porta do castelo, um canal da graça, mas é também a própria vida da graça em nós, revivida em atos de consciência e amor. A meta dessa dinâmica de oração é a união com Deus, isto é, a transformação da pessoa em Jesus Cristo, graça revelada do Pai.

---

[22] Ibidem.
[23] Cf. Pr 8,28; Jó 38,8.10-11 e Sl 104(103),9.
[24] 6 M 5, 3.
[25] Cf. 6 M 5, 3; 7 M 2, 7; 3, 15.

1.3. "Ter oração" e vida cristã

Pela mesma união de conceitos realizada pela experiência, podemos dizer que há uma equivalência entre vida de oração e vida na graça ou vida cristã. O "ter oração"[26] teresiano equivaleria à "vida cristã", pois a santa não estabelece dualismo algum entre oração e vida. Tampouco é o melhor dizer que se implicam mutuamente, mas sim que se unem a tal ponto que se equivalem. A oração é fato existencial global, isto é, engaja toda a vida em suas múltiplas dimensões: pensamentos, palavras e obras, em direção ao centro, onde está a Presença. "Ter oração", segundo a santa, equivale a traçar uma vida de abertura progressiva à ação transformadora de Cristo.

Segundo o esquema literário do castelo, a "porta do castelo interior", que é a oração, vai se transformando no caminho e na força que conduzem em direção ao interior, na busca que não se sacia até o encontro transformante com Deus. Há um processo de interiorização em direção às últimas moradas e de diálogo a partir de dimensões cada vez mais profundas, inundando a globalidade de si mesma – é a pessoa inteira que se engaja no diálogo com Deus – diálogo que é também invocação e luta em direção a um Deus que vai transformando eticamente a pessoa e traçando novos caminhos de ação.

Dessa maneira, a oração é, em Santa Teresa, mais do que um ato de dirigir-se a Deus. Ela significa uma imersão, um abismar-se no horizonte de vida que é Deus mesmo.

A oração foi, na vida de Santa Teresa, o "eixo de sua experiência: a aventura do seu drama pessoal e o estrato maior e mais profundo de sua interioridade. A oração serviu à santa explicar-se a si mesma o mistério da vida cristã; serviu-lhe, igualmente, como catalizador doutrinal, para expô-la aos leitores".[27]

A intrínseca interdependência entre oração e graça fará com que Teresa estabeleça também relação entre ausência de oração e pecado,

---

[26] Expressão constante em 2 M 2 e outros.

[27] ALVAREZ, Tomás. La oración, camino a Dios. El pensamiento de Santa Teresa. *Ephemerides Carmeliticae* 21 (1970) 115.

pois a pessoa fechada em si mesma não é capaz de chegar ao melhor de si nem a realizar obras boas.

Esclarecidas estas especificidades da linguagem teresiana sobre a graça, passemos ao núcleo de sua experiência/doutrina do mistério de Deus: sua presença no interior da pessoa.

2. A presença de Deus na alma

A ideia da presença de Deus na alma é afirmada, no livro-cume de Teresa, *Castelo Interior ou Moradas*, como presença de Deus em toda criatura humana, também naquela que esteja em pecado mortal. Esta afirmação fundamental sobre a pessoa humana tem sua origem nas experiências anteriores da inabitação da Trindade na alma, as quais iluminam o pensamento teresiano sobre a realidade existencial de todo ser humano.[28] A explicação teológica dos "letrados" e a elaboração teológica final, própria da autora, une-se à sua experiência para a formulação de sua doutrina.[29]

2.1. Importância da relação pessoa-Deus

É na relação com Deus que a pessoa vai descobrindo a sua presença. Por isso, já no seu primeiro livro, *Vida*, Teresa de Jesus sintetiza o que é prioritário para o início da vida espiritual, acentuando a importância e centralidade desta estreita relação:

> Sobretudo no princípio, ela só deve se preocupar consigo mesma e pensar que na terra há apenas Deus e ela; isso lhe fará grande bem.[30]

---

[28] Cf. R 16; 17; 18; 24; 47; 54; 56.

[29] Cf. ALVAREZ, T. *Sulla dottrina della N.S.M. Teresa nel libro delle Mansioni*. Roma: [Teresianum], 1956. (Note "pro-auditoribus"). As conclusões desse autor foram assumidas depois por outros autores, como M. HERRAIZ, J. CASTELLANO CERVERA e J. V. RODRÍGUEZ (vide bibliografia ao final).

[30] V 13, 9.

A relação da pessoa – na linguagem teresiana, da alma – com Deus tem uma importância absoluta. "Só Deus basta", escreveu em uma poesia; "deve-se buscar a Deus dentro de nós".[31] A santa vai desenvolvendo cada vez mais a percepção do que seja a alma diante de Deus, à medida que se torna mestra de vida espiritual.

Em *Caminho de Perfeição*, escrito depois de *Vida*, Teresa prepara o conceito de alma que posteriormente será sintetizado no *Castelo Interior*:

> [...] quisera saber declarar como está [...] quando ela [a alma] deseja entrar em si, nesse paraíso com seu Deus, fechando atrás de si a porta a todas as coisas do mundo.
>
> [...] Ele [o Senhor] tem nossa alma em tal conta que não lhe permite envolver-se em coisas que a podem prejudicar [...], pondo-a logo junto a Si [...]
>
> Aquelas que puderem se recolher nesse pequeno céu de nossa alma onde está Aquele que o fez [...] acreditem que seguem excelente caminho.[32]

A relação entre Deus e a alma pela oração é imprescindível devido à presença de Deus nela. A pessoa é relação e, por isso, deve descobrir-se como tal. Definir o que nossa autora entende pelo termo "alma" nos ajudará a seguir em frente.

2.2. O que Teresa entende por "alma"

Vimos que a corrente dos espirituais tem por substrato uma antropologia tripartida: corpo, alma e espírito. A unidade da pessoa é definida no movimento dialético entre essas dimensões. Eles experimentam, em si, a complexidade antropológica que distingue finitude corpórea, sentidos exteriores e interiores, potências ou faculdades da alma (memória, entendimento e vontade) e o espírito, dimensão ao mesmo tempo mais profunda e superior na pessoa (a *mens* agostiniana). Essa concepção

---

[31] Poesia 9; V 40,6.
[32] C 29, 4; 19, 7; 28, 5.

traz forte ressonância bíblica, que alude à pessoa humana como corpo: *sarks*; alma: *psyqué*; e espírito: *pneuma*. Os espirituais buscam unificar sua existência no espírito, que se une a Deus – daí todo o seu esforço de recolhimento e interiorização. No segundo momento, há uma volta do espírito à alma e desta ao corpo. Dessa maneira, a pessoa toda pode ser orientada pelo Espírito de Deus.

Vimos também que, no século XVI, é encontrado igualmente o sistema analítico, dual, de corpo e alma, segundo a doutrina comum, dualista.

Assinalamos, também, que Teresa herda esta antropologia e a trabalha em filigrana. Para compreender melhor nossa autora, é importante compreender o termo "alma", que atravessa toda a sua obra. Percebemos nele um tríplice significado.

Primeiro, devemos reconhecer que, também em Teresa, transparece na linguagem a *doctrina communis*, ou o esquema clássico dual de "corpo" e "alma", que já relembramos. Alma, neste sentido, significa uma substância estática, distinta e em contraste com a exterioridade do corpo, dos valores externos, das coisas e do mundo. O corpo é vivificado pela alma, que é imortal, enquanto o corpo perece.[33] Trata-se, para Teresa, de um valor, infelizmente, encarcerado pelas misérias do corpo, que é um "mau hóspede" da alma.[34] Por isso, corpo e alma devem buscar um acordo.[35] O interessante é que esse esquema analítico dual, na espiritualidade de Teresa de Jesus, não se transforma em dualismo.

Em segundo lugar, a alma é explicitada segundo as categorias da antropologia da corrente dos espirituais, porém com finas distinções. A alma é a dimensão humana possibilitadora do dinamismo interior, tanto psíquico quanto espiritual. Nela residem as potências ou faculdades que exercem as funções do pensar, do querer, do recordar, do amar, do escolher, do sentir. As faculdades são o entendimento, a memória, e a vontade.

---

[33] Cf. ALVAREZ, Tomás. Teresa de Jesús contemplativa. In: *Estudios Teresianos*. Burgos: Monte Carmelo, 1996. v. III, p. 103-171. PABLO MAROTO, D. Alma, pecado, mundo. *Revista de Espiritualidad* 41 (1982) 181-198 – aqui, p. 181-182.

[34] V 11, 15.

[35] Cf. V 11, 16.

Teresa traça, em profundidade, o movimento da alma e suas potências durante os fenômenos místicos. Descobre dimensões da alma por ela desconhecidas, como a distinção entre alma e potências, entre entendimento e imaginação, pensamento ou fantasia.[36] Constata que as potências nem sempre andam todas juntas, e podem andar até mesmo por caminhos contraditórios – por exemplo: entendimento e vontade podem ir por caminhos distintos[37] ou a memória estar fixa em determinada lembrança e o entendimento ocupado em outras coisas, disperso ou inquieto. Podem estar também todas juntas, vontade, entendimento e memória, quando há "união das faculdades".[38] Em especial nas moradas sextas, a santa descreve o que acontece às faculdades durante os fenômenos místicos que as alteram e afetam de modo peculiar. Enfim, para Teresa a alma é a dimensão humana dotada de extraordinária riqueza e complexidade, capaz de encaminhar a pessoa para sua interioridade mais profunda, mas também de manter a pessoa na exterioridade. A alma deve educar-se a lembrar-se de Deus, pensar nele e querer amá-lo.

A antropologia tripartida torna-se clara, em nossa autora, com o descobrimento da dimensão de profundidade da alma, o "fundo da alma",[39] o "centro";[40] o "interior da alma",[41] o "aposento do rei" do castelo,[42] o "céu empíreo",[43] a "medula",[44] o "espírito"[45] humano. Nas sétimas moradas a santa vai identificar o "profundo interior da alma", como espírito habitado por Deus, onde se comunicam as "três Pessoas". Percebe então que, embora alma e espírito sejam uma só coisa, há diferença entre eles.[46] Da experiência de perceber em si a Trindade nada

---

[36] Cf. 4 M 1, 8.

[37] Cf. V 17, 3-4; 18, 12.

[38] Cf. R 5, 6.

[39] 5 M 3, 4: "hondo del alma"; 6 M 11, 2: "lo muy hondo y íntimo del alma"; 7 M 1, 7: "en una cosa muy honda".

[40] 1 M 1, 3; 7 M 2, 3: "el centro muy interior del alma"; 7 M 2, 10: "este centro de nuestra alma [...]".

[41] 6 M 2, 8 e 4, 6: "lo muy interior del alma"; 7 M 1, 7: "interior del alma [...], en lo muy muy interior [...]"

[42] 6 M 4, 8: "un aposento de un gran rey o gran señor [...]"

[43] 6 M 4, 8: "este aposento de cielo empireo que debemos tener en lo interior de nuestras almas"

[44] 5 M 1, 6: "los tuétanos"; também CAD 4, 2.

[45] 7 M 2, 10: "este centro de nuestra alma o este espíritu [...]"

[46] Cf. 7 M 1, 11.

se pode dizer, a não ser que ela acontece no "muito interior, em algo muito profundo", e a alma, não sabendo dizer como, "sente em si esta divina companhia".[47] A alma torna-se, assim, um "âmbito de presença".[48] Desse centro habitado por Deus vem a luz que ilumina todas as potências e todo o castelo-alma.[49] Dele vem a vida que vivifica nosso ser e dá sentido a toda obra.[50] Alma e espírito não constituem uma mesma dimensão, mas são inseparáveis.

Por fim, o terceiro significado de "alma", no pensamento teresiano, é a pessoa humana em sua integralidade, que inclui o corpo – "alma" é, neste sentido, a metonímia de "pessoa". Essa concepção está intimamente relacionada à segunda, através das potências que têm a possibilidade de perceber, entender, querer, amar, escolher e rejeitar. A pessoa humana é, assim, sujeito capaz de santidade e de condenação, um ser rico e miserável. Santidade e riqueza provêm do Deus uno e trino que a habita; condenação e misérias, do desconhecimento ou rejeição de Deus. A pessoa humana é capaz de acolher o dom de Deus, comunicado, ou de rejeitá-lo. É capaz de traçar um itinerário espiritual e histórico único e irrepetível no sentido de realização ou frustração de sua vocação e potencialidades. Por isso a pessoa pode conhecer-se ou desconhecer sua identidade diante de Deus. Na realidade teologal e existencial de estar em graça ou em pecado sempre haverá uma participação humana, quer de aceitação, abertura e acolhida, quer de rejeição, fechamento ou indiferença à ação de Deus.

Neste sentido, vemos que Teresa aprofunda a antropologia herdada dos espirituais, o que lhe amplia as possibilidades de conhecimento psicológico das pessoas e a ajuda a embasar o seu humanismo.

---

[47] 7 M 1, 6.7.
[48] Na expressão de J. Cristino GARRIDO, "Experiencia teresiana de la vida de la gracia", *Monte Carmelo* 75 (1967) 344-391 – aqui, p. 375.
[49] Cf. 1 M 2, 1.3; 6 M 4, 6; 7 M 2, 6 e outros.
[50] 1 M 2; 7 M 2, 6.

3. A presença de Deus na pessoa e em todas as coisas "por presença, potência e essência"

3.1. A experiência teresiana

A descoberta de Deus na alma foi para Teresa fruto de uma graça mística experienciada e de uma explicação teológica. A experiência a surpreendeu e marcou sua entrada na "mística teologia":

> Como disse, eu tinha começado a sentir às vezes, embora com brevidade, o que passo a relatar. Vinha-me de súbito, na representação interior de estar ao lado de Cristo, de que falei, tamanho sentimento da presença de Deus que eu de maneira alguma podia duvidar de que o Senhor estivesse dentro de mim ou que eu estivesse toda mergulhada nela. Não se tratava de uma visão; acredito ser o que chamam de *teologia mística*.[51]

Onze anos mais tarde, vai descrever o sentimento da presença de Deus como sua primeira oração sobrenatural, e vai lembrá-la como de um "encontro": "[...] parece que, de cada vez e todas as vezes que uma pessoa quer se encomendar a Sua Majestade, mesmo que apenas reze vocalmente, Ele se faz presente".[52]

Teresa enfatiza que tal descoberta a deixou surpreendida, pois não sabia que esta presença de Deus nela e em todas as coisas poderia ocorrer. Em *Caminho de Perfeição*, ressalta novamente esta ignorância: "[...] eu bem entendia que tinha alma, mas não o que esta alma merecia nem *quem estava dentro dela*".[53]

A presença era, no entanto, muito clara e real:

> No princípio, atingiu-me *uma ignorância* de *não saber* que Deus está em todas as coisas, o que, como Ele me parecia estar tão presente, eu achava

---

[51] V 10, 1. Itálico nosso. "Mística teología" equivale a "experiência mística". A maneira da santa escrever denota que tinha resistências a este termo técnico da teologia. Só utilizará novamente o termo em *Vida*: 11, 5. Outras menções a esta terminologia: 12, 5 e 18, 2. Cf. nota da edição crítica da Ed. Monte Carmelo, a cargo de T. ALVAREZ.

[52] R 5, 25.

[53] C 28, 11. Itálico nosso.

ser impossível. Eu não podia deixar de crer que Ele estivesse ali, pois *achava quase certo que percebera a sua presença.*[54]

Em seguida, Teresa vai narrar um acontecimento que, ao mesmo tempo, provocará estranheza e desencadeará a pesquisa de muitos estudiosos da sua obra:

Os que não tinham letras me diziam que Ele *só estava ali mediante a graça*. Eu não podia acreditar nisso, porque, como digo, *sentia a Sua presença*. Por isso, ficava aflita. Um grande teólogo da Ordem do glorioso São Domingos me tirou dessa dúvida, ensinando-me que o Senhor *está presente e se comunica conosco*, o que me trouxe imenso consolo.[55]

3.2. As dúvidas: Teresa ter-se-ia equivocado nos termos sobre a graça? Teria compreendido mal a explicação dos letrados?

Sempre chamou a atenção dos teresianistas que Teresa sentisse pena ou não pudesse acreditar que Deus estivesse nela "só" mediante a graça (no original: "sólo por gracia"), uma vez que a presença por graça, segundo a teologia tomista, seria a mais apta para explicar a experiência ocorrida na oração de união.[56] Mas, por algum motivo, essa noção desvalorizadora da "presença por graça" permanece até o fim da vida de Teresa, como mostra sua última Conta de Consciência, de 1581:

A paz interior e a pouca força que têm os contentamentos e descontentamentos para tirá-la [a presença] de uma maneira duradoura [...]

---

[54] V 18, 15. Itálico nosso.
[55] V 18, 15. Itálico nosso.
[56] A presença de Deus por graça é própria da criatura racional, que desta maneira pode conhecer esta presença e amá-la. LLAMAS, Enrique. Inhabitación trinitaria. In: PIKAZA, Xabier; SILANES, Nereu. *El Dios Cristiano;* diccionario teológico. Salamanca: Secretariado Trinitario, 1992. p. 691-710 – aqui, p. 691, 701 e 703.

Essa presença, tão fora de dúvidas, das três pessoas, em que claramente se experimenta o que diz São João – "que faria a sua morada na alma" –, e *não só por graça, mas porque quer dar a sentir essa presença* [...][57]

Igualmente, sempre chamou a atenção dos teresianistas que Teresa contrapusesse a "presença por graça" à presença descrita pelos advérbios "por presença, potência e essência", como consta em *Moradas*, onde Teresa relata novamente sua descoberta da presença de Deus na alma, a surpresa que causa, a informação do "meio-letrado" e a verdade explicada, desta vez não mais mencionando ao dominicano, mas a "outros":

> Conheço uma pessoa que *não tinha conhecimento de que Deus está em todas as coisas, fazendo-o por presença, potência e essência*. Ora, por uma graça que o Senhor lhe concedeu, ela o veio a crer de tal maneira que não deu ouvidos a um dos semiletrados a que me referi. Ela foi consultá-lo sobre o assunto, e ele lhe responde que Deus *está em nós apenas pela graça* (assim falando por ser tão pouco instruído quanto ela, antes de Deus iluminá-la). Contudo, estava ela tão convicta da verdade que *não acreditou e perguntou a outros*; tendo estes lhe dito a verdade, ficou ela muito consolada.[58]

Os mesmos advérbios são utilizados numa *Relação* escrita dois anos antes, com idêntica força, após a experiência de que Deus vivo estava em sua alma:

> [...] não se pode duvidar de que *a Trindade está em nossa alma por presença, por potência e por essência*. Traz um grandíssimo proveito compreender essa verdade.[59]

Muitos estudos têm buscado a explicação para esta desvalorização da presença por graça, bem como o significado da expressão "por presença, potência e essência" nos textos teresianos acima transcritos.[60] Parece ser que a dificuldade do texto de Teresa está nas questões de

---

[57] R 6, 9. Itálico nosso.
[58] 5 M 1, 10. Itálico nosso.
[59] R 54. Itálico nosso. A santa, aqui, faz alusão aos efeitos de uma visão da Trindade (cf. R 47).
[60] Podemos mencionar: Gabriele Di S. Maria Maddalena, T. Alvarez, J. C. Garrido, A. M. Garcia Ordas, F. Dominguez Reboiras, Maury Buendia, M. Martín Del Blanco e Mas Arrondo.

terminologia. Todos os estudos consideram que a afirmação de Teresa refere-se à teologia tomista da presença natural de Deus por imensidão incircunscrita ou da presença sobrenatural por graça.[61]

Segundo alguns estudiosos, mesmo ao ser esclarecida pelo dominicano sobre esta expressão, Teresa não teria compreendido bem a explicação, pois que a emprega para afirmar a presença real de Deus na alma e não, como seria correto, como presença natural de Deus nela. Tudo isso revelaria como a noção de Teresa sobre este assunto foi incompleta e pobre, e como as explicações fizeram com que ela confundisse as terminologias usadas para designar a presença de Deus.[62] De fato, as explicações, como veremos, eram confusas. Mas, certamente, Teresa as compreendeu muito bem e as questionou, buscando o que de fato traduzisse a sua experiência.

Uma interpretação distinta, bastante pertinente, alerta que se deve buscar a explicação do pensamento teresiano nos próprios escritos da santa, segundo "sua própria teoria do conhecimento", e não pela teoria tomista de presença de Deus por imensidão.[63] A chave para isso seria a última *Relação* de Teresa, segundo a qual a expressão "por presencia y potencia y esencia" significaria que, além da presença (por graça), "o homem pode experimentar (sentir) tal presença" e a expressão "por graça" significaria que "Deus está presente, mas sem que o sujeito humano

---

[61] A questão posta por Santo Tomás é a seguinte: "À pessoa divina convém o ser enviada, no sentido em que existe de novo modo em alguém; e ser dada, no sentido de ser possuída por alguém. Ora, nada disto é possível senão pela graça santificante. Pois há um *modo comum*, pelo qual *Deus está em todas as coisas pela essência, pela potência e pela presença*; assim como a causa está nos efeitos que participam da sua bondade. Mas além desse modo comum há um *modo especial*, que convém à natureza racional, na qual dizemos que Deus está, como o conhecido, no conhecente, e o amado, no amante. E porque conhecendo e amando a criatura racional atinge, pela sua operação, o próprio Deus; deste modo especial dizemos não somente que Deus está na criatura racional, mas também nela habita, como no seu templo". *Suma teológica* 1 q. 43, a. 3 (Ed. A. CORREIA. São Paulo: Siqueira, 1946).

[62] Cf. ALVAREZ, Teresa de Jesús contemplativa..., p. 125. GARCIA ORDAS, A. M. *La persona divina en la espiritualidad de Santa Teresa*. Roma: Teresianum, 1967. p. 69-70. GARCIA, Ciro. *Santa Teresa de Jesús;* nuevas claves de lectura. Burgos: Monte Carmelo, 1998. p. 32.

[63] MAS ARRONDO, Antonio. *Teresa de Jesús en el matrimonio espiritual*. Avila: Institución Gran Duque de Alba, 1993. p. 214. Também: MAURY BUENDIA, Miguel. Puntos clave en la interpretación teológica de la experiencia teresiana de la gracia. *Monte Carmelo* 95 (1987) 283-302 – aqui, p. 291-292.

tome consciência disso".[64] Teresa, ao afirmar a maneira de presença por "presença, potência e essência", quer dizer, primeiro, que Deus uno e trino está vivo na alma; segundo, que está realmente vivo em seu interior, sem possibilidade de dúvida; terceiro, que Teresa relaciona tal presença com a criação à imagem e semelhança de Deus, afirmando, assim, que Deus está ontologicamente na alma em virtude da criação. Não há em Teresa uma distinção entre o plano criacional e o plano da justificação, tal como explicaria a teologia tomista.[65]

3.3. O empobrecimento da teologia da graça no ambiente tomista do século XVI

Certamente Teresa viveu em tempos de má interpretação de Santo Tomás. Segundo essa doutrina, a presença de Deus, na alma e nas criaturas, situa-se no contexto das processões divinas – processões eternas no seio de Deus que se prolongam em toda a obra criada e são dela causa e razão de ser. À divina Pessoa convém "o ser dada" e "o ser Dom". A graça faz Deus mesmo presente na alma, não apenas uma ideia ou presença intencional de Deus na razão humana. O conceito é obra humana e não nos dá, de maneira alguma, a Deus mesmo, mas, pela graça, Deus mesmo habita na alma "como no seu templo" e a alma o possui e pode gozar dele. Assim é que a criatura racional é apta para conhecer verdadeiramente a Deus e amá-lo como se deve e, pela graça, realmente o faz.[66]

Assim sendo, a inabitação comporta uma presença real, efetiva e objetiva de Deus, pela participação de sua mesma natureza pela via do conhecimento e do amor, um amor de caridade, que se traduz em amizade. A amizade dá lugar a uma intercomunicação.[67]

Mas a doutrina da presença de Deus na alma por graça era mal interpretada no século XVI, no qual teólogos, como Vázquez, e também

---

[64] MAS ARRONDO, *Teresa de Jesús en el matrimonio espiritual*, p. 214.

[65] Cf R 54 e MAS ARRONDO, *Teresa de Jesús en el matrimonio espiritual*, p. 212-213.

[66] Cf. PHILIPS, Gerard. *Inhabitación trinitaria y gracia;* la unión personal con el Dios vivo. Salamanca: Secretariado Trinitario, 1980. p. 188-189; 201-205.

[67] Cf. LLAMAS, Inhabitación trinitaria, p. 703, que remete à *Suma teológica* I-II, q. 65, a.5.c.

representantes dos espirituais afirmavam a presença "por graça" como apenas intencional e afetiva. Deus estaria, assim, presente como está presente um objeto ou a pessoa amada, ou seja, de maneira intencional, e não real.[68] Dado esse enfraquecimento da afirmação da presença "por graça", Teresa afirma: Deus não está na alma "apenas por graça", mas de forma real, "por presença, essência e potência".

Vejamos isso mais de perto. Os jesuítas espanhóis Vázquez (1551-1604) e Suárez (1548-1617), procuram reavivar o tomismo, em reação a um nominalismo que não admitia mais do que uma certa maneira de união afetiva com Deus, desvalorizando o verdadeiro papel da graça criada e do realismo da presença de Deus. No entanto, ambos, Suárez e Vázquez, "magnificam a Santo Tomás", mas, "em direção oposta [a Santo Tomás]".[69] O segundo minimiza a presença divina na alma como um "novo efeito" da graça pelo qual o dom de Deus une o nosso afeto a Deus. Faz a graça voltar de novo ao modo da presença divina de imensidão, sem romper os limites da ordem criacional. Suárez, por sua vez, afirma que Deus se faz presente em nós por amizade, de forma que, se "por um impossível" Deus não esteja ali por imensidão, estaria ao menos pela graça em virtude desta relação de amizade. Esta última posição, embora acentue a presença real de Deus por amizade, é insuficiente e incompleta, pois a amizade não pode produzir a presença. Os doutores de Salamanca – *Salmanticenses* – tendem a apoiar Suárez, apoiando-se mais na força unitiva da caridade, que não chega a eliminar as distâncias, que nas demonstrações tomistas da presença de Deus por imensidão em seus dons.

A reação contra esse pensamento vem apenas com o dominicano João de Santo Tomás (1589-1644). É retomada a afirmação de que as Pessoas divinas se manifestam e se comunicam à criatura natural e que Deus está na alma de maneira que a pessoa pode conhecê-lo

---

[68] Cf. GABRIELE DI S. MARIA MADDALENA. Realizzazioni. L'inhabitazione divina in S. Teresa de Gesù. *Vita Carmelitana* 6 (1943) 26-45 – aqui, p. 27-29. GARCIA ORDAS, A. M. *La persona divina en la espiritualidad de Santa Teresa*. Roma: Teresianum, 1967. p. 68-69. ALVAREZ, Teresa de Jesús contemplativa..., p. 125. MAURY BUENDIA, Miguel. Puntos clave en la interpretación teológica de la experiencia teresiana de la gracia. *Monte Carmelo* 95 (1987) 283-302 – aqui, p. 287-288.

[69] Cf. PHILIPS, *Inhabitación trinitaria y gracia;...*, p. 297.

experiencialmente e gozá-lo, pois há uma presença íntima e real da Pessoa enviada. Que o fenômeno seja real e não ilusório, só a revelação e inspiração particular podem assegurar, mas a certeza moral é normal e regular.[70]

As conclusões dessa controvérsia, ou seja, a afirmação da certeza da presença de Deus na alma por graça de maneira real, são, no entanto, posteriores a Teresa. Em seu tempo, a santa sentiu o desconforto de confrontar sua experiência com uma má interpretação de Santo Tomás, que não a ajudava a iluminar a sua vida.

3.4. As influências da corrente franciscana na expressão "por presença, potência e essência" em Santa Teresa

Para nossa autora, a resposta que lhe clareou a experiência veio em termos da presença de Deus em todas as coisas, inclusive na pessoa humana, com a qual se comunica,[71] e nos termos da presença de Deus em todas as coisas por "presença, potência e essência".[72] Essa explicação também ajudou Teresa a definir a experiência da presença de Deus vivo na alma, de maneira que não se podia duvidar que a Trindade estivesse presente, deste modo, nas almas.[73] Parece que o "como" da presença continuou dando-lhe voltas à cabeça, pois um ano mais tarde atesta uma experiência na qual Deus lhe faz compreender "como" está presente em todas as coisas e "como" está presente na alma, através da comparação da esponja embebida em água.[74]

Gostaríamos de chamar a atenção para o fato de que a expressão da presença "por presença, potência e essência", que aparece pela primeira vez na *Relação*, de 1575, relacionada à presença da Trindade na alma, e pela segunda vez em 1577, em *Moradas*,[75] desta vez relacionada à presença de Deus em todas as coisas, *possa relacionar-se ao sentido que*

---

[70] Cf. ibidem, p. 188-189; 201-205; 297-302. Também: LLAMAS, Inhabitación trinitaria, p. 703-704.

[71] Cf. V 18, 15.

[72] 5 M 1, 10.

[73] Cf. R 54.

[74] Cf. R 45.

[75] R 54 e 5 M 1, 10, respectivamente.

lhe dá a corrente franciscana com raízes em São Boaventura, e não na corrente de Santo Tomás.

Talvez por não estar saciada ainda pela resposta obtida pelo dominicano, o Padre Vicente Barrón, segundo anotação do Padre Gracián em seu exemplar de *Vida*, ou o Padre Domingo Báñez, segundo outras opiniões,[76] Teresa tenha buscado informações que a convencessem mais. Ou, talvez, esse mesmo dominicano tenha trazido tal informação. Em *Vida*, menciona apenas a resposta de "un gran letrado de la Orden del glorioso Santo Domingo", mas, em *Moradas*, ela afirma que perguntou a "outros" que lhe disseram a verdade. No nosso modo de entender, ambas as hipóteses são possíveis.

Pensamos, no entanto, que dificilmente o Padre Domingo Báñez seria o portador de tal teoria boaventuriana. Como já visto, ao tratarmos da Escola de Salamanca, foi Domingo Báñez discípulo de Melchor Cano (o qual, embora da primeira geração, foi censor inquisitorial rigoroso da espiritualidade afetiva), contemporâneo de Suárez e Vázquez, porta-voz de uma geração regida por um aristotelismo e tomismo mais rígidos.

O Padre Vicente Barrón, por sua vez, faz parte da geração anterior. Tinha sido discípulo de Francisco de Vitória, com maior independência diante de Aristóteles e Santo Tomás. Além disso, foi o Padre Barrón discípulo do Padre Juan Hurtado de Mendoza, pelo qual floresce em Ávila, Salamanca e Valladolid a reforma teológica e espiritual inspirada no dominicano florentino Savonarola, em que a espiritualidade afetiva, sem beirar o iluminismo, surge como uma das características.[77] Por tudo isso não é impossível e é bastante provável que o Padre Barrón, confessor dos albores de sua vida mística e, mais tarde, quando já estava em plena maturidade espiritual,[78] tenha dado uma explicação a Teresa nos termos da corrente da teologia afetiva boaventuriana, e não tomista.

Não podemos nos esquecer também, como já visto, que a espiritualidade do século XVI foi fortemente permeada pela teologia de São

---

[76] Cf. a edição crítica do EDE em nota ao texto em questão de V 18, 15, p. 111, de Enrique LLAMAS.

[77] Cf. ANDRES, M. *La teología española en el siglo XVI*. Madrid: BAC, 1977. v. II, p. 353. BELTRÁN DE HEREDIA, Vicente. *Las corrientes de espiritualidad entre los dominicos de Castilla durante la primera mitad del siglo XVI*. Salamanca: BTE, 1941. p. 19. ALVAREZ, T. Santa Teresa y los movimientos espirituales de su tiempo. In: *Estudios Teresianos*. Burgos: Monte Carmelo, 1995. v. I, p. 405-446 – aqui, p. 414-415.

[78] Cf. R 4, 8.

Boaventura, quer diretamente, ajudada pelo fato de que suas obras receberam neste século várias traduções em castelhano, quer indiretamente, pelos comentários, obras e manuais de espiritualidade. Com muita facilidade Teresa poderia se colocar em contato com o pensamento do Doutor Seráfico tanto através dos "letrados" quanto dos "espirituais", quanto dos livros de espiritualidade que trazem sua influência.

O fato é que Teresa chegou ao trinômio escolástico composto pelos três advérbios da presença de Deus na alma e em todas as coisas por presença, potência e essência. Esse trinômio, tendo percorrido um longo caminho na teologia medieval desde Pedro Lombardo, passando por Alexandre de Hales, adquire em São Boaventura o sentido dinâmico que, possivelmente, Teresa percebeu adequado a expressar sua experiência.[79]

Para São Boaventura, Deus é percebido presente nas coisas em presença, potência e essência.[80] Comparações com a vida cotidiana ilustram sua explicação. A proximidade da presença é a do conteúdo naquele que o contém, como a água está no copo; a potência ou poder da influência é como o do motor naquilo que move; a intimidade da existência é como a da alma no corpo.[81] Para Boaventura,

[...] tudo o que está em outra coisa de maneira perfeita deve comportar estas três condições, e é de uma maneira perfeita que Deus está dentro das coisas, por isso se diz que Deus está no universo inteiro e em cada uma de suas partes, por potência, por presença e por essência, quer dizer, por modo de presença imediata, de influxo de energia e de existência íntima.[82]

A presença imediata, o influxo de energia e a existência interna são modos da presença de Deus, de sua imanência como fonte de energias

---

[79] Cf. GONDRAS, Alexandre-Jean. L'Évolution des questions de la présence de Dieu dans les êtres d'Alexandre de Halès a Saint Bonaventure". In: *Colloques Internationaux du Centre National de la Recherche Scientifique n. 558*. Paris: Editions du CNRS, 1977. p. 713-724.

[80] Cf. ZAS FRIZ, Rossano. *La teología del símbolo de San Buenaventura*. Roma: Pontificia Università Gregoriana, 1997. p. 23-24 e nota 27, que apresenta ampla e seleta bibliografia sobre o assunto.

[81] Cf. Cf. ZAS FRIZ, *La teología del símbolo de San Buenaventura*, p. 23-24. PHILIPS, *Inhabitación trinitaria y gracia;...*, p. 145.

[82] I Sent., D. 37, P. 1, a. 3, q. 2. Apud PRUNIERES, Louis. Le témoignage septiforme de l'univers. *Études franciscaines* 22 (1972) 129-174 – aqui, p. 135.

e campo de operações no universo. A aparente imensidão do universo contém a presença de Deus e a presença de Deus mantém o universo na existência por um influxo criador imediato e mais íntimo a cada um dos seres que o seu próprio ser. Por causa dessa presença as coisas sensíveis são mediações da alma a Deus. Deus está presente não apenas *por* elas como *nelas*, conforme o segundo grau do Itinerário para Deus. A pessoa é capaz, então, de empreender um movimento das coisas sensíveis ao Deus invisível, passando por um processo de interiorização das coisas criadas que começa pela apreensão das coisas pelos sentidos externos, passando aos sentidos internos, pelo deleite sensível e afetivo das coisas e, finalmente, passando pela operação pela qual o que é representado interiormente adentra a potência intelectiva. A onipresença divina é o pressuposto da inabitação trinitária na pessoa humana, fato que aperfeiçoa esta onipresença.[83]

Teresa já havia tido contato com o famoso trinômio em *Subida del Monte Sión*, do "devoto e humilde leigo franciscano"[84] Laredo, atentamente lido pela santa.[85] Nesse livro, encontramos a sentença quando o autor explica "como" Deus está em todas as coisas, em nítida consonância com a visão boaventuriana. Notemos que a sentença parece ter sido bem conhecida na época, a julgar pela maneira como Laredo, que escreve para espirituais e não para teólogos, dá a entender. Note-se que ele utiliza a expressão referindo-se às criaturas e não às coisas, o que nos leva a pensar que a expressão era utilizada para umas e outras:

> Não haveis vós ouvido *muitas vezes* dizer que Deus está *em suas criaturas por potência, por presença e por essência*? Assim havereis de entender que ele está essencialmente convosco, com o seu ser divino eterno, e que, sem poder ser contido, está sempre em todas as partes, e em vós está presencialmente, e os anjos o veem, porque ele está em todas as partes [...][86]

---

[83] Cf. PRUNIERES, Le témoignage septiforme de l'univers, p. 134-135. ZAS FRIS, *La teología del símbolo de San Buenaventura*, p. 17-35 e PHILIPS, *Inhabitación trinitaria y gracia;...*, p. 164.

[84] Cf. LAREDO, Fray Bernardino. Subida del monte Sión. Introd. de J. B. GOMIS. In: *Místicos franciscanos españoles*. Madrid: BAC, 1948. p. 22.

[85] Cf. V 13, 5.

[86] LAREDO, Subida del monte Sión, p. 169 (T.A.). Mais adiante, Laredo refere como Deus está também com o cego que não o vê: "Não entendeis que um homem pode estar com seu poder, saber e presença diante de outro homem cego, e que o cego não o vê devido ao defeito de sua visão, e que o fato de não poder vê-lo não invalida a verdade de que aquele homem está com ele, com todo o seu ser, poder e presença?" (p. 170 – T.A.). Sabemos que Francisco de Salcedo,

3.5. Significado da expressão "por presença, potência e essência" em Santa Teresa

Não temos elementos hoje para saber em que termos a explicação do trinômio foi dada a Teresa, mas sabemos, sim, que esta expressão respondeu à sua investigação do "como" estava Deus na alma.[87] Dessa explicação Teresa capta que Deus é presença real, comunicante, e que se faz sentir, ou seja, a santa capta a explicação do realismo, dinamismo e percepção da Presença que experimentava em si e da qual tinha plena consciência.

A experiência teresiana não permite desvincular a percepção subjetiva da presença objetiva de Deus na alma e em todas as coisas, mas permite distingui-las. Essa distinção perceptiva lhe permite afirmar que a presença de Deus não se altera sequer com o pecado mortal, embora, sim, por parte da pessoa, haja obscurecimento da percepção e abertura a esta presença. Não há modos diferentes da presença de Deus na pessoa – uma natural e outra sobrenatural, sendo a sobrenatural um acréscimo extrínseco à natureza humana criada. O que há é o ser humano criado à imagem de Deus[88] e, no humano, uma progressão na intensidade da captação e nos modos de percepção desta Presença, um aumento no conhecimento desta revelação e uma progressão na abertura da pessoa à única graça de Deus, em Cristo, possibilitados pelo próprio Deus, por sua mesma graça.

Com tudo isso, preferimos rejeitar a ideia de que Teresa tenha compreendido mal alguma explicação recebida sobre o tema da graça, ou que sua noção sobre a graça fosse confusa e carente de fundamentos claros, como fazem alguns estudiosos. Não raro, as observações dos leitores e censores contemporâneos de nossa escritora, que tentaram corrigi-la ou justificar-lhe a ignorância, não fizeram outra coisa, no arco dos quase quinhentos anos de supervivência de sua obra, a não ser abrilhantar e realçar o seu estilo e a sua maneira de interpretar as Sagradas Escrituras e as teorias de seu tempo, de maneira própria e original – mas, não por isso, de maneira menos exata e fecunda, não raro genial.

---

o "cavaleiro santo", citado em V 23, 6, que acompanhou Teresa no início da sua vida mística, utiliza a expressão "Deus *em* todas as coisas". Cf. *Certame* 2, datado de 1577, quando já era sacerdote secular.

[87] Cf. 5 M 1, 10 e R 45.

[88] Cf. R 54.

3.6. Deus está por presença, por potência e por essência: em resumo

- Teresa rejeitou toda explicação de cunho nominalista ou baseada na teoria tomista que, sob o ponto de vista da graça, circulava de modo reducionista em seu tempo. Por isso ela diz, firmemente, que Deus não está na pessoa humana "apenas por graça", tal como esta era concebida então.

- A nosso ver Teresa adotou, com consciência e convicção (não de forma precária, arbitrária ou equivocada), a explicação dinâmica da presença de Deus em todas as coisas, que lhe foi oferecida nos termos da corrente teológico-espiritual franciscana, afetiva e simbólica, com raízes em São Boaventura, mesmo que conscientemente não a relacionasse com este autor.

- Teresa não apenas captou a noção de Deus como presença imediata, energética e íntima da tradição franciscana como a enriqueceu, segundo sua experiência pneumatológica, com as categorias de vida, comunicação entre Deus e a pessoa, e percepção desta presença por parte do humano.

- Teresa afirmou que a presença de Deus na alma se dá devido à criação à imagem e semelhança de Deus. Assim sendo, não encontramos em Teresa uma ruptura entre os planos da criação e da salvação, ou entre o natural e o sobrenatural, tão presente no ambiente tomista.

- A expressão "por presença, potência e essência", utilizada por Teresa, significa que Deus vivo está presente na pessoa, comunica-se com ela e se faz experimentar.

- Na linguagem simbólica teresiana, a expressão significa que Deus está na alma como a água que empapa uma esponja, comunica-se com ela e com toda a criação, e faz sentir a sua presença.[89]

---

[89] Cf. V 18, 15; 5 M 1, 10; R 6, 9; 18; 45; 54.

Conclusões

- Na doutrina teresiana, a graça é Deus mesmo em comunicação, autodoando-se. Ele é presença real, que dá vida. Ele é a Trindade que, pouco a pouco, faz-se compreender, amar e sentir. Este Deus habita o ser humano como luz que nunca se afasta.
- Pela oração, esta Presença de Deus se faz consciente. Trata-se de um ponto fundamental do magistério teresiano. Por ela, a pessoa entra, com verdade, no interior de si mesma e se transforma, em Deus. Pela oração a pessoa – interioridade, terra – é penetrada pela graça de Deus – vida de Deus, água. A oração é tão importante para a vida em Deus que o simbolismo da água às vezes funde os conceitos de oração e de graça.
- O núcleo da presença de Deus no interior humano está testemunhado especialmente no livro *Relações*. Este livro é constituído por uma série de anotações íntimas em que Teresa descreve algumas das suas experiências. Várias são escritas concomitantemente ou próximo aos momentos em que foram vividas. Outras são rememorativas. São um testemunho privilegiado das experiências místicas teresianas, de valor excepcional.
- As raízes da afirmação da presença de Deus e da Trindade na alma "por presença, potência e essência" devem ser buscadas na espiritualidade afetiva franciscana, especialmente São Boaventura, que, indiretamente, Teresa conheceu.

Capítulo 5

A experiência trinitária: "divinas Pessoas", "divina companhia"

Introdução

De especial interesse para nós, hoje, é a experiência trinitária de Santa Teresa. Ela nos faz ver como Teresa ultrapassa a noção comum de Deus e adentra no mistério de Deus, que, por amor, não quis se separar do humano e pede deste uma resposta.[1]

A experiência trinitária está atestada em vários livros de Santa Teresa. Procuraremos reunir, neste capítulo, tais testemunhos. De maneira especial, as *Relações* e a sétima *Morada* são lugares privilegiados para nossa pesquisa; o leitor pode acompanhar este processo conferindo as indicações. Passaremos pelas experiências do entendimento da realidade trinitária, da inabitação e da presença habitual. Tais exprências são uma experiência de fé, não de uma revelação para além ou por cima

---

[1] A bibliografia pode ser consultada ao final. Destacamos os seguintes autores: A. Garcia Evangelista, T. Alvarez, Efren De La Madre De Dios, J. Garrido, A. M. Garcia Ordas, J. Castellano Cervera, M. Herraiz, A. Mas Arrondo, C. Garcia e a obra de Rómulo Cuartas Londoño: *Experiência trinitária de Santa Teresa de Jesús.* Burgos: Monte Carmelo, 2004.

do que a fé nos diz. Os testemunhos teresianos trazem a força de um encontro pessoal com Cristo, que se faz consciente. Trazem a eloquência de uma vivência imediata e realista, que se imprime no mais íntimo de Teresa e que, por isso, é traduzida em profissão de fé.

1. O crescimento no entendimento da Trindade: "entender de uma maneira estranha"

O livro *Vida* atesta como Teresa vai sendo o sujeito do que ela chama uma "comunicação de segredos" em amizade e amor, pela experiência contemplativa. Essa comunicação leva a uma iluminação do entendimento e é descrita como visão, na qual nada se vê com os olhos do corpo, mas que, no entanto, se entende:

> O Senhor apresenta o que deseja que a alma compreenda no mais profundo do seu íntimo, agindo ali sem imagens nem palavras, mas à maneira da visão já explicada.[2]

Essa ação de Deus é a fonte de um saber iluminado sobre a Trindade:

> [...] a alma se vê, num átimo, sábia e tão instruída sobre o mistério da Santíssima Trindade e de outras coisas muito elevadas que não há teólogo com quem ela não se atravesse a argumentar acerca da verdade dessas grandezas.[3]

Ainda no *Livro da Vida* encontramos, no contexto de oração do salmo de *Quicumque vult*, como Teresa entende "*o modo* pelo qual Deus é um só em três Pessoas", de tal forma que, quando pensa ou se fala da Trindade, parece-lhe que entende "como isso pode ser".[4] Certamente Teresa se fixava no "como" das relações trinitárias, pergunta aguçada pela leitura orante do símbolo *Quicumque*, o qual, com suas fórmulas

---

[2] V 27, 6.
[3] V 27, 9. Cf. ALVAREZ, T. Teresa de Jesús contemplativa. In: *Estudios Teresianos*. Burgos: Monte Carmelo, 1996. v. III, p. 103-171 – aqui p. 127.
[4] V 39, 25. Itálico nosso.

musicais e rimadas, expõe a doutrina trinitária e cristológica. A ênfase do também chamado "Símbolo Atanasiano" é posta na especificidade e interdependência entre as Pessoas divinas, expostas sob a perspectiva soteriológica dada pelo tema que se repete no início, meio e fim: *quicumque vult salvus esse*, quem quiser se salvar...[5]

Acrescentamos também que há, em Teresa, um aumento da compreensão do mistério trinitário revelado na Eucaristia. Trata-se da *Relação* escrita em 1575, no marco ambiental das suspeitas inquisitoriais que punham em questionamento sua pessoa e sua obra reformadora.[6] Teresa entende que na comunhão há uma comunicação do Pai, que recebe o sacrifício do Filho. Essa comunicação é vida, luz e força – graça – que a pessoa pode ou não receber, não pela parte de Deus, que sempre resplandece, mas pela situação da pessoa, cuja opacidade interior não deixa refletir esta luz.

Esse entendimento iluminado, "estranho", vai acompanhá-la, fazendo-a penetrar cada vez mais no mistério trinitário.[7]

2. A compreensão vital do amor trinitário

Com o aumento da compreensão da maneira como as Pessoas divinas se relacionam, o "como", acontece simultaneamente uma viva experiência do amor do Pai, do Filho e do Espírito Santo. Destacaremos alguns testemunhos, constantes no *Caminho de Perfeição*, *Exclamações* e *Relações*.

Entremeado de referências à relação entre Pai e Filho,[8] encontramos em *Caminho* apenas uma menção às três Pessoas. E esta é justamente para ressaltar a presença "obrigatória" do Espírito Santo entre o Pai e o Filho, como amor que age na vontade humana, enamorando-a e atando-a à vontade do Pai. Trata-se de uma explicitação trinitária, não

---

[5]   Cf. DH 75-76 e COLLANTES, Justo. *La fe de la Iglesia Católica*. Madrid: BAC, 1986. n. 1383-1390, p. 855-857.

[6]   Cf. R 57.

[7]   Cf. R 5, 21: "[...] embora essas Pessoas distintas se deem a entender de uma *maneira estranha*, a alma entende ser um só Deus". Itálico nosso.

[8]   Especialmente os capítulos 27, 33 e 35, segundo o códice de Valladolid.

já nos termos da teologia, mas nos termos da experiência vital. É no interior dessa experiência que a pessoa humana é alcançada pelo amor trinitário através do Espírito Santo, que, pelo mesmo amor, a conquista e ata à Trindade:

> [...] havereis de achar forçosamente, entre tal Filho e tal Pai, o Espírito Santo. Que esse Espírito tome conta da vossa vontade, e a prenda o amor tão grande que Ele tem, se não bastar para isso tão enorme interesse.[9]

Mas é na reflexão sobre o texto veterotestamentário "são vossos deleites com os filhos dos homens"[10] que a percepção vívida do amor e conhecimento entre as Pessoas se transforma em exclamação espontânea, de data incerta:

> Ó alma minha! Considera *o grande deleite e o imenso amor* que tem por nós o Pai em conhecer seu Filho, e o Filho em conhecer seu Pai, bem como *o ardor* com que o Espírito Santo se junta a eles. Pensa que nenhuma dessas pessoas pode se apartar, por serem todas uma só e mesma coisa. *Essas soberanas Pessoas se conhecem, se amam, deleitando-se umas com as outras.*[11]

O estupor descrito acima, evidenciado pela partícula exclamativa "Ó!", cresce ao perceber que a dinâmica intratrinitária de conhecimento mútuo e amor sai de si em direção à humanidade e às pessoas em concreto, incluindo ela, Teresa, amando, comunicando-se e desejando o amor dos "filhos dos homens". É amor incompreensível e por isso mesmo mais digno de ser amado:

> Para que serve, pois, o meu amor? *Para que o quereis, Deus meu,* o que ganhais? Ó, bendito sejais Vós! Ó, bendito sejais Vós, Deus meu para sempre! Louvem-Vos todas as coisas, Senhor infinitamente, pois não pode haver fim em Vós.[12]

---

[9] C 27, 7. Itálico nosso.
[10] Cf. Pr 8,31.
[11] Excl 7, 2. Itálico nosso.
[12] Excl 7, 2. Itálico nosso.

A mesma exclamação transcrita, repentinamente, abre-se como num clarão. Menciona a possibilidade de a pessoa humana amar a Deus como ele merece: através daquele que conhece e verdadeiramente ama a Deus "aqui na terra". E este é o Cristo. Nele se pode dizer com verdade, como Maria, que a alma engrandece e louva o Senhor, nele o espírito humano exulta de alegria. Essa exclamação nos revela como Teresa integra em sua vida a realidade do amor trinitário com a realidade humana, que, radicalmente assimétrica em relação a Deus, pode, no entanto, alegrar-se e amar a Trindade possibilitada por Cristo, como aconteceu com Maria.

Também em *Relações* encontramos uma experiência de vivida compreensão interna do amor trinitário que se volta para a pessoa humana, através das palavras de Cristo:

> Faze o que está em teu poder e deixa-Me agir [...]; goza do bem que te foi dado [...] *Meu Pai se deleita contigo, e o Espírito Santo te ama.*[13]

3. A experiência da inabitação trinitária: "uma certeza estranha"

A partir de 1571, Teresa será invadida por uma série de experiências nas quais "vê" a Trindade dentro de si, com o aumento da compreensão e penetração deste mistério. Seu "ver" dá-se em sentido analógico ao ver corporal e deixa uma certeza estranha da sua presença – "uma certeza estranha" – da qual não se pode duvidar.[14] Desta vez, em sua maturidade espiritual, nossa autora não irá mais perguntar aos teólogos sobre

---

[13] R 13. Itálico nosso.
[14] R 5, 21. Teresa chamará de "visão intelectual" a ação específica de Deus na qual percebe a certeza, embora de estranha maneira, da sua presença. Ela mesma a descreverá na *Relação* 5, escrita para os consultores da Inquisição: "[...] não veja nada nem ouço [...] mas é com *uma certeza estranha*, e, embora não vejam os olhos da alma, quando falta aquela presença, logo se vê que falta" (R 5, 21). Assim sendo, não se vê nem se ouve nada pelos sentidos, trata-se de uma operação interior, em que Deus infunde na pessoa um entendimento, uma iluminação e a pessoa a percebe no âmbito da fé. Teresa busca a melhor forma de se expressar, e esta se dá em termos de visão. Cf. V 28, 4-6.

a ortodoxia de suas visões, como fizera antes com as visões de Cristo,[15] mas irá vivê-las e apresentá-las com sua força e verdade. A primeira experiência da inabitação está atestada na R 16:

> Na terça-feira depois da Ascensão, tendo estado algum tempo em oração depois de comungar [...] minha alma começou a se inflamar, parecendo-me que *entendia claramente que tinha presente toda a Santíssima Trindade* em visão intelectual. Nela, por certa maneira de representação (que era uma figura da verdade...), [...] Deus é trino e uno; assim, *parecia-me que as três Pessoas me falavam* e se *representavam distintamente dentro de minha alma.*[16]

Essa experiência constitui uma surpresa para Teresa, como lhe tinha sido a experiência de Deus em seu interior e a experiência de Cristo ao seu lado direito. Entretanto, de estranheza e sobressalto psicológico as experiências passam a ser realidades vitais que se enxertam em sua vida espiritual.[17] Teresa percebe que algo novo sucedera e, no entanto, algo ao mesmo tempo familiar e antigo, fonte de vida, paz e de nova integração pessoal. A inabitação trinitária será amplamente atestada em *Relações.*[18] Será narrada de modo admirável nas sétimas moradas. A experiência acontecerá até o final de sua vida.

4. Conteúdo das experiências trinitárias

Embora todas sejam experiências trinitárias, cada uma traz um matiz diferente. O conjunto delas traz um amplo e saboroso conteúdo doutrinal. Trataremos agora de traçar os conteúdos mais importantes.

---

[15] Cf., por exemplo, V 27, 3; 28, 12-18 e 37, 5.
[16] R 16, 1. Itálico nosso.
[17] Estas experiências de Deus dentro da alma são descritas em V 18, 15 e 5 M 1, 10; a de Cristo ao seu lado está em V 27. Ocorrem, respectivamente, entre 1544-1554 e em 1560.
[18] Cf. R 5; 6; 16; 18; 24; 33; 47; 54; 56. Cf. também 25, 2; 57 e 58.

4.1. Deus habita o humano

A Trindade habita o centro mais profundo da pessoa como Deus Trino e uno.[19] Esta presença de Deus se dá "por presença, potência e essência", enunciado que, nas obras teresianas, como foi visto, enfatiza a presença de Deus vivo e comunicante que faz sentir sua presença.[20] A criação à imagem de Cristo e a presença trinitária na pessoa se inter-relacionam e conferem a dignidade do ser humano, dada na sua criação.[21]

Tal presença traz gozo interior e sentimento de plenitude ao encher-se a alma de divindade. De maneira plástica, nossa autora compara esse sentimento a uma esponja que se enche de água – a alma se sente cheia de Deus, dilatada pela ação divina. Há um crescimento de novas e insuspeitadas dimensões humanas.[22]

As *Relações* resumem a realidade descrita na obra maior de Santa Teresa, o *Castelo Interior*. Toda a aventura do castelo é entrar em si, pela porta de oração e da consideração, para o encontro com Deus nas sete moradas até o encontro com as divinas Pessoas na sétima. A pessoa é alma-castelo.

4.1.1. Algumas palavras sobre a alma-castelo

Lembramos que a primeira adjetivação bíblica que a santa confere ao castelo nos reporta ao Evangelho de São João. No castelo há muitos aposentos, "como no céu há muitas moradas".[23] O substantivo "morada" – *moné* – faz parte da constelação de termos bíblicos que explicitam o mistério de Deus, revelado à humanidade. Ele aparece duas vezes em São João. Nele, Jesus afirma que "na casa do meu Pai há muitas moradas"(Jo 14,2) e que "se alguém me ama, guardará a minha palavra; meu Pai o amará, e nós viremos e faremos nele a nossa morada" (Jo 14,23). Este último é o *texto fundamental da inabitação da Trindade na alma*. A

---

[19] Cf. R 16.
[20] Cf. R 54 e 6, 9.
[21] Cf. R 54.
[22] Cf. R 18.
[23] 1 M 1, 1.

ele se soma Jo 17,23: "[...] eu neles, e tu em mim, para que sejam perfeitamente unidos, e o mundo conheça que tu me enviaste e os amaste como amaste a mim".

O substantivo *moné* tem sua origem no verbo *ménein* – permanecer – que aparece sessenta e seis vezes nos escritos joaninos. "Permanecer" afirma a presença de Cristo e de Deus Trino nos cristãos e as manifestações da vida de Deus neles, como a verdade, o amor e a vida. É utilizado também para afirmar a permanência dos cristãos em Cristo e em Deus. O amplo emprego desse verbo, nos escritos de São João, enfatiza que a salvação é para sempre e já presente. O termo morada, assim, expressa a indestrutibilidade e permanência imutável da união do cristão com o Pai e o Filho, que se dá na inabitação trinitária e na introdução do cristão na morada de Deus.[24]

Teresa faz alusão a ambas as passagens joaninas do termo. Cita livre e explicitamente a noção da pessoa humana como "morada de Deus" nas primeiras e nas sétimas moradas: "[...] tal como no céu há muitas moradas".[25] Na sétima morada constata em sua experiência a verdade das palavras de Cristo: "[...] que viria Ele, com o Pai e o Espírito Santo, para morar na alma que O ama e segue Seus mandamentos".[26] Cita também, nas moradas sétimas, o texto de Jo 17,23: "Eu estou neles".[27]

Encontram-se assim, nas moradas sétimas, os textos bíblicos fundamentais da inabitação da Trindade na alma, que se torna morada de Deus, como fim de um processo já anunciado no início do livro. A experiência da alma como morada de Deus, tantas vezes testemunhada por Teresa em suas obras anteriores,[28] é a percepção da presença de Deus na alma, assim como está nas Escrituras. No fundo, expressa a percepção do mistério de salvação e divinização que une a humanidade ao Pai por Cristo, por uma ação divina amorosa e imerecida. A

---

[24] Cf. HAUCK, F. Ménein. In: *Grande lessico del Nuovo Testamento*. Brescia: Paideia, 1971. v. 7, p. 25-32. Id. Moné, p. 40-44.
[25] 1 M 1, 1.
[26] 7 M 1, 6.
[27] 7 M 2, 7.
[28] Cf. V 18, 15 e R 54.

santa, em sua experiência, sente-se cheia de Deus e por ele preenchida e plenificada.

A morada de Deus, a alma, possui a conotação de "paraíso". Diz a santa que "não é outra coisa a alma do justo senão um paraíso onde Ele disse ter Suas delícias".[29]

Este texto se refere ao Livro dos Provérbios (Pr 8,31), cuja citação fala da sabedoria, personalizada como colaboradora de Deus desde antes da criação. O versículo, que Teresa cita, diz-nos que a sabedoria brincava na superfície da terra e se deleitava com os homens. Teresa utiliza o texto relacionando-o com a alma e assim ressaltando sua "beleza e grande capacidade": a alma é o paraíso dos deleites de Deus. A proximidade deste texto com o texto do Gênesis que diz ser a alma feita à imagem e semelhança de Deus provoca a associação da ideia do paraíso com aquele descrito no Livro do Gênesis, fortalecendo a ideia da convivência de Deus com a humanidade, como no paraíso. Uma convivência íntima, que faz da pessoa um templo vivo, segundo a teologia paulina. Por isso deve-se buscar a Deus no interior humano, como foi a experiência de Santo Agostinho, "que aí O achou, depois de tê-Lo procurado em muitos lugares".[30]

A associação de ideia com o paraíso do Gênesis fortalece também a dimensão dos deleites de Deus, que em Teresa apontam para as graças de Deus. Só que a conotação desta comunicação é de prazer, alegria, jogo e liturgia. Há um quê de lúdico na presença de Deus. Ele se deleita em sua morada, deleitando a pessoa. Deus se compraz na pessoa, possibilitando-a comprazer-se com ele. Deus se alegra e joga e brinca com a pessoa humana, provocando nela a alegria, a brincadeira e convidando-a à parceria neste jogo.

Essa dimensão de prazer, júbilo e louvor é fundamental nas *Moradas*, embora em *Relações* não esteja tão explícito. O texto de Provérbios é retomado nas sétimas moradas, não na literalidade do texto bíblico, mas em seu sentido: "[...] nos esforcemos por ter em alta conta

---

[29] 1 M 1, 1. Para um estudo bíblico sobre a alma como "paraíso de deleites", cf. LLAMAS, Román. Santa Teresa y su experiencia de la Sagrada Escritura. *Teresianum* 33 (1982) 447-513 – aqui, p. 477.

[30] 4 M 3, 3.

almas com quem o Senhor tanto se deleita".[31] No Epílogo, a autora acrescenta que outras moradas há ainda na alma, todas muito deleitosas. E descreve esses deleites de maneira simbólica: jardins, fontes e "outras belezas".[32] Isso depois de convidar as irmãs, a quem escreve, a se deleitarem, com liberdade e sem necessidade da permissão de outros, no "castelo interior", aludindo ao mesmo tempo ao castelo de si mesmas e ao livro. A reação diante de tantas delicadezas de Deus será uma explosão de louvor a Deus, ação de graças, liturgia.[33]

A imagem bíblica do paraíso onde Deus se deleita, colocada a modo de inclusão no início e final da obra, revela como o tema é importante, um verdadeiro fio condutor das *Moradas*, segundo a intenção da autora. A pessoa que se dispõe a percorrer as moradas pode iniciar o caminho com alegria, esperando de Deus prazer e júbilo. Como no paraíso e também através das páginas da Bíblia, onde Deus é presença amiga de Abraão e dos Patriarcas, Deus vive com o homem e, assim, o constitui um templo vivo.[34]

Veremos no próximo capítulo que Teresa aprendeu a ser filha, ou seja, a aceitar com alegria e júbilo que Deus se deleite "com os filhos dos homens". Trata-se de uma nova visão de Deus, que se aproxima de maneira inusitada da pessoa humana e que, por isso, provoca assombro. Nas moradas esse assombro se transforma em júbilo e é ensinado como doutrina.

O cume desta experiência é a inabitação da Trindade no castelo da alma, dando-lhe a vida e o ser.[35] Teresa de Jesus atinge tal conhecimento íntimo do mistério, que quase chega a atravessar o limite da fé quando afirma que "podemos dizer" como que se "vê" a Trindade. A inabitação ocorre no mais profundo da pessoa[36] e é percebida como uma presença dinâmica, como se as Três Pessoas se comunicassem.[37]

---

[31] 7 M 1, 1.
[32] Epíl. 3.
[33] Cf. ibidem.
[34] Cf. CASTELLANO CERVERA, Jesús. *Guiones de doctrina teresiana.* Castellón: Centro de Espiritualidad Santa Teresa, 1981. p. 119.
[35] 7 M 1, 6.
[36] Cf. 7 M 1, 7.
[37] Cf. 7 M 1, 6.

Teresa de Jesus percebe que as palavras de Cristo se fazem nela experiência viva. Numa citação livre do Evangelho de João, escreve que as três Pessoas dão a entender aquelas palavras que, segundo o Evangelho, disse o Senhor: "que viriam Ele e o Pai e o Espírito Santo para morar com a alma que o ama e guarda seus mandamentos". Essa citação livre faz com que Teresa sintetize em uma frase todo o sentido das palavras anteriores de João.[38]

A experiência da inabitação trinitária é o cume das possibilidades concretas do cristão. É uma experiência de plenitude. Será o âmbito do matrimônio espiritual e do envio à missão.

4.2. Deus é a habitação de todas as criaturas

Num processo inverso ao da inabitação, há também uma vívida percepção de imersão na Trindade: a pessoa é quem habita a Trindade, habita em Deus. Pois em Deus estão toda a humanidade e todas as coisas. Referindo-se às três Pessoas, Teresa registrou: "[...] ouvi: 'Não te esforces para Me teres encerrado em ti, mas para te encerrares em Mim'".[39]

Posteriormente, estando em oração, Teresa sentiu "estar minha alma tão dentro de Deus que não me parecia haver mundo, mas que estava embebida Dele".[40]

Alguns anos antes destes registros, no final de *Vida*, Teresa já havia percebido que Deus contém em si todas as coisas e que fora dele nada existe, "todas as coisas estão encerradas Nele".[41] Compara-o, então, a um diamante maior do que o mundo, onde tudo se realiza:

> Digamos, portanto, que a Divindade é apresentada como um diamante muito claro, muito maior que o mundo inteiro, ou como um espelho [...]. Nesse diamante vemos tudo o que fazemos, pois *ele encerra tudo em si, não havendo nada que exista fora de sua imensidade*.[42]

---

[38] 7 M 1, 6. A santa reporta-se a Jo 14,23a. Mas, nas suas palavras, na verdade ela sintetiza o que João diz nos versículos de 15 a 23.

[39] Cf. R 18.

[40] R 61.

[41] V 40, 9.

[42] V 40, 10.

4.3. Deus é unidade na diferença

Há momentos em que é enfatizada a unidade entre as Pessoas, como quando entende que tanto na criação quanto na Encarnação estavam presentes as três Pessoas, como na *Relação* 33, 3, ou como no texto abaixo:

> [...] foi-me dado a entender, e quase a ver (se bem que tenha sido coisa intelectual e que passou depressa), que as três Pessoas da Santíssima Trindade, que trago esculpidas em minha alma, são uma só e mesma coisa.[43]

E também, no mesmo sentido: "[...] as três são uma mesma essência [...] em todas essas três Pessoas não há senão um querer, um poder e um domínio".[44]

Em outros momentos, é enfatizada a diferença e especificidade de missão das Pessoas: "sendo Elas uma só coisa, só o Filho tinha tomado carne humana, e o Senhor me deu a entender que, embora fossem uma só, as Pessoas são distintas";[45] "as Pessoas vejo claramente serem distintas";[46] "a cada uma se pode ver e falar individualmente".[47]

A experiência trinitária ajuda no discernimento da relação com as Pessoas divinas. Teresa saberá com quem se relaciona mais – por exemplo, ela se dará conta de que o Espírito Santo nunca lhe tinha pronunciado nenhuma palavra, e que a relação com o Filho, por sua Humanidade, é a mais contínua e recorrente.[48]

4.4. Deus, o ser humano e todas as criaturas se intercomunicam

As experiências trinitárias mostram que há uma especial percepção da comunicação entre as três Pessoas e entre estas, o ser humano e

---

[43] R 47.
[44] R 33, 3.
[45] R 47 (cf. R 56).
[46] R 5, 21.
[47] R 33, 3.
[48] Cf. R 5, 22-23.

toda a criação. As Pessoas são distintas e se comunicam entre si: "[...] essas Pessoas se amam, comunicam-se e se conhecem".[49] Todas elas comunicam seus dons. Do Pai Teresa recebe o crescimento em amor: "a caridade"; do Filho, um crescimento na capacidade de sofrer com alegria: "padecer com contentamento"; do Espírito Santo, o crescimento em sentir o amor com abrasamento interior: "sentir esta caridade com abrasamento na alma".[50] No entanto elas não apenas comunicam seus dons, mas a si mesmas, à pessoa.[51] O campo dessa comunicação entre as três Pessoas e entre elas e a pessoa é expandido e, a partir do interior humano, as Pessoas se comunicam também a todas as criaturas:

> Parecia-me que, de dentro de minha alma – onde estavam, e eu via, essas três Pessoas –, elas se comunicavam a todas as coisas criadas, não faltando nem deixando de estar comigo.[52]

O mesmo Deus que habita a alma comunicando-se e dando-lhe vida é o Deus criador, presente por "presença, potência e essência" em todas as coisas.[53]

4.5. A experiência de Deus e as Sagradas Escrituras: a Bíblia ilumina a experiência e a experiência abre novos sentidos na Bíblia

Nas experiências trinitárias Teresa adquire uma compreensão interna de várias realidades constantes nos textos bíblicos, relativas à presença de Deus na "morada" da alma e à realidade do Deus vivo. Explicitamente, Teresa se lembra do texto de Jo 14,23, ao perceber a presença das Pessoas divinas na alma, e de Mt 16,16, ao constatar que o Deus é um Deus vivo: "Compreendi as palavras que o Senhor diz – 'Estarão com a alma em graça as três Pessoas Divinas'"[54] e também: "[...]

---

[49] R 33, 3.
[50] Cf. R 16, 1.
[51] Cf. R 45.
[52] Cf. R 18.
[53] Cf. V 18, 15 e 5 M 1, 10.
[54] R 16, 1.

tive a impressão de estar Deus nela de tal maneira que me lembrei de quando São Pedro disse: 'Tu és Cristo, Filho de Deus vivo'. Porque assim estava Deus vivo em minha alma". Era "Deus vivo e verdadeiro".[55]

Teresa entende que o Deus que a habita é "Deus vivo e verdadeiro" e que o fundamento da presença trinitária na alma é a criação à imagem de Cristo: "E, estando eu espantada de ver tanta majestade em coisa tão baixa quanto a minha alma, ouvi: 'Não és baixa, filha, pois és feita à Minha imagem'".[56]

4.6. A experiência de Deus gera mudança de vida e força na missão apostólica

A Presença de Deus-Trindade na pessoa prepara uma vida apostólica, de serviço, em conformidade à lógica da Encarnação. Cristo vivo vai sendo formado no interior do cristão através destas experiências místicas. É numa experiência trinitária que Teresa escuta, dentro de si, estas palavras de Cristo:

> Pensa, filha, que, depois de acabada a vida, não Me podes servir como o fazes agora. E come por mim e dorme por amor a Mim, e tudo o que fizeres seja por Mim, como se já não fosses tu que vivesses, mas sim Eu, que é o que dizia São Paulo.[57]

4.7. As Pessoas divinas ficam como que "impressas na alma"

Nas experiências místicas trinitárias acontece uma tal compreensão interna do mistério de Deus que em um segundo Teresa ganha mais do que em muitos anos de meditação: "[...] fica na alma um benefício que é maior, incomparavelmente maior, do que aquele que se obtém com muitos anos de meditação – e sem que se possa entender como".[58]

---

[55] R 54 e 56.
[56] R 54.
[57] R 56. Cf. 1Cor 10,31.
[58] R 47.

As Pessoas divinas ficam como impressas na alma,[59] preparando uma presença permanente[60] e fortalecendo a fé: "[...] traz em si a força com a fé".[61]

As experiências trinitárias são bem situadas no tempo e no espaço, indo de 1571 a 1575, normalmente marcadas pelas festas litúrgicas, após a comunhão ou estando em oração. Embora sejam situadas, elas marcam Teresa profundamente, o que vai fazer com que essas visões peregrinas, pouco a pouco, cristalizem-se numa experiência continuada, ou habitual.

4.8. A experiência da Encarnação como obra de Deus dá novo sentido ao humano e à história

A experiência trinitária progride e ilumina as situações existenciais concretas. Notamos algumas características que se acentuam, segundo as *Relações*, a partir de 1575, momento de crise, em que o sofrimento se perfila no horizonte da vida de Teresa, com as perseguições inquisitoriais e com a perspectiva de ver cair por terra a nova forma de vida por ela fundada.[62]

Como primeira característica, vemos uma ênfase na *distinção* das Pessoas e um *aumento da compreensão do mistério trinitário da Encarnação:* só o Filho se encarnou.[63]

A segunda característica é uma nítida *passagem do desejo de deixar esta vida,* tão marcada pelas necessidades do corpo, *a uma aceitação da própria humanidade.*[64] Teresa compreende internamente que a pessoa é digna porque é feita "à imagem" de Deus, não sendo, portanto, uma "coisa baixa".[65] E que o significado da vida terrena é a comunhão com Cristo. Daí as palavras entendidas: "[...] e come por mim e dorme por

---

[59] Cf. R 16, 2.
[60] Cf. R 18.
[61] R 54.
[62] São elas: R 3, 13; 33; 47; 56. Acrescentamos também R 57 e 58.
[63] Cf. R 47; 56 e 33, 3.
[64] R 56.
[65] R 54.

amor a Mim, e tudo o que fizeres seja por Mim, como se já não fosses tu que vivesses, mas sim Eu, que é o que dizia São Paulo".[66] Acrescentamos a experiência eucarística, da mesma época, em que Teresa percebe que, na comunhão, sua alma "se tornava uma só coisa com o corpo sacratíssimo do Senhor".[67]

Notamos que há um acento no mistério da *Encarnação* enquanto *obra trinitária*. Como consequência, há um crescimento na compreensão vital de *Cristo como Deus Vivo, Filho Encarnado*, com uma nova *valorização da humanidade* da pessoa humana e *da história*, em seus desafios que exigem ações concretas.

Neste momento de crise, parece-nos que se aprofunda, ou mesmo se define, a passagem da tensão entre o desejo de ver a Deus, sem o limite da dimensão corpórea da humanidade – *parusia* –, à aceitação da vida como dom para o serviço de Cristo, em Cristo – *diakonia*. Parece-nos um novo ponto de inflexão na experiência trinitária teresiana, uma *metanoia*, que passa pela nova experiência de Cristo como Deus vivo unido ao Pai. Em Cristo, Deus mesmo se une e sofre com o seu sofrimento.[68]

Veremos, quando analisarmos a relação mística de Teresa com cada Pessoa divina nas outras obras, que igualmente podemos perceber esta passagem a uma noção verdadeiramente trinitária de Deus, com todas as suas consequências.

5. A presença habitual de Deus amor na vida de Teresa de Jesus

A presença habitual da Trindade pode ser definida como a percepção de um dinamismo trinitário contínuo, e não mais como percepções pontuais deste dinamismo. As visões trinitárias vistas anteriormente seriam percepções pontuais, datadas no tempo e no espaço, intensas e passageiras, mas encaminhando a pessoa a uma situação subsequente

---

[66] R 56.
[67] R 49.
[68] Cf. R 58, 3.

a elas. É difícil dizer quando as experiências trinitárias se estabilizam e se tornam uma presença habitual em Santa Teresa. Considerando a sua intensidade, é possível afirmar que uma situação menos intensa e mais serena, porém permanente, da presença trinitária é descrita pela primeira vez em *Moradas*, como o contexto vital no qual se realiza, posteriomente, o "matrimônio espiritual".[69] Vejamos o texto da visão trinitária nas sétimas moradas:

> Quando Nosso Senhor é servido, compadece-se de tudo o que essa alma padece e já padeceu ansiando por Sua presença e amor. Assim, tendo-a já tomado espiritualmente por esposa, *antes* de consumar matrimônio sobrenatural, põe-na em Sua morada, que é a sétima.
>
> Sua Majestade [...] quer que essa vez seja diferente das outras em que a levou a arroubos.
>
> Nesta última morada, as coisas são diferentes. O nosso bom Deus quer já tirar-lhe as escamas dos olhos, bem como que veja e entenda algo da graça que lhe é concedida – embora isso se efetue de modo um tanto estranho. Introduzida a alma nesta morada, mediante visão intelectual *se lhe mostra, por certa espécie de representação da verdade, a Santíssima Trindade Deus em três Pessoas.* Primeiro lhe vem ao espírito uma inflamação que se assemelha a uma nuvem de enorme claridade. Ela vê então nitidamente a distinção das divinas Pessoas; por uma notícia admirável que lhe é infundida, entende com certeza absoluta serem as três uma substância, um poder, um saber, um só Deus.[70]

A presença trinitária é fundamentalmente descrita em termos de comunicação intensa e permanência no centro da alma e interpretada a partir do texto joanino da inabitação trinitária (Jo 14,23):

> Na sétima morada, *comunicam-se* com ela e *lhe falam* as três Pessoas. Elas *lhe dão a entender* as palavras do Senhor que estão no Evangelho: que viria Ele, com o Pai e o Espírito Santo, para morar na alma que O ama e segue Seus mandamentos.

---

[69] Cf. GARCIA ORDAS, A. M. *La persona divina en la espiritualidad de Santa Teresa*. Roma: Teresianum, 1967. p. 99-105.

[70] 7 M 1, 3. 5. 6. Itálico nosso.

E cada dia se espanta mais essa alma, porque lhe parece que *as três Pessoas nunca mais se afastaram dela*. Pelo contrário, vê nitidamente – do modo que dissemos – que estão em seu interior. E, no mais íntimo de si, num lugar muito profundo – que ela não sabe especificar, porque é ignorante –, *percebe em si essa divina companhia*.[71]

A percepção da presença habitual da Trindade não significa que a santa esteja continuamente pensando nela, mas sim que esta presença torna-se uma realidade que passa a fazer parte de sua vida, num estado especial de comunhão pessoal que supõe, da parte de Teresa, uma capacidade e prontidão para a experiência da Presença e para o serviço.[72] Sua última *Relação* vai mostrar esta mesma situação, na qual a pessoa vive em Deus de um modo misterioso:

> [...] parece que sempre estou com a visão intelectual das três Pessoas e da Humanidade [...]
> Essa *presença*, tão fora de dúvidas, das três Pessoas [...] logo lhe é representado que *estão presentes* essas três Pessoas com tanta força que, com isso, se aplaca o sofrimento dessa ausência, e *fica o desejo de viver* [...] para mais servi-Lo.[73]

A Trindade é ao mesmo tempo mistério que habita o ser humano e mistério no qual ele está imerso. Muito já foi escrito que não se trata de uma comunicação de essência – a essência divina na essência humana – mas sim uma dinamização amorosa e uma comunicação de vida à pessoa que a recebe. É a Trindade mistério de vida por ser companhia, razão e fonte de vida, comunidade de Pessoas que se amam, comunicam e conhecem, e que se voltam à pessoa humana para fazê-la participar desta comunidade pelo conhecimento, comunicação, amor e serviço.

---

[71] 7 M 1, 6. 7. Itálico nosso.
[72] Cf. GARCIA ORDAS, *La persona divina en la espiritualidad de Santa Teresa*, p. 103-105.
[73] R 6, 3.9. Itálico nosso.

Conclusões

- A inabitação trinitária é a experiência da maturidade espiritual teresiana. De forma processual, Teresa vai tornando consciente a presença das Pessoas trinitárias dando-lhe a vida e o ser. As sétimas moradas trazem um testemunho singular, forte e teologicamente desafiador da presença da Trindade como "companhia". O conteúdo das experiências não difere dos ensinamentos bíblicos, o que torna única a experiência teresiana é a intensidade da vivência desses conteúdos.
- As experiências trinitárias escritas nos tempos de perseguição e sofrimento, em Sevilha, trazem uma especial compreensão da Encarnação enquanto obra trinitária. Há uma nova valorização da dimensão terrena e corpórea da vida humana.
- A inabitação trinitária é uma comunicação da vida e do amor de Deus à pessoa, unindo-a ao próprio mistério de Deus. É expressão da comunhão que Deus estabelece com a pessoa humana.

Parte 3

Deus é vida que recria a vida.
Itinerários da mística teresiana:
caminhos do Espírito,
caminhos do Cristo, caminhos do Pai

Introdução

Em 1571, seis anos após escrever a segunda redação do *Livro da Vida*, e já contando cinquenta e seis anos, Teresa escreve sobre sua trajetória de vida espiritual:

> Eu via claramente o muito que o Senhor fizera, *desde que eu era muito pequena*, para me *aproximar de Si* com recursos muito eficazes e que nenhum desses recursos me fora de valia. Com isso, percebi o *amor excessivo que Deus nos tem ao perdoar tudo* quando nos queremos voltar para Ele [...][1]

O reconhecimento do empenho de Deus em aproximar-se dela e de seu "excessivo amor", revelado no dom do perdão, é recorrente na obra teresiana. De maneira especialíssima, está no *Livro da Vida*.

Mas o texto que acabamos de destacar incrusta-se em um especial contexto literário, posterior ao *Livro da Vida*: a narração que Teresa faz de sua primeira experiência da inabitação trinitária. Imediatamente antes e depois da representação deste amor "excessivo" em sua vida, encontramos a descrição da visão que lhe proporcionou entender e experimentar a presença trinitária dentro de si mesma. Essa visão trinitária a faz entender "as palavras que o Senhor diz – Estarão com a alma em graças as três pessoas Divinas".[2] Refere-se às palavras de Jesus: "Se alguém me ama, guardará a minha palavra; meu Pai o amará, e nós viremos e faremos nele a nossa morada" (Jo 14,23). Em seguida, explica

---

[1]   R 16, 2. Itálico nosso.
[2]   R 16, 1.

porque entendia as palavras do Evangelho: "[...] porque as via [as três pessoas divinas] dentro de mim [...]".[3]

É no interior da experiência do mistério trinitário que Teresa reconhece que "desde muito pequena" Deus a buscava incansavelmente e marcava um caminho em sua vida para levá-la para perto de si, revelando assim sua grandeza. *Teresa percebe, então, que sua vida foi conduzida pelas Pessoas divinas.*

Essa experiência não será o ponto de chegada de sua trajetória espiritual. Um ano mais tarde, dá-se conta de que a presença trinitária configuraria um contexto vital no qual se daria uma comunhão permanente e totalizante com Deus através de Cristo, que ela chamará "matrimônio espiritual".[4] Assim sendo, sua trajetória não termina na contemplação do mistério trinitário, mas, pelo fato mesmo de estar imersa nesta comunicação da vida trinitária, seu processo espiritual desemboca no mistério da Encarnação e redenção. É na comunhão de destino com o Crucificado Ressuscitado – sagrada Humanidade de Cristo – que Teresa encontrará o "pouso" da vida espiritual e o motivo do "querer viver".[5]

O reconhecimento que a já madura Teresa faz da Trindade, presente em si desde a infância, nos faz lembrar o comentário de um grande teresianista sobre a pessoa de Santa Teresa. Ressaltou ele a coerênca interna entre sua vida, experiência e obra, na qual as primeiras afirmações não entram em contradição com as últimas, variando apenas o conteúdo psicológico naturalmente sujeito às evoluções. Atribui esta qualidade à sua sinceridade e temperamento aberto e a define de forma admirável como mulher "que nunca teve que se desdizer", apenas retificar e polir suas afirmações.[6]

---

[3] R 16, 1.

[4] O livro das *Moradas* é claro em relação a isto. A visão trinitária será o cume das experiências de preparação para a experiência de união inseparável com Deus, o matrimônio espiritual. Cf. também: MAS ARRONDO, Antonio. *Teresa de Jesús en el matrimonio espiritual.* Avila: Instituición Gran Duque de Alba, 1993. p. 181 – este autor observa que o matrimônio espiritual, experiência cristológica final de Santa Teresa, estará inserido dentro do paradigma trinitário.

[5] Cf. 7 M 2, 5 e 7 M 3, 7.

[6] EFREN DE LA MADRE DE DIOS. Doctrina y vivencia de Santa Teresa sobre el misterio de la Santísima Trinidad. *Revista de Espiritualidad* 22 (1963) 756-772 – aqui, p. 756 (T.A.).

A experiência trinitária dinamiza toda a trajetória espiritual teresiana, desde o princípio. Ela se faz na relação pessoal e gradativa entre Deus e Teresa. Sabemos que Teresa apresenta, primeiramente, a sua relação com Cristo, presente de maneira especial no *Livro da Vida*; em seguida, privilegia o Pai em *Caminho de Perfeição*, terminando com a consciência da ação do Espírito Santo, presente em *Moradas,* por citar apenas as obras mais famosas.

Nós não seguiremos essa ordem, apresentada espontaneamente por nossa autora. Santo Irineu assinalava que a ação primeira é do Espírito, que leva ao Filho, que por sua vez dá a conhecer o Pai – não há como conhecer a Deus fora da sua lógica de Encarnação.[7] Por isso buscaremos traçar a experiência teresiana tal como se dá na ordem histórica, primeiro a do Espírito Santo, em seguida do Filho e do Pai. O que ela fala sobre eles? Qual o significado dessa autocomunicação divina para a sua vida?

Teresa, como nós, faz um caminho, um processo de descobertas e vivências espirituais. Vai pouco a pouco se aproximando desse Mistério, que é Deus que se revela permanecendo mistério.

O leitor poderá, nas páginas que se seguem, acompanhar os itinerários pelos quais Teresa passa em sua experiência de Deus. Nossa autora vai amadurecendo em seu discernimento da ação de Deus Uno e Trino; vai aprofundando em seu conhecimento da realidade trinitária e seu significado; vai desenvolvendo uma linguagem cada vez mais adequada para sua comunicação; e vai se transformando interiormente e eticamente.

---

[7] Cf. GONZÁLEZ DE CARDEDAL, O. *La entraña del cristianismo.* Salamanca: Secretariado Trinitario, 1997. p. 689. LADARIA, Luis F. *El Dios vivo y verdadero;* el misterio de la Trinidad. Salamanca: Secretariado Trinitario, 1998. p. 109. Cf. o trabalho de Rómulo CUARTAS LONDOÑO, *Experiencia trinitaria de Santa Teresa de Jesús* (Burgos: Monte Carmelo, 2004), que também analisa a experiência de Santa Teresa com as Pessoas da Santíssima Trindade; embora coincidamos em muitos temas, a opção do autor é, segundo ele, abordar "o texto teresiano no contexto da fé da Igreja (dogmática) e da reflexão teológica, confrontando a teologia experiencial da doutora mística com a experiência teológica contida na reflexão dogmática, num diálogo harmônico e complementário" (p. 27). Nós, neste estudo, priorizamos os itinerários da experiência teresiana e sua virtualidade antropológico-espiritual.

Capítulo 6

A experiência do Espírito: um caminho de transformação

Introdução

A experiência teresiana do Espírito se desenvolve segundo características muito próprias. Nós a chamaremos de espiritualização. Teresa vai descobrindo o seu próprio centro ou espírito como âmbito da autocomunicação do Espírito, ao qual se une. Teologicamente, vamos percebendo que Teresa apresenta uma pneumatologia indutiva.

A pergunta pela terceira Pessoa da Trindade nós a fazemos hoje, quando o interesse teológico se volta para a experiência espiritual e a pneumatologia ganha espaço teológico. Mas, no processo da experiência teresiana, tal teologia não vem explicitada e ordenada. Apesar disso, iniciamos nosso itinerário com a convição de que, numa obra em que a autora ensina seus leitores a serem "espirituais",[1] o Espírito Santo não pode menos do que estar muito presente.

Não são muitos os estudos sobre o Espírito Santo na obra de Santa Teresa.[2] Já se perguntou por que a relação de Teresa com o Espírito

---

[1] 7 M 4, 8.
[2] Cf. BAUDRY, Joseph. La place du Saint-Esprit dans la spiritualité du Thérèse d'Avila. *Carmel* 23 (1975) 59-82. CASTELLANO CERVERA, Jesús. *Guiones de doctrina teresiana*. Castellón:

Santo é menos explícita do que a relação com o Pai e, principalmente, com o Filho. Notou-se que o argumento teológico, segundo o qual a função do Espírito Santo é fazer olhar para o Filho e para o Pai – não para si mesmo – é relativizado pelo fato de São João da Cruz, contemporâneo de Teresa, mencionar amplamente o Espírito Santo. Buscou-se, então, a explicação na psicologia espiritual de Santa Teresa, que, textualmente, afirma sua dificuldade em representar e imaginar.[3] Sendo o Espírito Santo o mais difícil de ser representado em categorias humanas, a Humanidade de Cristo teria ocupado espontaneamente a maior parte de sua meditação, por isso a descoberta do Espírito Santo teria acontecido já em plena vida mística, aprofundando-se à medida que nossa autora tenha mergulhado no mistério trinitário.[4]

Recentemente, foi sugerido que o medo de nossa autora de cair nas suspeitas de iluminismo pode ter sido um fator inibidor da explicitação de sua pneumatologia. Nem ao menos nas visões em forma de pomba há referência à presença do Espírito Santo. Isto não significaria, no entanto, que Teresa não experimentasse conscientemente a ação do Espírito Santo e percebesse em si os sinais da presença do Espírito na alma reservados aos tempos apostólicos.[5]

De nossa parte, pensamos que Teresa soube comunicar sua experiência e doutrina sobre o Espírito Santo de maneira audaz e criativa, através da linguagem narrativa, simbólica e mesmo doutrinal, como veremos. Nosso ponto de partida serão os livros *Castelo Interior* ou *Moradas* de *Conceitos do Amor de Deus*.

Centro de Espiritualidad Santa Teresa, 1981. GARCIA, C. *Santa Teresa de Jesús;* nuevas claves de lectura. Burgos: Monte Carmelo, 1998. p. 74-76. Para a pneumatologia das sétimas moradas: MAS ARRONDO, A. *Teresa de Jesús en el matrimonio espiritual.* Avila: Instituición Gran Duque de Alba, 1993. p. 214-234. CUARTAS LONDOÑO, R. *Experiencia trinitaria de Santa Teresa de Jesús.* Burgos: Monte Carmelo, 2004. p. 197-252. Também meu capítulo: "Teresa de Jesús y la experiencia del Espíritu: acción silenciosa, humanización e irradiación apostólica". In SANCHO FERMIN, F. J. (dir.). *La identidad de la mística;* fe y experiencia de Dios. Actas del Congreso Internacional de Mística. Ávila 21-24 Abril 2014. Burgos/Ávila: Monte Carmelo/CITeS-Universidad de la Mística, 2014. p. 721-742.

[3] Cf. V 9, 6 e 12, 4.

[4] Cf. BAUDRY, La place du Saint-Esprit dans la spiritualité du Thérèse d'Avila, p. 80-81.

[5] Cf. MAS ARRONDO, *Teresa de Jesús en el matrimonio espiritual*, p. 228.

1. A silenciosa ação vivificadora do Espírito

Aos sessenta e dois anos, ao escrever seu livro-síntese, *Moradas*, Teresa traz uma importante tematização da ação do Espírito Santo, não explicitada no *Livro da Vida*. Esta tematização é uma luz interpretativa que nos permite perceber como, no desenvolvimento do seu pensamento e de sua percepção, Teresa reconhecerá, em sua vida, a ação do Espírito vivificador.

Trata-se da descrição do desenvolvimento da vida espiritual através da alegoria do bicho-da-seda. O processo inicia-se ali onde a fé da pessoa está morta, por descuido ou por pecado – "está morta em seu descuido, pecados e ocasiões de cometê-los"[6] – e ainda não desenvolveu todas as suas possibilidades. Esta alegoria merece nossa atenção porque vai trazer uma importante descrição da missão do Espírito Santo.

Primeiramente, nossa autora faz uma rápida descrição do fenômeno da natureza, base de sua alegoria:

> Já tereis ouvido das maravilhas de Deus no modo como se cria a seda, invenção que só Ele poderia conceber. É como se fosse uma semente, grãos pequeninos como os da pimenta [...] com o calor, quando começa a haver folhas nas amoreiras, essa semente – que até então estivera como morta – começa a viver. E esses grãos pequeninos se criam com folhas de amoreira; quando crescem, cada verme, com a boquinha, vai fiando a seda, que tira de si mesmo. Tece um pequeno casulo muito apertado, onde se encerra; então desaparece o verme, que é muito feio, e sai do mesmo casulo uma borboletinha branca, muito graciosa.[7]

Nessa descrição, o bicho-da-seda cresce, passando de uma situação em que não parece ter vida, como um pequeno grão de pimenta, a outra em que, crescido, começa a fiar com sua boca o seu casulo. O que provoca o crescimento da semente? O calor e os alimentos das folhas das amoreiras. Fechada em seu casulo, a lagarta, logo mais, o abandona, na forma de graciosa "borboletinha branca".

---

[6] 5 M 2, 2.
[7] 5 M 2, 2.

Em seguida, a narrativa passa da descrição da natureza à sua aplicação doutrinal, objeto do interesse de Teresa:

> A alma – representada por essa lagarta – começa a ter vida quando, com o calor do Espírito Santo, começa a beneficiar-se do auxílio geral que Deus dá a todos, fazendo uso dos meios confiados pelo Senhor à Sua Igreja: confissões frequentes, boas leituras e sermões. São esses os remédios para uma alma que está morta em seu descuido, pecados e ocasiões de cometê-los. Então ela começa a viver e encontra sustento nisso, bem como em boas meditações, até estar crescida. É aqui que se concentra o meu propósito, pois o resto pouco importa.
>
> Tendo, pois, se desenvolvido – que é o que disse no princípio disto que escrevi – a lagarta começa a fabricar a seda e a edificar a casa onde há de morrer. Eu gostaria de explicar que essa casa é, para nós, Cristo. Creio ter lido ou ouvido em algum lugar que a nossa vida está escondida em Cristo ou em Deus – o que é a mesma coisa – ou que nossa vida é Cristo. Para o meu propósito, qualquer uma dessas expressões serve.[8]

O interesse maior de Teresa, justificado pelo contexto da narração, centra-se no momento em que o bicho-da-seda já está crescido – "aqui é que se concentra o meu propósito" –, e não no processo do seu crescimento – "o resto pouco importa". Felizmente, no entanto, nossa escritora se detém também na primeira parte da alegoria, o crescimento do bicho-da-seda, na qual descreve o que aqui nos interessa, a ação do Espírito Santo.

O Espírito Santo é descrito como princípio de vida, calor que vivifica a "semente" ainda morta: "então ela começa a viver". O calor do Espírito é o que faz possível a ação da graça, tecnicamente denominada por nossa autora como "auxílio geral". Este termo, bastante raro no vocabulário teresiano, utilizado certamente pelos teólogos seus amigos,[9] pode ser compreendido em contraste com o "auxílio particular" mencionado em outros lugares – 3 M 1, 2 e V 14, 6 –, equivalente às graças singulares que Deus concede a algumas pessoas ou em algumas ocasiões. Dessa forma o

---

[8] 5 M 2, 2.
[9] O dominicano Domingo Báñez, provavelmente, segundo BAUDRY, La place du Saint-Esprit dans la spiritualité du Thérèse d'Avila, p. 60.

"auxílio geral" denominaria a graça que Deus concede a todas as pessoas, o acontecimento da autodoação de Deus a todos.[10]

Assim, segundo nossa autora, é por meio do Espírito que a ação de Deus chega à pessoa humana. É pelo Espírito que Deus oferece a sua graça. Por outro lado, o Espírito move a pessoa para que essa ação de Deus seja reconhecida e descoberta, conscientemente vivida, "aproveitada".

A descrição do Espírito como o que oferece o "auxílio geral" é imediatamente seguida pela descrição dos outros elementos que irão sustentar essa vida e fazê-la crescer. Tais elementos são os "remédios que a Igreja deixou", o que, em linguagem teresiana, significa os sacramentos, as "lições e sermões" que, de forma geral, referem-se à Palavra de Deus proclamada e ensinada, lida e meditada. Nessa descrição da vida sacramental e do contato com a Palavra de Deus não é difícil reconhecer que nossa autora sintetiza a sua própria vida.[11]

Mais que uma simultaneidade e continuidade, existe uma relação entre os elementos que doam vida e os que a sustentam: o calor do Espírito, pelo qual Deus oferece a sua graça, inicia ou reinicia o processo da vida cristã, permanece naqueles elementos que alimentarão este processo, a saber, os "remédios". Voltando à alegoria da natureza, o texto nos diz que "com o calor, quando começa a haver folhas nas amoreiras, essa semente [...] começa a viver". Há uma estreita relação entre os elementos da frase: o calor e a existência de folhas de amoras. Dessa forma, o calor-ação do Espírito estaria relacionado tanto ao "auxílio geral" quanto à atualização do mesmo auxílio na vida da Igreja.

Não nos faltam textos em que Teresa percebe misticamente a presença do Espírito Santo na Eucaristia, nos que exercem o magistério teológico, na hierarquia eclesial e na Sagrada Escritura.[12] Tais expe-

---

[10] Cf. nota a 5 M 2, 3 na edição de T. ALVAREZ das *Obras completas* (10. ed. Burgos: Monte Carmelo, 1998). MAS ARRONDO, *Teresa de Jesús en el matrimonio espiritual*, p. 221; BAUDRY, La place du Saint-Esprit dans la spiritualité du Thérèse d'Avila, p. 60.

[11] Cf. CASTELLANO, Jesus. Lectura de un símbolo teresiano. *Revista de Espiritualidad* 41 (1982) 531-566.

[12] Cf. R 17, em que a Eucaristia é relacionada ao Espírito Santo; R 40, 5, em que o Espírito Santo é relacionado com um superior de sua Ordem; V 38, 12, em que o Espírito é relacionado a um teólogo e espiritual; em CAD 1, 4. 8; 3, 14, onde afirma que o Espírito Santo fala pela Bíblia.

LÚCIA PEDROSA-PÁDUA

riências, sabemos, nem sempre constituem eventos pontuais ou esporádicos. Elas mostram a penetração de Teresa no mistério de Deus e o aprofundamento em sua compreensão e amor.

Resumindo, para Teresa o Espírito Santo age na vida de fé, sem que, necessariamente, a pessoa tenha a consciência do que se passa, e a sustenta com seu "calor". Age em sua interioridade, oferecendo a graça, e o faz também através de sua misteriosa presença na vida da Igreja, pela participação nos sacramentos e pelo conhecimento e reflexão da Palavra de Deus. Essa ação silenciosa, porém constante e poderosa, é imediatamente percebida pelo leitor através da comparação com a "pequena semente", os "grãos de pimenta" – não haveria aí uma associação simbólica com a parábola do grão de mostarda (Mc 4,30-32)? O Padre Gracián, um dos leitores a quem Teresa submete a leitura e correção das *Moradas*, certamente relacionou a imagem teresiana à passagem dos sinóticos, pois anotou à margem do manuscrito, como correção ao "grão de pimenta" descrito por Teresa: "mostarda".[13] A ação silenciosa do Espírito evoca igualmente a parábola do crescimento do Reino durante a noite, enquanto o homem trabalha ou dorme, pois Teresa nota que a alma está descuidada e "metida em ocasiões" enquanto o calor do Espírito nela age.[14]

A descrição do crescimento do cristão em sua fé, devido à ação vivificadora, silenciosa e dinamizadora do Espírito Santo, possui um caráter autobiográfico. Pensamos que assim Teresa estaria reconhecendo a ação silenciosa do Espírito Santo na sua vida, movendo-a desde a infância até a conversão que se dá, segundo ela, diante do Cristo "muito chagado",[15] passando pelos "quase vinte anos" do "mar tempestuoso" da incoerência de vida:

---

[13] Cf. SANTA TERESA DE JESUS. *Castillo Interior*. Ed. Tomás Álvarez y Antonio Mas: reproducción en facsímil, transcripción, notas críticas, nota histórica, léxico. Burgos: Monte Carmelo, 1990. p. 80.
[14] Cf. Mc 4,26-27.
[15] V 9, 1.

[...] caindo e levantando [...]. Era tão pouca a minha perfeição que quase não me importava muito com os pecados veniais, e, embora temendo os mortais, nem por isso me afastava dos perigos.[16]

No momento em que viveu esta situação de crise, informa-nos *Vida*, seus sentimentos são os de abandono de Deus e morte: "[...] desejava viver [...] sem que ninguém me desse vida e sem poder consegui-la eu mesma".[17]

Apesar disso, seguia buscando recursos pelos quais se aproximava da Palavra de Deus, especialmente os sermões – "quase nunca me cansava de falar de Deus ou de ouvir sobre Ele", "procurava remédios, fazia esforços". Podemos ver, nessa descrição, semelhanças semânticas com a descrição do crescimento do bicho-da-seda. No entanto, segundo o seu primeiro livro, mais forte que os seus esforços era o sentimento de estar afastada da vida e de conviver com uma "sombra de morte": "[...] bem entendia que não vivia, combatendo, em vez disso, uma sombra da morte [...]".[18] A imagem evoca escuridão, incerteza e ameaça, mas note-se que Teresa tem consciência da luta contra essa situação existencial.

A superação ou passagem da situação de morte para a situação de vida pode ser resumida na sugestiva frase com a qual inicia a segunda parte da narração autobiográfica no *Livro da Vida*: "[...] daqui por diante, é um novo livro, isto é, uma vida nova".[19] Já foi sugerido que esta vida nova foi o início de um verdadeiro pentecostes na vida de Teresa![20] Doze anos mais tarde, na alegoria do bicho-da-seda, encontramos Teresa reconhecendo a ação do Espírito Santo vivificando, recriando e movendo à vida, sustentando os que "parecem mortos em seu descuido e pecado".

Notaremos mais adiante que o início de uma importante etapa em sua vida mística virá emoldurado pela oração do *Veni Creator*, à qual Teresa tem devoção. Ela invoca o Espírito que renova e recria a

---

[16] V 8, 2.
[17] V 8, 12.
[18] Ibidem.
[19] V 23, 1.
[20] CUARTAS LONDOÑO, R. *Experiencia trinitaria de Santa Teresa de Jesús*. Burgos: Monte Carmelo, 2004. p. 218-225.

face da terra, cria a partir do nada, destrói o incerto e o escuro. Isso nos confirma como a ação do Espírito, que destrói tudo o que não tem relação com Deus, é experimentada e adorada em sua ação recriadora e vivificadora.

2. O Espírito e a oração

Continuando com nossa pequena parábola do bicho-da-seda, chave hermenêutica que nos permite afirmar que Teresa reconheceu a ação do Espírito Santo desde o início de sua vida, veremos como o silencioso Espírito de Deus encaminha à oração. Pouco a pouco, ele busca romper o silêncio e a mudez, levando a pessoa a buscar palavras para relacionar--se com Deus.

Teresa tem o detalhe de narrar, em *Vida*, que, desde que tinha iniciado a oração, não se cansava de ouvir e falar de Deus, e buscava remédios e fazia esforços para se aproximar dele.[21] Podemos reconhecer em suas palavras, como já dissemos, a vivência do que suscintamente descreverá nas *Moradas*: quando começa a viver, graças à ação do Espírito Santo, a pessoa vai se mantendo nas mediações que a auxiliam, como os sacramentos, as "boas meditações" e "sermões", até ficar crescida. As boas meditações e sermões conotam, em Teresa, a meditação da Palavra de Deus e a relação com pessoas que a possam mediar.

Na sua narração, percebemos como, pelo Espírito vivificador, a pessoa é movida à oração. Mas oração nunca como fim, e sim como meio para não perder o vínculo consciente com a vida de Deus. Ao contrário, o abandono da oração e a incoerência entre as exigências da oração, confrontadas com sua vida, voltam a deixar a pessoa diante da situação de morte, causa de uma crise existencial profunda.

Outro importante episódio, em *Vida*, mostra-nos a relação entre o Espírito e a oração, no caso, a meditação da Palavra de Deus. Quando, adolescente e doente, passa alguns dias lendo e ouvindo a Palavra de

---

[21] Cf. V 8, 12.

Deus na casa de seu tio Pedro, afirma Teresa que enxerga a "verdade" de sua infância:

> Fiquei poucos dias na casa desse meu tio. A força das palavras de Deus, tanto lidas como ouvidas, e a boa companhia me fizeram compreender *as verdades que entendera quando menina*: a inutilidade de tudo o que há no mundo, a vaidade existente neste, a rapidez com que tudo acaba.[22]

Através de *Moradas*, podemos entender que Teresa reconhece a ação do Espírito como aquela que configura a sua infância, a sua "verdade" silenciosa. Mais tarde, na adolescência, essa ação do Espírito a faz enxergar tal verdade pela escuta e meditação da Palavra de Deus. Para Teresa, o Espírito é "Espírito de verdade".[23]

Nossa autora descreve sua infância porque a percebe como configurada por Deus. Ali reconhece a ação do Espírito movendo-a em verdade. Em contraste, narra sua adolescência e juventude. É possível que, se não tivesse passado por esse itinerário e vivido a força dos contrastes de morte e vida, não houvesse reconhecido essa verdade ou não a tivesse descrito. Assim, o Espírito é também fonte do discernimento.

Teresa reconheceu o Espírito como aquele que a movera e sustentara, agindo em seu interior pela oração e pela meditação, através da Palavra de Deus e da Igreja. O Espírito inspirou-lhe palavras na oração e foi para ela fonte de discernimento da verdade.

Pouco a pouco, o Espírito foi rompendo o seu silêncio, até encaminhá-la à Palavra de vida.

3. O Espírito leva ao Cristo

Seguindo ainda nossa parábola do bicho-da-seda, vemos que a ação do Espírito é silenciosa, discreta... Não se faz reconhecer. Está tão interior e próxima à pessoa que passa despercebida. No entanto, como

---

[22] V 3, 5. No original: "a verdade de quando criança". Itálico nosso.
[23] 6 M 3, 16. A edição fac-símile de *Castillo Interior* (ed. Álvarez-Mas Arrondo) mostra que a expressão "Espíritu de verdad" refere-se ao Espírito Santo, por sua grafia "ssto." (p. 125). Cf. MAS ARRONDO, *Teresa de Jesús en el matrimonio espiritual*, p. 214, nota 105.

percebe Teresa, esta ação pouco a pouco move a pessoa através de várias instâncias vivificadoras, como a oração, que lhe fornecem caminhos concretos de discernimento e de vida.

A explicação da parábola nos afirma que, assim como a lagarta edifica o casulo onde há de morrer, este processo leva à construção da casa onde se há de morar e morrer, que é Cristo.[24] Aqui, a representação se concretiza. Há uma tarefa humana, de dispor-se ao seguimento do Cristo, que se une à ação de Deus. A imagem da casa-casulo vai amparar-se na teologia paulina da vida escondida em Cristo, que Teresa vai citar livre e espontaneamente. Em nossa opinião, carregada também da noção joanina da unidade entre o Pai e o Filho: "[...] creio ter lido ou ouvido em algum lugar que a nossa vida está escondida em Cristo ou em Deus – o que é a mesma coisa – ou que nossa vida é Cristo".[25]

Importa aqui vermos como a ação silenciosa do Espírito encaminha ao seguimento consciente do Cristo. A pessoa realiza a sua parte, "tira de si mesmo", o que ela mesma explica que corresponde ao processo de desprender-se de si e das coisas para construir sua morada.

Paralelamente, no *Livro da Vida*, encontramos como toda a anterior ação do Espírito desembocará existencialmente na comoção diante da imagem de Cristo chagado e na determinação de segui-lo com radicalidade. Inicia-se na vida de Teresa a experiência da oração mística que a levará de maneira consciente e forte à relação com Cristo. Notamos que à conversão diante da imagem do Cristo unem-se a leitura das *Confissões,* de Santo Agostinho, e o pedido de conversão durante a Eucaristia, "havia já bastante tempo".[26] Constatamos como os elementos da conversão são coerentes com o pensamento de nossa autora: a imagem

---

[24] Cf. 5 M 2, 4.

[25] Cf. Cl 3, 3-4. Como se pode facilmente imaginar, os censores de *Moradas*, Gracián e Yanguas, tentaram mitigar o que consideraram ser ignorância da escritora, transcrevendo a passagem do texto paulino. O mesmo faz seu primeiro editor, Frei Luís de León. No entanto, a leitura contemporânea desta maneira teresiana de se expressar nos revela muito de sua riqueza criativa da vivência bíblica da autora; mostra como esta citação bíblica foi passada pela experiência da sua vida, estava presente na sua memória e meditada no coração. Cf. *Castillo Interior* (ed. Álvarez-Mas Arrondo), p. 82.

[26] Cf. V 9, 7-8. Em V 9, 2, conta-nos, referindo-se ao Cristo na Eucaristia: Segundo ela, "[...] como sabía estaba allí cierto el Señor dentro de mí, poníame a sus pies, pareciéndome no eran de desechar mis lágrimas; no sabía lo que decía [...]".

do Cristo, a Eucaristia, a oração e a leitura do livro das *Confissões* de Santo Agostinho. São os "remédios" e "diligências" descritos em *Moradas*, através dos quais o Espírito atua silenciosamente, encaminhando à morada de Cristo.

Tendo encontrado a Cristo, passa a tematizar, de maneira clara, no *Livro da Vida*, sua relação com ele. O mesmo não havia acontecido com o Espírito Santo, que só mais tarde será "reconhecido".

É muito significativo que a menção ao Espírito Santo apareça, pela primeira vez, no *Livro da Vida*, em uma nota esclarecedora e argumentativa em defesa de Cristo, Deus e homem. Trata-se do famoso capítulo cristológico, chave para a compreensão da espiritualidade teresiana. Nesse capítulo Teresa discorda da teoria de alguns espirituais que aconselhavam à pessoa orante, pautados no Evangelho da Ascensão do Senhor, afastar-se da contemplação das realidades corpóreas para chegar aos graus mais elevados de oração.[27] É, então, que Teresa escreverá a nota esclarecedora em que afirmará, com surpreendente diafaneidade, que a experiência de Pentecostes levou à fé em Cristo Deus e homem e que, da mesma forma, a nossa fé não deve ser diferente. Teresa deixa claro que priorizar a Divindade à custa do menosprezo da Humanidade não é a fé dos apóstolos iluminada pelo Espírito. Não faltará certa ironia:

> Parece-me que, se tivessem fé, crendo que era Deus e Homem, como tiveram depois da vinda do Espírito Santo, [a presença de Cristo] não os impediria, pois não se disse isso à Mãe de Deus, embora ela O tenha amado mais que a todos [...] o que não posso tolerar é o total afastamento de Cristo. Que Sua Majestade me permita saber explicá-lo.[28]

Notemos os núcleos teológicos dessa afirmação: o primeiro, que o Espírito Santo leva ao reconhecimento na fé de que Cristo é Deus e

---

[27] Cf. V 22, 1, em que a autora argumenta contra a interpretação corrente de Jo 16,7: "[...] se eu não partir, o Paráclito não virá a vós" e 2Cor 5,16: "[...] se conhecemos o Cristo à maneira humana, agora não o conhecemos mais assim". Teresa observa que eles: "[...] avisan mucho que aparten de sí toda imaginación corpórea, y que se lleguen a contemplar en la Divinidad; porque dicen que aunque sea la Humanidad de Cristo, a los que llegan ya tan adelante, que embaraza o impide a la más perfecta contemplación. Traen lo que dijo el Señor a los Apóstoles, cuando la venida del Espíritu Santo, digo cuando subió a los cielos, para este propósito".

[28] V 22, 1.

homem; o segundo, que esta é a fé dos apóstolos, atestada na Sagrada Escritura; o terceiro, que Maria é o exemplo desta fé; o quarto, que não há concessões à compreensão e fé em Cristo fora de uma perspectiva rigorosamente trinitária; o quinto, que esta é a fé e a experiência pessoal dela, Teresa; por fim, que este é o seu magistério.

O Espírito Santo leva, segundo Teresa, à fé em Cristo, Deus e homem.

4. O Espírito Santo é autor da vida mística

Na obra de Teresa, a primeira compreensão da presença do Espírito Santo em sua própria vida está narrada no *livro da Vida*. Reporta-se nossa autora ao dia de Pentecostes de 1563. Enquanto lia o *Cartuxo*, compreende que o Espírito Santo "não deixava de estar com ela":

> Certo dia, na véspera do Espírito Santo, fui depois da missa a um lugar bem afastado, onde rezava muitas vezes, e comecei a ler num *Cartuxo* sobre essa festa. Quando cheguei aos sinais que devem ter os principiantes, os experientes e os que alcançaram a perfeição para compreenderem se o Espírito Santo está com eles, e *tendo lido sobre esses três estados, tive a impressão de que, pelo que podia perceber, Deus, pela Sua bondade, sempre estava comigo.*[29]

Teresa reconhece em si os sinais do Espírito distintivos daqueles que percorrem o caminho da vida espiritual, desde o início até a perfeição ou, segundo a terminologia do Cartuxo, "iniciantes", "aproveitados" e "perfeitos". Quais são estes sinais?

Para o Cartuxo, os sinais são diferentes, segundo os três graus da vida de virtude: "expirar", "morar" e "encher". Estes efeitos são explicitados conforme São Bernardo. Para ele, a expiração do Espírito, sobre os que começam, provoca o arrependimento das culpas passadas; a inabitação "como em um templo", naqueles que aproveitam, traz a decisão

---

[29] V 38, 9. Itálico nosso. Trata-se da obra *Vita Christi,* do cartuxo Landulfo da Saxônia.

de guardar-se das culpas futuras; a plenitude e abundância, doadas aos perfeitos, provocam a disposição da vontade para o bem.

Ainda outros sinais são explicitados no livro, o que desperta grande interesse na nossa autora. Nos que estão no segundo grau da vida espiritual, são sinais: o exame frequente, contínuo e estrito da consciência; redução da cobiça das coisas deste mundo e a guarda diligente dos mandamentos de Deus. Nos perfeitos, são sinais: a manifestação da verdade, pois o Espírito Santo é o Espírito de verdade e assim comunica-se com ela como a um amigo familiar e manifesta divinos segredos; não temer a nada nesta vida, a não ser a Deus; e o desejo de sair desta vida de maneira que, pela veemência e extremado incêndio do amor divino, deseje a alma ver-se livre do "cativeiro de sua própria carne" e viver junto com Jesus Cristo, tamanho é o desejo que a impele a ele.

Segue o Cartuxo discorrendo sobre os sinais através dos quais o Espírito Santo apareceu nos tempos apostólicos: como nuvem sobre o redentor transfigurado; como pomba sobre o redentor batizado; e como fogo sobre os apóstolos. Tecendo uma analogia com a vida espiritual, associa a nuvem às lágrimas; a pomba ao perdão dos pecados; e as chamas de fogo ao desejo das coisas altas e celestiais. O Espírito levanta os corações que toca, e os guarnece de sua santa habitação e fogo do seu amor.[30]

Teresa, ao ler estes sinais, compreende a presença do Espírito Santo em si mesma. Certamente identificou *todos* eles em si mesma, pois pontualiza que leu sobre todos os estados – "estes três estados".

Há muitos exemplos destes sinais em sua obra. Destacamos alguns, no *Livro da Vida*: a profunda dor do pecado e propósito de conversão ao bem; o propósito de não ofender a Deus, a compreensão de Deus como divina Verdade e desejo de não falar nada que não seja verdadeiro; tornar-se fortificada no temor de Deus com ardente desejo de perder a vida por Cristo; e a morte mística em Cristo, que a leva a constantes alusões à nova vida em Cristo.[31]

---

[30] Cf. texto do Cartuxo transcrito na obra de MAS ARRONDO, *Teresa de Jesús en el matrimonio espiritual*, p. 225-227.

[31] Ver, respectivamente aos temas aludidos, V 8, 4; 9, 1 e 40, 1-4; 29, 10; 38, 9. Cf. GIOVANNA DELLA CROCE. La Vita Christi de Landolfo de Sassonia e Santa Teresa D'Avila. *Carmelus* 29 (1982) 91-94.

Teresa reconhece que o Espírito Santo não está apenas presente. Ele é também o autor da sua nova vida em Cristo, pois ela mesma se reconhece outra pessoa: "Reconheci ser muito grande o favor que o Senhor me fizera. [...], pois me parecia que a minha alma, de tão mudada, mal podia ser reconhecida".[32] Reconhece igualmente que ele é o autor da totalidade da sua vida espiritual e mística, em todas as etapas.[33]

5. O Espírito conduz a uma interiorização libertadora

O Espírito conduz o processo de interiorização, da entrada da pessoa em si mesma até chegar ao íntimo mais íntimo, o "abismo" interior. Teresa reconhecerá, neste "abismo", o espírito humano.

Descobrir a própria interioridade é uma experiência decisiva para Teresa. A não descoberta desta dimensão interior é lamentada por Teresa como não menos que uma animalidade – "bestialidad":

> Não é pequena lástima e confusão que, por nossa culpa, não nos entendamos a nós mesmos nem saibamos quem somos. Não seria grande ignorância, filhas minhas, que se perguntasse a uma pessoa quem é e ela não se conhecesse nem soubesse quem foi seu pai, sua mãe ou a terra em que nasceu?
> Se *isso seria grande insensatez* [no original, "bestialidad", melhor traduzido por "animalidade"], *muito maior, sem comparação, é a nossa quando não procuramos saber quem somos* e só nos detemos no corpo. Sabemos que a nossa alma existe apenas por alto, porque assim ouvimos dizer e porque assim nos diz a fé."[34]

Vimos anteriormente como o Espírito conduz, em silêncio, a pessoa de uma situação de sombra e morte para uma situação processual de vida e recriação, fazendo mesmo que esta ação de Deus seja reconhecida e descoberta, conscientemente vivida, "aproveitada". Com sua ação, o cristão constrói a casa onde há de morar, que é Cristo.

---

[32] V 38, 9.
[33] Cf. BAUDRY, La place du Saint-Esprit dans la spiritualité du Thérèse d'Avila.
[34] 1 M 1, 2. Itálico nosso. Cf. a mesma expressão em 1 M 1, 7.

Isto significa, na linguagem das *Moradas*, que o Espírito conduz o processo de entrada dentro de si mesmo, de seu castelo interior, movendo à oração e à práxis do seguimento de Cristo, morrendo para si mesmo e para tudo o que possa ser identificado com as trevas, cobras e lagartas, relacionadas à exterioridade. Finalmente, renasce para Cristo, como na alegoria do bicho-da-seda.

O mesmo princípio descoberto em si mesma é dado aos leitores, como regra de verdadeiro amor, em *Caminho de Perfeição*. Para ela, as pessoas "generosas" e "reais" buscam algo mais interior do que o corpo: "[...] não se contentam em amar algo tão ruim quanto o corpo, por mais belo que seja, e por mais gracioso, mas que, embora o admirem, louvando o Senhor por isso, não se detêm nele a ponto de admirá-lo por seus atrativos exteriores".[35] Deter-se no corpo corresponderia tanto à fuga de si mesmo quanto do verdadeiro "eu" da outra pessoa. Teresa propõe uma interiorização no ser do outro para ajudá-lo a trazer à tona as riquezas de sua mina escondida:

> [...] quando amam, vão além dos corpos e põem os olhos nas almas, vendo se há o que amar. Se não houver, mas encontrarem alguma semente de virtude ou disposição para tal, a ponto de, se cavarem, acharem ouro na mina, elas não poupam esforços, pois têm amor a isso.[36]

Podemos dizer que a busca pelo interior da outra pessoa é regida pelo Espírito.

5.1. Sentidos interiores: um poderoso recurso para a interiorização movida pelo Espírito

A interiorização cresce movida pelo Espírito, autor da vida mística. Uma poderosa força de interiorização será a descoberta dos sentidos interiores. O capítulo quarto de *Moradas* trata da oração de quietude e de recolhimento – é quando aparecem pela primeira vez os sentidos

---

[35] C 6, 4.
[36] C 6, 8.

interiores. Na oração de quietude, a alma "entende" uma fragância "perfumada" e um "calor" que vem do fundo de si. Há um olfato e um tato interiores que não correspondem ao olfato e ao tato do corpo, muralha do castelo, mas que fazem entender os bens que procedem do interior, da câmara do Rei. Essa percepção é possibilitada pela "dilatação do coração", frase bíblica que Teresa encontra para descrever o sentimento de abertura que procede do centro da alma e chega ao corpo.[37] Essa dilatação não é, no entanto, percebida como proveniente do coração, mas de outra parte ainda mais interior a ele, algo profundo, o centro, o espírito. Caracteriza-se por sua suavidade, e pela operação de libertar a alma de apegos exteriores, para que Deus mesmo caiba nela.[38] A comunicação de Deus provoca, então, bens indizíveis; ela descobre à pessoa profundidades e potencialidades de outra maneira inimagináveis. A dilatação do coração é uma resposta profunda ao querer da alma. A vontade humana é seduzida por Deus e fica unida à vontade dele.

Com isso, a pessoa caminha com muito mais liberdade no serviço de Deus, mesmo que vislumbre sofrimentos. Torna-se capaz de relativizar o que aos olhos do mundo é tão sedutor e de perceber sua real capacidade de preencher a pessoa, de causar "gostos" na alma, uma vez experimentados os "gostos" de Deus, que ele concede ao aproximar a alma de si.[39] Dessa maneira, a progressiva interiorização sempre vai apresentando seu sentido ético e libertador.

Esse alargamento, dilatação ou abertura do espírito humano é produzido por Alguém que é comparado ao manancial de água que vem da nascente da interioridade e que, por isso, enche abundantemente e sem ruído, produzindo paz, quietude e suavidade. Enfim, a origem de tudo é a "água" que procede do interior, que dilata o espírito e capacita os sentidos interiores a perceber o perfume, o calor e a sensação de abertura gerados pelo próprio Deus.

Já vimos que a água é relacionada, na obra teresiana, à graça. A origem da fonte é Deus, que se comunica à pessoa.[40] É água viva. Corre

---

[37] Cf. 4 M 1 e 2, que cita o Sl 119 (118),32. A TEB traduz como "me abres o espírito".
[38] Cf. 4 M 2, 6.5.9.
[39] Cf. 4 M 3, 9 e 7 M 3, 13.
[40] Cf. V 14, 5; 17, 2; 1 M 2, 1; 4 M 2, 4. 6.

como sangue, sustentando nova vida. O pensamento de nossa autora é joanino, em conformidade ao dom da água, vida que Jesus promete à samaritana.[41] Ela dilata o interior, como foi visto no texto de *Moradas*. Também vemos alusão a esse alargamento no livro das *Relações*: lá encontramos que a maneira de presença de Deus em nosso interior é como a água, pois ficamos embebidos nela como uma esponja.[42] Assim, podemos dizer que a graça de Deus possibilita a experiência dessa mesma graça através dos sentidos interiores, e nesta experiência transforma e "abre" a pessoa.

Na oração de recolhimento, vemos ainda outra interiorização pelos sentidos da alma: os ouvidos, sem saberem como, pois não ouvem nada com o ouvido exterior, ouvem o chamado do pastor e todos os sentidos e potências se recolhem suavemente ao castelo interior, à interioridade, atraídos irresistivelmente por este chamado.[43]

Nas moradas sextas, na experiência arrebatadora da união mística, a audição interior se aperfeiçoa e aparecem as visões interiores.[44]

Ora, é o Espírito quem abre os ouvidos interiores. Em *Vida*, o Espírito leva a ouvir o Cristo. É rezando o *Veni Creator* que Teresa entende as primeiras palavras de Jesus: "Já não quero que fales com homens, mas com anjos".[45] Esta ação do Espírito é irresistível. Teresa luta inutilmente contra ela durante dois anos. Tampouco essa ação obedece à sua disposição interna de recolhimento. Vai além dela. É gratuita.[46] Vencida, Teresa passa da escuta à visão interior de Cristo, tanto intelectual quanto imaginária.[47]

Podemos reconhecer, no símbolo da água das moradas quartas, a ação do Espírito Santo, enquanto Pessoa divina. Agindo, ele abre o espírito humano, capacitando os sentidos internos e conduzindo a pessoa por caminhos cada vez mais interiores. O Espírito Santo conduz a pessoa ao interior de si, o espírito humano. Em *Vida*, o Espírito desperta

---

[41] Cf. C 30, 2; 32, 7.
[42] Cf. R 18 e 45.
[43] Cf. 4 M 3, 3.
[44] Cf. especialmente os capítulos 3 e 7 de 6 M.
[45] V 24, 5.
[46] Cf. V 27, 2 e 25, 4.
[47] Cf. V 27, 2; 28, 1-5.

os ouvidos e os olhos interiores, num itinerário de interiorização para o encontro transformador com Cristo. Assim, o encontro com Cristo e com a própria interioridade constitui uma mesma estrada. Do ponto de vista ético, a união da vontade da pessoa com a vontade de Deus, que pode ser provada pelos efeitos e obras, é também efeito da "dilatação do coração".[48]

À medida que a interiorização torna-se mais intensa, a suavidade da ação da água transmuta-se em mar que já não se contém em seus limites.[49] Em seguida, transmuta-se em fogo, como veremos agora.

6. O Espírito e a oração de união: a entrada na "zona de fogo" da experiência mística

Realmente, faz-se notar que nossa autora, vivendo na presença e na ação do Espírito Santo na sua vida, seja tão sóbria ao falar explicitamente sobre ele. Observando o relato de *Vida* 38, 9-12, o relato da leitura do Cartuxo, já comentado por nós, culmina com um ímpeto que a leva a uma singular percepção de uma pomba "diferente" sobre sua cabeça que, depois de desassossegá-la, deixa-a em grande alegria interior, crescimento em amor e prática das virtudes. Trata-se de uma experiência que confirma sua descoberta anterior, com a leitura dos "sinais". Nem mesmo nesta visão, tão clara, Teresa associa a pomba, explicitamente, ao Espírito Santo.

> Estando nisso, *vejo sobre a minha cabeça uma pomba*, bem diferente das de cá, porque não tinha penas e exibia asas de umas conchinhas que lançavam para todos os lados um grande esplendor. Ela era *maior do que as pombas comuns*, e pareceu-me ouvir o ruído que fazia com as asas. Isso durou talvez o espaço de uma Ave-Maria. A alma já estava de tal maneira que, *perdendo-se de si, não mais viu a pomba*. Na presença de tão bom Hóspede, o espírito [...] perdeu o medo e, com a felicidade, aquietou-se, ficando em êxtase.

---

[48] Cf. 4 M 2, 8.
[49] Cf. 6 M 5, 3.

Foi grandíssima a glória desse arroubo. Passei o resto da Páscoa tão abobada e estonteada que não sabia o que fazer, nem como cabia em mim tão grande favor e graça. [...] A partir daquele dia, percebi ter tido um grande aproveitamento, tendo aumentado muito o amor de Deus e ficado muito mais fortalecidas as virtudes.[50]

Também não encontramos palavras nem visões imaginativas ou intelectuais cuja origem esteja diretamente identificada como sendo do Espírito Santo.

Mas, ao nos aproximar da linguagem simbólica teresiana, podemos perceber a descrição da ação do Espírito também através do símbolo do fogo.

Na alegoria do bicho-da-seda, vimos que o Espírito é comparado ao calor. Assim como a lagarta empreende a construção do casulo, a pessoa é movida pelo calor do Espírito até o momento em que se vê crescida e determinada a colocar tudo de si para construir sua morada, Cristo, o "casulo" no qual "há de morrer", pois também faz ela a sua parte ao dispor-se à ação de Deus.

O processo evolui. Teresa nos revela que Deus habilita a alma para a união com "tão grande Senhor". Em sua narrativa, não perde de vista a pequena borboleta, que encontra na casa de Cristo a libertação do egoísmo de si mesma. A fragilidade humana vai sendo fortalecida e "habilitada" às coisas de Deus:

> Com os grandes sofrimentos mencionados, bem como as demais coisas, que sossego pode ter a pobre borboletinha? Tudo serve para aumentar-lhe os desejos de fruir do Esposo. E Sua Majestade, conhecedor da nossa fraqueza, vai capacitando-a com essas muitas outras coisas, a fim de que ela tenha ânimo para unir-se a tão grande Senhor e tomá-Lo por Esposo.[51]

O processo se inicia suavemente, com o calor do Espírito. Essa ação-calor cresce a tal ponto que leva a pessoa à "zona de fogo" da

---

[50] V 38, 10-11. Itálico nosso.
[51] 6 M 4, 1. Itálico nosso.

experiência da união com Deus, revelando os segredos de Deus.[52] É mais uma vez no livro das *Moradas* que encontramos, de maneira mais clara, essa ação que impele à casa de Deus ou, em outras palavras, a estar dentro da "grandeza de Deus".[53]

A experiência de união com Deus é um carisma, um dom. Teresa não quer ser vista como uma mulher melhor que outras pessoas, mas como quem recebeu o dom de entrar na zona de fogo da experiência mística. A grandeza é de Deus que concede os seus dons. Num interessante texto de *Conceitos do Amor de Deus*, nossa autora, em forte paralelismo literário com o texto paulino da Primeira Carta aos Coríntios, explica que a oração de união é um carisma, em contraste a outros:

> [...] a um dá pouco vinho de devoção, a outro dá mais, a outro aumenta tanto a dose que começa a fazê-lo sair de si, de sua sensibilidade e de todas as coisas da terra; a outros, ainda, grande caridade com o próximo [...][54]

Sim, a Teresa foi dada grande dose do "vinho da devoção", foi-lhe dada a entrada na zona de fogo da mística. Aproximemo-nos dessa realidade.

6.1. O símbolo do fogo

A simbologia do fogo na Bíblia é ampla. No Antigo Testamento, é a ação de Deus que purifica e depura, destrói o que é contagioso, reduz a cinzas os ídolos e aniquila forças inimigas. O fogo acompanha as teofanias, expressando a presença divina. Representa o juízo condenativo de Deus com sua cólera ante o mal, sendo o meio supremo de purificação. O fogo, que tudo penetra, tudo purifica e, fazendo passar pelo forno da prova, devolve os homens à verdade de Deus e à sua própria verdade. Não é, no entanto, um fogo que destrói o objeto, mas

---

[52] Cf. ALVAREZ, T. *Paso a paso;* leyendo com Teresa su *Camino de Perfección.* Burgos: Monte Carmelo, 1996. p. 179.

[53] 5 M 2, 7.

[54] CAD 6, 3. Cf. o paralelismo literário com 1Cor 12,7-11.

uma chama que se introduz no coração humano, um espírito que purifica, inspira, refaz e envia. No Novo Testamento, o fogo é associado ao Espírito Santo. Jesus batizava no Espírito Santo e no fogo. As línguas de fogo em Pentecostes são símbolo do dom do Espírito à Igreja que, recebido pelo coração humano, faz arder em louvor e amor, enviando ao trabalho apostólico.[55]

A imagem do fogo, relacionada à presença amorosa de Deus e ao Espírito Santo, está presente na literatura mística de autores lidos por Teresa. Osuna utiliza a imagem da vontade abrasada como imagem do amor: "Que diremos da graça que neste exercício é possível sentir? Nele a vontade se inflama de tal maneira que dentro do peito se sente um fogo tão agradável que é impossível descrever".[56] Laredo, por sua vez, associa a ação do fogo à ação do Espírito Santo: "Quem não entende que este fogo é aquele que o Espírito Santo faz arder no altar do coração humano?".[57]

Na obra de Santa Teresa, o Espírito Santo é algumas vezes associado ao núcleo simbólico "fogo" através da descrição de sua ação na alma em termos de calor, abrasamento e condução a ardentes desejos de Deus; no interior da Trindade, é descrito como inflamação que une as Pessoas divinas.

Já vimos que, em *Moradas*, Teresa se refere ao "calor" vivificante do Espírito Santo. O calor para o "auxílio geral" não estará ausente no "auxílio particular". À medida que são descritas as experiências místicas, o calor, anteriormente relacionado ao suave e processual crescimento dos bichos-da-seda e ao crescimento das tênues folhas das amoreiras que os vão alimentar, passa a ser descrito como chama e fogo. Em *Conceitos do Amor de Deus*, escrito antes de *Moradas*, e depois de *Vida* e *Caminho*,

---

[55] Cf. Ex 3,2; 1Rs 18,38; Ml 3,2; Zc 13,9; 1Pd 1,7; Mt 3,11.12 e par.; At 2,3; cf. Rm 5,5 e Lc 24,32. Cf. GONZÁLEZ DE CARDEDAL, O. *La entraña del cristianismo*. Salamanca: Secretariado Trinitario, 1997. p. 839. ROVIRA BELLOSO, J. M. *Tratado de Dios uno y trino*. Salamanca: Secretariado Trinitario, 1993. p. 507-510. IZQUIERDO SORLI, Montserrat. *Teresa de Jesús, una aventura interior; estudio de un símbolo*. Avila: Instituición Gran Duque de Alba, 1993. p. 80.

[56] OSUNA, F. *Tercer Abecedario*. Apud IZQUIERDO SORLI, *Teresa de Jesús, una aventura interior;...*, p. 83 (T.A.).

[57] LAREDO, B. *Subida del Monte Sión*. Apud IZQUIERDO SORLI, *Teresa de Jesús, una aventura interior;...*, p. 84 (T.A.).

Teresa faz menção ao Espírito em termos daquele que faz a alma arder e abrasar-se no amor:

Parece-me que o Espírito Santo deve ser o mediador entre alma e Deus, e o que a move com tão ardentes desejos que a fazem incendiar-se no fogo soberano que está tão próximo dela.[58]

Anterior a *Moradas*, encontramos também a *Relação* em que Teresa expressa que recebeu do Espírito Santo o crescimento no dom de sentir o amor do Pai com abrasamento da alma: "[...] sentir essa caridade com abrasamento na alma".[59] Finalmente, há uma *Exclamação* em que menciona o Espírito como aquele que se junta ao Pai e ao Filho com inflamação: "[...] o ardor com que o Espírito Santo se junta a eles".[60] Vemos, dessa maneira, como, mais de uma vez, Teresa estabelece uma relação entre o Espírito e o fogo.

Em *Vida* e *Caminho*, encontramos a menção ao fogo como fogo de amor. Em *Vida*, podemos ouvir os ecos dos acontecimentos de Emaús, de Pentecostes e da vida das primeiras comunidades cristãs, narrados por São Lucas, na admoestação que nossa autora faz aos pregadores:

[...] e por que não são muitos os que deixam os vícios públicos por causa dos sermões? Sabe o que me parece? Porque os pregadores têm demasiada prudência. Não estão tomados pelas grandes chamas do amor de Deus como estavam os Apóstolos, e por isso suas labaredas são brandas.[61]

Em *Caminho*, já encontramos a simbologia do fogo e da centelha como Deus e o Espírito, ou como a alma humana abrasada em amor. A alma recolhida está mais perto do fogo do amor divino e, assim, com uma centelhazinha que a toque, tudo se abrasará.[62] O amor de Deus não pode ser escondido porque é "fogo grande": "Esconder-se? Nunca,

---

[58] CAD 5, 5. Itálico nosso.
[59] R 16, 1.
[60] Excl 7, 2.
[61] V 16, 7.
[62] Cf. C 28, 8.

204

o amor a Deus – se de fato é amor – não pode ocultar-se. [...] É um grande fogo, não podendo senão produzir um intenso resplendor".[63]

Há também um curioso aspecto da vida da santa que nos permite relacionar fogo e Espírito. Trata-se de um fato testemunhado por Gracián, seu amigo e colaborador, e também por Yepes, segundo biógrafo de Teresa. Reunindo os dois testemunhos, parece ser que Teresa trazia em seu breviário as estampas das Pessoas da Santíssima Trindade, que ela mesma havia mandado pintar. A estampa do Espírito Santo é surpreendente, a de um jovem rapaz, com o rosto cheio de luz, e a metade do corpo entre chamas de fogo.[64]

Importantes teresianistas viram o fogo como a ação do Espírito Santo.[65] Também nós o vemos. Passemos, dessa maneira, ao estudo de como se manifesta este Espírito-fogo no escrito em que o símbolo fogo adquire maior força expressiva: a sexta morada, em que acontecem grandes graças místicas.

6.2. Fogo e Espírito

São as sextas moradas o lugar doutrinal privilegiado onde se expressa a força irresistível e quase violenta de Deus em seu mistério de amor sobre a alma humana, misticamente percebida. Esta morada traz a força da experiência e do testemunho pessoais de Teresa, comunicados, porém, não em primeira pessoa, mas como boa-nova para o cristão: Deus se aproxima e seduz, comunica-se e se doa à pessoa para transformá-la e enviá-la ao serviço. Nesse contexto, Teresa vai descrever diversas maneiras pelas quais Deus se aproxima do espírito humano. Sua pluma

---

[63] C 40, 3-4.

[64] Cf. BAUDRY, La place du Saint-Esprit dans la spiritualité du Thérèse d'Avila, p. 67. GARCIA ORDAS, A. M. *La persona divina en la espiritualidad de Santa Teresa.* Roma: Teresianum, 1967. p. 97.

[65] Para CASTELLANO CERVERA (*Guiones de doctrina teresiana*, p. 66), a transverberação é um "batismo de fogo no Espírito". Para MAS ARRONDO (*Teresa de Jesús en el matrimonio espiritual*, p. 223) "o termo fogo, enquanto desperta a vontade de amar, designa a função específica do Espírito na alma". E DOMINGUEZ REBOIRAS observa que expressões como "amor vivo de Deus" (V 27, 9) e "fogo de Deus" (V 15, 5) nos aproximam da visão bíblica da terceira Pessoa da Santíssima Trindade (cf. La teología de la gracia en Santa Teresa. *Compostellanum* 19 (1974) 5-64 – aqui, p. 58.

nos faz ver um movimento de mão dupla: Deus desperta a alma enviando os seus sinais – trata-se de um movimento que sai de Deus; por outro lado, Deus dispõe a pessoa a querê-lo – trata-se de um movimento que, saindo de Deus, une-se à disposição da pessoa em direção a Deus, purificando-a à medida que sua vontade deseja a vontade de Deus e, concretamente, o seguimento de Cristo.

Em ambos os movimentos, encontramos o símbolo privilegiado do fogo:

> O simbolismo do fogo adquire maior força expressiva nas sextas moradas [...] Deus acende impulsos de amor tão grandes na alma que Teresa não encontra outra imagem com que compará-los.[66]

Ao sistematizar a ação do fogo unindo-o ao Espírito, chegamos a cinco eixos fundamentais: o Espírito como centelha de amor, de verdade, que leva aos mistérios de Deus, que abrasa o espírito humano e que encaminha a uma tensão escatológica.

6.3. O Espírito é como centelha de amor

O fogo está relacionado ao amor de Deus. Tanto o amor de Deus que vem em direção à alma quanto, pelo lado subjetivo, aquele que a alma efetivamente sente ou percebe em si em relação a Deus e ao próximo. Percebemos o amor de Deus pela graça, e o sentimento do amor é, por sua vez, comparado à alma "cheia de sol".[67]

É possível perceber ou sentir o amor, assim como é possível não percebê-lo e não senti-lo. O texto que transcrevemos a seguir, do capítulo primeiro das sextas moradas, descreve a ausência do sentimento do amor ou, na linguagem simbólica, do fogo. É tão concreto esse sentimento que o verbo utilizado é "ver", ou melhor, não ver esta centelha: "[...] a graça [...] – está tão escondida que a pessoa julga não ver em si sequer uma pequena centelha de amor de Deus. Parece-lhe até que

---

[66] IZQUIERDO SORLI, *Teresa de Jesús, una aventura interior;...*, p. 27 (T.A.).
[67] 6 M 1, 10.

nunca o teve [...]".[68] Antes, em *Vida*, já narrara essa mesma sensação de não sentir a graça: "[...] sei bem o pouco valor que tem uma alma quando a graça se oculta".[69]

Isto significa que a ação de Deus é reconhecida em seu contrário, em sua ausência. Ou seja, a experiência subjetiva não guarda proporção com sua presença objetiva. É um estado de forte desolação e sentimento de abandono. Em nível antropológico, trata-se de uma situação dramática que chega a alterar a memória e a esperança do amor:

> [...] considera nunca ter pensado em Deus nem nunca vir a pensar. Quando ouve falar de Sua Majestade, age como quem ouvisse falar de uma pessoa que está longe.[70]

O drama de não sentir o amor, o sentimento de desamparo de Deus se concretiza na insatisfação total diante de qualquer outra coisa criada, até mesmo dos condicionamentos materiais, como a riqueza, e mesmo antropológicos, como a liberdade:

> Ó Jesus, o que é ver uma alma assim desamparada! E [...] quão pouco benefício lhe traz qualquer consolo da terra! [...] não penseis que os ricos e os que gozam de sua liberdade encontrem para esses momentos melhor remédio. Não, não![71]

A radicalidade desse desamparo desemboca no autoconhecimento da própria indigência diante de Deus, ou seja, o reconhecimento do limite humano, como opacidade e realidade "nublada" diante da transcendência que devolve a claridade, o calor e o sol.

Deus, no entanto, vai ao encontro da pessoa [de Teresa] para fazer sentir sua presença. Ele envia seus sinais, "despertando a alma" e fazendo-a desejar seu amor. Estando no centro da alma, faz sentir o seu

---

[68] 6 M 1, 11. Cf. R 1, 22.
[69] V 30, 15.
[70] 6 M 1, 8.
[71] 6 M 1, 12.

amor através dos sinais que envia – estamos no território das "coisas do Espírito Santo", onde se passam os grandes segredos de Deus.[72]

Entra em cena o simbolismo do fogo, emoldurado nas sextas moradas pela alegoria esponsal, que aqui corresponde ao noivado. Deus busca a alma para tomá-la por esposa. Preparando-a à união definitiva, adorna-a com as joias das experiências místicas. A comunicação se faz pela sedução que parte do esposo e atrai a alma para si. Para tanto, envia seus sinais, "desperta a alma" pelo tato interior.

Seus sinais são comparados ao "relâmpago-trovão" que deixa a *ferida do amor*. Por ser tão rápido, faz a alma entender muito bem que "foi chamada", sem, no entanto, atinar, no início, nem "como" nem "quem" a feriu, evoluindo, pelo discernimento da suavidade da ferida, ao entendimento da presença do Esposo. A *ferida do amor* é um chamado do amor que desperta fortemente o desejo do amor do Esposo.

Aqui se estabelece a dinâmica que Teresa anteriormente descrevera, em outro contexto, de que amor gera amor, o amor gera respostas de amor. A *ferida de amor* é "saborosa e doce" e deixa a alma desejosa de união com aquele que a feriu. É uma "obra de amor" muito difícil de explicar.[73]

Na tentativa de uma comunicação mais exata, o relâmpago é descrito também como dardo, seta. Ao descrever a ação de Deus como dardo, é reforçado o sentido da interiorização. O dardo é retirado e, ao ser retirado, arrasta a alma na direção de onde foi lançado. O movimento do dardo sai do centro da alma e a atinge numa camada mais superficial. Seu efeito, no entanto, provoca uma forte interiorização. O dardo, não sendo mais sentido ou, segundo o simbolismo, ao ser retirado, leva a alma consigo, tal é "o sentimento de amor que sente".[74] O amor é percebido, sentido, duplamente descrito como "sentimento que sente".

---

[72] 6 M 2, 3. Na edição do texto autógrafo das *Moradas* descobriu-se que a autora escreve "cosas del Espíritu Santo", e não "cosas del espíritu", tal qual encontramos nas edições desde a edição príncipe de Frei Luís de León, de 1588. Cf. *Castillo Interior* (ed. Álvarez-Mas Arrondo), p. 113. Na edição brasileira carmelitana, que utilizamos, por exemplo, encontramos "coisas do espírito".

[73] 6 M 2, 2-3.

[74] 6 M 2, 4.

Essa experiência descrita é narrada, anteriormente à redação de *Moradas*, em *Vida* e *Relações*.[75] No *Livro da Vida*, nossa autora traz a descrição pormenorizada. Trata-se da famosa passagem conhecida como *transverberação do coração*, embora o termo não seja teresiano. O dardo é, então, enviado por um mensageiro, um anjo. Na ponta há fogo, atingindo o coração e as entranhas. O efeito é o mesmo que vai descrever doze anos depois: ao ser retirado, leva consigo a pessoa naquilo que tem de profundo e íntimo, deixando-a "toda abrasada num imenso amor de Deus".

Ao explicar essa ação de Deus nas *Moradas*, alguns anos mais tarde, Teresa reconhece que a narrou de melhor maneira e com linguagem mais adequada: "[...] parece-me que essa é a melhor comparação a que pude chegar". Eis a comparação:

> Estava eu pensando agora: será que desse braseiro aceso que é o meu Deus salta alguma fagulha e cai na alma, de modo a deixá-la sentir aquele abrasamento? [...] [76]

O que toca a alma é uma centelha do fogo do "braseiro aceso" que é Deus. Essa centelha "toca" a alma, abrasando-a de amor. Já se havia dado conta dessa comparação em *Vida*: parece que "caiu sobre ela uma centelha do grande amor que o Senhor lhe tem, fazendo-a arder por inteiro". E, para frisar que não se trata de um querer humano, afirma que o fogo já está pronto – "[...] estando o fogo já aceso, logo somos lançados dentro dele para nos queimar".[77]

Interessante é vermos como Teresa depura a própria experiência, tanto na linguagem quanto no significado, ao longo de sua vida: se no *Livro da Vida* a narrativa da *ferida de amor* (conhecida como transverberação do coração) se faz mediada pela figura do anjo, posteriormente, em *Relações* e *Moradas*, a figura do anjo é relativizada em prol do significado da experiência: uma experiência do Espírito como fogo de amor.

---

[75] Cf. V 29, 13; R 5, 17.
[76] 6 M 2, 4.
[77] V 29, 10-11.

As "coisas do Espírito Santo" são mais fortes do que a pessoa. Quando acontece, ela apenas observa o que faz o amor. Há uma passividade dos sentidos e potências por impossibilidade de alterar aquela operação amorosa.[78] O amor de Deus transcende a capacidade humana de gerá-lo ou mesmo administrá-lo. A ação do Espírito Santo, como fogo de amor, não pode ser prevista e não se pode ficar olhando para o céu pedindo que chova este fogo...[79]

A alma, tocada dessa maneira pelo amor, deseja que tal experiência se repita. Essa operação do amor tende a incendiar a alma, e o desejo tende à união de alma e fogo. Por sua vez, o desejo não satisfeito é doloroso, trata-se da "dor amorosa". O desejo leva a uma busca cada vez mais "desatinada" de Deus. De tal maneira que, diante da experiência, a própria autora se assombra: "Oh, o que é ver uma alma ferida!".[80]

A ação do Espírito é aqui descrita como procedente do interior da pessoa. É enviada, desperta e atrai a alma, levando-a consigo, e deixa, por efeito, o abrasamento de amor que deseja o Esposo. O elemento é o fogo, e o fogo é o amor.

6.4. O Espírito é como centelha da Verdade: a relação entre a Bíblia, as falas interiores e o testemunho do Espírito

Outra maneira de "despertar a alma" são as palavras escutadas no interior do coração, "no fundo do meu espírito", segundo suas palavras no *Livro da Vida*,[81] mas expandidas posteriormente em uma ampla polifonia antropológica:

Umas [palavras] parecem vir do exterior; outras, do mais íntimo da alma; e outras ainda, tão do exterior que se escutam com os ouvidos, assemelhando-se a uma voz articulada.[82]

---

[78] Cf. 6 M 2, 5.
[79] Cf. 6 M 7, 8. Alusão à passagem bíblica de 1Rs 18,38.
[80] V 29, 11.
[81] V 24, 5.
[82] 6 M 3, 1.

O que são essas palavras? Teresa testemunha que percebe a força da Palavra de Deus em seu interior, no entendimento, na memória, na vontade e no fundo do seu ser. Captou e expressou com intensidade a experiência da Palavra de Deus comunicada a ela diretamente.[83] Essa experiência acompanhou todo o itinerário místico teresiano, desde 1556, quando contava quarenta e um anos, causando-lhe, a princípio, temor: "[...] a moção da alma foi grande e porque essas palavras, ditas no fundo do meu espírito, me causaram temor. Contudo, também me deram grande consolo [...]"[84]

Conta ela, no *Livro da Vida*, que entende as primeiras palavras estando em oração, ao iniciar o hino *Veni Creator*. As primeiras palavras entendidas são: "Já não quero que fales com homens, mas com anjos".[85] Na ocasião, percebe já a força de realização que operam essas palavras, pois começa a experimentar uma intensa libertação afetiva de amigos e parentes ["homens"] a quem possui um testificado apego. A partir daí, nunca parou de escutar internamente palavras daquele que chamou de Mestre. Até o fim da sua vida, embora então com menos intensidade, escutou essas palavras interiores, como nos mostra este texto escrito um ano antes da sua morte: "As falas interiores não cessaram. Quando é preciso, dá-me Nosso Senhor alguns avisos [...]".[86]

As palavras provêm, bem cedo descobriu, de Jesus Cristo, seu Mestre.[87] E o Espírito, qual a sua função?

Em *Vida*, narra a primeira palavra ouvida no contexto da oração ao Espírito Santo, *Veni Creator*, apontando para o fato de que é o Espírito que possibilita tal experiência. Em *Moradas*, complementado por *Conceitos do Amor de Deus*, nossa autora desenvolve sua doutrina de que a possibilidade de ouvi-las, discerni-las e pô-las em prática é ação do Espírito Santo. Dois elementos sobressaem em sua doutrina: a relação entre Espírito e Escritura, e a "centelha viva" que testemunha a verdade

---

[83] Cf. V 24, 5; 26, 2.6; 27, 6.10; 38, 3; 6 M 1, 10; 6 M 3, 4.6.7. Cf. ALVAREZ, Teresa de Jesús contemplativa. In: *Estudios Teresianos*. Burgos: Monte Carmelo, 1996. v. III, p. 103-171 – aqui, p. 131-142.

[84] V 24, 5.

[85] V 24, 5.

[86] R 6, 4.

[87] Cf. 6 M 8, 3 e, antes, em V 25, 17-19.

da Palavra dentro do espírito humano.[88] É o Espírito quem abre o ouvido, quem fala, por isso é impossível não escutá-lo – o "impossível" teresiano é forte, significa a mesma impossibilidade.[89]

Critério absoluto da verdade das palavras é estarem conforme as Escrituras. Em *Conceitos do Amor de Deus*, Teresa já havia explicitado a relação entre o Espírito Santo e a Bíblia ao comentar alguns versículos do Livro Cântico dos Cânticos. Para ela, o estilo de linguagem e as palavras desse livro são ditas pelo Espírito, o que faz sua leitura acender o amor do leitor: "Que mais seria necessário para nos acender em Seu amor e pensar que boa razão tivestes para empregar esse estilo?".[90]

Uma vez mais, vemos aqui o Espírito em sua capacidade de abrasar, mas desta vez pelo texto da Sagrada Escritura, através do qual age. O texto bíblico encerra grandes mistérios, dos quais muito pode ser dito sem que tudo se esgote. A importância de desentranhar esses mistérios, que faz Teresa buscar avidamente os teólogos para que eles o fizessem e dissessem o sentido das palavras, está no fato de que, por elas, o Espírito fala e quer comunicar algo importante. Ele é, ao mesmo tempo, exegeta e hermeneuta dos mistérios de Deus: "[...] disseram-me os letrados (*rogando-lhes eu que me declarassem o que o Espírito Santo quer dizer e o verdadeiro sentido dessas palavras* [do Livro Cântico dos Cânticos]) [...]".[91] Em outro momento de *Conceitos*, Teresa comenta as palavras do Livro Cântico dos Cânticos "Beije-me com os beijos de sua boca" a partir de sua leitura espiritual e, ao fazê-lo, se espanta do amor de Deus comunicado nessa expressão bíblica e da clareza do Espírito Santo ao declarar tal amor na Sagrada Escritura:

> Ó amor forte de Deus! [...] E que o Espírito Santo *o diga tão às claras nessas palavras* [...] como são os prazeres com que trataria as almas nesses *Cânticos?*[92]

---

[88] Todo o capítulo três de 6 M.
[89] Cf. 6 M 3, 18.
[90] CAD 1, 4.
[91] Cf. CAD 1, 8. Itálico nosso.
[92] CAD 3, 4. 14. Itálico nosso.

Teresa é, pois, inequívoca ao afirmar que, pelas Sagradas Escrituras, o Espírito ao mesmo tempo fala, revelando os mistérios de Deus, e age, abrasando a alma e transformando-a. Está convencida de que, por elas, é Deus quem se doa e se faz conhecer e amar. Por esse motivo, Teresa se aproxima sem medo da Bíblia e com muita consciência de que, como os homens, também as mulheres têm direito a ela, pois não haverão de estar impossibilitadas de "gozar das riquezas de Deus".[93]

Com todas essas convicções, em *Moradas* afirmará que as palavras misticamente percebidas que estiverem contrárias à Escritura são ilusão, imaginação e engano.[94] Embora nem sempre se tratem de frases tiradas do Evangelho, são, no entanto, rigorosamente permeadas por ele.[95] As Escrituras são para Teresa a mesma Verdade, testemunhada na realização e eficácia das profecias bíblicas, tendo por protótipo Jonas, que profetizou sobre Nínive.[96]

Sinais da verdade das palavras interiores são sua eficácia no interior da alma ("a soberania e o poder que trazem consigo, de modo que *à fala corresponde a ação*" (no original: "es hablando y obrando[...]", ou "é falando e agindo"), sossego e luz, certeza e consolação, espírito de louvor, ficando impressas na memória como certeza de verdade.[97]

Esta "centelha" que testemunha a verdade, centelha da mesma Verdade bíblica,[98] entendidas no Espírito Santo de verdade,[99] desafia as experiências que podem ser tidas como enganos do demônio[100] e da limitação humana em compreender as coisas de Deus. Doenças, ilusão

---

[93] Cf. CAD 1, 8.

[94] 6 M 3, 4.

[95] Lembramos o que já foi dito neste livro sobre a experiência teresiana da Bíblia.

[96] Cf. 6 M 3, 9.

[97] 6 M 3, 5. Cf. V 25, 3. 18-19. Itálico nosso.

[98] 6 M 3, 9.

[99] 6 M 3, 16. Este texto, como em 6 M 2, 3, também se refere ao Espírito Santo de verdade, tal qual está no autógrafo, segundo a edição fac-símile de *Castillo Interior* (ed. Álvarez-Mas Arrondo), p. 125. Tradicionalmente, o texto vem sendo lido como espírito de verdade, o que enfraquece a nítida relação que Teresa estabelece entre a terceira Pessoa da Trindade e a condução da vida espiritual à verdade.

[100] Cf. 6 M 3, 16.

e imaginação podem trazer esses enganos.[101] Sendo verdadeira, nem a adversidade faz morrer essa centelha de segurança.[102]

A mesma centelha envia a pessoa à verdade diante de Deus, não "torcendo" a sua vontade nem manipulando a Deus.[103]

Resumindo, encontramos no texto teresiano quatro sentidos da verdade das palavras escutadas no interior humano, todas relacionadas ao Espírito Santo. Elas são verdadeiras:

- porque estão de acordo com o Espírito de verdade presente nas Escrituras;
- porque são entendidas a partir da experiência da ação do Espírito Santo, que capacita o entendimento para entender as palavras, abre o ouvido e fala;
- porque o próprio Espírito testemunha a verdade, no interior humano, como certeza íntima;
- porque, no nível ético, provoca um movimento de busca concreta da vontade de Deus, sem manipulá-la.

6.5. O Espírito é centelha que leva aos mistérios de Deus: perdão e comunicação de força e amor

Tendo visto que a verdade das palavras escutadas no íntimo da alma é testemunhada pela conformidade às Escrituras, pela conformidade de vida à vontade de Deus, pela "centelha viva" no interior da pessoa, e que tal testemunho é possibilitado pela presença do Espírito de verdade presente nas Escrituras, vejamos o texto que segue, de inesgotável riqueza:

> [...] estando a alma (mesmo fora da oração) tocada por alguma palavra de Deus que ouve ou recorda, parece que Sua Majestade, a partir do interior da alma, faz crescer a centelha que já mencionamos, movido pela piedade de vê-la padecer tanto tempo com desejo Dele. Abrasando-se

---

[101] Cf. 6 M 3, 1-2.4.
[102] Cf. 6 M 3, 8.
[103] Cf. 6 M 3, 17.

toda, tal outra fênix, ela se renova por completo. E, segundo piedosamente se pode crer, tem perdoadas as suas culpas – evidentemente, estando ela com as disposições exigidas, através dos meios postulados pela Igreja.

E, assim purificada, o Senhor a une Consigo, sem que ninguém o possa entender, a não ser os dois. Nem a própria alma o entende, de modo a poder explicá-lo depois, embora não esteja destituída de sentidos interiores. Pois isto não se assemelha a um desmaio ou a um paroxismo, nos quais não se entende nenhuma coisa interior ou exterior.[104]

Consideremos primeiro as partes dessa experiência. A alma está "tocada" pela palavra de Deus, trazida pela memória ou ouvida interiormente. A palavra, ouvida no interior, age com tal concretude que é descrita pelo sentido do toque. Simultaneamente, saindo do centro da alma, do "braseiro aceso que é meu Deus", cresce a centelha que é o próprio amor que vem ao encontro de quem o deseja. Resumindo, temos, pelo lado subjetivo, o desejo da alma por Deus, estimulado pela palavra do Mestre trazida à memória. Do lado objetivo, a centelha do amor de Deus que procede inesperadamente do centro mais interior da alma, e as palavras que procedem igualmente do mesmo centro.

A união de ambas – centelha enviada pelo Espírito e desejo humano despertado pelo "toque" da Palavra – faz entender o perdão das culpas. Teresa acrescenta às margens do texto autógrafo toda a parte que se encontra entre os travessões na citação, a saber, a disposição da alma e os sacramentos, acrescentando o que a Igreja ensina. No entanto, o dado fundamental é a compreensão interna e mística do perdão das culpas, do renascimento como "ave fênix", purificação, limpeza realizada pelo fogo.

Nessa purificação encontramos três elementos principais: a escuta da palavra que efetivamente é compreendida e amada, o desejo de Deus e a ação da centelha, o Espírito Santo.

O elemento subjetivo, o desejo, pressupõe a conformação da vontade à vontade de Deus. Estando assim purificada e limpa, Deus une a

---

[104] 6 M 4, 3.

alma consigo. Os dois personagens são agora Deus e a alma unidos no amor: a alma está feita uma só coisa com Deus, pela ação da centelha-Espírito. Inicia-se, então, uma experiência, na qual é ressaltada a existência de grande luz e grande conhecimento de Deus, com mobilização de toda a pessoa interior para as "coisas de Deus".

Começa a descrição do êxodo da alma pelos segredos insondáveis de Deus, nos quais o mistério sobrepõe-se à linguagem. Teresa apela às grandes teofanias bíblicas do Antigo Testamento. Jacó e Moisés são protótipos de homens que entenderam mais segredos de Deus do que puderam expressar. Jacó, quando viu a escada; Moisés, quando viu a sarça ardente.[105] A experiência, embora inefável, não é menos verdadeira, tampouco menos mobilizadora. Ao contrário, só esta experiência, em que é necessária muita luz para compreender tão grandes mistérios, mobiliza a pessoa para tão grandes trabalhos: "Moisés deve ter percebido tão grandes coisas dentro dos espinhos daquela sarça que, a partir daí, pôde fazer o que fez pelo povo de Israel".[106]

A experiência é inefável porque Deus é mistério inefável:

> [...] quando de trata das coisas ocultas de Deus, não devemos buscar razões para entendê-las. Assim como cremos que o Senhor é poderoso, assim também devemos crer que vermezinhos tão limitados como nós não podem entender Suas grandezas.[107]

E qual é o maior mistério de Deus? Que Ele queira se comunicar com a pessoa humana: "[...] um Deus que assim se comunica com vermes [...]".[108] Deus não é mistério que se fecha em sua grandeza, mas é mistério de desejo de comunicação. Tal experiência é dada a quem ele quer. O inusitado é que Teresa depara a fragilidade do amor de Deus em sua grandeza: "[...] se quiséssemos a Sua Majestade como Ele nos quer, seriam distribuídas a todos. *Ele não deseja outra coisa senão*

---

[105] Alusão a Gn 28,12 e Ex 3,2.
[106] 6 M 4, 6. Alusão a Ex 3,2.
[107] 6 M 4, 7.
[108] 6 M 4, 10.

ter a quem dar Suas riquezas, que, por mais que sejam repartidas, não diminuem".[109]

Concluímos que a simultaneidade entre o desejo humano e o desejo de Deus é, antes de ser busca de Deus pela alma, que a pessoa realiza, uma busca que Deus faz. Ele é quem se faz desejar para entregar-se, porque seu desejo é anterior e mais forte que o da criatura. E faz desejar enviando sua centelha, o Espírito de amor.

A experiência mística sai da alma em direção a Deus, mas, deparando com seu mistério de amor e comunicação, volta a si mesma, reverente, diante de um Deus que tanto condescende para amar.

Como toda experiência mística teresiana, também essa tem seus efeitos práticos e éticos. A pessoa não quer saber de outra que não desperte a vontade de amar. Ela está despertada para o amor, ativada para trabalhar por Deus, querendo ter "[...] mil vidas para empregá-las todas em Deus. Quisera que todas as coisas da terra fossem línguas para louvar ao Senhor em seu nome".[110] Tudo parece pouco diante da "força do amor".[111]

6.6. O Espírito é fogo que faz descobrir o espírito humano

6.6.1. A experiência

De muitas maneiras Teresa denominará o centro da alma em *Moradas*: fundo da alma, o profundo de nós mesmos, o "muito interior", o mais íntimo da alma, sétima morada, espírito da alma, essencial da alma.[112] Nas sétimas moradas, Teresa o identificará e nomeará: espírito, ao mesmo tempo unido e distinto da alma:

> [...] se percebe haver diferença, de certa maneira – e muito conhecida – entre a alma e o espírito. Embora não passem de uma única realidade, vê-se entre eles uma divisão muito sutil que os leva às

---

[109] 6 M 4, 12. Itálico nosso.

[110] 6 M 4, 15.

[111] 6 M 4, 15.

[112] Cf. GARCIA EVANGELISTA, A. La experiencia mística de la inhabitación. *Archivo Teológico Granadino* 16 (1953) 63-326 – aqui, p. 124.

vezes a agir diferentemente um do outro, de acordo com o sabor que o Senhor lhes confere.

Esse centro da nossa alma – ou seu espírito – é coisa tão difícil de exprimir, e até mesmo de crer, [...] embora haja sofrimentos e pesares, a alma permanece em paz.[113]

Teresa viverá a partir desse centro, na sétima morada. Todo o processo espiritual de *Moradas* pode ser descrito como interiorização da pessoa, que caminha em direção ao mais profundo de si, ao seu espírito.[114] Quando vai se distinguindo o espírito, sente-se com mais força a "[...] transformação total da alma em Deus [...]"[115] Qual o significado do processo de interiorização? Trata-se de uma dinâmica amorosa, em que o mais íntimo da pessoa vai se dispondo a amar e servir.

Em *Vida*, Teresa já intuíra a presença do espírito como um desejo que se move ao "telhado" da alma, capaz de buscar a Deus e permanecer na solidão da espera:

"[...] muitas vezes, vem de repente um desejo cuja origem não se sabe, desejo que penetra a alma por completo, começando a fatigá-la a tal ponto que ela se eleva acima de si mesma e de toda a criação; Deus a deixa tão isolada de todas as coisas que, por mais que a alma trabalhe, parece-lhe que não há na terra quem a acompanhe, nem ela o queria, desejando apenas morrer naquela solidão. Se alguém lhe fala, ela não pode responder, por mais que se esforce, pois *o seu espírito não sai dessa solidão*... Tem-se a impressão de que *a alma não está em si, mas no telhado de si mesma* e de toda a criação, e até acima da parte superior de seu espírito.[116]

Mais tarde, Teresa descobrirá que esse desejo se move pela centelha do amor de Deus, pelo Espírito Santo, como encontramos em *Relações*:

---

[113] 7 M 1, 11; 2, 10.
[114] Cf. HERRAIZ, M. *Introducción a Las Moradas de Santa Teresa*. Castellón: Centro de Espiritualidad Santa Teresa, 1981.
[115] V 20, 18.
[116] V 20, 9.10. Itálico nosso.

Parece-me que *a alma e o espírito devem ser uma só coisa*, já que, assim como um fogo, se for grande e estiver disposto para arder, assim também a alma, de acordo com a disposição que tem com Deus, é como o fogo, uma vez que imediatamente arde e lança *uma chama que chega ao alto*, sendo esta coisa tão fogo quanto o é a outra que está embaixo; e não é porque esta chama sobe que o fogo que a produziu deixa de ficar onde está. Assim ocorre com a alma, que parece produzir de si uma coisa tão rápida e tão delicada que se eleva à sua parte superior e vai aonde o Senhor quer que vá [...] parece que aquela avezinha do espírito escapou da miséria desta carne e do cárcere deste corpo, podendo desse modo dedicar-se mais ao que o Senhor lhe dá.[117]

A pessoa se dispõe a amar, "arder". Pela disposição e pela ação do Espírito Santo, incendeia-se a vontade, arde com desejo e amor, e revela-se o espírito como aquele capaz de obedecer e ir para onde o Senhor quiser. Dispor-se, "deixar-se levar" foi um exercício constante na vida de Teresa, desde que recebeu os conselhos de São Francisco de Borja: "[...] declarou tratar-se do espírito de Deus, parecendo-lhe ruim resistir-lhe [...]"[118]

A decisão de entrega e de não resistir mais ao espírito de Deus, vivida como intuição ou esperança no início do seu caminho, leva Teresa a uma descoberta insuspeitável do interior humano enquanto alma e espírito.[119] Se nas sétimas moradas há, por fim, a descoberta deste centro, podemos perceber que, ao longo de sua experiência, há um encaminhamento em sua direção.

6.6.2. Alma e espírito: é o amor que faz descobrir a distinção entre ambas

Nas moradas sextas, encontramos a descoberta da diferença entre alma e espírito. Descoberta que parte da alma, entendida como o conjunto das potências e faculdades da memória, do entendimento e da

---

[117] R 5, 11-12. Itálico nosso.
[118] V 24, 3.
[119] Lembramos que Teresa recebe, da corrente dos espirituais, uma rica noção de ser humano, em termos de uma antropologia tripartida: corpo-mente-espírito.

vontade, em direção à descoberta do espírito. Teresa percebe que, com a força do calor que lhe vem do "Sol de Justiça", uma parte superior da alma como que "sai de sobre si". Explica esta "saída" comparando-a ao sol que não se separa de seus raios. Da mesma forma, o espírito não se separa da alma, mas é distinto dela como superior e interior, e é percebido devido à presença do fogo do amor de Deus que abrasa a alma. Este fogo, com sua força e calor, realiza um movimento da alma em direção ao superior de si, onde se intui algo da grandeza de Deus e da "Terra da promessa" que o Senhor oferece.[120] Por essa ação do Espírito-fogo, a pessoa torna-se sensível e aberta ao amor e, consequentemente, sensível a toda ação do Espírito: "[...] qualquer ocasião capaz de acender mais esse fogo a faz voar".[121]

A força do amor que opera no profundo da pessoa não se relaciona diretamente à emoção e à emotividade, embora a sensibilize:

> [...] não sou nada sensível. Pelo contrário, tenho um coração tão duro que às vezes até me dá aflição. Todavia, quando é grande o fogo que arde no interior, por mais duro que seja um coração, destila como um alambique.[122]

Há inseparabilidade entre alma e espírito e, ao mesmo tempo, uma distinção. O espírito surge no interior da alma quando o sentimento de amor é intenso. A pessoa "abrasada em amor", devido à ação do próprio amor, pode perceber que o espírito é a própria alma abrasada em amor.[123]

---

[120] 6 M 5, 9.

[121] 6 M 6, 1.

[122] 6 M 6, 8.

[123] É interessante notar a semelhança desta experiência com o sétimo grau do *Itinerarium Mentis in Deum*, de São Boaventura, em que o ápice do afeto se inflama pela ação do Espírito e se une a Deus. Cf. SAN BUENAVENTURA. *Obras I. Itinerario de la mente a Dios*, cap. 7, 5. Madrid: BAC, 1945. p. 631.

6.6.3. É preciso ir para além da razão

Dentro da reflexão teresiana sobre a psicologia humana, ou "faculdades da alma", entendemos que, dentre essas, é a vontade que mais tem capacidade de amar, quer seja abrasada pelo "fogo do céu",[124] quer seja estimulada pela memória e entendimento – lembrança e reflexão sobre as criaturas e sobre a "Sacratíssima Humanidade" de Cristo – quando o fogo do amor não é sentido, tampouco é sentida a presença de Deus.[125] A memória traz presentes as ações do Senhor, amostras de seu amor, por isso são centelhas vivas, capazes de acender o amor humano.[126]

Memória e entendimento estão de certa maneira subordinados à vontade porque, na antropologia teresiana, é da vontade que partem os "dardos para o amor". Lembramos que nossa autora insere-se na corrente da espiritualidade afetiva, segundo a qual a vontade pode ser dilatada, enquanto o entendimento é bastante limitado. Para Teresa, o amor é um dardo que a vontade envia. Se ele vai com toda a força que a vontade pode ter, fere a Deus:

> Fiquei pensando agora se há alguma diferença entre a vontade e o amor. E parece-me que sim [...]. *O amor me parece uma seta enviada pela vontade que, se for com toda força que esta tem,* livre de todas as coisas da terra, voltada apenas para Deus, *deve ferir muito seriamente Sua Majestade,* de modo que, *cravando-se no próprio Deus, que é amor,* volta dali com enormes ganhos, como direi.[127]

A vontade envia esse dardo, pela ação do Espírito que move a vontade em "ardentes desejos" de amor, em direção a Deus. Em *Relações,* o espírito seria como o "superior da vontade",[128] em consonância com as intuições de sua meditação sobre o Livro Cântico dos Cânticos. Em *Moradas,* Teresa dará nome a essa vontade incendiada, que salta como a

---

[124] 6 M 7, 8.
[125] Cf. 6 M 7, 9.
[126] Cf. 6 M 7, 11.
[127] CAD 6, 5. Itálico nosso.
[128] R 29, 1. Neste escrito Teresa repete que o espírito entra em sintonia com o Espírito de Deus, junta-se a ele; por isso afirma que seria impossível chegar à união quem não esteja dentro do movimento da graça, ou seja, com o espírito "limpo e elevado" – cf. R 29, 2.3.

bala do arcabuz aceso pelo fogo: é o espírito. Pelo amor é que se descobre o espírito, porque este é a alma abrasada em amor.

Sem poder entender, ali trabalha o amor. Para Teresa, é impossível querer medir as grandezas de Deus pelo entendimento, que é sobejamente ultrapassado pela ação do seu Espírito. Não lhe faltarão críticas aos teólogos:

> Alguns letrados (a quem o Senhor não leva por este modo de oração, nem têm princípio de espírito) querem entender a coisa com tanta razão e tão medidas pelo seu intelecto que não parece senão que, com suas letras, haverão de compreender todas as grandezas de Deus.[129]

Isto faz com que, na experiência de Deus, seja preciso uma aposta confiada em outras dimensões humanas, que vão para além da razão. Entender que o Espírito Santo age e transforma a pessoa com sua ação misteriosa, com sua sombra. O protótipo dessa sabedoria é Maria, que, tendo ouvido do anjo que o Espírito Santo viria sobre ela e a virtude do Altíssimo seria sua sombra, não perguntou mais como aconteceria sua maternidade.[130] A fé na ação do Espírito é uma entrega sábia e humilde às grandezas de Deus, e um reconhecimento do limite humano.

6.6.4. Reaprender a amar, desejar o amor

Tal graça não é para que se "perca tempo", mas para crescer nas virtudes, na fé viva e no desapego. Pelo Espírito, Deus une o amor da pessoa ao seu, de tal maneira que "estes dois amores se tornam um só e mesmo amor".[131] E o fruto dessa união é a ordenação do amor: amar as pessoas em Deus, amar o próximo e o inimigo, de tal maneira que só as provas que a vida oferece poderão fazer crer. A união em amor traz a purificação do amor, do amar, da capacidade de amar – fica "doente de amor".[132]

---

[129] CAD 6, 7.
[130] "Convém lembrar o que fez a Virgem, Nossa Senhora, com toda a sua sabedoria, perguntando ao anjo: *Como se fará isso?* E quando o anjo lhe disse: *O Espírito Santo virá sobre ti; a virtude do Altíssimo te cobrirá com a sua sombra*, ela não tratou de mais disputas." – CAD 6, 7.
[131] CAD 6, 11.
[132] Cf. CAD 6, 13.

Amor e desejo de amor são duas realidades inter-relacionadas, que crescem juntas em dinamismo, como ela mesma explica:

> [...] a alma sente o desejo crescer com uma força inaudita. Por sua vez, o amor também aumenta, à medida que ela percebe quanto este grande Deus e Senhor merece ser amado. Nesses anos, o desejo tem pouco a pouco se avolumado [...].[133]

6.6.5. O amor se orienta ao serviço

A descoberta do espírito não é teórica. Teresa chegou a ela no ato mesmo de entregar-se ao amor e amar. Como sempre, não é esta ação ou a experiência em si a que interessa a Teresa. Interessa-lhe que a alma conheça a grandeza de Deus, que cresça em conhecimento próprio e humildade diante desta grandeza e que se concentre para o serviço de Deus. O amor é fundamentalmente operante e, quando o espírito permanece no território do amor de Deus, será possível à alma seguir em paz em meio ao trabalho e sofrimentos: "[...] embora haja sofrimentos e pesares, a alma permanece em paz".[134] Todo esse processo de interiorização, que é espiritualização, possui um sentido apostólico, o serviço de Deus: "Queira sua Majestade dar-nos graça para que possamos servi-Lo. Amém".[135]

6.7. O Espírito é fogo consumador: experiência da tensão escatológica

A experiência do desejo de Deus chega ao limite do fio que separa a vida da morte. O fogo já não dá o seu calor, mas como que queima a alma. Contrastam-se o amor sentido através do fogo enviado e a ausência do amado. A contradição da presença querida, pressentida e

---

[133] 6 M 11, 1.
[134] 7 M 2, 10. Cf. também 2, 11.
[135] 6 M 5, 12.

experimentada por um átimo do tempo, e a realidade de uma ausência insuportável fazem do Espírito o portador de uma notícia violenta. As expressões são fortes: "golpe" que repentinamente surge, "dardo de fogo" que "agudamente fere" e deixa o natural "como pó". Trata-se da forte percepção da presença de Deus de tal maneira como não se pode ter nesta vida:

> Abrasada com esta sede, não pode chegar à água. E não é sede que se possa suportar, mas tão excessiva que nenhuma água a aplacaria. A própria alma não deseja aplacá-la, a não ser com a água de que Nosso Senhor falou à samaritana. E essa ninguém lhe dá.[136]

A experiência é irresistível como o fogo ao qual não se pode pedir que não tivesse calor para queimar. Esta tensão escatológica provocada pelo amor é a percepção forte que nada fora de Deus pode consolar o coração humano.

Há uma experiência teologal do limite absoluto. Somente o Cristo, também nomeado Criador, consola a alma. Por ser o Cristo, fortalecendo-a para que a vontade humana se molde à sua vontade; por ser Criador, marcando o horizonte e o futuro de esperança do ser criado à sua imagem. O Espírito encaminha à experiência do limite criatural, provocando simultaneamente a sede daquele em quem tudo foi feito e para quem tudo se encaminha. Teresa experimenta que está predestinada à glória de Cristo.[137]

6.8. O Espírito une fogo e água: missão e paz

Ao fim, a experiência dessa tensão escatológica vai nos mostrar que a linha final da vida cristã não é a morte física, mas o desapego radical da própria vida para receber a vida de Deus. O Espírito é, assim, aquele que move, orienta e impele o espírito humano ao encontro radical com a realidade divina. Essa realidade divina será o mistério trinitário.

---

[136] 6 M 11, 5.
[137] Cf. 6 M 11, 9.10. Nesta passagem encontramos os ecos de Ef 1,12-14 e Cl 1,16.

Nas sétimas moradas, a visão da Trindade será precedida da experiência de uma "inflamação que se assemelha a uma nuvem de enorme claridade".[138]

Inflamação e nuvem são aqui dois símbolos que conotam o Espírito. O primeiro, que estabelece a continuidade com toda a simbologia do fogo desenvolvida das sextas moradas, é percebido como nuvem clara. A nuvem corresponde à simbologia da presença do Espírito na teofania bíblica da transfiguração e traz também o sentido da água que sacia o que tem sede.

O simbolismo do fogo, enquanto Espírito que leva a Deus, transmuta-se em fogo que impulsiona à missão. É chama que desperta a pessoa inteira, "sentidos e potências" para ocupar-se em alguém, para lembrar-se e louvar o Criador. É, neste sentido, um "bilhete" amoroso de Deus que leva a pessoa a perguntar como São Paulo: "[...] que quereis que eu faça?".[139]

Ao mesmo tempo, e de maneira paradoxal, a unificação da pessoa no mais íntimo de si, o espírito, traz a quietude, o silêncio e a paz. O espírito humano não se sente mais em solidão, não se sente no "telhado" da casa, esperando alguém que pode chegar. Porque o espírito encontrou aquele que esperava: são as Pessoas da Trindade que lhe fazem companhia e não se afastam dele. O Espírito, fogo e missão, é, ao mesmo tempo, o Espírito da paz, não a paz vazia e acomodada, mas a paz vivida no compromisso, nas dificuldades, na cruz. A cruz não faz perder a paz.[140]

7. O Espírito é "medianeiro": o Mediador

Em Santa Teresa o Espírito Santo nunca é fim em si mesmo e nunca é o ponto de chegada. Ninguém melhor do que ela mesma o definiu: ele é "medianeiro". O Espírito Santo é o medianeiro do amor, da verdade, dos mistérios de Deus, da realidade trinitária e da própria alma em

---

[138] 7 M 1, 6.
[139] Cf. 7 M 3, 8.9. Cf. At 9,6.
[140] Cf. 7 M 3, 11.12.13.14.15.

seu êxodo de espiritualização para o encontro com esta realidade. Sua ação provoca invariavelmente o envio à missão de dar a vida por Deus, pois o amor envia ao desejo de "padecer por Deus", numa realidade essencialmente dinâmica. O Espírito leva a interpretar a experiência de fé segundo a Palavra e a crer em sua verdade. Leva ao encontro decisivo do íntimo da pessoa com as suas fontes de vida. Toda esta realidade se dá por meio do Espírito.

> Parece-me que o Espírito Santo deve ser o mediador entre a alma e Deus, e o que a move com tão ardentes desejos que a fazem incendiar-se no fogo soberano que está tão próximo dela.[141]

Por medianeiro pode-se compreender "por meio de".[142] Estaria o Espírito Santo mais perto da pessoa do que a pessoa mesma, dinamizando-a progressivamente em amor até abrasá-la no "fogo soberano" de Deus, até as últimas consequências da entrega da vida. Novamente vemos aqui a imagem do fogo do amor que abrasa. Abrasa em desejo, embora o desejo humano seja desproporcional às grandezas que Deus quer comunicar.[143]

O Espírito, que abrasa a alma, encaminha-a ao território sagrado, à "nuvem da Divindade", ao amparo ou "sombra" daquele que havia desejado, Cristo, como descreve Teresa ao comentar o texto do Livro Cântico dos Cânticos: "[...] sentei-me à sombra daquele que desejava, e seu fruto é doce para minha garganta".[144]

Esta é a missão do Espírito para Santa Teresa: mover, levar a pessoa ao centro de si mesma, ao amor e à verdade de Deus. Não há, na obra teresiana, "palavras" do Espírito, à diferença do Filho e do Pai. Lembramos a já mencionada passagem de *Relações*, escrita em 1576, na qual, ao descrever aos consultores inquisitoriais sobre seu modo de oração, vai relembrar que, em sua experiência, nunca havia entendido ser a pessoa

---

[141] CAD 5, 5.
[142] Cf. MAS ARRONDO, *Teresa de Jesús en el matrimonio espiritual*, p. 222.
[143] Cf. CAD 5, 6.
[144] Ct 2,3, segundo o texto de que dispunha através dos livros do Ofício Divino, conforme ela mesma indica em CAD 6, 8 (cf. CAD 5).

do Espírito a origem das palavras que interiormente ouvia: "[...] uma delas [a pessoa do Espírito Santo] sei bem que nunca foi".[145]

Na experiência e doutrina teresianas, o Espírito encaminha ao amor trinitário, ao encontro com o Cristo, ao desejo escatológico de estar com o Pai. Em nível pessoal, purifica a pessoa e configura sua vontade à de Cristo. O Espírito se une ao espírito humano para levá-la com Cristo ao seio da Trindade. O Espírito Santo "deu a conhecer sem deixar-se conhecer, fez falar sem falar de si mesmo".[146]

8. Uma pneumatologia indutiva

Há riqueza, força, coerência experiencial e doutrinal na pneumatologia teresiana. Esta se faz de maneira indutiva ao relacionar três elementos: o processo da experiência de Santa Teresa, sua linguagem simbólica e sua reflexão doutrinal. Suas imagens mostram capacidade de representação e imaginação; sua narrativa é audaz, considerando-se o contexto de suspeitas inquisitoriais diante das experiências espirituais. Se São João da Cruz é mais explícito ao falar do Espírito Santo, Santa Teresa é mais complexa em sua linguagem.

A força rigorosamente trinitária de sua experiência, na qual não encontramos fissuras entre a Trindade e o fato da Encarnação, realmente a encaminhou a definir o Espírito Santo tal como ela o fez: como medianeiro. Teresa nunca o possuiu e sempre foi possuída por ele – assim experimentou, assim escreveu.

9. A experiência do Espírito leva a uma espiritualização

A experiência do Espírito leva a uma espiritualização. Vejamos a seguir os significados dessa espiritualização. Todos eles implicam uma transformação pessoal pelo amor.

---

[145] R 5, 22.
[146] GONZALEZ DE CARDEDAL, *La entraña del cristianismo*, p. 689.

9.1. A espiritualização como comunhão do Amor com o amor humano

Teresa mencionou o espírito humano como o superior da vontade incendiada pelo amor, e o Espírito como aquele que incendeia e provoca a união com Deus como Amor. A partir de *Conceitos do Amor de Deus*, vemos que o processo de espiritualização significa uma comunhão do Amor com o desejo e a capacidade de amar, cada vez mais profundos. Nesse sentido, a espiritualização seria a comunhão do Amor com o amor.

Esta comunhão é dom. Na experiência de Teresa, Deus lhe dá de beber do "vinho do amor" quanto queira até embriagar-se, parece que não quer deixar nada por dar. O versículo bíblico que ilumina e articula esta experiência é "o Rei me introduziu na bodega do vinho, e ordenou a caridade em mim".[147] A "bodega" é a casa do "Senhor do amor", sua morada, o interior da alma, o espírito humano, a sede da capacidade de amar. Nessa experiência, com exceção do amor, todas as outras potências estão adormecidas. Dessa maneira, trata-se da percepção do espírito como o profundo da alma que ama e anseia pelo amor, de forma mais concentrada e ativada possível. A união do amor com o Amor é assim descrita: "[...] o amor fique vivo e [...], sem que a alma entenda como, ordene o Senhor que opere [...] a ponto de *formar uma só coisa com o próprio Senhor do amor, que é Deus* [...].[148] O amor vivo se faz um com o Senhor do amor.

Biblicamente, e segundo sua leitura espiritual, Teresa descreverá Maria como protótipo da união do amor com o Amor. Como protótipos dos efeitos dessa união, mencionará Marta e Maria e a samaritana.

Comecemos por Maria, protótipo dessa união com Deus pelo amor. A mãe de Jesus confia que o Espírito age nela e responde com fé e sabedoria. No "sim" de Maria se dá uma união com Deus, do seu espírito com o Espírito de Deus, em fé, com o entendimento rendido.[149]

---

[147] Tradução literal nossa, para o texto de Ct 2,4 tal como o conheceu Teresa: "Metióme el Rey en la bodega del vino, y ordenó en mí la caridad".
[148] CAD 6, 4.
[149] Cf. CAD 6, 7-8.

O amor do Rei junta o amor da alma a Si de maneira que a razão não merece entender e "estos dos amores se tornan uno",[150] "estes dois amores se tornaram um só e mesmo amor".[151]

Essa união do amor, proporcionada pelo Espírito, terá os seus efeitos. Teresa os descreve em termos estéticos e éticos: Deus, como ourives, com o seu amor esmalta sobre o ouro que é a alma, incrustando nela pedras preciosas e pérolas de virtudes. As virtudes se fortalecem e o amor e a fé se tornam vivos.[152] O amor torna-se ordenado para o serviço, para o sim incondicional a Deus e ao próximo.[153]

Em que consiste tal "ordenação do amor"? Aqui Teresa trata de um tema que lhe é caro, a relação inseparável entre oração e serviço. Descreve em que consiste o serviço em termos evangélicos: desapegar-se do mundo, amar as pessoas em Deus, amar ao próximo, ao inimigo e a Deus sem medidas.[154] A esposa inebriada de amor é a que serve, em uma vida mais ativa do que contemplativa, sem, no entanto, romper a tensão entre ação e oração. Marta e Maria nunca deixam de trabalhar juntas. A relação entre ação e oração é admiravelmente descrita por nossa autora: "[...] no que é ação e parece exterior, age o interior; e as obras ativas que saem dessa raiz são admiráveis e suculentíssimos bolos de uva", e flores perfumadas, pois vêm da "árvore do amor de Deus".[155] Sem interesses próprios, estendem o sabor e o perfume a todos.

Essa fonte de amor é o segredo da eficácia da pregação da samaritana, que, tendo compreendido, no coração, as palavras do Senhor, soube deixá-lo para trabalhar por seu povo. "Ia a santa mulher, tomada pela embriaguez divina, dando gritos pelas ruas"[156] e, apesar de ser mulher, mereceu ser acreditada e suas palavras tiveram eficácia.

---

[150] CAD 6, 11.
[151] CAD 6, 11.
[152] Cf. CAD 6, 6.10-12.
[153] Cf. CAD 6, 11.
[154] Cf. CAD 6, 13.
[155] Cf. CAD 7, 3.
[156] CAD 7, 6.

Enfim, a comunhão do amor com o Amor traduz-se nas obras e virtudes que, por nascerem deste fervoroso amor a Cristo e à sua cruz, não se consomem nem se gastam.[157]

9.2. A espiritualização como comunhão do Espírito com o espírito humano

Queremos agora trazer outra leitura do significado da espiritualização, ou seja, da autocomunicação do Espírito, a partir de *Castelo Interior*. Na sétima morada, a descoberta do espírito virá descrita em termos de interioridade, estabilidade e paz. A visão intelectual da Trindade revela, finalmente, a existência de alma e espírito, distintos, porém indissociáveis. Este último é o "essencial" da alma, aquele capaz de não afastar-se da presença trinitária, mesmo andando com muitos trabalhos e preocupações, porque é "mais interior e mais profundo".[158]

Na geografia de *Moradas*, impõe-se, por sua coerência interna doutrinal articulada em torno do símbolo do castelo, o símbolo do "centro". Ocorre a identificação de uma "zona privilegiada"[159] da pessoa, por ser a morada de Deus, o "outro céu", uma casa de luz, onde nunca se põe o Sol de Justiça que lhe dá o ser,[160] a morada da pessoa de Cristo. É, no entanto, uma zona mais afastada da alma (*psiqué*), dos sentidos e do corpo, mas que, no entanto, faz a pessoa retornar a eles de maneira renovada. Isso mostra como, nem sempre, a alma e o espírito andam juntos, apesar da unidade prevalente.[161] É no espírito que se realiza o matrimônio com Cristo, também descrito como união soberana "de espírito com espírito":[162]

> [...] a alma (*isto é, o espírito dessa alma*) forma como que uma unidade com Deus. *Sendo também espírito*, Sua Majestade deseja mostrar o Seu

---

[157] Cf. CAD 7, 8.

[158] 7 M 1, 7. Cf. 7 M 1, 10.

[159] A expressão é de ALVAREZ, Tomás. Jesucristo en la experiencia de Santa Teresa. In: *Estudios Teresianos*. Burgos: Monte Carmelo, 1996. v. III, p. 11-43 – aqui, p. 27.

[160] Cf. 7 M 1, 3.

[161] Cf. 7 M 1, 11.

[162] 7 M 4, 10.

amor por nós, dando a entender a algumas pessoas até onde chega esse sentimento, a fim de que louvemos a Sua grandeza.[163]

Essa união é indissolúvel: "[...] de tal modo quis Ele unir-se á criatura que, tal como os que *já não se podem afastar, não deseja apartar-se dela*".[164] Essa união é também estável: "ficando sempre a alma com o seu Deus naquele centro".[165]

Biblicamente, o matrimônio é também descrito em termos da comunhão de espírito e Espírito:

> Talvez seja isso o que disse São Paulo: *o que se eleva e se une a Deus faz-se um só espírito com Ele*. É possível que se refira a esse soberano matrimônio, onde se pressupõe que Sua Majestade já aproximou a alma de Si, por meio da união.[166]

Essa união possui uma correspondência cristológica imediata, dada pela própria autora, que é união com o Espírito de Cristo: "[...] e também diz: *Mihi vivere Chistus est, mori lucrum*".[167] Nessa união a vida transforma-se em Cristo. Realizam-se as palavras do Senhor aos apóstolos e a todos aqueles que, no futuro, crerem no Cristo, palavras mencionadas na oração sacerdotal do Evangelho de João:

> [...] orando uma vez Jesus Cristo, Nosso Senhor, por Seus apóstolos – não sei em que passagem – disse que fossem uma só coisa com o Pai e com Ele, tal como Ele, Jesus Cristo, está no Pai e o Pai Nele. Não sei que maior amor possa haver! Nessa súplica estamos todos incluídos, pois assim o disse Sua Majestade: *Não rogo só por eles, mas por todos aqueles que também hão de crer em mim*. E acrescentou: *Eu estou neles*.[168]

Dessa maneira, entendemos que a união de espírito com Espírito é união com o Pai no Filho. Espiritualização, cristificação e filiação se

---

[163] 7 M 2, 3. Itálico nosso.
[164] Ibidem. Itálico nosso.
[165] 7 M 2, 4. Cf. também 7 M 2, 9.
[166] 7 M 2, 5. Itálico nosso. Alude, assim, a 1Cor 6,7.
[167] Ibidem. A alusão é a Fl 1,21, e Teresa cita em latim.
[168] 7 M 2, 7. Itálico nosso. Remete a Jo 17,21.20 e 23.

unem numa só realidade. A espiritualização não é a experiência pura da divindade que abandona o corpóreo. A vida espiritual, para Teresa, não se espiritualiza no sentido de ficar "no ar" ou "sem arrimo".[169] Nunca há desvio da Humanidade do Senhor, como veremos com mais radicalidade quando falarmos sobre a *cristificação*, com as derivações éticas. Ao contrário, a espiritualização acontece de maneira mais forte *no* matrimônio espiritual, *na* união indissolúvel com Cristo. A união de espírito com Espírito, e de amor com Amor, leva ao seguimento radical de Cristo, significa uma entrega do profundo de si mesmo. Em outras palavras, ela não serve para separar-se das coisas, mas para relacionar-se com elas de maneira purificada.

Não podemos, no entanto, negar que vemos também, no processo de espiritualização, uma experiência espiritual do ponto de vista formal, da interioridade humana com a transcendência divina, indizível, fortemente psicológica e que deriva ao final em benefícios físicos e morais.

Essa união demanda, no entanto, que a pessoa se transforme no que Teresa chama, segundo a teologia espiritual do seu tempo, de "puro espírito". É ele o que se une ao "espírito incriado": "[...] que as despojavam de tudo o que havia de corpóreo em tua alma. Esta ficava no estado de puro espírito, podendo juntar-se nessa união celestial com o Espírito incriado".[170]

Por puro espírito entende Teresa o desapego radical das coisas corpóreas, tendo por protótipo a mulher pecadora a quem Jesus disse "vai em paz".[171] Tal desapego é fruto da palavra de Jesus na pessoa – palavra que é obra – e da ascese humana. Só nessa união, que requer desapego e despojamento, é possível receber a palavra de paz. É necessário desembaçar tudo o que embaça o espelho onde está esculpida nossa imagem, que é Cristo.[172] Uma vez desapegada, nada mais tira a paz, porque as paixões já estão vencidas.[173]

---

[169] V 22, 9.
[170] 7 M 2, 7. Itálico nosso.
[171] Cf. Lc 7,50. Para Teresa, esta mulher é a "gloriosa Madalena".
[172] Cf. 7 M 2, 8.
[173] Cf. 7 M 2, 11.

O reencontro com a própria imagem, bem como o desapego, fazem parte da humanização necessária para a união com Cristo e com o Pai, no Espírito. Em nosso século, a psicologia e a própria antropologia teológica já desmascararam a possibilidade do "puro espírito", desapego radical ao corpo. Isto não é possível nesta vida. Fica, no entanto, a necessidade da conversão e humanização. Assim, aos processos de espiritualização, cristificação e filiação une-se a humanização, processo ao mesmo tempo humano e divino, como veremos no próximo capítulo.

9.3. A espiritualização como Paz e Fortaleza na missão

A *paz* é um dom da união com Deus, chamada matrimônio espiritual. Teresa a descreve em termos bíblicos:

- aqui a esposa recebe o beijo que tanto pedira;
- aqui se dá em abundância a água que a cerva ferida tanto desejara;
- aqui se deleita no tabernáculo de Deus;
- aqui a pomba que Noé enviou encontra o ramo de oliveira na terra firme.[174]

Se observarmos bem, encontramos em todas estas comparações bíblicas símbolos pneumatológicos:

- o beijo;
- a água;
- o tabernáculo;
- a pomba.[175]

O dom da paz é o dom do próprio Espírito que se autocomunica ao espírito humano. A paz das moradas sétimas é experiência de profunda realização humana: "Ó Jesus! Quem saiba as muitas coisas da Escritura que dão a entender essa paz da alma!".[176]

---

[174] Cf. 7 M 3, 13.
[175] Cf., por exemplo, ROVIRA BELLOSO, *Tratado de Dios uno y trino*, p. 501-509.
[176] 7 M 3, 13.

Pelo matrimônio espiritual, a pessoa percebe-se em Deus, inserida na Trindade. A paz advém dessa união pela qual o espírito humano nunca se afasta da "admirável companhia" que é a Trindade e se une definitivamente ao destino de Cristo. Na linguagem mais tipicamente teresiana, o essencial do espírito não se afasta daquele aposento íntimo, por maiores que sejam os sofrimentos e os afazeres.[177] "Digo-vos, irmãs, que não lhes falta cruz; a diferença é que esta não as inquieta nem as faz perder a paz. Contudo, algumas tempestades passam depressa, como uma onda, e volta a bonança."[178]

O matrimônio espiritual é união do espírito ao Espírito de Cristo. Por isso a *fortaleza* emerge como um dos dons mais importantes dessa graça:

Será bom dizer-vos, irmãs, o motivo pelo qual o Senhor concede tantas graças neste mundo. [...] para que nenhuma de vós pense que é só para deleitar essas almas – o que seria grande erro. [...] Assim, tenho por certo que essas graças visam fortalecer a nossa fraqueza [...] para podermos imitá-Lo nos grandes sofrimentos.[179]

Padecer, amar, servir e realizar obras são termos que vêm unidos no último capítulo das sétimas moradas,[180] pois a missão é impulsionada pelo Espírito de Cristo. São termos correspondentes, quase sinônimos. Segundo Teresa, esses termos traduzem a verdadeira humanidade, o que, de fato, foi a vida do Filho, "sacratíssima Humanidade". Daí a importância da fortaleza que Deus concede aos que decidem servi-lo:

[...] formando uma unidade com o Forte por excelência, pela união tão soberana de *espírito com espírito, a alma participa da força divina*. Por aí vemos a força que tiveram os santos para padecer e morrer.[181]

---

[177] Cf. 7 M 1, 10.
[178] 7 M 3, 15.
[179] 7 M 4, 4.
[180] Especialmente 7 M 4, 4-16.
[181] 7 M 4, 10. Itálico nosso.

Capítulo 7

A experiência do Filho, "sagrada Humanidade": um caminho de cristificação

Introdução

Entendemos a cristificação como um processo de autocomunicação do Filho, que para Teresa será sempre a sagrada Humanidade de Cristo. Esta autocomunicação significa autodoação do Filho e revelação do "mistério" trinitário de Cristo. Simultaneamente, Teresa realiza uma experiência do Filho, explicita sua doutrina sobre ele e experimenta uma transformação de seu ser, até poder dizer, com São Paulo: "[...] é Cristo que vive em mim".

Vejamos neste capítulo:

- como se dá esta experiência de Cristo na vida de Teresa;
- como ela associa o Filho com a Humanidade sagrada, tanto em *Vida* quanto em *Caminho de Perfeição*; *Moradas* e *Poesias*;
- o caminho de cristificação segundo as *Moradas*.

1. A experiência de Cristo é um processo que cresce e se desenvolve na vida de Teresa

A relação com o Cristo é a primeira que estabelece, na vida e na espiritualidade de Santa Teresa, a passagem da fé em um Deus de tipo geral à fé cristã. Como já vimos, Teresa, em Ávila, vive em um ambiente cristológico. Esse ambiente funciona como um substrato ou um antecedente de sua experiência; ao mesmo tempo, Teresa, com sua experiência e teologia, enriquecerá o seu próprio contexto. É a experiência pessoal e consciente de Cristo, o fato decisivo para o seu itinerário espiritual.

Um grande estudioso da cristologia teresiana observou que, nos dois primeiros capítulos do *Livro da Vida*, surge um Deus que ama, porém distante, mais "hebreu", no sentido amplo, descrito no Antigo Testamento como onipotente, justiceiro, que castiga o pecado e infunde temor. Na psicologia e no íntimo de Teresa, prevalecia um Deus do "tipo geral, o Deus comum, que todo homem religioso tem até que não se produza nele um encontro profundo, que modifique para sempre sua relação com ele".[1]

No terceiro capítulo de *Vida* surge pela primeira vez a alusão a Cristo.[2] Seguindo a narrativa de nossa autora, percebe-se como a pessoa de Cristo é descoberta. Teresa está interna no convento das agostinianas. Seu pai a havia internado, tendo ela cerca de dezesseis anos, na tentativa de afastá-la da companhia de pessoas que lhe pareciam prejudiciais à filha. Entre elas, uma parenta de "grande leviandade" e um primo pelo qual nasce um incipiente amor.[3] O contexto da narração no qual surge esta alusão a Cristo é vocacional e afetivo.[4] Afetivo porque sua descoberta se faz de maneira vital e pessoal, por uma sensibilidade ao mesmo tempo estimulada e ferida pela separação dos primos e amigos. Agora, sua sensibilidade passa a intervir também na sua referência a Deus. A Paixão de Cristo, os Evangelhos, as conversas e vivências

---

[1]   Cf. CASTRO, Secundino. Mística y cristología en Santa Teresa. *Revista de Espiritualidad* 56 (1997) 75-117 – aqui, p. 87.

[2]   Cf. V 3, 6.

[3]   Cf. V 2, 2-4.9.

[4]   Cf. CASTRO, Mística y cristología en Santa Teresa, p. 89-92.

religiosas dentro daquele convento tocam o coração de Teresa, que "folga em ouvir" falar de Deus e dos Evangelhos. Começa a surgir um Deus próximo na dor de Jesus Cristo, como alguém que a havia amado e sofrido por ela.[5] O contexto é também vocacional porque Teresa se vê questionada pelo modo de vida das agostinianas. Ao pensar em abraçar a vida religiosa, percebia em Cristo o motivo da segurança de que seria capaz de passar por dificuldades.[6]

Pouco tempo depois de entrar para o Convento da Encarnação, agora como freira, aumenta sua proximidade com Cristo, através da oração de recolhimento, já aprendida com Osuna: "Eu buscava com todas as forças manter dentro de mim Jesus Cristo [...] sendo esse o meu modo de oração. Se me ocorria algum passo da Paixão, eu o representava no meu íntimo [...]".[7]

Antes disso, no entanto, nossa autora já atesta seu costume de pensar no passo da oração do horto, mesmo antes de ser freira. Costume certamente adquirido no tempo em que esteve interna com as agostinianas.[8] Sem sabê-lo, começa a rezar, tornando-se este proceder um costume: "[...] comecei a orar sem saber o que fazia, tendo esse costume ficado tão constante que nunca abandonei [...]".[9] Ainda em *Vida*, Teresa nos conta que desde criança – "muy niña" – já suplicava ao Senhor, sem entender muito bem, a água viva que a samaritana tinha pedido.[10]

É diante da imagem de Cristo que se dá sua conversão definitiva à vida de oração e à coerência de vida.[11] Nos Evangelhos encontra as cenas de sua devoção, como a samaritana e a oração no horto, a devoção a Maria, às mulheres do Evangelho, especialmente Madalena e Marta,

---

[5] Cf. V 2, 3-6.9.
[6] Cf. V 3, 6.
[7] V 4, 7.
[8] Cf. V 9, 4.
[9] V 9, 4.
[10] Na casa de seus pais venerava-se um quadro de amplas proporções que representa esta passagem do Evangelho de João; Teresa o levou ao Convento da Encarnação, com a morte do pai, quadro encontrado lá até os dias de hoje, podendo ser apreciado pelo visitante interessado.
[11] Cf. V 9, 1.

os apóstolos Pedro e Paulo. Vai acontecendo um verdadeiro encontro com Jesus Cristo vivo.[12] Cristo é seu Mestre e modelo, seu "livro vivo".[13]

Se sua entrada no proceder da oração se dá através de Cristo, o mesmo acontecerá com sua entrada na vida mística. Através de Cristo, foram "crescendo as graças espirituais". É Cristo quem lhe diz as primeiras palavras percebidas no interior;[14] ele, o "livro vivo"[15] que se torna para ela, durante toda sua vida, o Mestre que ilumina, prolonga e repete a palavra bíblica; ele, o objeto das primeiras visões intelectuais e imaginárias,[16] o que "sempre fala";[17] ele, o objeto de sua espera escatológica, a causa de sua tensão entre *parusia* e *diakonia*.[18] É junto a ele que Teresa é conduzida à presença misteriosa de Deus e à percepção de Deus como Trindade.[19] Depois da visão intelectual de Cristo, "filho da Virgem", é que Teresa vai compreendendo o mistério da Trindade, de tal maneira a se sentir preparada para disputar com qualquer teólogo a respeito desta verdade.[20] Com Cristo se realiza o "matrimônio espiritual", através do qual o fluxo da vida divina se une de maneira permanente à sua vida – "forma como uma unidade com Deus".[21]

A relação com Cristo encontra-se do princípio ao fim da vida e da obra teresiana. Ele é o interlocutor divino de sua obra. Já foi notado que, quando Teresa se dirige a Deus como "Sua Majestade", "Senhor", "Criador", a não ser que o interlocutor ao qual se dirige esteja claro, diretamente ou pelo contexto, ela se refere a Cristo.[22]

---

[12] Cf. GARCIA RUBIO, A. *O encontro com Jesus Cristo vivo*. Um ensaio de cristologia para nossos dias. 14. ed. São Paulo: Paulinas, 2010.

[13] Cf. V 9, 1; 9, 4; 30, 19. Cristo Mestre: C 36, 5; V 22, 9.10, entre outros. Cristo modelo: V 7, 6; 39, 8; C 26, 1; 25, 2. Cristo "livro vivo": V 26, 5.

[14] Cf. V 24, 5.

[15] V 26, 5.

[16] Cf. V 27, 2; 28, 1.2; 29, 4.

[17] R 5, 22.

[18] ALVAREZ, Tomás. Jesucristo en la experiencia de Santa Teresa. In: *Estudios Teresianos*. Burgos: Monte Carmelo, 1996. v. III, p. 11-43.

[19] Cf. V 9, 9; 10, 1.

[20] Cf. V 27, 2.4.8-9.

[21] Cf. 7 M 2, 1.3.

[22] Cf. MAS ARRONDO, Antonio. *Teresa de Jesús en el matrimonio espiritual*. Avila: Instituición Gran Duque de Alba, 1993. p. 218.

2. A experiência do Filho no Livro da Vida

2.1. Filho – "sagrada Humanidade": revelação do amor de Deus aos homens pela vida, morte e ressurreição de Cristo

É no denso capítulo cristológico do *Livro da Vida* que surgirá o nome de Cristo como Filho.[23] O capítulo se abre com a alusão de que a fé em Cristo, se é a mesma fé que os apóstolos receberam em Pentecostes, é fé em Cristo Deus e homem. Este fato fundante da fé não pode ser substituído em função de uma mística que privilegie uma Divindade que desvaloriza a Humanidade de Cristo ou mesmo prescinda dela. Seu argumento pode ser resumido em que a mística é uma forma da fé dos Evangelhos e não uma formulação nova. Sabemos que ela contesta, biblicamente, a postura contrária, que desconsiderava a Humanidade de Cristo. Teresa brada com firmeza: somos humanos, "não somos anjos!".[24]

Daí sua primeira referência ao Filho: Deus se compraz em ver quem tem por mediador a seu Filho.[25] Trata-se de uma postura do cristão em aceitar o Evangelho, sem querer mais do que ele.

Dessa forma, como já aludimos antes, nossa autora defende a permanência da Humanidade de Cristo na vida espiritual em todos os graus de oração, em especial na etapa mística que se inicia com a oração de união. Teresa questiona a teoria que vinha de dentro mesmo do movimento dos espirituais e à qual ela própria cedera durante algum tempo em sua vida, fato que a autora lamenta como "grande traição".[26] Segundo essa teoria, para se chegar aos graus mais elevados da contemplação seria necessário prescindir de imagens, inclusive da Humanidade

---

[23] Cf. V 22, 11.14.

[24] V 22, 10.

[25] Cf. V 22, 11: " Mucho contenta a Dios ver un alma que con humildad *pone por tercero a su Hijo* y le ama tanto, que aun queriendo Su Majestad subirle a muy gran contemplación –como tengo dicho–, se conoce por indigno, diciendo con San Pedro: Apartaos de mí, que soy hombre pecador." A edição crítica de T. ALVAREZ entende a expressão "tener por tercero" como "ter por mediador" (p. 373).

[26] Cf. V 22, 23 e 6 M 7, 15. Cf. ALVAREZ, Jesucristo en la experiencia de Santa Teresa, p. 16-25.

de Cristo. Aconselhava-se considerar as coisas de modo amplo (no original, "en cuadrada manera"), buscando, sobretudo, engolfar-se em Deus.[27] Para defender sua teoria, adquirida pela experiência de Cristo, de quem lhe vieram "todos os bens",[28] Teresa utilizará dois argumentos – "dos razones": um teológico e outro antropológico.

O argumento teológico é permeado pela cristologia, especialmente sinótica. Toda sua descrição do Cristo converge para o fato de que é o Evangelho, e não uma soberba construção humana, o caminho para o cume da contemplação.[29] Em Cristo estão todas as realidades humanas e, por isso, a necessidade de olhar sua vida e contemplá-lo, quer na Paixão, "[...] fatigado e despedaçado, sangrando, cansado de caminhar, perseguido por aqueles a quem fez tanto bem, privado da crença dos Apóstolos [...] diante dos juízes", quer na Ressurreição, "glorificado [...] sem sofrimentos, cheio de glória, confortando uns, animando outros, antes de subir aos céus, nosso companheiro no Santíssimo Sacramento".[30] O místico – todo aquele que tiver trabalhado e sofrido toda a vida – não deve esperar outra coisa a não ser estar com Cristo até o fim, "aos pés da cruz com São João" e levá-lo na boca e no coração, como São Paulo.[31] É a identificação de Cristo com as situações humanas de paixão e ressurreição que fará dele o caminho por onde nos vêm todos os bens, consolo, força e grandes graças. Cristo é por isso "bom amigo presente", "bom capitão, que se ofereceu para sofrer em primeiro lugar"; ele é "auxílio e encorajamento, nunca falta, é amigo verdadeiro".[32] Ele

---

[27] Considerar "en cuadrada manera" significa "sem imagens", liberando os quatro pontos cardeais. Alude à teoria de "enquadrar o entendimento", de Bernabé de Palma em seu livro *Via spiritus*, lido por Santa Teresa. Segundo Bernabé, a contemplação de Deus pelas criaturas e pelas formas corporais é mais imperfeita, estorvando ou impedindo a dilatação do entendimento a todas as partes, à imensidão. A teoria de "cuadrar el entendimiento" encontra-se também em LAREDO e OSUNA, não tendo neste último o matiz de negar a humanidade. Cf. ALVAREZ, T. Introdución al *Camino de Perfección*. Roma: Tipografia Poliglota Vaticana, 1965. t. II, p. 58, nota 2. LOPEZ SANTIDRIAN, Saturnino. El consuelo espiritual y la Humanidad de Cristo en un maestro de Santa Teresa: Fr. Francisco de Osuna. *Ephemerides Carmeliticae* 31 (1980) 161-193 – aqui, p. 189-193. ALVAREZ, Jesucristo en la experiência de Santa Teresa, p. 16-25.

[28] 6 M 7, 15.

[29] Cf. V 22, 5.7.

[30] V 22, 6.

[31] Cf. V 22, 5.7.

[32] V 22, 6.

é o caminho pelo qual quis Deus nos cumular de graças. Em Cristo, Deus se deleita (cf. Mt 3,17). Toda esta realidade de Cristo, em sua vida, paixão e ressurreição, fraquezas, sofrimentos e superação é chamada por Teresa de sagrada Humanidade.[33]

O segundo argumento é antropológico: nós não somos anjos, pois temos corpo. Dessa maneira não está em nós deixar as imagens, as criaturas e a dimensão corpórea. Se Cristo assumiu esta realidade, é absurdo que nós não a queiramos assumir, mesmo que seja entre tribulações e abandono. Ao cristão basta pensar, contemplar e seguir a Cristo. E este caminho não se altera mesmo quando Deus concede a oração de união.[34]

A conclusão de Teresa é uma consequência de toda a sua radicalidade cristológica. Cristo é o Filho de Deus, o que revela o amor do Pai à humanidade; ele não é sua imagem imperfeita, episódica ou circunstancial:

> Quero concluir dizendo: sempre que pensarmos em Cristo, lembremo-nos do amor que nos concedeu que nos deu tantas graças e da grande prova que Deus nos dá disso ao nos conceder esse penhor [...]. Que Sua Majestade nos dê esse amor – pois sabe o quanto ele nos convém –, em nome do amor que nos teve e do Seu Filho glorioso, que com muitos sofrimentos no-lo mostrou.[35]

Cristo é a "prenda" do amor de Deus, sinal, garantia e penhor. O amor de Cristo, "sagrada Humanidade", é o revelador do amor de Deus doado à humanidade. O cristão, ativamente, faz seu esse amor, contemplando e seguindo a Cristo – amor gera amor (no original, "amor saca amor"). E, passivamente, recebe-o de Deus, que o "imprime no

---

[33] Cf. V 22, 6 e várias vezes no capítulo 22 e também V 4, 7; 12, 2; 23, 17; 24, 2; 28, 3; 29, 1; 37, 5; 38, 17; C 34, 2; várias vezes no capítulo sétimo das sextas moradas e 6 M 9, 3; 7 M 2, 1; nas *Relações*: R 5, 23; 6, 3. Cf. FR. LUIS DE SAN JOSE. *Concordancias de las obras y escritos de Santa Teresa de Jesús*. 3. ed. Burgos: Monte Carmelo, 1982. p. 672-673.

[34] Cf. V 22, 10-11.

[35] V 22, 14.

coração", enviando aquele que crê ao trabalho e tornando-o fácil. Há no cristão uma passividade ativa.[36]

No Filho se revela o Pai como amor pela humanidade, e este amor é dinâmica da qual se participa, pois é fonte que se comunica e que gera amor.

Pensamos que a experiência de Teresa se dá no marco da teologia joanina e patrística, até a luta antiariana, segundo a qual o *Logos* é um conceito estritamente pessoal,[37] o Filho de Deus encarnado, o revelador do Pai. Encontramos também ecos da teologia paulina, na qual o Cristo é a imagem do Deus invisível (cf. Cl 1,15; 2Cor 4,4).

2.2. Sagrada Humanidade: o Filho de Maria

A convicção de Teresa – Cristo é o caminho – funda-se na experiência decisiva, misticamente percebida, da presença da sagrada Humanidade ao seu lado e ao lado de sua Igreja.

A visão intelectual de Cristo é a principal experiência da presença permanente de Cristo *ao seu lado*, o que a faz perceber que ele nos acompanha. A presença é descrita como a presença do Filho de Maria – "Hijo de la Virgen" –, enfatizando, assim, o fato da encarnação do Filho na humanidade. Teresa mesma interpreta o sentido dessa visão: a "Humanidade Sacratíssima" nos acompanha e nos quer cumular de graças.[38]

> Estando no dia do glorioso São Pedro dedicada à oração, vi perto de mim, ou, melhor dizendo, senti, porque com os olhos do corpo ou da alma nada vi, Cristo ao meu lado. Parecia-me que Ele estava junto de mim, e eu via ser Ele que, na minha opinião, me falava.
> Parecia-me que Jesus Cristo sempre estava ao meu lado; e, como não era visão imaginária, não percebia de que forma. Mas sentia com clareza tê-Lo sempre ao meu lado direito, como testemunha de tudo o que eu

---

[36] Cf. V 22, 14.
[37] Cf. LADARIA, Luis F. *El Dios vivo y verdadero;* el misterio de la Trinidad. Salamanca: Secretariado Trinitario, 1998. p. 320-322.
[38] Cf. V 27, 4.

fazia. Nenhuma vez em que me recolhesse um pouco ou não estivesse muito distraída eu podia ignorar que Ele estava junto de mim.[39]

[...] Aqui, vê-se com clareza que Jesus Cristo, filho da Virgem, está presente. [...] percebemos ao lado disso que a Humanidade Sacratíssima nos acompanha e nos quer conceder graças.[40]

O contexto dessa visão é pneumatológico, descrito como uma luz que não se mostra, mas que "ilumina o entendimento".[41] Que o Espírito Santo traz a luz e a glória Teresa já havia intuído ao descrever, na visão da pomba, em *Vida*, que "raios e esplendor" se estendiam de suas asas.[42] Essa luz leva a entender e desfrutar dessa presença da sagrada Humanidade. Teresa a sente "com clareza", "com mais clareza", uma "evidência tão clara".[43]

Significativa é a visão da Virgem, em que ela reafirma a presença de seu Filho na obra que Teresa levava a cabo, a fundação do Carmelo Descalço.[44] Cristo é novamente mencionado como o Filho de Maria, ratificando a presença do Cristo caminhando com sua Igreja: "[...] seu Filho já nos prometera andar ao nosso lado [...]".[45]

Mais tarde, atesta numa confissão escrita, vai entender que só o Filho se encarnou.[46]

O alcance libertador da relação com Jesus pode ser admirado na página mais feminista de Santa Teresa e, obviamente, censurada, do *Caminho de Perfeição*.[47]

---

[39] V 27, 2.

[40] V 27, 4.

[41] V 27, 3. É difícil não vermos aqui a figura do Espírito como luz que não podemos ver, apesar de que ilumina e assim faz compreender a Cristo. Cf. ROVIRA BELLOSO, J. M. *Tratado de Dios uno y trino*. Salamanca: Secretariado Trinitario, 1993. p. 515.

[42] Cf. V 38, 12.

[43] Cf. V 27, 2.3.5.

[44] Trata-se da reafirmação da promessa que, como a Abraão, Deus faz a Teresa ao iniciar sua obra fundadora, em 32, 11: "que Cristo andaria ao nosso lado".

[45] V 33, 14.

[46] Cf. R 33, 3.

[47] Cf. item 2.1 do capítulo 8: "Teresa se dirige a Cristo e ao Pai eterno como sacerdotisa e feminista".

2.3. Glória e majestade da sagrada Humanidade no humano e no universo

A terceira menção ao Filho encontra-se no contexto de afirmação de sua glória e majestade, junto ao Pai. Traz uma grande riqueza de dados teológicos e uma densa percepção do mistério trinitário. Transcrevemos o texto:

> Vi a Humanidade sacratíssima com *uma glória excessiva* que eu jamais experimentara. Ele se manifestou de modo admirável e claro, *repousando no seio do Pai*. Não sei dizer como foi, porque, sem ver, senti-me na presença *daquela divindade*. Foi tão forte o abalo que passei muitos dias, pelo que me lembro, sem poder voltar a mim, sempre com a impressão de trazer presente aquela *majestade do Filho de Deus*, mas de uma maneira diferente da primeira.[48]

A sagrada Humanidade, Cristo, aparece-lhe no seio do Pai (no original: "metido en los pechos del Padre"). O Pai é aqui realidade fontal, identificada com a figura feminina pela forma com que é descrito: em seus peitos está o Cristo. Pai e sagrada Humanidade de Cristo encontram-se unidos numa mesma realidade, descrita em tons mais uma vez eminentemente pneumatológicos: em excessiva glória.[49] A representação se dá por notícia admirável e clara – não se encontra menção ao misterioso indizível. A glória e "majestade" do Filho de Deus é a glória da sagrada Humanidade de Cristo, e lhe produz a percepção da presença da Divindade. Essa visão intelectual de Cristo deixa Teresa, no princípio, admirada – "espantada" – e lhe acontece mais de uma vez. Deixa-lhe fortemente marcada pela presença da majestade do Filho de Deus.[50]

Nessa visão tudo é glória e senhorio. Também os efeitos que provoca na intimidade de sua pessoa são de senhorio de si mesma, liberdade diante dos desejos "em coisas vãs", trocados pelo desejo de verdade e acatamento da vontade de Deus. Impossível lhe pareceria ofender a Majestade

---

[48] V 38, 17. Itálico nosso.

[49] A Primeira Carta de Pedro nomeia o Espírito Santo como Espírito de glória: "[...]o Espírito da glória, o Espírito de Deus, repousa sobre vós" (1Pd 4,14).

[50] "Esta misma visón he visto otras tres veces" – V 38, 18.

de Deus que se lhe faz perceptível *dentro* da alma. Na experiência anteriormente descrita, Teresa trazia a presença de Cristo *ao lado dela.*[51]

2.3.1. A glória do Filho atinge o universo e as realidades metatemporais

Esta glória, manifestada no Filho, não se restringe a uma realidade pessoal – ela atinge o universo. Façamos uma pequena análise literária.

A visão a que nos referimos encontra-se no centro do capítulo 38 do *Livro da Vida*, incrustrado na narração das realidades escatológicas misticamente percebidas por Teresa. Desfilam-se as visões e profecias sobre as questões últimas, marcadas pela teologia do seu tempo – morte e vida, ressurreição dos mortos e comunhão dos santos, retribuição ultraterrena do céu, purgatório e inferno.

Teresa percebe a glória manifestada no Filho e inserida na verdadeira saga escatológica da existência humana, que ultrapassa os esquemas temporais, o cosmos e a história terrena da humanidade. Existência aparentemente pequena, mas, ao mesmo tempo, radicalmente confrontada com a possibilidade de vida e salvação ou morte e perdição. A "majestade do Filho de Deus", realidade descrita numa expressão única na obra de Santa Teresa,[52] ressalta o poder do Filho em todo o raio da vida, do cosmos, do destino humano e universal.

A realidade pessoal e presente é sumamente ampliada pelas realidades metatemporais e meta-históricas do céu e da comunhão dos santos. O céu é descrito em termos de luz diante da qual o sol empalidece e que a imaginação não alcança, assim como não alcança nada do que o Senhor "dava a entender". É realidade suave, deleitosa e indescritível, verdadeira terra que faz ver que aqui somos todos peregrinos, e que gozam de verdadeira vida os que "lá" vivem:

---

[51] Cf. V 27, 2.
[52] A ausência da expressão nas outras obras foi notada por MAS ARRONDO, Teresa de Jesús en el matrimonio espiritual, p. 280.

[...] Com muita frequência, acompanham-me e me consolam os que sei que lá vivem; são esses que verdadeiramente me parecem vivos, pois os daqui levam a vida tão mortos [...][53]

O céu é a terra desejada, e diante dela a realidade presente ganha conotações de realidade nebulosa, "sonho": "Tudo o que vejo com os olhos do corpo me parece sonho e farsa. O que já vi com os da alma é aquilo que ela deseja [...]".[54]

Também a visão dos defuntos que vão ao inferno levados pelos demônios, ou ao céu, passando ou não pelo purgatório, com sua respectiva geografia que sugere "subir" ou "descer", a intercessão da Igreja militante pelos defuntos. Enfim, toda a teologia dos "novíssimos", com sua geografia cósmica, desfila pela pluma de nossa autora através de visões e profecias no denso bloco que fecha o capítulo.[55]

Nesse contexto estão incrustadas duas visões: a do Espírito Santo em forma de pomba[56] e a visão do Filho, já mencionadas. Teresa tem a percepção de que a Trindade rege toda esta realidade, que é vivida em nível pessoal, mas que se abre à dimensão maior em que se joga o destino humano. Podemos afirmar que, para Santa Teresa, a glória e majestade da Humanidade de Cristo redimensionam a existência humana, concedendo-lhe consistência e um futuro eterno de salvação.

No fino entrelaçamento literário em que a narrativa transcorre com absoluta coerência, nossa autora observa que esta realidade escatológica, oferecida pela sagrada Humanidade, liga-se à existência humana pelo "sangue do Filho" e se perpetua pela Eucaristia. Teresa toma consciência de que a graça de "entender algo dos bens" de Deus, em contraposição a perder tudo por própria culpa, é dom do Filho que derramou seu sangue por ela.[57] A sagrada Humanidade de Cristo, com sua vida, morte e ressurreição, abre à realidade humana as portas da vida eterna.

---

[53] V 38, 1-2.6.
[54] V 38, 6.7.
[55] Cf. V 38, 22-32.
[56] Cf. V 38, 9-15.
[57] Cf. V 38, 7. Note-se a percepção paulina da salvação, que atinge cada pessoa em particular, de Gl 2,20a: "Minha vida atual na carne, eu a vivo na fé, crendo no Filho de Deus, que me amou e se entregou por mim".

Na Eucaristia torna-se presente a Majestade do Filho glorioso e, pela participação na Eucaristia, Deus concede, pouco a pouco, percepção da realidade trinitária, num processo que se oferece como contraponto à intensidade das revelações entendidas por ela, mas idêntico em conteúdo salvífico.

Resumindo, no *Livro da Vida* Teresa afirma a sagrada Humanidade como única porta para Deus porque ele é o revelador do seu amor. Por ele conhecemos a Deus. Essa afirmação doutrinal calca-se na experiência pessoal da sagrada Humanidade em suas dimensões inseparáveis de humanidade e divindade como uma única realidade interna. Ela é Cristo Filho de Deus, cheio de glória e majestade, o mesmo Filho da Virgem, Crucificado e Ressuscitado. O caminho para Deus é a contemplação e o seguimento da sagrada Humanidade, caminho sustentado pela realidade divina desta Humanidade.

Essa percepção total e complexa de Cristo – humanidade e divindade – como o Filho, já desenvolvida no *Livro da Vida*, será objeto de aprofundamento, assombro e reverência de nossa autora quando sua atenção se volta para o Pai, em *Caminho de Perfeição*.

3. "Filho de tal Pai": O Filho em Caminho de Perfeição, Exclamações, Poesias e Relações

Todas as atribuições do nome de Filho a Jesus Cristo, em *Caminho de Perfeição*, estão referidas ao Pai.[58] Seguindo a oração do *Paternoster*, Teresa nos apresenta um Cristo que, na humanidade, revela sua união íntima com o Pai, e um Pai que é revelado pelo Filho como unido a ele. Teresa desenvolve uma teologia de relação Pai e Filho nos termos joaninos, como solidariedade radical entre os dois, união de vontades, o que equivale a dizer: o que vale para o Pai vale também para o Filho.[59] Trazemos aqui duas exclamações exemplares da percepção dessa

---

[58] Cf. C 3,7.8.; 27, 1.2.4; 31, 2; 32, 6.10; 33, 3.4.5; 34, 2; 35, 2.3.4.5; 36,2.

[59] Lembramos aqui as palavras com as quais vem à memória de Teresa o texto de Paulo aos Colossenses. No original: "En una parte he leído u oído que nuestra vida está escondida en Cristo, o en Dios, *que todo es uno*...". Este suposto equívoco, pelo qual, em vez de dizer que a vida está escondida "com Cristo em Deus" diz "en Cristo, o en Dios, que todo es uno", serve-nos de sinal

relação: "Ó bom Jesus! Com que clareza mostrastes ser uma só coisa com Ele, e que Vossa vontade é a Sua, e a Sua, Vossa!".[60] E também: "Ó Senhor meu, como pareceis Pai de tal Filho, e vosso Filho parece filho de tal Pai!".[61]

Teresa se dirigirá ao Pai pelo Filho e em favor do Filho, pois sabe que o Pai o honra.[62]

Em *Caminho*, Teresa traz de maneira viva o seu assombro diante do mistério de Deus que se revela à humanidade como Pai e irmão através do Filho. O assombro adquire dimensões dramáticas ao perceber que, neste mistério, a entrega do Filho é radical, pois é realizada em prol dos que o rejeitam. O Filho não se defende e se faz impotente diante da rejeição da Igreja e da humanidade pecadoras. E que, unidos na mesma vontade, o Pai também se entrega à humanidade, mediante o Filho.

Teresa não se cansará de advogar em favor de Jesus Cristo diante do Pai, tentando convencê-lo a ouvi-la, porque Cristo é o Filho que associou a si o destino dos cristãos e da Igreja ao morrer por nós. Teresa, assim, une-se ao Pai pelo Filho, através do mistério pascal, que – percebe com clareza – é amor gratuito e imerecido.[63]

A mesma tônica da relação entre Pai e Filho será constante no livro *Exclamações da Alma a Deus*. Não há referência ao Filho sem referência ao Pai, sempre dentro do assombro do mistério do amor pascal, da entrega do Filho e, nele, do Pai à humanidade. E ainda, da confiança nos homens, da condescendência de Deus, do igualamento de Deus à humanidade.[64]

Há, ainda, uma canção de Natal que une os núcleos teológicos da relação do Filho com o Pai, e da relação entre Encarnação e Redenção. No Filho, Deus soberano se abaixa e se entrega. O Filho se despoja de

---

    da experiência radicalmente trinitária, a partir da qual Teresa vê o Filho em sua solidariedade com o Pai. Cf. 5 M 2, 4, que remete a Cl 3, 3-4.

[60] C 27, 4. Itálico nosso. Alusão a Jo 10,30: "Eu e o Pai somos um".

[61] C 27, 1. Itálico nosso.

[62] Cf. C 3, 7.

[63] Cf. C 27.

[64] Cf. Excl 2, 2; 7, 1.2.; 12, 3; 13, 3.

sua divindade e faz-se vítima de expiação: "[...] eis que vos nasce um Cordeiro, Filho de Deus soberano".[65]

A relação entre o Filho e o Pai é fortemente percebida nas visões trinitárias: o Filho não pode "criar uma formiga sem o Pai [...] e o mesmo ocorre com o Espírito Santo", e o Pai não pode "estar sem o Filho e o Espírito Santo" porque são "um só querer, um poder e um senhorio".[66]

4. O Filho e o matrimônio espiritual

Devemos relacionar matrimônio espiritual e percepção trinitária na obra de Santa Teresa. O específico do matrimônio espiritual, a união inseparável com Cristo, incorpora o "paradigma trinitário" que envolve as sétimas moradas desde o seu primeiro capítulo.[67] O matrimônio espiritual não seria possível sem a percepção profunda, com todas as suas consequências, das relações trinitárias.

Teresa atesta, nas sétimas *Moradas*, que tinha uma percepção continuada, no centro da alma, das três Pessoas e da sagrada Humanidade.[68] As três Pessoas "[...] parece que nunca mais se afastaram dela (a alma) [...] percebe em si essa divina companhia".[69] Também a percepção da presença da sagrada Humanidade não se afasta mais. É esta a diferença com o "noivado" das sextas moradas, pois, nas sétimas, escreve Teresa, trata-se de noivos que "já não podem separar-se".[70] É interessante notar a simultaneidade da união inseparável com Cristo e da permanência das Pessoas trinitárias, tal qual vimos anteriormente, no estudo sobre a "presença habitual da Trindade".

A presença da Trindade e da sagrada Humanidade como companhias permanentes na alma é a confirmação mística daquilo que Teresa já havia experimentado ou intuído nas experiências de união com

---

[65] P 11, Ao nascimento de Jesus.

[66] R 33, 3.

[67] MAS ARRONDO, Teresa de Jesús en el matrimonio espiritual, p. 292. Deste mesmo autor: *Acercar el cielo.* Itinerario espiritual con Teresa de Jesús. Santander: Sal Terrae, 2004.

[68] Cf. MAS ARRONDO, Teresa de Jesús en el matrimonio espiritual, p. 460.

[69] 7 M 1, 7.

[70] 7 M 2, 2.

Cristo e nas experiências da inabitação trinitária: que a humanidade e a divindade são uma mesma realidade interna da sagrada Humanidade e que as pessoas da Trindade, todas, relacionam-se de alguma maneira ao fato da encarnação e redenção.

Em nível prático, esta experiência também se faz presente. Há, em *Moradas*, uma ênfase na afirmação de que não pode haver motivos para diferenciar a vida e o destino de Cristo da vida e destino do cristão, e isto porque Cristo é o Filho. Parece que Teresa busca identificar aquele que viveu entre nós como "Filho" em momentos importantes, como o início das experiências e percepções místicas e o final do caminho espiritual marcado por tais experiências. O leitor é, assim, constantemente, reconduzido ao contexto teológico trinitário da sagrada Humanidade e à relação iniludível entre a Trindade e a Encarnação. Em sentido oposto, o leitor é afastado da tentação de dicotomizar a experiência mística da prática do amor.

Dessa forma, Teresa lembra que Deus dá o que tem para o cristão se reconhecer como pertencente a Deus. E o que tem Deus? O mesmo que seu Filho teve nesta vida, a ponto de morrer "morte tão cruel e dolorosa".[71] Da mesma maneira, aqueles que se encontram nas sétimas moradas são lembrados de que Deus não pode dar maior presente do que dar-nos uma vida similar à que viveu o seu Filho tão amado. Prova disso é o fato de que os que estiveram mais perto de Cristo foram os que tiveram os maiores trabalhos.[72]

5. "O homem – que alegria! – é Deus"

O título acima nos faz ver como Teresa narra em verso, levando ao grau máximo, a percepção da realidade da Encarnação. A realidade de Deus, que se faz homem, é cantada com veneração nas canções de Natal que Teresa escreve para a recreação nos conventos.

Uma dessas canções, ou "villancicos", canta de maneira especial a realidade do Pai que nos dá o seu Filho. Sua grandeza é fazer-se pobre,

---

[71]   5 M 2, 13.
[72]   Cf. 7 M 4, 4. 5.

inocente, sujeito ao frio, exposto ao sofrimento e, por fim, à morte. No meio da poesia, uma exclamação marca o compasso da reverência na canção: "O homem – que alegria! – é Deus". A realidade da Encarnação se faz presente nessa canção: Deus que se faz humano. A humanidade é assumida por Deus em sua pobreza, sofrimento e morte e, na humanidade concreta de Jesus, o Filho, revela-se Deus. Por outro lado, o amor leva ao seguimento radical de quem, unido ao Filho, ama e confia no plano de Deus: "Morramos os dois".[73] A mesma radicalidade se encontra em outra poesia de Natal: "À morte quer ir, morramos também [...] pois é Deus Onipotente".[74]

A relação de Teresa com Cristo vai fazendo com que ela o vá descobrindo em sua dimensão trinitária de Filho de Deus, Verbo encarnado. Não se trata apenas de uma conclusão teológica, mas, antes de tudo isso, de um processo de amor, identificação e seguimento de Cristo que se radicaliza. Por isso, veremos agora o processo de cristificação que Teresa experiencia e sistematiza no seu livro-síntese, *Castelo Interior*.

6. A cristificação como processo das sete moradas do castelo interior

No grande símbolo do castelo interior é narrada a aventura-drama da pessoa em sua busca e encontro de Deus. As moradas, cada vez mais interiores e próximas de Deus, significam um processo cada vez mais forte e evidente de conhecimento, encontro e transformação em Cristo. Essa jornada se inicia com a entrada em si mesmo, a primeira morada, e culmina com o matrimônio espiritual, na sétima morada.

Nas moradas primeiras, não encontramos muitas referências cristológicas explícitas. Teresa fala de Deus como o "Sol", a "Majestade", o "Rei" que habita em todas as pessoas. Talvez por motivos pedagógicos, pois Teresa fala a quem ainda não descobriu o mistério de Cristo, ou a quem inicia seu caminho de vida espiritual.

---

[73] P 13, Villancico a la Natividad.
[74] P 12, Ao Nacimiento del Redentor.

Nas moradas sétimas, em contraste, nós nos encontramos com um Deus de impressionante densidade cristológica. Dentro da que pode ser chamada "síntese doutrinal" de *Castelo Interior*,[75] a santa nos fala do Deus que foi escravo do mundo e cujo selo é a cruz. Ser espiritual seria ser escravo desse Deus.[76]

Encontramos, portanto, uma concentração cristológica que é realizada à medida que se dá o aprofundamento da primeira à sétima morada.

O dinamismo da graça, mediado pela oração, atravessa as moradas no sentido de selar o cristão com o selo de Cristo. A união com Deus e o matrimônio espiritual podem ser traduzidos em chave cristológica como união transformante em que vai ressurgindo no cristão a imagem de Cristo nele esculpida. O processo de aprofundamento na relação com Deus em Cristo, até que a pessoa possa exclamar que é Cristo quem vive nela, pode ser chamado de cristificação e acontece simultaneamente à autocomunicação do Filho e revelação do mistério de Cristo.[77] Nesse sentido, passamos a apresentar uma compreensão global de *Moradas*, da primeira à sétima. Veremos como a dinâmica da graça de Cristo é uma dinâmica de Encarnação, mediada pela oração, em que a pessoa vai se transformando em Cristo.

6.1. Chave hermenêutica: a centralidade da Humanidade de Cristo (um pequeno tratado de cristologia)

A centralidade de Cristo e, especificamente, da Humanidade de Cristo – "la sacratísima Humanidad" – na vida espiritual está explicitada

---

[75] Atualmente, há uma tendência a ler o quarto capítulo, a partir do parágrafo quarto até o final, como uma espécie de resumo, síntese doutrinal de todo o "Castelo Interior". O motivo é que este texto final "não fala do estado das sétimas moradas, mas do sentido global da vida mística". CASTELLANO CERVERA, Jesús. *Introducción al estudio y lectura del Castillo Interior de Santa Teresa de Jesús*. Roma: Teresianum, 1992. p. 87. (fotocop.)

[76] Cf. 7 M 4, 8.

[77] O autor que defende a tese da oração como cristificação, e o processo de cristificação como objeto primeiro das *Moradas*, é SECUNDINO CASTRO, em sua obra *Cristología teresiana* (Madrid: Editorial de Espiritualidad, 1978. p. 73-128). Seguiremos de perto os passos desse autor.

no capítulo sétimo das moradas sextas. Nele, Teresa mantém coerência e uniformidade com o que havia escrito em *Vida*. Tal capítulo sintetiza o pensamento cristológico teresiano e constitui chave hermenêutica de toda cristologia de *Moradas*. Forma um pequeno tratado de cristologia.

Seu contexto literário são as moradas sextas, as moradas do fogo do Espírito, em que Teresa de Jesus expõe sua índole mística e seu carisma magisterial de testemunha e mestra das realidades sobrenaturais da vida cristã.[78]

É no coração dessas moradas, salpicadas por fenômenos extraordinários, que Teresa afirma a Humanidade de Cristo. A palavra Humanidade resume, para Teresa, o ser de Jesus[79] o Filho de Deus encarnado.

Duas deduções do pensamento teresiano neste capítulo são fundamentais.[80] A primeira é uma dedução teológica que diz respeito a todo cristão. Teresa pensa que o homem Cristo Jesus, que é Deus, é o mediador para o encontro com Deus. Por ele chegamos a Deus, pois ele é o caminho e dele "nos vêm todos os bens".[81] A segunda diz respeito ao exercício da oração. Teresa pensa que não se deve prescindir das imagens e representações da Humanidade do Senhor. Por experiência própria, ela pode constatar, a partir do mais profundo e elevado da sua vida espiritual, as moradas sétimas, o mistério central da Humanidade do Senhor. Precisamente aí o matrimônio espiritual é realizado, não com o Verbo, prescindindo da Encarnação, mas com Nosso Senhor Jesus Cristo, Homem e Deus. Por isso, quem prescindir ou menosprezar a Humanidade do Senhor não pode seguir adiante na vida espiritual. Escreve ela com muita clareza, num toque de ironia e várias referências joaninas:

> [...] Que grave engano afastar-se propositalmente de todo o nosso bem e remédio, que é a sacratíssima Humanidade de Nosso Senhor Jesus Cristo. [...] Posso pelo menos assegurar que essas pessoas não entram nestas duas últimas moradas, porque, se perderem o guia – que é o bom

---

[78] Cf. CASTELLANO CERVERA, *Introducción al estudio...*, p. 80.
[79] Cf. SECUNDINO CASTRO, *Cristologia teresiana*, p. 109.
[80] Cf. ibidem, p. 301.
[81] 6 M 7, 15.

Jesus –, não darão com o caminho. Muito já será se ficarem nas outras moradas com segurança. O próprio Senhor nos diz que é caminho, assim como luz, e que ninguém pode chegar ao Pai senão por ele.[82]

Trata-se aqui não só da presença objetiva da Humanidade de Cristo na dinâmica de santificação do cristão – isto todos os autores admitiam –, mas também da presença subjetiva. O cristão deve trazer intencionalmente esta presença: "[...] não deixa de manter-se constantemente unida a Cristo Nosso Senhor. De um modo admirável – divino e humano a um só tempo –, ele sempre lhe faz companhia.[83]

Um pouco mais adiante reafirma: "Andemos por ele com grande diligência, meditando na sua vida e morte, bem como no muito que lhe devemos. E que venha o demais quando o Senhor quiser".[84]

Colocada esta chave hermenêutica, tão clara neste capítulo central das sextas moradas, podemos entender a dinâmica do castelo interior como um processo de cristificação. A oração, entendida no amplo sentido que lhe dá Teresa, é um processo de encontro e de relação com Cristo em que vamos assimilando a sua pessoa e sendo nela transformados. Destacaremos a seguir os momentos do dinamismo de cristificação ao longo das sete moradas.

6.2. Primeira morada. "Ponhamos os olhos em Cristo": a riqueza do "olhar" teresiano

Teresa dirige-se àquele ou àquela pessoa que está na entrada do castelo interior e quer nele entrar, passando por sua porta, que é a oração. Entrar no castelo, isto é, entrar dentro de si mesmo e se conhecer, é o fato mais importante das primeiras moradas.

A entrada em si mesmo corresponde ao *autoconhecimento*. Significa saber o que acontece no castelo e quem mora nele. Conhecer-se adquire o movimento de interiorizar-se e buscar de si o mais profundo.

---

[82] 6 M 7, 6. A santa continua: "Dirán que se da otro sentido a estas palavras; yo no sé esotros sentidos; con éste que siempre siente mi alma ser verdad me ha ido muy bien".

[83] 6 M 7, 9.

[84] 6 M 7, 9.

Conhecer-se é, então, conhecer a Deus, que mora no profundo de toda pessoa humana. A busca de Deus dá a chave do autoconhecimento. É famosa a expressão de Teresa: "[...] jamais chegamos a *nos conhecer* totalmente se não procuramos *conhecer a Deus*".[85]

O autoconhecimento, antecipa Teresa, corresponde à humildade verdadeira adquirida apenas quando se olha para Deus. Olhando-o em sua grandeza, pureza e humildade, percebemos nossa abjeção, sujeira e orgulho.[86] O autoconhecimento, no entanto, pode ser "torcido" pelo demônio à medida que a pessoa, percebendo-se miserável, torna-se covarde para grandes coisas. Teresa, então, exorta a que se ponha os olhos em Cristo: "Ponhamos os olhos em Cristo, nosso bem",[87] para que dele aprendamos a verdadeira humildade, que não acovarda e, por outro lado, não ensoberbece.

Para Teresa, os termos "mirar", "ver", "olhos", possuem grande riqueza. No livro *Caminho de Perfeição* já havia escrito: "Não vos peço agora que penseis Nele nem que tireis muitos conceitos, nem que façais grandes e delicadas considerações com vosso entendimento; peço-vos apenas que olheis para Ele".[88] O "mirar" teresiano é uma mensagem que condensa e transmite a força que lhe vem de três coordenadas: a Palavra de Deus, a experiência pessoal profunda e suas convicções cristológicas.[89]

Teresa certamente leu e meditou as passagens bíblicas onde Jesus convida seus discípulos a vê-lo, desde as palavras de Jesus no início do Evangelho de João[90] até as palavras do Ressuscitado: "Vede minhas mãos e meus pés: sou eu!".[91] Leu também a passagem de Hebreus: "[...] com os olhos fixos em Cristo [...]".[92] Todos esses textos constam nas *Meditações da Vida de Cristo*, do cartuxo Landulfo da Saxônia, livro de espiritualidade bastante conhecido na época, como já vimos no terceiro capítulo.

---

[85] 1 M 2, 9. Itálico nosso.
[86] Cf. ibidem.
[87] 1 M 2, 11.
[88] C 26, 3.
[89] ALVAREZ, Tomás. Poned los ojos en el crucificado (7 M 4, 8). *Monte Carmelo* v. 100, n. 2, 1992, p. 139-148.
[90] Jo 1,39.
[91] Lc 24,39.
[92] Hb 12,2.

Essas palavras passam do texto bíblico à experiência, descrita no *Livro da Vida*. Nesses textos, Teresa testemunha visões em que Jesus lhe diz que "levasse em consideração [no original: "pusesse os olhos"] aquilo que Ele padecera, pois assim tudo ficaria mais fácil para mim".[93] Teresa pergunta ao leitor: "Quem pode ver o Senhor coberto de chagas e aflito por perseguições sem que as abrace, ame e deseje?".[94] Os olhos profundos da alma de Teresa chegam a ver o Senhor, o que faz com que Teresa, assombrada, exclame: "Ó benignidade admirável de Deus, que assim Vos deixais mirar por olhos que se dedicaram a tanto mal como os de minha alma!".[95]

Mais tarde, Teresa viverá uma série de episódios místicos, muito simples, que se tornarão o "evangelho da mirada e do encontro revivido e testificado por Teresa", e que estão no livro das *Relações*.

Voltando ao nosso *Castelo Interior*, o objetivo de Teresa de Jesus é "educar" o olhar, a mirada. Vale para quem entra no castelo e também para quem chega à última morada. Teresa quer levar a leitora ou o leitor à mesma experiência sua, reportando-os à força e à verdade do Evangelho por ela testemunhadas. Aquele ou aquela que entra no castelo precisa fixar os olhos em Cristo para aprender dele a humildade, enobrecer o próprio entendimento e não fazer do conhecimento próprio algo rasteiro e covarde. Mirar a Cristo faz com que sua imagem fique esculpida no espírito de quem o faz com amor.

Por isso a riqueza do "mirar" teresiano é não apenas teológica, mas também psicológica. Para ela, a figura mirada se imprime naquele que a vê, e lhe infunde seu mesmo esplendor. Não é difícil identificar uma ressonância da linguagem paulina:

> E nós todos que, com a face descoberta, refletimos como num espelho a glória do Senhor, somos transfigurados nesta mesma imagem, cada vez mais resplandecente, pela ação do Senhor, que é Espírito.[96]

---

[93] V 26, 3.
[94] V 26, 5.
[95] V 27, 11.
[96] 2Cor 3,18.

Teresa mesma atesta que "está tão esculpida na alma aquela visão que todo o seu desejo é voltar a fruí-la".[97] Ela leva a imagem da Humanidade de Cristo tão esculpida em sua imaginação que se torna impossível deixá-la, até o dia em que poderá, para sempre, estar em companhia daquele cuja imagem tem tão intimamente esculpida.[98]

Por tudo isso, o primeiro conselho que Teresa dá àquele que entra no castelo é que olhe para Cristo.

6.3. Segunda morada. As lutas: resistir e avançar com as armas da cruz

Mirar Jesus é fazê-lo em sua totalidade, da qual a cruz não pode ser excluída.

Quando a pessoa é introduzida no castelo e começa a ter oração, entende que não deve permanecer na primeira morada. Começa, então, a estar atenta a Deus e a escutá-lo. Escuta-o através de mediações: palavras de pessoas boas, sermões litúrgicos, leituras de bons livros, ou muitas outras coisas, como enfermidades e ocupações. Começa também a escutar Deus na oração, mesmo que de maneira incipiente.

Trava-se neste momento uma luta interior. Seguir as palavras de Jesus implica o abandono de muitas práticas de vida que antes não se apresentavam como contrárias à vontade de Deus. A pessoa tende, então, a exigir de Deus que ele retribua os seus esforços com consolações na oração. Começa a exigir de Deus que ele faça o que ela deseja, sem saber ainda que Deus é livre e sabe o que é melhor para ela e que por isso "não temos de dizer-lhe o que nos deve dar".[99] É Deus quem, aos poucos, revelando-se a si mesmo, vai revelando à pessoa o que ela no fundo de si deseja. Entretanto, nesta etapa em que vontade e entendimento

---

[97] 6 M 1, 1; 6 M 5, 11.
[98] Cf. 6 M 9, 3.
[99] 2 M 1, 8. Para uma abordagem das *Moradas* e outras obras teresianas (*Livro da Vida* e *Fundações*) a partir da categoria lacaniana do "desejo", cf.: VASSE, Denis. *L'Autre du désir et le Dieu de la foi; lire aujourd'hui Thérèse d'Avila*. Paris: Éditions du Seuil, 1991 – especialmente p. 153-169.

divergem entre si, mostrando argumentos para seguir adiante ou retroceder, Teresa exclama, solidária:

> Ó Jesus, que confusão estabelecem aqui os demônios, e como fica aflita a pobre alma, que não sabe se deve avançar ou voltar ao primeiro aposento![100]

Neste momento Teresa, por um lado, positivamente exorta a continuar com "grande determinação", comparando o castelo interior à casa cheia de bens para a qual retorna o filho pródigo.[101] Por outro lado, alerta para o realismo da cruz de Jesus: não há outras armas para lutar a não ser as armas da cruz.[102] O importante é fazer a vontade do Senhor e não querer que o Senhor logo faça a vontade da pessoa e a leve aonde ela imagina que será levada. Essa disposição é fundamental para dar solidez ao edifício da vida na graça à qual se é chamado.

A santa nos traça vários argumentos bíblicos que animam o cristão a seguir adiante no realismo da cruz de Jesus. Observemos seus argumentos.

Aos que resolvem assumir os sofrimentos exteriores com a condição de que Deus os console interiormente, Teresa diz que isto é "não saber o que se pede". Com essas palavras Teresa atualiza o texto mateano em que Jesus, em resposta à "mãe dos filhos de Zebedeu", pergunta se eles podem também beber o cálice que ele beberia. Ou seja, assim como Jesus reafirma para seus discípulos a necessidade da cruz para chegar à glória, também a santa recoloca a questão da vida espiritual não como caminho de deleites espirituais, mas de seguimento de Jesus em seu caminho de cruz. Com as palavras de Teresa, o importante é

> [...] trabalhar, determinar-se e dispor-se, com toda a diligência possível, a amoldar sua vontade à de Deus. [...] estai bem certas que nisso consiste a maior perfeição a que se pode chegar no caminho espiritual.[103]

---

[100] 2 M 4.
[101] Cf. 2 M 4.
[102] Cf. 2 M 6.
[103] 2 M 8.

Não ter isso em consideração é "errar no princípio".[104]

Aos que sofrem a tentação do desânimo e vontade de voltar atrás, Teresa recomenda procurar a paz "dentro da própria casa", como no Evangelho, enfrentando as dificuldades e confiando na misericórdia de Deus. "Paz, paz, minhas irmãs, disse o Senhor, e admoestou os Seus apóstolos tantas vezes", escreve Teresa, numa referência ao texto joanino.[105]

Aos que pensam que é preferível, então, permanecer fora do castelo, Teresa lembra que "quem anda no perigo nele perece", reportando-se ao Eclesiástico, embora colocando a frase na boca do Senhor.[106]

Aos que imaginam um autoconhecimento livre do confronto com as próprias limitações e misérias, Teresa lembra que isso é desatino. É preciso reconhecer a necessidade da misericórdia de Deus diante de nossas incapacidades. Relembra as palavras de Jesus, "ninguém subirá a meu Pai senão por mim" e "quem me vê a mim, vê a meu Pai."[107] Comentando a última frase de São João, reafirma a necessidade de olhar para Jesus como condição para conhecê-lo e trabalhar no seu serviço.

Por fim, fazendo eco a vários textos bíblicos, reafirma como é necessário conhecer Jesus para saber o que fazer, reafirmando a necessidade da oração:

> Praza a Sua Majestade dar-nos a entender o muito que lhe custamos e como o servo não é mais do que o Senhor. Que Ele nos mostre também que precisamos trabalhar para gozar de Sua glória; para isso, é necessário orar, a fim de não andar sempre em tentação.[108]

Resumindo, a segunda morada motiva a seguir na aventura do buscar e encontrar a Deus através de Jesus Cristo, de maneira realista, decidida e esperançosa.

---

[104] Ibidem.
[105] 2 M 9; cf. Jo 20,21.
[106] 2 M 11, cf. Eclo 3,27.
[107] Cf. Jo 14, 6 e 14, 9, respectivamente.
[108] 2 M 11; cf. Mt 10,24; Jo 15,20; Mt 26,41; Mc 14,28; Lc 22,46.

6.4. Terceira morada. Superar a falsa perfeição: a radicalidade do seguimento de Cristo

Radicalidade no seguimento é a graça cristológica a ser alcançada nas terceiras moradas.

Teresa atenta para o risco de se estagnar em certo estágio da vida espiritual. É uma realidade comum, segundo ela, vivida pelos que, ultrapassando a dura fase das lutas das primeiras e segundas moradas, julgam-se já perfeitos. São os que Teresa chama de "almas corretíssimas".[109] Exemplificando, diz que são os que têm grande desejo de não ofender a Deus, guardam-se até dos pecados veniais, gostam de fazer penitência e ter suas horas de recolhimento. Empregam bem o tempo, realizam obras de caridade para com o próximo, falam, vestem-se e governam a casa com correção. Entretanto, de tão corretas espantam-se com tudo, têm secura na oração e não avançam para outra morada.

Diante dessa situação, Teresa aponta para a radicalidade do Evangelho, que deve ser vivido com obras e com humildade. Não é suficiente manifestar o desejo de que o Senhor apodere-se totalmente do cristão apenas por palavras. São necessárias obras.

Para demonstrar a radicalidade do Evangelho Teresa se utiliza do texto do jovem a quem Jesus perguntou se queria ser perfeito.[110] Ora, assim como o jovem voltou as costas a Jesus e se afastou triste, assim também são os que consideram suas próprias obras suficientes, por serem muito corretas. Não levam o Evangelho até as suas últimas consequências. Dessa maneira, o Senhor, que concede o prêmio na proporção do amor, não da "correção", não pode ajudar a pessoa a evoluir na vida espiritual.

Há uma mudança na qualidade da vida espiritual quando as obras são realizadas sob a perspectiva do servo inútil (Lc 17,10), texto que Teresa evoca. Todos os cristãos são chamados às obras e, mesmo, obrigados a isso. Só a humildade e o desapego de tudo fazem com que o trabalho não seja mesquinho, medido e calculado, motivado por uma entrega relativa. Jesus, com o seu exemplo, dá-nos a medida do que devemos não apenas fazer, mas também esperar ao segui-lo: o serviço.

---

[109] 3 M 1, 5. Cf. 3 M 1, 7; 2, 7.13.
[110] Mt 19,16-22.

Por isso nenhuma acomodação é admissível. Não é por pertencer a uma ordem religiosa ou grupo,[111] ou por haver vencido as dificuldades iniciais, que o cristão pode sentir-se seguro. Teresa recolhe os exemplos bíblicos de Davi e Salomão, que foram muito santos, mas caíram.[112]

Aos que confiam na clausura e na penitência, afastados das coisas do mundo, afirma que não basta isso para que se adquira segurança de estar com Deus. Sugere que é imprescindível seguir meditando e levando à memória a frase do salmo: *Beatus vir qui timet Dominum.*[113]

Aos que confiam que a perfeição está em adquirir graças na oração, relembra que o prêmio será dado a quem melhor agir com justiça e verdade, numa reminiscência do Evangelho da samaritana.[114]

Aos que confiam que castigando o corpo com austeridade poderão caminhar mais depressa na vida espiritual, reitera: a penitência é relativa, caminha-se depressa para ver o Senhor apenas com uma grande humildade.

Na verdade, a única coisa a ser feita é aprofundar no seguimento de Jesus[115] até o fim, como fez o discípulo Tomé, de quem Teresa toma a expressão: "morramos Convosco".[116] Só a radicalidade traz liberdade verdadeira e o seguimento evangélico não pode ser outro senão o seguimento em radicalidade.

6.5. Sobre a ascética teresiana

Até às terceiras moradas, chamadas "moradas ascéticas", é ressaltado o esforço em se responder às exigências da graça. Segundo Teresa, é o modo humano de viver o Cristianismo. Podemos resumir os elementos fundamentais da ascética teresiana que apareceram até o momento.

---

[111] Cf. 3 M 1, 8.

[112] Cf. 3 M 1, 4.

[113] 3 M 1, 4: "Feliz o homem que teme o Senhor". A santa cita em latim.

[114] Cf. 3 M 2, 10.

[115] Esta expressão atual, "seguimento de Jesus", corresponde perfeitamente ao espírito de Santa Teresa, tal o conteúdo cristológico e dinâmico da relação entre a pessoa e Cristo. Teresa, em sua linguagem, fala de "imitar Cristo", "ter religião" ou "perfeição". Cf. SECUNDINO CASTRO, *Cristologia teresiana*, p. 91-92.

[116] 3 M 1, 2.

O primeiro elemento é a necessidade de se conhecer, mirar e meditar a vida de Jesus como orientação fundamental. Toda renúncia que constitui a ascese e dela é também consequência não visa prioritariamente à renúncia do próprio "eu", mas à conformação ao Cristo. A ascese possui um conteúdo positivo e não negativo.

Essa conformação a Cristo se faz de maneira vital, isto é, por um encontro pessoal com Cristo, no qual cada cristão refaz em si mesmo uma "história de salvação", libertadora e amorosa. Nessa história pessoal de salvação, os personagens dos Evangelhos são verdadeiros modelos e não devem ser desencarnados nem acomodados em seu sentido.

O Cristo, a quem o cristão se conforma, é o Cristo que morreu na cruz. Não há como conformar-se a ele sem as "armas da cruz". Assim, a ascese implica necessário sofrimento. Não um sofrimento provocado ou induzido pela própria pessoa, mas consequência da resistência, tanto interior quanto exterior, que o pecado coloca ao seguimento radical de Cristo. Por isso, o esforço doloroso e o sofrimento não são em vão, mas constituem uma purificação dessa resistência e estão orientados à alegria evangélica do seguimento de Jesus.

Só na humildade é possível perceber a realidade de pecado e resistência à vontade de Deus existente em nós. A humildade de Cristo é modelo de verdadeira humildade pela qual é possível reconhecer a vontade de Deus, em vez de exigir que Deus faça a vontade da criatura. Assim, não é castigando o corpo com austeridade que se caminha e se aperfeiçoa no seguimento de Cristo, mas sim adquirindo a humildade.

O verdadeiro crescimento na vida espiritual é medido na radicalidade do amor e do serviço até a morte com Cristo.

6.6. O recolhimento: a pessoa ungida pelo encontro místico com Jesus

A meditação constante da vida de Cristo e toda a oração ascética vão delineando na pessoa um modo de relacionar-se com Deus em que as suas faculdades e sentidos, habituados às coisas divinas, recolhem-se mais facilmente em Deus, que está dentro de si. Em *Caminho* encontramos uma descrição: "[...] a alma recolhe todas as faculdades e entra em si mesma com seu Deus".[117]

Teresa nunca limita o objeto da contemplação neste recolhimento, que pode se estender a toda a criação. Mas seu ponto de partida é, especial e preferencialmente, Jesus Cristo. Na mesma citação anterior temos a continuação:

> [...] seu divino Mestre vem ensiná-la [à alma em recolhimento] com mais brevidade e lhe dá a oração de quietude, de uma maneira que nenhum outro modo de oração propicia. Porque a alma, absorta em si mesma, pode pensar na Paixão, representar ali o Filho e oferecê-lo ao Pai, sem cansar o intelecto indo procurá-lo no Monte Calvário, no Horto ou na coluna.[118]

O encontro com Cristo vai ungindo as faculdades intelectuais e afetivas da pessoa, operando uma transformação no profundo de si mesma. Na oração de recolhimento essa unção produz uma percepção do que, nas moradas quartas, Teresa chama de contentamentos e ternuras. Os efeitos da transformação interior provocada pela pessoa de Cristo tornam-se sensivelmente perceptíveis através de lágrimas e alegria interior, com profunda ressonância psicológica.

A cristificação passa pela transformação real das faculdades e potências, afetos e sentidos, ou seja, opera uma transformação no profundo da pessoa.

6.7. Quarta morada. A irrupção das graças "sobrenaturais": o Pastor quer dar a entender que está com a pessoa e a chama

> Como estas moradas já se encontram mais perto de onde está o Rei, é grande a sua formosura [...][119]

---

[117] C 28, 4.
[118] Ibidem.
[119] 4 M 1, 2.

As quartas moradas marcam o início de uma série de fenômenos que Teresa denomina "sobrenaturais", que se sucederão até as sétimas moradas.

O termo "sobrenatural" é usado por ela em contraposição à ascética. Segundo Teresa, "sobrenatural" é "o que não podemos adquirir com nosso engenho e esforço, por mais que procuremos, embora possamos nos dispor a ele, o que é muito importante".[120] A autocomunicação de Deus é fonte de graças sobrenaturais que acorrem gratuitamente a quem ele escolher. A oração é um canal dessas graças, que provocarão evidente transformação da pessoa, com repercussão na globalidade de sua vida.

Aqui nos importa perceber o significado dos fenômenos extraordinários, para onde eles apontam, mais do que descrevê-los. Esta é a perspectiva da própria santa: ela chama a atenção para o sentido de sua experiência, para além do fenômeno. Pensamos, na linha do Concílio Vaticano II, que, pela experiência sobrenatural dos místicos, desvela-se o sentido da realidade sobrenatural (graça) em cada cristão e a vocação divina de toda pessoa humana (cf. GS 22). Assim sendo, Teresa testemunha misticamente o mistério da vida de Deus em Cristo na pessoa humana.

Voltemos, então, às moradas quartas. Segundo a metáfora teresiana do castelo interior, às vezes acontece de os sentidos e potências, que são os moradores do castelo, entrarem dentro do castelo ao ouvirem o silvo irresistível do bom Pastor. Na imagem bíblica do pastor revela-se a dimensão cristológica desta morada. Pois Cristo é aquele que chama a pessoa para que ela "conheça a sua voz" (Jo 10,4). Os sentidos, que estavam espalhados, são atraídos por uma força muito forte, mais forte que o chamado das outras coisas, e que procede do centro do castelo. Então o Pastor deixa que escutem sua voz, e essa voz infunde uma sabedoria transcendente, superior à que o entendimento pode adquirir sem esta graça. O entendimento se une com Deus que o enriquece com os seus dons: conselho, ciência e inteligência. Trata-se de um conhecimento do mistério de Cristo, que prepara a vontade para uma ação similar. Este modo de oração, concedida por Deus, é chamado "recolhimento infuso".

---

[120] R 5, 3.

À oração de recolhimento sucede a "oração de quietude", onde se recebem os "gostos" de Deus. Segundo Teresa, trata-se de uma experiência inesperada, de alegria e gozo, difícil de ser explicada. Aqui a vontade humana se encontra absorta no mistério de Deus. Em outra ocasião, em *Caminho*, Teresa descrevera que, nesta oração, sente-se um "enorme deleite no corpo e grande satisfação na alma", as faculdades estão "aquietadas", a vontade está "cativa", o intelecto "não gostaria de entender nenhuma outra coisa".[121]

Os efeitos desta oração são sensíveis e de transformação. A santa os descreve como "dilatação da alma". Por sua descrição, percebemos como nessa oração Teresa toca a realidade da graça de Cristo e a percebe em sua ação transformadora profunda, ficando unida a Deus mesmo em meio aos trabalhos.

6.8. Quinta morada. Morrer e renascer na união com Deus: "Esta casa [onde haveremos de morrer] é Cristo"

A experiência teresiana nas quintas moradas é a de que Deus sai ao encontro da alma para tê-la consigo em uma primeira experiência de união. A alma fica como que fora de si, sem sentidos. O ator ativo é unicamente Deus:

> Sua Majestade é quem vai nos introduzir, entrando também Ele no centro de nossa alma[122]
> Deus se fixa a Si mesmo no interior da alma de modo que [...] de nenhuma maneira pode duvidar que esteve em Deus e Deus nela.[123]

A pessoa, então, sente-se renovada, renascida, e como que de posse de uma nova natureza. As faculdades são de tal maneira transformadas que a pessoa percebe, por esse efeito, a presença de Deus, que fixa nela sua imagem, sabedoria e vontade.[124]

---

[121] C 31, 3.
[122] 5 M 1, 12.
[123] 5 M 1, 9.
[124] Cf. 5 M 1, 9.

Vários simbolismos são utilizados para explicar o sentido desta união com Deus, enquanto momento da oração e enquanto realidade de transformação: o bicho-da-seda, a adega do vinho, a cera maleável, o encontro dos namorados. Mas há uma advertência final: a união verdadeira com Deus se dá no amor concreto. Vejamos primeiramente os símbolos da união.

A união transformadora com Deus ganha, através do simbolismo do bicho-da-seda, um sentido de morte e renascimento propiciado por Deus, passando pelo esforço humano. Assim como a lagarta morre, transformando-se em uma linda borboleta, na oração de união o cristão renasce para uma vida nova.

A explicação da parábola nos revela o seu sentido explicitamente cristológico. Assim como o bicho-da-seda, para se transformar em borboleta, constrói o casulo, o cristão se transforma pela mediação de Cristo. As palavras de Teresa explicam melhor:

> [...] tendo, pois, se desenvolvido, [...] a lagarta começa a fabricar a seda e a edificar a casa onde há de morrer. Eu gostaria de explicar que essa casa é, para nós, Cristo.[125]

Teresa acrescenta, então, uma referência ao texto bíblico paulino, que lhe parece haver "lido ou ouvido" em algum lugar, afirmando que

> nossa vida está escondida em Cristo ou em Deus – o que é a mesma coisa – ou que nossa vida é Cristo.[126]

Lavrar a seda e edificar a casa, explica Teresa, não quer dizer que a pessoa vai se transformar prescindindo de Deus, mas sim que é possível trabalhar-se a si mesmo e que parte importante do processo de transformação é a pessoa quem faz, em liberdade,

---

[125] 5 M 2, 4.
[126] 5 M 2, 4.

[...] despojando-se do nosso amor-próprio e da nosa vontade, do apego a coisinhas da terra, fazendo obras de penitência, oração, mortificação, obediência e tudo o mais que sabeis.[127]

A esses "trabalhinhos" da pessoa unem-se a gratuidade e generosidade dos grandes trabalhos e sofrimentos do Senhor. É ele quem, por sua vida, morte e ressurreição, demonstrou o desejo de nos introduzir em si para nos transformar, e de fato o faz. Cristo fundamenta a confiança com que a pessoa se entrega neste processo de transformação. Por isso Teresa convida, enfaticamente, a trabalhar pela morte da "lagarta" que vive em nós.

A união com Cristo é também comparada à entrada na adega. Como no Livro Cântico dos Cânticos, o Senhor faz a esposa entrar na adega de seus vinhos.[128] A alma se sente embriagada pelo amor divino e aberta às disposições de Deus. Então, para que a alma já se conheça como pertencente a si, Deus dá a ela o que possui. E o que Deus possui é o que teve seu Filho. A alma entende, então, que sua única preocupação é fazer a vontade de Deus, sem medo dos sofrimentos que essa adesão possa trazer consigo. A pessoa sente que o verdadeiro sofrimento consiste em ofender a Deus e o amor torna-se mais forte e operante do que o medo.

Uma terceira comparação desta união: pela união, Deus grava na alma o selo divino.[129] A alma o recebe como a cera maleável: de sua parte só lhe cabe não oferecer resistência e se entregar confiante a Deus.

Para explicar a união com Cristo, é finalmente introduzida a alegoria do matrimônio espiritual. A união das quintas moradas corresponderia aos primeiros encontros com o Amado, momento que antecede o noivado e o casamento, segundo os costumes da sociedade espanhola do século XVI.[130] Trata-se do conhecimento mútuo e da primeira troca de presentes. Intui-se como o Esposo está disposto a escolher a esposa,

---

[127] 5 M 2, 6.
[128] Cf. 5 M 2, 12.
[129] Ibidem.
[130] Cf. nota explicativa a 5 M 4, 4, da edição que utilizamos.

a alma, para uma missão: velar por sua honra. Ele se dispõe, doando-se, para que a pessoa se disponha a segui-lo com radicalidade.[131]

Enfim, é a união com Deus um momento de encontro, em que as potências e faculdades ficam como que cativas e absortas por sua presença. Essa união fica impressa na alma como um selo, uma "ferida", uma "chama de amor". Inicia-se, então, uma vida nova, renascida, em que toda a pessoa (faculdades e sentidos) busca a vontade de Deus. Nesta união, a mediação é Cristo. Ele é a "casa em que morremos", usando a comparação do casulo, no qual morre o bicho-da-seda para transformar-se numa linda borboleta branca.

6.9. A verdadeira união com Deus é o amor ao próximo: o pequeno tratado sobre o amor de 5 M 3, 7-12

Finalmente, Teresa considera outra maneira de união a Deus: a práxis do amor ao próximo. Nas quintas moradas, encontramos um pequeno e substancioso tratado sobre o amor concreto. Teresa deixa claro que a verdadeira união com Deus não passa necessariamente por experiências "tão sobrenaturais",[132] pois o que o Senhor tinha de dar ele já o fez, que foi a entrega do seu Filho como caminho.[133]

Verdadeiramente imprescindível é esforçar-se para fazer a vontade de Deus, e não a própria. Em outras palavras, a reconformação interior da vontade: ter a vontade atada à de Deus. É preciso, de toda maneira, que a "lagarta" morra, pelo esforço de não fazer a vontade própria.[134] Tal esforço se dá em vista da perfeição do amor ao próximo, sendo necessário "forçar" a vontade, esquecer o próprio bem, trabalhar aliviando o trabalho do próximo.[135] Tudo isso significa um alto preço, como aquele que pagou o Senhor para livrar-nos da morte. Em sua linguagem alegórica, afirma que não matar a lagarta é deixar que ela corroa

---

[131] Cf. 5 M 4, 4.
[132] 5 M 3, 3.
[133] Cf. 5 M 3, 7.
[134] Cf. 5 M 3, 5.
[135] Cf. 5 M 3, 12.

as virtudes com o amor próprio, o julgamento do próximo, a falta de amor, o amor ao próximo menor que o amor a si mesmo.[136]

Enfim, o importante é apenas seguir o que o Senhor pediu: amar a Deus e ao próximo. Isto é, fazer sua vontade por obras. Nisto se há de trabalhar e assim a alma estará unida a ele. É a mesma união com o Pai pelo Filho que encontramos no Evangelho de João (17,22). O amor ao próximo é o sinal do amor verdadeiro a Deus, a verdadeira união com sua vontade.[137] Há pessoas que vão pelo caminho sobrenatural; outras trilham o caminho do amor "só para servir a seu Cristo crucificado", sem consolações espirituais e sem pedir graças extraordinárias, ao contrário, suplicando não ter este tipo de graça sobrenatural e consolações nesta vida.[138]

Teresa voltará ao tema do amor concreto nas sétimas moradas, lugar culminante da cristificação, isto é, da transformação que leva a ter os "mesmos sentimentos de Cristo". O "matrimônio espiritual", como veremos, será marcado pelo imperativo do serviço ao próximo.

6.10. Sexta morada. Jesus Cristo é o desejo e o sentido da pessoa humana

As moradas sextas descrevem os fenômenos extraordinários pelos quais o Senhor se comunica. "Tão grande Deus" se relaciona com "uns vermezinhos asquerosos como nós", como dissera nossa autora nas primeiras moradas.[139] As moradas sextas correspondem, no simbolismo matrimonial, ao noivado de Deus com a alma que agora, como noiva, foi preparada pelo Senhor para este momento.

Assinalaremos alguns significados dessas moradas para a transformação em Cristo, ou cristificação.

O primeiro significado é a purificação dos sentidos e faculdades, acontecimento que capacita para um encontro verdadeiro com o

---

[136] Cf. 5 M 3, 6.
[137] Cf. 5 M 3, 8.11.
[138] Cf. 4 M 2, 9. Citação do mesmo texto.
[139] 1 M 1, 3.

Cristo. Ao mesmo tempo, ocorre uma alegria indizível que revela sua proximidade:

> E Sua Majestade, conhecedor da nossa fraqueza, vai capacitando-a com essas e muitas outras coisas, a fim de que ela tenha ânimo para unir-se a tão grande Senhor e tomá-Lo por Esposo.[140]

Durante os fenômenos místicos, os sentidos e as faculdades estão aparentemente mortos.[141] Só aparentemente. A pessoa percebe tudo o que se passa, pois a alma nunca esteve "tão desperta para as coisas de Deus, nem com tão grande luz e conhecimento de Sua Majestade".[142] Dessa forma, os fenômenos extraordinários vão ajudando a pessoa a perceber todas as coisas numa perspectiva sobrenatural, teologal, enfim mística.

O segundo significado que queremos ressaltar é a percepção do Deus bíblico como força irresistível que engaja a pessoa inteira ao seu serviço. Teresa, consciente do extraordinário que vive, busca nas Escrituras palavras para expressar-se. Recorre aos grandes personagens e eventos do Antigo e do Novo Testamento para explicar o encontro com Deus nessas moradas e os transforma em tipos da experiência teresiana.

Dentro desse procedimento, encontramos Moisés como o homem favorecido pela revelação dos "grandes segredos de Deus" e os grandes eventos de passagem do povo de Israel pelo mar e pelo Jordão como revelação do poder de Javé.[143]

---

[140] 6 M 4, 1.

[141] Teresa recorre ao Livro de Josué para ilustrar o poder de Deus que suspende as faculdades: "[...] el que pudo hacer parar el sol, por petición de Josué creo era, puede hacer parar las potencias y todo el interior" (6 M 3, 18).

[142] 6 M 4, 4.

[143] Cf. 6 M 4, 7.15. Nestas moradas temos ainda as seguintes tipologias: Jonas (Jn 1-4): 6 M 3, 4; fariseus que ouvem mas não creem, mostrando que o importante não é escutar o Senhor, mas seguir suas palavras: 6 M 3, 4; Josué (Js 10,12-13): 6 M 3, 18; Jacó e a escada (Gn 28,12): 6 M 4, 6; o cego curado (Jo 9,6-7): 6 M 4, 11; exploradores da terra prometida (Nm 13,18-24): 6 M 5, 9; o filho pródigo (Lc 15,22): 6 M 6, 10; Pedro perdoado: 6 M 7, 4; Madalena perdoada: 6 M 7, 4; o profeta Elias (1Rs 18): 6 M 7, 8; a Esposa do *Cântico* (Ct 3,3): 6 M 7, 9; Paulo em Damasco (At 9,3): 6 M 9, 10; Saul (1Rs 15,10-11): 6 M 9, 15; Filhos de Zebedeu (Mt 20,20-22): 6 M 9, 15; 11, 11; A samaritana (Jo 4): 6 M 11, 5; Madalena como tipo de pecadora que se converte e como mulher decidida a seguir o Senhor pelo caminho da paixão. É o personagem com quem Teresa mais se identifica (Lc 7,44-47): 6 M 11, 11; 7 M 4, 13. Cf. Castellano CER-

Assim como o Senhor, com seu grande poder, pôde fazer recuar o vasto oceano e o grande Jordão, a fim de que os filhos de Israel passassem a pé enxuto, também o Senhor pode estender o seu braço sobre a pequena borboletinha branca, a pessoa renascida em Cristo, para que se liberte e possa voar bem alto e, robustecida pela fortaleza de Deus, ser capaz de servi-lo muito, afrontando qualquer sofrimento para que, através dela, outras pessoas possam conhecer, amar e louvar a Deus.[144]

O terceiro significado é que a pessoa é revelada a si mesma como desejo de encontro com Cristo. Uma dessas graças é a percepção de escutar o Cristo, com grande certeza de que as palavras escutadas não são frutos da imaginação. São palavras que fazem crescer a centelha que se encontra no fundo da alma, abrasando-a por completo. A alma, então, sente que renasce, como outra fênix.

Sucedem-se também visões cristológicas. A "visão intelectual" consiste em sentir a pessoa de Jesus Cristo junto de si, caminhando ao seu lado. A percepção é nítida e pode durar vários dias e até, segundo a experiência da santa, "mais de um ano". A presença de Cristo, percebida misticamente, opera transformações profundas na pessoa, levando-a a ter sempre o pensamento em Deus e fazer o que lhe agrada.[145]

As "visões imaginativas" consistem, na experiência da santa, em que o Senhor mostra claramente sua "sagrada Humanidade" como no tempo em que andava no mundo ou depois de ressuscitado. Essa imagem, rápida como um relâmpago, é "gloriosíssima" e fica impressa na imaginação, impossível de ser apagada, até o dia em que se possa eternamente regozijar com ela.[146] Tocada por essa graça, a pessoa vive as virtudes com maior perfeição e só pensa em retribuir a graça com novos serviços. Servir, sempre com maiores serviços, não é motivado pelo desejo de receber recompensas – servir é a consequência dos impulsos do amor.[147]

VERA, *Introducción al estudio...*, p. 38-39. LLAMAS, Román. Santa Teresa y su experiencia de la Sagrada Escritura. *Teresianum* 33 (1982) 447-513.

[144] Cf. 6 M 6, 4.

[145] Cf. 6 M 8, 3-4.

[146] Cf. 6 M 9, 3.

[147] Cf. 6 M 9, 16-18.

Podemos imaginar que este poder da graça mística dispensa o assentimento humano. Engano. O ritmo ascético das moradas místicas, ao contrário, intensifica-se. O favor de Deus deve ser correspondido para se formar o verdadeiro servo de Deus. Esta necessidade de resposta a Deus é o que Teresa explicita no capítulo oitavo: "Esses favores, *quando correspondidos*, ajudam a alma a tornar-se grande serva de Deus".[148]

Essas graças cristológicas vão reafirmando, de maneira ascendente, a necessidade da presença de Cristo para a vida espiritual. A própria santa nos dá o sentido das graças místicas:

> Para que vejais mais claramente, irmãs, que é verdade o que eu vos disse – e que quanto mais adiantada está a alma, tanto mais se faz acompanhar desse bom Jesus –, será bom dizermos que, quando Sua Majestade assim o quer, não podemos andar senão com Ele. Isso se manifesta com nitidez pelas maneiras e modos pelos quais Sua Majestade se comunica conosco e nos mostra o amor que tem por nós, usando para isso de aparições e visões extremamente admiráveis.[149]

Por essas graças extraordinárias vemos uma progressiva purificação de cada recanto da vida ordinária. Pela presença de Cristo a pessoa como que reaprende a olhar a vida, a lembrar-se das coisas, a compreendê-las, a querê-las, a senti-las, a atuar sobre elas. Teresa nos mostra que não há detalhe na existência humana que não seja atravessado pela presença renovadora do amor de Cristo. Um teresianista escreveu que "todo este acúmulo de experiências cristológicas tem por finalidade ir apagando da alma as marcas do pecado, fazendo com que a imagem de Jesus Cristo, que se encontra no mais íntimo do espírito, vá se desenhando com mais nitidez e clareza. Ao mesmo tempo que esta imagem vai aflorando, as raízes do pecado original e dos pecados pessoais vão-se enfraquecendo e morrendo".[150] Teresa testemunha como a "justificação" é uma realidade intrínseca e transformante.

---

[148] 6 M 8, 10. Itálico nosso.
[149] 6 M 8, 1. Itálico nosso.
[150] SECUNDINO CASTRO, *Cristologia teresiana*, p. 117 (tradução nossa).

A ação da graça e seus efeitos revelam-se como força irresistível, à qual a vontade humana aquiesce pela persuasão do amor. O amor de Cristo possui imensa capacidade de engajar para sua direção todo o ser que se encontra no raio de seu dinamismo. Cristo se revela como aquele em direção ao qual a pessoa caminha – a graça a conduz ao encontro daquele que ela deseja no profundo de si. Essa atração é determinada por uma relação vital do cristão com a pessoa do Cristo, que participa da vida de Jesus Cristo. O que Teresa misticamente percebeu – a presença de Cristo sempre junto de si – não é mais do que a realidade cristã mais legítima, explicitada nos Evangelhos: a presença e atuação salvífica de Cristo ressuscitado no mundo, nas pessoas e na Igreja.

Essa realidade profunda da pessoa, ligada a Cristo, estará ainda mais clara nas sétimas moradas.

6.11. Sétima morada. O matrimônio espiritual: "É Cristo que vive em mim"

Nas moradas sétimas, a presença de Cristo no interior da alma, que veio se desenhando desde as primeiras moradas, revela-se claramente. Aqui não se fala de desmaios, nem de êxtases ou arroubos, pois as faculdades reencontram novo equilíbro, adquirido nas purificações das moradas precedentes.

Teresa, com sua linguagem bíblica, distingue entre esta morada e as outras moradas místicas que a precedem utilizando-se do processo de conversão de São Paulo: na conversão do Apóstolo, o Senhor o impediu de conhecer a graça que lhe fazia – sua alma ficou cega e muda. Assim também acontece nas demais moradas, as faculdades se perdem e a alma regozija-se apenas por saber-se perto de Deus. Nas sétimas moradas, ao contrário, Deus tira as escamas dos olhos para que se veja e entenda ao menos parte da graça que lhe faz.[151]

---

[151] Cf. 7 M 1, 5-6.

Aqui, nas moradas sétimas, dá-se o "matrimônio espiritual": a transformação da alma em Cristo.[152]

Este matrimônio possui seu ritual. Na narrativa, Teresa prepara o leitor para introduzi-lo no conhecimento da grande teofania que vai anunciar. Faz uma longa oração, criando um clima de suspense, à maneira dos momentos de suspense do Livro do Apocalipse quando anuncia uma grande revelação. Nessa oração, proclama as insondáveis maravilhas de Deus e sua misericórdia ao querer tanto comunicar-se com suas criaturas. Em seguida, fala da tentação que tivera de não escrever sua experiência. Por fim, decide contá-la, mesmo que o mundo inteiro grite contra a autora que o faz, pois o importante é que se louve e conheça mais ao Deus que vive e viverá para sempre.

A alma é introduzida na sétima morada. E lá encontra, por visão intelectual, a Trindade. "Dessa maneira, o que acreditamos por fé é entendido ali pela alma por vista [...]".[153] Por "notícia admirável" se entende que as Três Pessoas são "uma substância e um poder e um saber e um só Deus". Esse entendimento é inequívoco: percebe-se "nitidamente"[154] que a Trindade se encontra no fundo da alma. Deus comunica a sua presença "claramente", embora não de maneira tão perfeita, pois do contrário "a alma não poderia ocupar-se de qualquer outra coisa, nem mesmo viver com as demais pessoas".[155]

Teresa vincula essa visão trinitária à pessoa de Jesus. Explicita-a com as palavras de São João, citadas por ela livremente:

> Elas [as Pessoas divinas] lhe dão a entender as palavras do Senhor que estão no Evangelho: que viria Ele, com o Pai e o Espírito Santo, para morar na alma que O ama e segue Seus mandamentos.

Teresa revela, nessa explicitação, como sua compreensão desse mistério se dá em conformidade com os ensinamentos de Cristo no seu Evangelho. Essa visão da Trindade dispõe a alma para coisas elevadas,

---

[152] Trata-se de uma transformação espiritual, produzida pelo amor e gratuita; não uma transformação substancial e necessária, o que significaria um panteísmo.

[153] 7 M 1, 6.

[154] 7 M 1, 7.

[155] 7 M 1, 9.

e as três Pessoas se tornam, então, presença conscientemente constante no espírito.

A revelação trinitária é o ápice das revelações iniciadas nas moradas precedentes. Essa visão, finalmente, sacia o desejo de Deus que a alma sentia.

No contexto da visão trinitária acontece algo inesperado – a graça do matrimônio espiritual. Teresa vê, por visão imaginária, a "sagrada Humanidade". Percebe, com clareza, que Jesus Cristo está no centro de sua alma e que ali, nesse "abismo íntimo", realiza-se o matrimônio de Cristo com a alma. Nessa visão, que é muito bela, Cristo lhe aparece ressuscitado, logo depois da comunhão, dada por São João da Cruz.[156] Assim descreve Teresa as palavras do desponsório: "[...] lhe disse que já era tempo de tomar como seus os interesses divinos, enquanto Ele cuidaria dos interesses dela".[157]

Teresa está apta, agora, a "cuidar das coisas de Cristo". Descreve que essa misteriosa união, que se dá no matrimônio espiritual, ocorre sem intervenção ativa das potências, tal como se deu com os apóstolos, aos quais apareceu para dizer: *Pax Vobis*.[158]

Buscando comparações para exprimir o matrimônio que une a alma a Cristo naquele abismo íntimo, diz:

> [...] é como se caísse água do céu sobre um rio ou uma fonte, confundindo-se então todas as águas. Já não se sabe o que é água do rio ou água que caiu do céu. [...] ou como se num aposento houvesse duas janelas por onde entrasse muita luz; penetra dividida no recinto, mas se torna uma só luz.[159]

Biblicamente, Teresa descreve o matrimônio com palavras de São Paulo: "Mas quem adere ao Senhor torna-se com ele um só espírito", e

---

[156] Cf. R 35.

[157] 7 M 2, 1. Em R 35 relata a mesma graça, com estas palavras: "[...] o Senhor me foi representado numa visão imaginária [...] bem no meu íntimo; dando-me Sua mão direita, disse-me: 'Olha este prego, que é sinal de que será Minha esposa de hoje em diante [...] minha honra é tua, e a tua, Minha".

[158] Cf. 7 M 2, 3. A santa cita em latim.

[159] 7 M 2, 4.

a passagem de Filipenses, que a santa cita em latim: "[...] mihi vivere Christus est, mori lucrum".[160]

E, voltando ao símbolo da borboleta branca das moradas quintas, diz que ela morre com imensa felicidade, porque sua vida já é Cristo. A morte da borboleta pode ser interpretada como a morte do desejo sempre insaciado de estar com Cristo; esse desejo imagina ser a morte física o limiar de tal encontro. O desejo de morte era o último desejo teresiano ainda não configurado à vontade de Deus.[161] No matrimônio espiritual, a tensão *parusia-diaconia* se rompe, em favor da última.[162] Morrendo aquela borboleta, fica a vida em Cristo – a vida torna-se Cristo e perfeita diaconia.

Em todo este processo, percebemos que a cristificação da pessoa se dá a partir de dentro, quando a graça de Cristo toca os seus centros mais vitais. Há um abandono sucessivo do pecado, da dispersão, do egocentrismo e de tudo o que não contribui para a construção do Reino. A força do pecado vai se enfraquecendo à medida da proximidade com Cristo e da entrega pessoal ao amor que ele oferece. Todas as faculdades, sentidos, capacidades e sentimentos vão sendo dinamizados e ativados no sentido de seguirem e assimilarem os sentimentos de Cristo, até que ele chegue a ser a vida da própria alma:

> [...] assim também se entende com clareza que há no interior da alma Alguém que lança essas setas e dá vida a essa vida. Um sol de onde provém uma grande luz, enviada do interior da alma às faculdades.[163]

---

[160] Cf. 7 M 2, 5. As citações bíblicas são de 1Cor 6,17 e Fl 1,21.

[161] MAS ARRONDO (*Teresa de Jesús en el matrimonio espiritual*, p. 411-415) interpreta a morte da borboleta como morte do desejo de Deus. Pensamos que é mais a morte do desejo de morte.

[162] Cf. ALVAREZ, Jesucristo en la experiencia de Santa Teresa, p. 29-36.

[163] 7 M 2, 6.

Capítulo 8

A experiência do Pai:
um caminho de redescoberta de Deus

Introdução

Já dissemos que Teresa refaz a sua noção sobre Deus. Realizou um processo no qual passa de uma "doutrina comum" sobre Deus a uma verdadeira experiência de Deus amor e comunhão, comprometido com a humanidade e com o mundo. À medida que Teresa penetra no mistério da relação entre o Pai e o Filho, no Espírito, descobre a realidade profunda de ser filha no Filho, com suas consequências. A filiação é uma experiência que amadurece.

Neste capítulo veremos:

- a experiência de Teresa em sua relação com o Pai, através do principal livro em que essa transparece, o *Caminho de Perfeição*, no comentário à oração do Pai-Nosso;
- como a consciência do dom da filiação provoca reverência e também crise, por ser uma mudança de mentalidade, um rompimento da noção comum de Deus;
- o significado de aprender a ser filha;
- como o matrimônio espiritual com Cristo é como selo da filiação, com um ineludível compromisso ético;
- como Teresa chega à visão de Deus como "escravo" da humanidade.

1. Pai-Nosso

Em *Caminho de Perfeição*, em suas duas redações, encontramos, de maneira mais explicitada, a relação de Teresa com o Pai. Capítulos privilegiados são aqueles dedicados ao comentário da oração do Pai-Nosso, o *Paternoster*.[1] Comecemos com o comentário da primeira frase dessa oração, "Pai nosso".

1.1. O dom da filiação, compromisso de Deus com a humanidade

A primeira frase do *Paternoster*, "Pai nosso", traz a notícia nuclear da espiritualidade cristã e o aspecto fundamental do mistério de Deus revelado em Cristo: a filiação divina. Por ela, somos participantes e herdeiros da vida divina, com Cristo.[2] O Filho de Deus, humilhando-se, junta-se a nós, faz-nos irmãos e filhos de Deus.

Teresa tem plena consciência do dom inigualável da filiação, que é, em suas palavras, "tudo o que se pode dar", da parte de Cristo, e tudo o que se pode receber, da nossa parte. Por isso o seu comentário à primeira frase do Pai-Nosso se reveste de verdadeiro espanto. Dirige-se ao Filho com sua habitual familiaridade: "[...] como ainda nos dais, em nome do Vosso Pai, tudo o que se pode dar, obrigando-O a nos ter por filhos?".[3]

Em seguida, respaldada pela passagem lucana do filho pródigo e pela afirmação do mesmo Evangelho de que a Palavra de Deus não pode faltar,[4] lembra o realismo e atualidade dessa filiação, afirmando que o Pai, sendo tal, há de perdoar, consolar e sustentar os seus filhos. Deparando com a realidade pecadora da paternidade humana, acrescenta que o Pai será "melhor que todos os pais do mundo". Por fim, acrescenta que "[...] depois de tudo isso, fará de nós participantes e herdeiros do

---

[1] No códice de El Escorial, o comentário ao *Paternoster* corresponde aos capítulos 44 a 73; no códice de Valladolid, do cap. 27 em diante. O primeiro códice, infelizmente, não conta com nenhuma tradução contínua entre as edições brasileiras.

[2] Cf. CASTELLANO CERVERA, Jesús. *Guiones de doctrina teresiana*. Castellón: Centro de Espiritualidade Santa Teresa, 1981. p. 65.

[3] C 27, 2.

[4] Cf. Lc 24,35 e 15,20.

Seu reino Convosco", aludindo ao texto paulino fundamental relativo à filiação divina, a Carta aos Romanos.[5]

A filiação divina é, assim, realidade e promessa, presente e dom escatológico que vinculam de maneira irrevogável o Filho, o Espírito, a humanidade e o Pai.[6]

O Pai é nosso Pai por desejo, por vontade, pois Jesus é "uma coisa com o Pai", e a vontade deles não diverge.[7] Dessa forma o Pai, embora não esteja "vestido de terra", ou seja, não tendo tomado nossa natureza, do mesmo modo ele se compromete com o destino da humanidade através do Filho. Teresa se assombra com o fato de Jesus não deixar seu Pai "livre" desta relação com a humanidade, com a afirmação de que ele é "nosso".[8]

A vinculação de Deus conosco, por vontade gratuita do Pai, arranca uma exclamação de nossa autora, que constata a profunda conexão do agir do Pai com o agir do Filho, que voltamos a citar: "Ó Senhor meu, como pareceis Pai de tal Filho, e vosso Filho parece filho de tal Pai!".[9]

A consequência ética da filiação é imediatamente constatada por ela: a igualdade fundamental entre todos, a começar entre as pessoas que compunham o pequeno grupo eclesial ao qual Teresa dirige prioritariamente seu escrito: "[...] todas devem ser iguais".[10] O dom da filiação tornou possível que Pedro, um pescador, tivesse mais autoridade no "colégio de Cristo" que os outros, pelo motivo unicamente da vontade de Deus.

O alcance sociológico dessa igualdade fundamental é evidente, tomando-se o contexto teresiano, de demarcadas fronteiras entre os estamentos sociais: rei, nobreza (grandes, cavaleiros, fidalgos), clero (alto e baixo), burguesia, milícia, camponeses e marginalizados. As mesmas fronteiras delimitavam e separavam grupos inteiros, como os cristãos velhos dos cristãos novos, estes últimos "contaminados" por sangue

---

[5] Cf. Rm 8,14-17. As citações são de C 27, 2.
[6] "Entre tal Hijo y tal Padre forzado ha de estar el Espíritu Santo..." (C 27, 7).
[7] Cf. C 27, 4, que alude a Jo 10,30.
[8] Cf. C 27, 3.
[9] C 27, 1.
[10] C 27, 6.

mouro ou judeu. Num contexto em que a origem social do pai estabelecia os critérios e escalas de honras devidas, a Fundadora estabelece como forma de contestação social a igualdade entre os irmãos, baseada na filiação divina.[11]

1.2. O Pai está dentro de nós

O contexto da leitura espiritual do Pai-Nosso, que Teresa realiza, leva-a à associação do universo simbólico do Reino e do Rei, do céu e do Pai. Ao afirmar que este Rei desejou ser nosso Pai, Teresa intui que Deus soberano é, ao mesmo tempo, solidário com seus filhos, unindo a transcendência à proximidade pelo Filho.[12]

O Reino de Deus acontece na oração, afirma Teresa, ao associá-lo à oração de quietude. Ele vem a nós porque o Rei habita o nosso interior, está presente na pessoa humana. Tal experiência é expressa, como nos momentos importantes da redação de suas obras, através da autoridade de Santo Agostinho: "Vede que Santo Agostinho falou que O procurou em muitos lugares e só veio a encontrá-Lo dentro de si mesmo".[13]

O céu, onde se encontra o Pai, e onde se instala o Reino, é a alma humana, por isso "[...] sem vos cansardes para procurar esse santo Pai a quem pedia, O achareis dentro de vós".[14]

Uma exclamação, certamente posterior à redação de *Caminho*, mostra como Teresa vai confirmando misticamente essa presença do Pai dentro de si e se dirige a ele com naturalidade, confiança e abandono, demonstrados não apenas pelo conteúdo de suas palavras, mas também pelo gênero literário com que escreve, isento de qualquer preocupação doutrinal:

---

[11] Cf. EGIDO, Teófanes. Ambiente histórico. In: BARRIENTOS, Alberto (dir.). *Introducción a la lectura de Santa Teresa*. Madrid: Editorial de Espiritualidad, 1978. p. 43-104 – especialmente a parte relativa à contestação social de Santa Teresa, p. 69-87.

[12] C 28, 1.

[13] C 28, 2.

[14] C 29, nota 6. Dessa maneira Teresa já prepara a metáfora da alma como palácio e castelo, de grandíssimo preço, um edifício de ouro e pedras preciosas, que será desenvolvida na sua obra *Castelo Interior*.

Para que eu disse isso, meu Deus? A quem me queixo? Quem me ouve senão Vós, Pai e Criador meu? Pois, para entenderdes o meu sofrer, que necessidade tenho de falar, se vejo tão claramente que estais dentro de mim?[15]

1.3. O Pai nunca se cansa de dar-se a nós

O Pai habita a alma humana e, como pai, deseja estar conosco e deseja dar-nos o que pedimos. Uma das características do Pai reforçadas por Teresa, a partir da sua experiência mística de união com Deus, é o seu desejo de doar-se, dar-se a nós. Tal movimento de doação é permanente e incansável, "[...] Sua Majestade nunca se cansa de dar".[16]

Ao doar-se, doa o seu amor. O dom do Pai é o amor. Em uma de suas visões trinitárias, posterior à redação de *Caminho*, Teresa expressa como o seu conhecimento interno de Deus a fez crescer na caridade.[17]

Enfim, o Pai é incansável e desejoso em doar-se às criaturas. Ele é manancial inesgotável de amor e querer amar.

2. As orações ao Pai Eterno

As orações ao Pai constituem, junto com o comentário ao Pai-Nosso, fonte privilegiada da relação de Teresa com o Pai. Três orações impressionam de maneira especial os leitores, pela maneira com que Teresa se dirige, como sacerdotisa, diretamente ao Pai Eterno.

Nas orações ao Pai Eterno, Teresa pede em favor do Cristo, identificado com a Igreja impotente, pecadora e em crise.[18] Em todas, demonstra grande ousadia na relação com o Pai, demonstrando que sua experiência pessoal da filiação traz a intimidade do amor. Exortará suas

---

[15] Excl 1, 3. Itálico nosso.
[16] C 32, 12.
[17] Cf. R 16, 1.
[18] A crise a que Teresa se refere é a questão luterana, especificamente o crescimento dos huguenotes na França (C 1, 2). As informações que chegam a Teresa são bastante parciais e imprecisas. A Igreja é por ela comparada a uma nau em plena tempestade, que corre o risco de perecer.

leitoras a falarem a Deus como a um Pai: "[...] falar-Lhe como a um pai, pedir-Lhe como a um pai, contar seus sofrimentos e pedir alívio para ele".[19]

Estas orações são precedidas da expressão "Ó Pai Eterno!". A exclamação teresiana: "Ó!" delata o estupor contemplativo diante do mistério; em sua maneira de dizer, "espanto", que é comunicado em forma de oração. O leitor se vê, assim, diante da intimidade de Teresa, saída da zona de fogo da experiência mística, que é comunicada carregada de emoção, estupor, admiração e, desse modo, compartilhada com todos os leitores.[20] Por esse motivo, essas perícopes exclamativas são objeto de especial cuidado ao olhar investigativo.

Em todas as orações, o Filho é descrito como "mansíssimo Cordeiro", recordando a imagem do servo humilhado cantado por Isaías e reinterpretada por Pedro, para quem o servo humilhado é comparado ao cordeiro conduzido ao matadouro e que não abre a boca.[21] Teresa se depara diante desse mistério terrível e louco do amor que não se impõe e que, em seu silêncio, provoca o amor e convoca ao seguimento. Na obra teresiana, um dos textos mais significativos que revelam essa determinação ao seguimento de Jesus, que engaja o coração, é fruto da contemplação de Jesus em seu silêncio e abandono pelo Pai, solidário à dor humana: "Marchemos juntos, Senhor; por onde fordes, terei de ir; por onde passardes, terei de passar".[22] Esse amor impele à atitude sacerdotal e profética de pedir pela Igreja ao Pai, como Deus de misericórdia e poder, como veremos a seguir.

---

[19] C 28, 2.
[20] Cf. ALVAREZ, T. Admiración, estupor, espantar(se): gesto filosófico primordial en Teresa". In: *Estudios Teresianos*. Burgos: Monte Carmelo, 1996. v. III, p. 313-332 – especialmente p. 331.
[21] Cf. Is 53,7 e 1Pd 2,19.22-25.
[22] C 26, 6.

2.1. Teresa se dirige a Cristo e ao Pai Eterno como sacerdotisa e feminista

A primeira oração ao Pai Eterno[23] é precedida de uma oração dirigida ao Cristo que se tornou famosa por seu conteúdo fortemente contestador e feminista.

O teor crítico dessa oração introdutória, em que os homens da Igreja são chamados "juízes deste mundo" e na qual Teresa declara que as mulheres são impedidas de falar em público, foi objeto de uma dura censura do primeiro leitor da obra, fazendo com que apenas no século XIX, quando da edição fac-símile de *Caminho* segundo o códice de El Escorial, o texto tenha sido conhecido pelo público.

As palavras de Teresa provocaram grande susto em seu primeiro leitor, o dominicano Padre Garcia de Toledo. O texto foi censurado com fortes riscos horizontais e em forma de *m* que impossibilitavam a leitura desta passagem até mesmo com técnicas avançadas. A oração não passou à segunda redação de *Caminho* e a nenhum dos três manuscritos da primeira redação, todos eles revisados e corrigidos pela própria santa. O texto viu a luz apenas com a edição fac-símile, em 1833. O editor decifrou-o cuidadosamente quase por inteiro, por detrás dos fortes riscos.[24]

Trata-se de uma oração explosiva e exclamativa, da qual se deduz um contexto de preconceitos e suspeitas dos homens com relação às mulheres, que limitavam as suas possibilidades de oração e de ação na Igreja. Até mesmo o direito de dirigir-se ao Cristo ou ao Pai Eterno parecia-lhes cerceado. Entrevê-se uma situação de "encurralamento" pelo mundo e "amordaçamento" para falar em público; temor e disposição a julgar negativamente toda "virtude de mulher". Trata-se de uma oração que ao mesmo tempo denuncia os "juízes deste mundo [...] filhos de Adão e enfim todos homens", comparados ao Cristo, "juíz justo".

---

[23] Cf. C 3, 8.
[24] Cf. ALVAREZ, T. Santa Teresa y las mujeres en la Iglesia: *Camino* 3. In: *Estudios Teresianos*. Burgos: Monte Carmelo, 1996. v. III, p. 491-504. O editor se chama F. Herrero Bayona, de Valladolid.

O texto é um testemunho vivo da situação a que eram submetidas as mulheres.

Por outro lado, Teresa se dirige ao Cristo na certeza de ser ouvida por ele, baseada em sua prática em relação às mulheres. Ao ver o pleno reconhecimento das mulheres que Jesus realiza, nascem a confiança em Cristo e a corresponsabilidade na Igreja em crise. Transcrevemos toda a oração:

> Quando andáveis pelo mundo, Senhor, não desprezastes as mulheres; ao contrário, sempre as favorecestes com piedade e encontrastes nelas muito amor e mais fé que nos homens, pois estava vossa santíssima mãe... Não basta, Senhor, que o mundo nos traga *encurraladas e incapazes*, para que não façamos nada por Vós que seja válido em público, *nem ousemos falar algumas verdades que choramos em segredo?* Não haveríeis Vós de ouvir petição tão justa? Não creio, *Senhor de bondade e justiça*, pois *sois justo juiz*, e não como os *juízes do mundo*, que como são filhos de Adão e, enfim, *todos varões, não há virtude de mulher que não tenham por suspeita.* Sim, algum dia haverá, meu Rei, que tudo se conheça. Não falo por mim, pois o mundo já conheceu a minha ruindade, e eu folgado que seja pública, mas porque vejo os tempos de tal maneira que *não há razão para desprezar ânimos virtuosos e fortes, mesmo que sejam de mulheres.*[25]

Convencida da importância de sua oração, baseada na prática de Jesus, Teresa, tendo antes se dirigido a Cristo, dirige-se agora confiante ao Pai Eterno. E o faz como sacerdotisa, em nome do seu pequeno grupo de mulheres orantes – ela se atreve a fazer este pedido em nome de todas.[26]

O inusitado e atrevido da oração que agora faz ao Pai é que o objeto dela é Cristo, presente na Igreja. É em favor dele que Teresa se dirige ao Pai Eterno, relembrando ao "Criador de entranhas amorosas" que "tantos golpes, injúrias e gravíssimos tormentos" sofridos por Cristo não são para ser esquecidos. Lembra ao Pai as ações do Filho que "tudo cumpriu" e pede por ele, que continua pagando por nossos

---

[25] CE 4, 1, itálico nosso (T.A.).
[26] Cf. C 3, 9.

pecados, uma vez que estes insultos e injúrias continuam na Igreja e em cada pessoa. Adota, então, um tom imperativo, em que pede que essa situação não seja permitida: "[...] não o permitais, Imperador meu! Aplaque-se já Vossa Majestade!". Em seguida, no entanto, dá-se conta de que ela, que fala nestes termos ao Pai, é também pecadora, uma "pecadorazinha", responsável por uma parcela dos sofrimentos de Cristo e da Igreja. Volta, assim, à atitude humilde, mas para dar o grito final, em tom imperativo: "Iluminai estas trevas".[27]

Nessa oração Teresa não consegue compreender como o Pai pode suportar as injúrias e desprezos sofridos por Cristo no contexto eclesial em que ela, Teresa, vive. A contradição que sente ao dirigir-se a Deus é a do próprio pecado. Ao final, sobrepõe-se a fé no poder do Pai em frear a situação de crise e iluminá-la.

2.2. Pai solidário ao Filho e à humanidade: um Deus humilde e escravo

A segunda oração ao Pai Eterno se insere no comentário ao Pai-Nosso, especificamente ao pedido "o pão nosso de cada dia nos dai hoje". O contexto é eucarístico: Jesus, ao pedir ao Pai o pão nosso de cada dia, dispõe-se a permanecer em sua Igreja a cada dia no sacramento da Eucaristia. Por sua vez, é o Pai quem "consente" essa permanência do Filho.[28]

É o Pai quem nos dá o pão da Eucaristia e, nela, dá-nos o seu Filho, para que prolongue sua presença entre a humanidade até o fim do mundo – no dizer de nossa autora, no "hoje" desta vida, pois, para ela, "hoje" e "vida terrena" se equivalem.[29]

Teresa traduz em contexto eucarístico, consciente ou inconscientemente,[30] as palavras do Evangelho de João, em que Jesus formula o dom que ele oferece: "Moisés não vos deu o pão do céu, mas é o meu

---

[27] C 3, 8-9. Cf. ALVAREZ, T. *Paso a paso;* leyendo con Teresa su *Camino de Perfección*. Burgos: Monte Carmelo, 1996. p. 21.
[28] C 33, 4-5.
[29] Cf. C 33, 2.
[30] Cf. ALVAREZ, *Paso a paso;* leyendo con Teresa su *Camino de Perfección*, p. 230.

Pai que vos dá o verdadeiro pão do céu. Eu sou o pão da vida. Os vossos pais, no deserto, comeram o maná e morreram. O pão que desce do céu é de tal sorte que aquele que dele comer não morrerá" (cf. Jo 6,32.48-50). Teresa toma consciência do presente histórico da afirmação bíblica: o Pai *dá* o pão do céu.[31] Em última instância, Jesus é o dom do Pai. A dimensão da Eucaristia como dom do Pai se repete no livro das *Relações*, de data posterior à redação de *Caminho*:

> Uma vez, acabando de comungar, foi-me dado entender como este Santíssimo Corpo de Cristo é recebido pelo seu Pai dentro de nossa alma. Entendo e tenho visto que estas divinas pessoas estão em nossa alma e quão agradável é ao Pai essa oferenda de seu filho [...][32]

Há nessa descrição um núcleo teológico segundo o qual, na Eucaristia, o Pai recebe o Cristo, que, por sua vez, está unido à pessoa que o recebe. O mistério trinitário segue sua operação de entrega, comunicação e amor, de maneira especial, na Eucaristia. A teofania batismal "[...] este é o meu filho amado [...]", pela qual o Pai revelou Cristo como seu Filho amado, torna-se, pela Eucaristia, realidade permanentemente afirmada. Por ela, o Pai continuamente ama, recebe e se deleita com o Filho.

Dessa forma, as operações trinitárias acontecem também em nível pessoal, no centro da pessoa humana. Daí a observação que Teresa acrescenta de que há "grandes segredos no interior quando se comunga". Sabemos que, na participação desses grandes segredos, também a pessoa se transforma, pela comunicação que significa doação pessoal de Deus.[33] A realidade dessa comunicação é dada pela presença de Deus mesmo. E não se ofusca pela maior ou menor virtude do sacerdote, pontualiza nossa autora.

---

[31] Cf. KONINGS, J. *Evangelho segundo João; amor e fidelidade.* Petrópolis/São Leopoldo: Vozes/ Sinodal, 2000. p. 175.

[32] R 57.

[33] Cf. a análise desta conta de consciência na perspectiva antropológica da relação entre a sagrada Humanidade e a Eucaristia que faz MAS ARRONDO em *Teresa de Jesús en el matrimonio espiritual* (Avila: Instituición Gran Duque de Alba, 1993. p. 285-286).

Por sua vez, voltando à nossa análise de *Caminho*, é Jesus quem se associa a nós para pedir ao Pai o dom do pão eucarístico, fazendo deste pão o pão "nosso" – de Jesus e da sua Igreja. Na linguagem de Teresa, ao chamar a esse pão "nosso", Jesus não faz diferença entre ele e nós. A solidariedade é total em viver nossa humanidade e em querer permanecer conosco como forma de cumprir a vontade do Pai, que não é outra senão nos amar como a si mesmo.[34]

A disponibilidade de Jesus para permanecer através do sacramento da Eucaristia contrasta com a Igreja dividida e em crise, por isso Teresa não contém o assombro: "Oh... que grande amor de Filho e que grande amor de Pai!...". Seu estupor, no entanto, dirige-se sobretudo ao Pai Eterno, que consente a presença do Filho, cada dia, num mundo que o despreza, em mãos "tão ruins" e "inimigas".[35]

Inicia-se, então, a oração ao Pai em dois momentos. Um primeiro, dirigido ao Senhor eterno; outro, ao Pai Eterno. Ambos precedidos da expressão exclamativa "Ó". O mistério do grande amor do Pai e do Filho ultrapassa a compreensão de Teresa. É tão incompreensível, que ela se interpõe entre o Pai e o Filho, em favor deste. Relembra ao Pai que o Filho cumpre sua vontade, amando-nos como a si. E questiona o Pai Eterno.

Como pode o Pai Eterno aceitar um tal pedido a cada dia? Como pode consenti-lo? E por que todo o bem tem de vir à custa do Filho? E acrescenta, como mãe que defende o filho, que o Pai não considere o amor exagerado do Filho, porque ele é capaz de "fazer-se em pedaços a cada dia", por nós, sem colocar obstáculos ao amor. Enfim, indaga e questiona o Pai, como o próprio Jesus, que, no Evangelho de Marcos, indaga junto com o salmista: "Por que me abandonaste?". Tal ousadia, sabemos, em vez de significar desconfiança, é gesto supremo de confiança e de volta às fontes. Teresa volta-se ao Pai que, não estando desprovido de sua divindade – "não está vestido de terra" –, poderia, em sua opinião, reverter tal situação. A indignação de Teresa acontece

---

[34] Cf. C 33, 5.
[35] C 33, 3.

novamente ao perceber a união de vontade do Pai com o Filho. O Pai, assim, aceita a impotência do Filho e perde livremente sua liberdade.[36]

O censor da segunda redação do *Caminho de Perfeição*, ao chegar a essa oração,[37] vai interpolar várias frases para que a petição vá dirigida às freiras, e não ao Pai. Escandalizou-se da liberdade de Teresa, mas, principalmente, da noção de Deus que Teresa revelava: um Deus que, por amor, se faz indefeso.

Teresa continua evocando mais uma vez a imagem do Cristo como "mansíssimo Cordeiro" e questiona ao Pai Eterno: "Por que Ele cala diante de tudo e não sabe falar por Si, mas só por nós?".[38]

Teresa entra aqui no coração do desejo do Filho, em sua vulnerabilidade ao fazer-se homem e em sua continuidade na Igreja. Deus, por sua vez, assombra-a em sua total doação à humanidade, na natureza do seu amor extraordinário, justamente, nesta fragilidade indefesa. Fragilidade que se torna apelo irreprimível à ação apostólica, que em nossa Teresa adquire contornos proféticos. Ela mesma se pergunta: "Quem falará por Ele?", por este que não sabe falar por si, não sabe defender-se? E, como se revivescesse a vocação de Isaías, que se adianta na resposta à pergunta do Senhor, responde ela mesma: "[...] Senhor, que fale eu [...]", não sem antes suavizar sua resposta com um pedido de licença para responder: "Dá-me licença [...]". Essa resposta teresiana não passa à segunda redação do livro, parece que devido a uma autocensura da autora.[39]

Inicia-se, então, a segunda parte da oração, com a expressão "Ó Pai eterno!". Sua atenção dirige-se, agora, à constatação da humildade do Filho. A grandeza de Deus está em sua humildade, pequenez, escravidão por nós. Jesus se honra ao ser escravo. Humildade que se completa nas palavras "pão nosso", pronunciadas por Jesus. O pão é nosso e é também dele, Jesus – nesta maneira de dizer, "nosso". A oferta divina é a mais humilde possível, em contraste com a resposta humana, que é a mais baixa em sua soberba. Teresa quer saber do Pai com que tesouro se

---

[36] Cf. C 33, 4 e 27, 3.
[37] Cf. o que dissemos na Parte I, "4.1.1. Alterações dos censores aos livros de Teresa de Jesus".
[38] C 33, 4.
[39] Cf. CE 59, 1 e C 33, 4. Cf. Is 6,8.

compra a este Filho, e se dá conta que o único preço é que se faça a sua vontade – e, no entanto, constata ela, isto não acontece em sua Igreja. Dessa forma, a entrega do Filho não tem outra razão de ser a não ser a gratuidade do Pai.[40]

2.3. Pai da Igreja pecadora

Passamos, agora, à terceira oração.[41] Teresa se dirige ao "Pai santo" em súplica, após afirmar que o Pai Eterno consente a permanência do Filho entre nós na Eucaristia, demonstrando assim o bem que deseja à humanidade e ser "amigo dos Seus amigos e Senhor dos Seus servos [...],"[42] Nesta súplica o Filho é definido como aquele que nunca soube defender-se, trazendo ao leitor a mesma ideia do "mansíssimo Cordeiro" das duas orações anteriores. Na segunda redação amenizou a expressão, escrevendo "nunca se defendeu".[43]

Novamente, Teresa se interpõe entre o Pai e o Filho como aquela que fala ao Pai em favor do Filho. Há de haver alguém que fale por ele! Por isso, nossa autora levanta sua voz de profeta, advogada e sacerdotisa. Agora, no entanto, convoca a pequena Igreja formada pelas mulheres que iniciam sua obra fundadora: que as filhas a ajudem a pedir ao Pai. Na redação posterior, substituiu essa convocatória por um mais suave: "[...] sejamos nós, filhas, embora seja um atrevimento, sendo nós quem somos".[44]

Seu pedido junto ao Pai é que o Cristo, no Sacramento, não seja maltratado, que não aconteçam os males e desacatos como se faz nos lugares em que há o Santíssimo Sacramento, também entre os cristãos. É uma súplica pela Igreja, diante do contrassentido do sofrimento do Cristo que acontece na vida histórica da sua Igreja, onde se desdobram

---

[40] Cf. C 33, 5.
[41] Cf. C 35, 3-5.
[42] C 35, 2.
[43] Mesmo assim o original encontra-se riscado pelo leitor e censor da obra. Cf. o item "4.1.1. Alterações dos censores aos livros de Teresa de Jesús" da Parte I.
[44] C 35, 3.

tais acontecimentos, sendo ele beleza e limpeza. Suplica ao Pai Eterno que não suporte tal situação, que apague esse fogo.

Com forte ressonância da oração sacerdotal de João, continua: "[...] suplicar-Vos que não O deixeis conosco é um pedido que não nos atrevemos a fazer: que seria de nós?".[45]

Como não encontrar aqui uma clarificação de que não é um pedido que o Pai tire o Filho do mundo, reafirmando a oração na qual o Cristo pede ao Pai que não tire os seus do mundo? Suplica aludindo ao poder e majestade de Deus, pois "algum meio deve haver [...] Empregai-o Vossa Majestade".

Termina com uma exclamação forte: "Ó meu Deus!". Reconhecendo sua história e lamentando o pecado que a impede de pedir algo ao Pai Eterno, pergunta o que fazer e, como se lhe viesse à mente o Sl 115, no mesmo perguntar lhe vem a resposta:

> apresentar esse Pão sacratíssimo e, mesmo tendo-O recebido de Vós, devolvê-Lo a Vós? Eu vos suplico, pelos méritos do Vosso Filho, que me concedais essa graça, pois Ele de muitos modos a mereceu.[46]

Terminando, tira do fundo de si a passagem evangélica de Mateus, feita carne no seu forte apelo à salvação de Deus diante da tempestade em que sucumbe a nau da Igreja: "[...] salvai-nos, Senhor meu, que perecemos".[47]

Em todas as orações Teresa depara com o paradoxo do poder e da solidariedade sem defesas do Pai. Podemos dizer que, pelo mistério trinitário, Teresa penetra, a partir de suas entranhas apaixonadas por Cristo e pela Igreja, no mistério do poder de Deus através da sua solidariedade para com a humanidade.

Teresa remete ao Pai num desejo de amor de que o Pai se sobrepusesse ao Filho para defender-se. Depara, no entanto, com a resposta única de Deus: a vontade do Pai é a vontade do Filho. Mais: o Pai é o que envia o Filho e o Pão. Aí, Teresa, dilacerada pelo drama do mundo e do

---

[45] C 35, 4, cf.. Jo 17,15.
[46] C 35, 5.
[47] Cf. Mt 8,25.

pecado de si própria – que têm o poder de rejeitar a Deus – cala-se. Vê que só pelo Filho pode chegar ao Pai, e não por ela mesma. Mais tarde, em *Moradas* e *Relações*, seus sentimentos se pacificam. Aprofunda-se no amor como amor misericordioso e descobre o sentido da doação gratuita da vida, alimentada pelo fluxo de amor divino que, como corrente, jorra em seu interior.

Teresa descobre que não há um Deus absoluto anterior, diferente ou fora do amor revelado em Jesus. O amor deixa a pessoa ser quem é, e Teresa então, rendida, deixa Deus ser quem é – misericordioso e amor.

3. Teresa teve de aprender a ser filha com o Filho de Deus

A descoberta de um Pai unido ao sofrimento do Filho é processual em Teresa, como veremos a seguir. Ela teve de aprender a ser filha, em sentido análogo ao Cristo, que, segundo o autor da Carta aos Hebreus, aprendeu a obediência pelo sofrimento (cf. Hb 5,8). Teresa teve de redescobrir o Pai, aprofundando-se no mistério do amor crucificado.

3.1. Redescobrindo o Pai

A experiência da filiação vem, em Teresa, muito marcada pelo texto do capítulo oitavo do Livro de Provérbios. Em *Vida* ela se pergunta, surpreendida, como pode tão grande Deus se deleitar com os filhos dos homens: "[...] e tereis prazer conosco, pois dizeis ser Vossas delícias estardes com os filhos dos homens. Ó Senhor meu! Que é isso?".[48]

Na maturidade de sua vida espiritual, ela abrirá e emoldurará *Moradas* com o mesmo texto, fazendo dele uma das chaves de compreensão da pessoa humana como ser cuja vocação é ser paraíso de Deus, e chegar à comunhão com ele.[49]

Teresa tem de aprender a ser filha, ultrapassando o seu conceito de um Deus cuja grandeza o isolasse, afastasse e impedisse de comunicar-se

---

[48] V 14, 10. Cf. Pr 8,30-31.
[49] Cf. 1 M 1, 1 e 7 M 1, 1.

e estar presente, de maneira misericordiosa e viva, em sua vida. Esse aprendizado parece ter sido gradual, pela dureza de coração dos "filhos dos homens":

> Estando outra vez com a mesma dúvida de que há pouco falei, se essas visões eram mesmo de Deus, o Senhor, e apareceu e me disse, com rigor: *Ó filhos dos homens, até quando sereis duros de coração?*[50]

O aprendizado de ser filha vai se transformando em acolhimento gozoso e rendido diante de Deus e do grande tesouro que confiadamente nos deu em Cristo. O livro *Exclamaciones* será testemunho privilegiado desta aceitação alegre:

> Ó esperança minha, meu Pai e Criador, verdadeiro Senhor e Irmão meu! Quando considero que dizeis que vossas delícias *são com os filhos dos homens, muito se alegra minha alma.*[51]

E também:

> Oh! Oh! Oh! Quão pouco confiamos em Vós, Senhor! Quantas riquezas e tesouros nos confiastes, já que por trinta e três anos cheios de grandes sofrimentos, rematados por morte tão intolerável e lastimável, *nos destes vosso filho, e tantos anos antes do nosso nascimento!* E mesmo sabendo que não iríamos pagar, não quisestes deixar de nos confiar tesouro tão inestimável [...], *Pai piedoso.*[52]

Esta filiação é esperança do cristão e, especialmente, dos pecadores. É revelação da misericórdia do Pai.

Em especial, há uma *Exclamação* de vários núcleos teológicos, unificados pelo fato da filiação. Teresa põe em paralelismo o texto do Livro de Provérbios com o texto do batismo de Cristo. No primeiro, Deus afirma comprazer-se com os "filhos dos homens"; no segundo, com o seu Filho. O surpreendente fato da filiação é reforçado: Deus fala ao

---

[50] V 39, 24. Itálico nosso.
[51] Excl 7, 1. Itálico nosso.
[52] Excl 13, 3. Itálico nosso.

Filho o mesmo que havia dito da criatura pecadora no Antigo Testamento. Percebemos também, pela associação simbólica, a presença em nós do Espírito de Cristo, por quem nos tornamos filhos, clamamos a Deus como Pai e somos por ele aceitos:

> Falta-Vos, porventura, Senhor, *com quem Vos deleites, para buscardes um vermezinho tão malcheiroso quanto eu?* A voz que se ouviu no Batismo disse que Vós *comprazeis com vosso filho.* E haveremos de ser todos iguais, Senhor? Ó que grandíssima misericórdia, que favor tão imenso que não o podemos merecer![53]

Teresa aceita o dom de Deus e percebe que ele, além de assimétrico, desproporcional e gratuito, é ainda rechaçado pelos próprios cristãos: "Diante do sangue que derramastes por nós [...], em vez de vingarmos vosso Pai Eterno [...], termos por companheiros e amigos os que assim O trataram!".[54]

A filiação é tesouro para ser vivido e saboreado, sempre no temor: "Vosso Pai deu-vos a nós; não perca eu, Senhor meu, joia tão preciosa".[55] A filiação é misticamente confirmada quando o Filho a entrega pessoalmente ao Pai, no contexto de uma oração trinitária. A oração sacerdotal de Jesus no texto joanino faz-se experiência viva:

> [...] estando em oração, tive um grande arroubo e me pareceu que Nosso Senhor me levara em espírito até junto de Seu Pai e lhe dissera: "Esta, que me deste, eu te dou".[56]

A filiação gera a missão. O Pai lhe concede o dom do Filho, do Espírito e de Maria, gerando dinamismo entrega de vida, como atesta esta *Relação* cujo contexto é também trinitário: "Eu te dei o meu Filho, o Espírito Santo e esta Virgem. Que podes tu dar a Mim?".[57]

---

[53] Excl 7, 1. Itálico nosso. Cf. Lc 3,22, posto em paralelo com Pr 8,31 em citação anterior.
[54] Excl 12, 3.
[55] Excl 14, 2.
[56] R 15, 3, de abril de 1571. Cf. Jo 17,6.9-10.
[57] R 25, 2.

Também a fraternidade entre iguais é fruto da filiação. A força dessa experiência faz Teresa compreender toda a irmandade entre iguais e entre os de diferentes religiões. Transborda imediatamente aos irmãos, como está claro em *Caminho*, com a crítica à honra determinada pela origem do pai terreno.

Em *Moradas*, a percepção da filiação adquire contornos universais. Deparamos com uma dramática exclamação de forte conotação inter-religiosa e mesmo extrarreligiosa. Percebendo como se condenam hereges, mouros e cristãos, Teresa exclama ao Pai: "[...] esses que se condenam são filhos de Deus e irmãos meus [...]".[58] A filiação ultrapassa as fronteiras das religiões, unindo a todos em laços teologais de irmandade e solidariedade.

3.2. O Pai unido ao sofrimento

A desolação e a perspectiva de perseguição e perigo na vida de Teresa trazem a visão profética do Senhor morto em seus braços, como atesta em *Relações*:

> [...] estando nessa mesma noite em matinas, o Senhor, por visão intelectual [...] se pôs nos meus braços à maneira como se pinta a "Quinta Angústia". [...] era muito patente [essa visão] e tão junto de mim que me fez pensar que fosse ilusão. Disse-me Ele: "Não te espantes com isso, pois numa maior união, e sem comparação, está Meu Pai com a tua alma".[59]

Essa visão pode ser compreendida dentro dos acontecimentos subjacentes a ela. No início de 1575, o *Livro da Vida* havia sido delatado à Inquisição e retido por ela. A Reforma teresiana começa a correr risco de ser interrompida. Devido aos decretos do Capítulo Geral de Piacenza (maio-junho de 1575), São João da Cruz e seu companheiro são presos em Ávila e se intima a Teresa, que está em Sevilha, com a ordem de reclusão em um convento. Ao mesmo tempo, Teresa teme a prisão de

---

[58] 5 M 2, 11.
[59] R 58, 3, de 1575. Itálico nosso.

seu grande amigo e confessor, o Padre Graciano. Em dezembro, uma ex-noviça do Carmelo de Sevilha delata Santa Teresa e suas monjas à Inquisição. A santa escreve, então, uma relação de sua vida[60] para um dos consultores da Inquisição de Sevilha, o jesuíta Rodrigo Alvarez.

Nesse contexto, na visão com o Cristo morto em seus braços, como morta lhe parecia a obra de Igreja que iniciara, Teresa, como Maria, escuta que a consolação vem pela presença do Pai na alma: "[...] numa maior união, e sem comparação, está Meu Pai com a tua alma". Teresa entende que o Pai, solidário, está unido ao seu sofrimento.

Gostaríamos de lembrar, neste momento, o que dissemos anteriormente, tratando do conteúdo das experiências trinitárias.[61] Consideramos que há um ponto de inflexão na experiência teresiana da inabitação trinitária a partir de 1575. Vimos como há um acento na dimensão da Encarnação enquanto obra trinitária, e do Cristo como Deus vivo unido ao Pai. Teresa, passando pela prova do sofrimento, aprofunda na verdade do mistério de que Deus mesmo, em Cristo, une-se e sofre com o sofrimento da humanidade. Teresa mergulha no amor do Pai que tem no Crucificado sua última palavra. Essa imersão no amor do Pai faz Teresa superar a crise demonstrada em *Caminho*, em que descobre que o Pai é tão indefeso quanto o Filho.

Em *Moradas*, como veremos a seguir, a doutrina da relação entre o Pai e o Filho estará madura.

4. Relação Pai e Filho: o livro das *Moradas*

São muitas as referências de Teresa ao Pai nas *Moradas*. Abordaremos aquelas que julgamos importantes na explicitação de como Teresa vê e vive a relação do Pai com o Filho.[62] Propomos aqui reunir essas referências em torno de dois eixos da teologia joanina: Cristo como caminho para o Pai (Jo 14,6-9) e a comunhão do Pai e do Filho com

---

[60] Cf. R 4.

[61] Cf. o conteúdo das experiências da inabitação trinitária no item "4. O Filho e o matrimônio espiritual" do capítulo 7 deste livro.

[62] Cf. 2 M 11; 5 M 3, 7; 6 M 7, 6 e 7 M 2, 7.

os que têm fé, expressa de maneira cabal na oração sacerdotal de Jesus (Jo 17,20-21.23).

Teresa afirma mais de uma vez que Jesus é o caminho ao Pai: "[...] ninguém subirá a meu Pai senão por mim". Este "caminho" é claramente compreendido por Teresa no sentido bíblico de "modo de proceder", pois desemboca na exortação às obras, em consonância com a mensagem da Carta de Tiago.[63] Para nossa autora, é fundamental aceitar Jesus com sua prática para "subir ao Pai". Este sentido é complementado pela afirmação de que quem vê Jesus vê o Pai. O caminho ao Pai é olhar para Cristo, conhecê-lo e agir como e por ele.

> O próprio Senhor diz: *Ninguém subirá a meu Pai senão por mim.* Não sei se disse dessa maneira, creio que sim. E também: *Quem vê a mim vê a meu Pai.* Pois, se nunca olhamos para Ele, nem consideramos o que Lhe devemos e a morte que sofreu por nós, não sei como O poderemos conhecer nem fazer obras em Seu serviço.
> Que valor pode ter *a fé sem obras*? E *o que valerão estas se não se unirem aos merecimentos de Jesus Cristo, nosso Bem*? E quem nos despertará a amar esse Senhor?[64]

Igualmente incisiva é sua repetição do mesmo texto joanino no capítulo cristológico das sextas moradas, em que vemos Teresa defendendo sua espiritualidade trinitária contra algumas pessoas da corrente dos espirituais que menosprezam a Humanidade de Cristo, como já explicitamos. Aqui, Jesus é apresentado como caminho seguro, guia entre os outros caminhos propostos por estes espirituais, que, em sua ânsia e desejo de ver a Deus, terminam por menosprezar a Humanidade de Cristo.

Teresa não se cansa de recorrer ao Evangelista para lembrar que o Pai está presente em Jesus – quem o vê, vê o Pai. Segundo o Evangelho de João, a visão de Deus que podemos buscar e desejar está em Jesus

---

[63] Cf. Tg 2,14. "'Caminho', na Bíblia, significa muitas vezes o modo de proceder, a prática de vida. [...] Jo 14,6 deve ser lido numa dimensão comunitária: Jesus é o caminho da verdade e da vida, não tanto por causa de uma adesão mística individual a ele, mas antes por causa da fidelidade a ele em sua comunidade". KONINGS, *Evangelho segundo João; amor e fidelidade*, p. 310-311.

[64] 2 M 11. Itálico nosso.

porque o Pai permanece, "mora" nele e, nesta morada, realiza as suas obras.[65] Parece ser este o sentido que Teresa vê no texto bíblico, pois, para ela, perdendo este "guia" não se acertará o caminho. Em *Vida*, já havia afirmado que por ele é que nos vêm todos os bens.[66]

> [...] se perderem o guia – que é o bom Jesus –, *não darão com o caminho*. Muito já será se ficarem nas outras moradas com segurança. O próprio Senhor nos diz que é caminho, assim como luz, e que ninguém pode chegar ao Pai senão por ele. "Quem me vê vê a meu Pai." Talvez se diga que é outro o sentido dessas palavras. *Eu não conheço esses outros sentidos.* Com este, em que sempre a minha alma encontrou a verdade, tenho ido muito bem.[67]

Passemos, agora, aos textos unidos pelo eixo da comunhão entre o Pai, o Filho e aquele que comunga a fé em Cristo.[68]

O primeiro deles está inserido no que pode ser chamado de um pequeno e incisivo tratado sobre a caridade cristã do capítulo quinto das *Moradas*, em que Teresa clarifica o fato de que o amor a Deus e ao próximo está acima de qualquer experiência de oração mística.[69] Eis o texto:

> Que julgais, filhas, ser a Sua vontade? Que sejamos completamente perfeitas, a fim de nos tornar uma só coisa com o Filho e com o Pai, como Sua Majestade pediu. Olhai quanto nos falta para chegar a isso! [...] O Senhor não precisa conceder-nos grandes consolos; basta o dom que nos fez, [...] Aqui, só duas coisas nos pede o Senhor: amor a sua Majestade e ao próximo.[70]

Vemos claramente que a unidade com o Pai é a unidade no amor, pelo qual o Pai é um com o Filho. E o amor consiste nos dois mandamentos deixados pelo Filho como "caminho": amor a Deus e ao próximo. Guardando este mandamento, fazemos a vontade de Deus e, assim,

---

[65] Cf. KONINGS, *Evangelho segundo João; amor e fidelidade*, p. 313. Cf. Jo 14,10b.
[66] Cf. V 22, 7.
[67] 6 M 7, 6. Itálico nosso.
[68] Cf. Jo 17,20-21.23.
[69] Cf. 5 M 3, 6-12.
[70] 5 M 3, 7.

nos unimos a ele. A comunhão com o Pai se dá no seguimento do caminho ensinado e vivido pelo seu Filho.

Essa unidade com o Pai, pelo amor do Filho, é misticamente percebida, agora na sétima morada, no capítulo do matrimônio espiritual.

> [...] orando uma vez Jesus Cristo, Nosso Senhor, por Seus apóstolos – não sei em que passagem – disse que fossem uma só coisa com o Pai e com Ele, tal como Ele, Jesus Cristo, está no Pai e o pai Nele. Não sei que maior amor possa haver! Nessa súplica estamos todos incluídos, pois assim o disse Sua Majestade: *Não rogo só por eles, mas por todos aqueles que também hão de crer em mim.* E acrescentou: *Eu estou neles.*[71]

Na entrega a Cristo, a ponto de considerá-lo alguém próprio de si mesmo – em linguagem paulina, "vida em Cristo", tal como se dá no matrimônio espiritual –, também o Pai se faz presente, por sua unidade com o Filho. A alma transformada em puro espírito, pelo processo de espiritualização já descrito,[72] é unida ao espírito incriado, que é o amor do Pai no Filho e do Filho no Pai. Trata-se da comunhão com o Pai e o Filho, percebida em grau máximo que pode haver aqui nesta terra. Essa comunhão é destinada a todos e não percebida, de maneira ordinária, unicamente pelo pecado, como Teresa em seguida vai pontuar.

Enfim, podemos ver como Teresa penetrou no mistério da inabitação trinitária e, ao mesmo tempo, no mistério da inabitação mútua do Pai e do Filho, informada pela teologia joanina. Nunca perde de vista a unidade entre a sagrada Humanidade e o Pai, na qual se integram todos os cristãos, não como uma união moral, mas sim salvífica, pela qual o cristão se faz morada do Pai pelo Filho, sagrada Humanidade.[73]

O último capítulo de *Moradas* será encerrado com uma exortação à realização de obras, concretização do amor. Enfim, são elas que,

---

[71] 7 M 2, 7.

[72] Cf. o item "9.2. A espiritualização como comunhão do Espírito com o espírito humano" do capítulo 6 deste livro.

[73] Para a teologia joanina da "mútua imanência" ou "mútua inabitação", ver: KONINGS, *Evangelho segundo João; amor e fidelidade*, p. 312-313 e 325-372. Também SCHNACKENBURG, que trata o assunto em termos da "união do Filho com o Pai", em: *La persona de Jesucristo, reflejada en los cuatro Evangelios.* Barcelona: Herder, 1998. p. 367-372.

unidas ao que fez o Cristo na Cruz, serão entregues ao Pai. Teresa vê claro que o Pai é o motivo e o fim da existência vivida no amor.

5. O "matrimônio espiritual" com Cristo como selo da filiação

O matrimônio espiritual implica uma troca de vida com Cristo – ele lhe confia sua honra, seus bens e o cuidado com as "suas coisas". O matrimônio equivale também a um selo da filiação.

Vejamos um pouco os termos dessa troca. Nas sétimas *Moradas,* as palavras percebidas no matrimônio espiritual indicam que Teresa assume, radicalmente, a missão de Cristo: "[...] disse que já era tempo de tomar como seus os interesses divinos, enquanto Ele cuidaria dos interesses dela". Já nas moradas sextas, o Crucificado lhe dissera, consolando-a, que lhe "dava todas as dores e sofrimentos que padecera em Sua Paixão; que ela os tivesse como seus para oferecê-los a Seu Pai". Em virtude do desponsório, Jesus doa o que tem; em virtude deste dom, Teresa toma como sua a vida de Cristo, e unida a ele se entrega ao Pai. [74]

Há uma *Relação* que apresenta o mesmo sentido. Diz-lhe o Senhor: "[...] o que Eu tenho é teu, e assim te dou todos os sofrimentos e dores que passei"[75] para entregar e pedir ao Pai. Também na Eucaristia, Teresa se dá conta de que entregamos Cristo ao Pai, no mesmo ato da nossa entrega ao Pai, em Cristo, pois nosso corpo se faz um com o corpo do Senhor.[76]

A poesia "Meu Amado é para mim" traduz a íntima relação com Cristo em termos de troca existencial e amorosa, entrega mútua de vida entre a pessoa e Cristo:

> Entreguei-me toda, e assim
> Os corações se hão trocado:
> Meu amado é para mim,
> E eu sou para meu amado[77]

---

[74] 7 M 2, 1 e 6 M 5, 6. Cf. também R 35 e 51.
[75] R 51.
[76] Cf. R 57 e 49.
[77] P 3.

Nesta troca com o Amado, que significa participação em sua vida e paixão, sela-se a filiação e Teresa faz realidade as palavras de Cristo: "[...] podes pedir a Meu Pai como se fossem coisas próprias".[78]

Só no matrimônio, que é aliança, amizade e entrega, Deus também pode dar tudo de si. Trata-se de um dom mútuo, mas Deus se faz, de certa forma, "dependente", porque precisa da pessoa, de Teresa, para que ela cuide de "suas coisas". Este dom de Deus só é possível porque Teresa se entrega, abre-se a ele livre e amorosamente. Dessa forma podemos afirmar que Teresa *aceita* o dom do matrimônio ao aprofundar-se no mistério da união entre Pai e Filho, redescobrindo Deus.

6. Deus, "escravo de todo o mundo"

Segundo o caminho percorrido até agora, podemos perceber que Teresa deparou com a união da vontade do Pai e do Filho, o que significou uma mudança em sua maneira de viver a experiência cristã. Não há palavra do Pai mais perfeita que o Filho e, nele, o imperativo único de amar e servir. Teresa percebe que a solidariedade mútua, entre ambos, estende-se à humanidade e a une ao Pai e ao Filho, pelo amor.

Também percebe, na teologia lida em suas próprias entranhas, que nas três Pessoas não há mais do que um só querer, um poder e senhorio. E o faz com matizes que dificilmente um teólogo faria sem temor:[79]

> *Poderia o Filho criar uma formiga sem o Pai? Não*, pois o poder é todo um, e o mesmo ocorre com o Espírito Santo; assim é que há um só Deus todo-poderoso, e todas as três Pessoas são uma só Majestade.
>
> *Poder-se-ia amar o Pai sem gostar do Filho e do Espírito Santo? Não*, quem contentar a uma dessas três Pessoas divinas contentará as três, e quem ofender uma delas desagradará a todas.

---

[78] R 51.
[79] Cf. EFREN DE LA MADRE DE DIOS. La Santísima Trinidad, sol del mensaje teresiano. *Estudios Trinitarios* 13 (1979) 255-265.

Poderá o Pai estar sem o Filho e o Espírito Santo? Não, porque há uma só essência, e onde está uma estão as três, pois não se podem separar.

Bem sei eu que, naquela obra tão maravilhosa da Encarnação, estavam as três...[80]

A relação entre a Trindade e a Encarnação se mantém sempre na obra teresiana. Teresa experimenta que o Pai, Deus mesmo, marcou o Filho com o seu selo (Jo 6,27). Nele, o Pai abre uma perspectiva insuspeitável para conhecer o ser de Deus. Descobrimos que Deus é amor pelo que ele faz, enviando seu Filho ao cosmos de morte.

Numa intuição fina, Teresa percebe que, pela Encarnação, o Filho procede ao movimento contrário: ele marca o Pai com o selo da cruz, revelando-se o amor como amor crucificado. A cruz é o selo de Deus, seu distintivo marcado a ferro, como o são os escravos, de maneira irrevogável: "[...] o Seu selo, o da cruz".[81]

A mesma percepção encontra-se na pergunta já presente nas terceiras moradas: "Que podemos fazer por um Deus tão generoso, que morreu por nós, nos criou e nos dá a vida?".[82] Também na seguinte *Exclamação* Teresa revela a relação estabelecida entre Trindade e Encarnação: "Ó fontes vivas das chagas do meu Deus...!".[83] Na mesma linha, encontramos a descoberta estarrecedora das consequências do pecado que matam a Deus com tantas dores, precedida de tríplice exclamação: "Oh! Oh! Oh! Que grave coisa é o pecado, pois bastou para matar a Deus com tantas dores! E quão cercado estais, meu Deus, delas!".[84] E o que não dizer da afirmação da canção de Natal: "[...] é coisa tremenda que morra Deus Soberano".[85]

A ação salvífica do Filho repercute no Pai pela única solidariedade que o une ao Filho. Os mistérios da salvação são os mistérios assumidos pelo próprio Deus, que, num ato de amor libérrimo, faz-se escravo da humanidade.

---

[80] R 33, 3.
[81] 7 M, 4. 8.
[82] 3 M 1, 8.
[83] Excl 9, 2.
[84] Excl 10, 1.
[85] P 11, "Ao nascimento de Jesus".

Assim, há, na espiritualidade de Teresa, uma passagem da pergunta desconcertante elaborada na poesia de Natal, "pois, se é Deus, como é vendido e morre crucificado?",[86] ao anúncio de que o amor crucificado, servidor, é o único distintivo dos filhos de Deus. Eles se fazem partícipes da vida divina tornando-se também escravos:

> Sabeis o que significa ser de fato espiritual? É fazer-se escravo de Deus, marcado com o Seu selo, o da cruz. Assim nos poderá vender como escravos de todo mundo, como Ele próprio foi.[87]

7. A terceira conversão de Teresa: descobrir Deus solidário e assumir a existência terrena com suas consequências ("querer viver")

Teresa começa a abandonar a noção de Deus como um poder distante, através do conhecimento e trato com Jesus. Mas a mudança se efetiva quando as Pessoas divinas irrompem em sua vida como verdade, com a descoberta da comunhão de vontades do Pai e do Filho, que atinge seu momento de crise em *Caminho de Perfeição*. As sétimas moradas retratam o júbilo trazido pela noção verdadeiramente trinitária de Deus.[88]

Quando Teresa nomeia esse Deus que "tanto a esperou" e que se abaixou porque quis permanecer com ela e com a humanidade como "Trindade", Teresa se rende. Só então acontece o matrimônio com o Filho encarnado, sagrada Humanidade.

O "sim" a Cristo se dá simultaneamente ao "sim", sem ressalvas, à vida terrena e a este mundo que Deus abraçou, pela Encarnação. Contra esta vida terrena Teresa lutou muitos anos de sua existência, em alta tensão escatológica, Teresa queria ver a Deus e, assim, flertou com a

---

[86] P 12, "Ao nascimento de Jesus".

[87] 7 M 4, 8.

[88] Cf. PEDROSA-PÁDUA, Lúcia. Evolucionismo e espiritualidade. Contribuições da mística para uma revisão da imagem de Deus. In: GARCIA RUBIO, A.; AMADO, J. P. *Fé cristã e pensamento evolucionista*. Aproximações teológico-pastorais a um tema desafiador. São Paulo: Paulinas, 2012. p. 221-253.

morte. Esse processo significou uma ação purificadora que muitas vezes lhe fez perder a espessura salvífica da Encarnação e da *diakonia*, tão ferida estava pela solidão insuportável que colocava o Amado do outro lado da vida.

É muito significativo que a visão e experiência habitual da Trindade se encontre na sétima morada, que é a morada das realizações e dos desenlaces de sua história espiritual, antecipando o matrimônio com a pessoa, missão e destino de Cristo. Podemos afirmar que *a experiência trinitária é que faz possível o matrimônio espiritual.*

A experiência da comunhão das divinas Pessoas – Trindade – é o ambiente do matrimônio espiritual. Porque é um acontecimento espiritual e processual de imersão nas fontes da Encarnação, com as suas consequências. Deus não mais é visto na distância, como um Deus que age a partir de fora da pessoa e do mundo, "livre" da terra, com uma soberania apática. Mas um Deus que, pela Encarnação, se comprometeu solidariamente com a sua criação, doando-lhe liberdade e responsabilidade. O mergulho na realidade trinitária permitiu redescobrir o próprio Cristo e aceitá-lo como amor e fonte gozosa de vida, Deus Vivo na humanidade. Não mais como Rei, mas como esposo com quem as vidas "se trocam" mutuamente.[89] Só a descoberta da vida transbordante da Trindade, como "companhia", acorda-a do "sonho" da realidade, que é como lhe parecia tudo o que via "com os olhos do corpo".[90] Teresa entrega o "querer viver", como "a oferenda mais custosa que ela pode Lhe dar",[91] e se coloca na missão de Cristo, comprometida e esquecida de si (nas sétimas moradas encontramos a morte da borboletinha branca, símbolo das quintas moradas).

Da sua parte, Deus, ao dar a Teresa a liberdade para rejeitá-lo, pusera-se em situação de vulnerabilidade. Quando Teresa se entregou totalmente, ele pôde estabelecer sua aliança, sua amizade. Sem impor condições nem exigir garantias.

---

[89] Cf. R 35.
[90] Cf. V 38, 7.
[91] 7 M 3, 7.

Dessa maneira, a filiação é uma realidade que se consuma e concretiza na união com Cristo. Ela é aceita pelo Pai, também ferido pela cruz – escravo. Esse amor crucificado e sem defesas é o que lança as suas flechas a partir do interior humano, para seduzir e despertar a alma. Quem descobrir neste mistério o amor de Deus terá se encontrado com os mananciais da vida.

Capítulo 9

Deus permanece mistério

A pesar da densa experiência que lhe revolveu as entranhas, Teresa testemunha a permanência do mistério. A experiência não é capaz de desvendá-lo, e ele permanece indizível e inesgotável.

1. O campo do inefável: a dificuldade e a insuficiência da linguagem

São muitos os testemunhos de Teresa que nos falam da impossibilidade da linguagem para falar de sua experiência, do amor que sente ser comunicado. Enfim, é impossível falar de Deus.

Teresa não se sente capaz de fazê-lo. O objeto de sua experiência é maior do que suas possibilidades e parece impossível que haja palavras para comunicá-lo, "[...] uma criatura como eu querer explicar uma coisa cujo mero esboço parece não haver palavras para fazer é um grande desatino".[1] A dificuldade é maior do que "falar grego".[2] O falar não é apenas encontrar as palavras certas, ele exige o dom do discernimento, da compreensão e da comunicabilidade, como Teresa mesma percebe. O processo é resumido em uma sua famosa expressão, segundo a qual

> [...] um favor é receber a graça do Senhor, outro é entender qual o favor e qual a graça, e outro ainda saber entender e explicar como é.[3]

---

[1] V 18, 7.
[2] V 18, 8.
[3] V 17, 5.

Deus mesmo lhe clareia o entendimento, outras vezes lhe põe palavras, é como se ele mesmo quisesse dizer o que ela, por si, não pode nem sabe expressar.[4] Às vezes, a autora desiste de continuar na descrição de uma realidade espiritual: "[...] prefiro me calar".[5]

Antes de cada morada, a partir da quarta, Teresa se detém diante do estupor que sente para começar a falar e escrever.[6] Encomenda-se ao Espírito Santo para que fale por ela. Crê que seria melhor não falar nada e pede ao Senhor a luz do céu. Está certa de que, se Sua Majestade e o Espírito Santo não moverem a pluma, não saberá dizer nada. Estremece ao começar a escrever as sétimas moradas:

> Ó grande Deus! Pareço tremer – eu, criatura tão miserável – ao tratar de coisa tão alheia ao que mereço entender! [...] se não seria melhor acabar em poucas palavras esta morada [...] o que me causa enorme vergonha [...] isso é algo terrível.[7]

Não se trata de estilo literário: Teresa de fato depara com a impossibilidade de exprimir certas realidades: "É impossível descrever de que maneira se passam"; "[...] é impossível dar uma noção de como são sensíveis os padecimentos da alma e quão diferentes daquilo que o corpo sofre".[8] O leitor ou leitora que não tenha a sua experiência deve confiar em suas palavras.

Mas essa inefabilidade Teresa a deduz também da experiência bíblica de Moisés. Moisés não soube dizer tudo o que viu porque Deus é também misterioso, secreto. "Tampouco soube Moisés dizer tudo o que viu na sarça, mas apenas o que Deus quis que dissesse."[9] Embora não tenha sabido dizer, participou de grandes segredos que lhe deram ânimo para mudar e transformar sua vida e a vida do povo de Israel:

---

[4]   Cf. V 18, 8.
[5]   V 38, 2.
[6]   Cf. 4 M 1, 1; 5 M 1, 1; 5 M 4, 11.
[7]   7 M 1, 2.
[8]   6 M 1, 7; 6 M 11, 7. Cf. também 6 M 1, 15 e 6 M 4, 17.
[9]   6 M 4, 7.

[...] se Deus não mostrasse à alma alguns segredos, certamente para que visse e cresse que era Deus, não se envolveria em tantos e tão grandes sofrimentos. Moisés deve ter percebido tão grandes coisas dentro dos espinhos daquela sarça que, a partir daí, pôde fazer o que fez pelo povo de Israel.[10]

Teresa percebe que todas as imagens de Deus são insuficientes e incapazes de expressar adequada e apropriadamente a realidade. Todas fracassam devido à presença de Deus. No entanto, a inefabilidade não é um silêncio vazio, mas sim a escuta de uma Presença que anima e faz viver. Por mais que se fale de Deus, muito mais ainda fica por dizer, pois Deus mesmo é Presença inesgotável.

2. O campo do inesgotável: Deus e o humano são mistério

Ao contrário de esgotar o mistério de Deus, a experiência teresiana o engrandece. Como no final do Evangelho de João, segundo o qual "o mundo inteiro não poderia conter os livros que se escreveriam" sobre o que Jesus fez (Jo 21,25), Teresa vai iniciar sua última morada afirmando que tudo o que foi dito é "uma parcela de tudo o que há para contar de Deus".[11]

A aproximação ao mistério faz ver sua grandeza inescrutável. Experimenta-se como Deus supera a capacidade humana de apreendê-lo. Ele transcende o pensamento, mas é também o impensável, o inimaginável. Ao mesmo tempo, transcende as experiências. É o não experimentável em sua radicalidade. Isso é fonte de esperança, não de angústia, para nossa autora. Ela sabe que Deus pode sempre muito mais, por isso podemos nele crer e dele esperar sempre mais.[12]

Quanto maior a revelação, maior a grandeza de Deus. Quanto mais próximo de nós, maior sua transcendência. Assim, Teresa nos ensina que mistério não é o inconciliável com nossa experiência ou saber, como fazia crer a teologia escolástica de seu tempo, mas é Deus mesmo.

---

[10] Ibidem.
[11] 7 M 1, 1.
[12] Cf. 5 M 1, 7.8.

Deus, grande e transcendente, transforma o tempo interior. Num segundo – "un punto" – faz compreender o que em toda a vida Teresa não havia compreendido. E ainda mudar interiormente o que em toda a vida havia tentado sem sucesso.[13] Ele transcende o cosmos, o tempo e a história, como nos mostram as visões escatológicas do *Livro da Vida*.[14]

Sem identificar-se com elas, Deus revela sua grandeza e seu amor nas criaturas, "[...] o poder e a grandeza de Deus nas criaturas, bem como o amor que Ele teve por nós, manifesto em todas as coisas",[15] e faz das criaturas um livro dos seus mistérios:

> [...] em todas as coisas criadas por Deus tão grande e sábio deve haver imensos segredos de que não podemos nos beneficiar. [...] em cada coisinha que Deus criou, há elementos que transcendem o entendimento, ainda que se trate de uma simples formiguinha.[16]

Deus é sabedoria infinita: "Ó Deus meu e minha sabedoria infinita, sem medida, sem limites, acima de toda a compreensão angélica e humana!". Ele é poder: "[...] o que há de impossível para quem tudo pode?". Deus é grande, e é impossível conhecer nesta vida mortal todas as suas grandezas.[17]

Mas a grandeza maior de Deus é, para a Doutora de Ávila, que ele se abaixe, condescenda. Ele mostra sua grandeza, revelando-se nos fracos para levar adiante o seu projeto de salvação. É o grande Deus que se abaixa, chama e se comunica, tal como vimos pela autocomunicação das Pessoas trinitárias, para regalar, recriar, consolar e, até, pedir: "[...] se me amas, por que não te condóis de mim?". Pela vida espiritual se compreende "[...] quão baixa é a nossa natureza para compreender as imensas grandezas de Deus", presentes na pessoa e em sua Igreja através dos sacramentos.[18]

---

[13] Cf. V 12, 6; 27, 9 e 24, 8, por exemplo, dentre muitas outras citações. A palavra "punto" é recorrente na obra teresiana.

[14] Cf. cap. 38 de *Vida*. Veja também o item "2.3. Glória e majestade da sagrada Humanidade no humano e no universo" do capítulo 7 deste livro.

[15] V 13, 13; cf. R 4, 1.

[16] 4 M 2, 2.

[17] Excl 17, 1; 4, 2. Cf. CAD 6, 2.

[18] R 27 e 6 M 8, 6 (cf. também V 38, 19-21). Cf. R 34 e 57.

Por tudo isso, só a humildade pode compreender quanto Deus é. Ela é a dama que dá xeque-mate ao Rei.[19] Teresa entede que Deus é totalmente outro, mas ao mesmo tempo totalmente próximo.

O mistério revelado põe Teresa diante do mistério incomensurável do amor. Deus é o Amante que se doa a si mesmo: "Ver Vossa majestade causa assombro; e mais assombra, Senhor meu, ver ao lado dela Vossa humildade e o amor que demonstrais [...]".[20] Seu amor não tem medida. Teresa mesma pede que ele não confie tanto nela e ponha algum limite: "[...] que o vosso amor não seja tanto, ó Rei eterno, que ponhais em risco joias tão preciosas".[21] Tampouco tem medida seus dons e sua misericórdia. Não se pode pôr medida a um Senhor tão grande, que tanto quer se dar a nós.[22] "Quem poderá avaliar suas misericórdias e grandezas? É impossível fazê-lo. Desse modo, não vos espanteis com o que foi dito e com o que se disser [...]".[23]

Essa condescendência faz da pessoa também mistério inesgotável. Seria impossível entender todas as suas moradas. Na vida espiritual, o Senhor não obedece às expectativas humanas, "tudo é possível ao Senhor". A alma tem grandes segredos e o seu interior é sempre aberto a novas possibilidades. Assim, como nunca se deve apertar o corpo, também a alma não deve ser apertada: "Que o Senhor, por quem Sua Majestade é, não permita que ninguém desta casa passe pelo sofrimento de que falei, o de serem oprimidas na alma e no corpo". Embora tendo escrito sobre sete moradas, em cada uma delas há muitas outras, abaixo, acima e dos lados, com lindos jardins, fontes e labirintos.[24]

Deus faz o impossível na alma humana, transcendendo os condicionamentos do corpo e da psique. Ultrapassa os desejos, a mentalidade. Teresa é testemunha da grande ação de Deus que transformou sua mentalidade. Fez com que ela ultrapassasse o período ascético, em que refletia "quão cedo se acaba tudo", e reencontrasse, na maturidade da

---

[19] Cf. C 32, 13 e C 16, 1-4 (parábola do jogo de xadrez).
[20] V 37, 6.
[21] V 18, 4.
[22] Cf. V 39, 9; C 37, 3; 1 M 1, 3; 5 M 4, 10; CAD 6, 12.
[23] 7 M 1, 1.
[24] V 34, 12; C 5, 1. Cf. 1 M 1, 3; 7 M 1, 1.11; M Epíl. 3.

vida, com os anelos místicos da infância, nos quais o Espírito lhe traçava um caminho de verdade quando repetia "para sempre, para sempre...".[25]

No cômputo geral das obras teresianas, podemos afirmar que é a experiência do abaixamento de Deus em direção ao humano, e a ela, Teresa (que chega a detalhes, como as visões relativas ao seu amigo Gracián, ou a aproximação de Deus quando Teresa está enferma sem poder rezar), o que faz que Teresa descubra o mistério sempre maior do Deus transcendente. Há uma relação recíproca entre essas duas visões de Deus: transcendente e imanente por abaixamento. Ambas presentes na obra teresiana. No entanto, a ênfase do seu magistério está no abaixamento de Deus, que, como na Bíblia, realiza em sua vida uma história de amor e salvação:

> Ó laço que assim juntais dois seres tão diferentes...
> Sem ter o que amar, amais; e nos ergueis da indigência.[26]

"É essa divina condescendência que permite não só falar de Deus, mas falar com Ele."[27] Na obra teresiana, falar de Deus é "contar", narrar sua história em sua vida, por experiência de vida divina e amor. E falar com ele é conhecer, por experiência, que ele se comunica com as criaturas, para louvar sua grandeza.[28]

A obra de Teresa nos mostra como a revelação do mistério não é uma informação neutra, mas uma inserção da pessoa na vida divina: "[...] é graças a ele que uns e outros, num só Espírito, temos acesso ao Pai" (cf. Ef 2,18). Nesse sentido, Teresa sabe que participa da vida divina, ela é divinizada:

> [...] a graça de Deus terá podido tanto que te fez partícipe de Sua divina natureza, e com tamanha perfeição que já não poderás nem quererás poder esquecer-te do Sumo Bem nem deixar de gozá-lo juntamente com o Seu amor.[29]

---

[25] R 4, 1 e V 1, 5.
[26] P 6, "Ante a formosura de Deus".
[27] ALVAREZ. T. Teología, palabra sobre Dios: en *Vida* 4, 10. In: *Estudios Teresianos*. Burgos: Monte Carmelo, 1996. v. III, p. 433-441 – aqui, p. 440.
[28] 7 M 1,1.
[29] Excl 17, 5.

Parte 4

Humanização à luz
da experiência de Deus.
Quanto mais humana, mais de Deus.
Quanto mais de Deus,
mais humana

Introdução

az. Assim descreve a santa o sentimento das sétimas moradas. Uma paz permanente, pois a diferença entre o matrimônio espiritual e os outros estados está em que a pessoa não se separa mais de Deus. Estão inseparáveis como a água que cai do céu sobre o rio já não pode mais ser separada da água deste rio. A alma permanece sempre com aquela "divina companhia", como Teresa descreve a Trindade. Mas nunca, lembra Teresa, esta segurança é absoluta, pois Deus e a pessoa não se separam enquanto aquele mantém a pessoa em sua mão e esta não o ofende – ninguém deve considerar-se totalmente seguro.

Esta paz revela admirável integração das dualidades antropológicas. Integração não dada previamente à pessoa, pois ela vai se fazendo no processo da graça que se autocomunica de maneira trinitária. A chave desta integração será sempre a sagrada Humanidade.

No início de *Moradas*, Teresa de Jesus escreve claramente que jamais o conhecimento próprio será pleno se não se procura conhecer a Deus.[1] Para sabermos quem somos é necessário entrar em nós mesmos, e ver o que existe no "castelo interior", os salões que ele contém e quem mora nele.[2]

A dinâmica do castelo mostra que, à medida que se adentra nas moradas, a pessoa vai se conformando a Cristo até que seja o Cristo sua própria vida. Por esta mediação da sagrada Humanidade a alma sente perfeitamente ser Deus quem lhe dá a vida, fazendo-a irromper em exclamações impossíveis de reprimir: "Ó vida de minha vida! Ó sustento

---

[1]   Cf. 1 M 2, 9.
[2]   Cf. 1 M 1, 5.

que me sustentas!".[3] Teresa nos mostra como são verdadeiras as palavras de Jesus aos apóstolos: que eles fossem uma só coisa com o Pai e com ele – como ele, Jesus Cristo, está no Pai e o Pai nele. E também: "Eu estou neles".[4]

No entanto, a infidelidade humana, que não se dispõe como é preciso e não se desvia do que possa interceptar a luz, faz com que a pessoa não consiga enxergar a verdade de si mesma: "Não nos vemos nesse espelho que contemplamos, espelho onde está esculpida a nossa imagem".[5]

Assim, não nos conhecemos enquanto não nos vemos em Cristo. A pessoa encontra-se a si mesma em Cristo, ao passar pela realidade pessoal do Filho encarnado. É apenas nessa mediação que Teresa diz ter-se encontrado a si mesma. A sua poesia *Buscando a Deus* exprime como a pessoa se encontra a si mesma ao procurar-se em Deus. Transcrevemos parte dela:

> De tal sorte pode o amor,
> Alma, em mim te retratar,
> Que nenhum sábio pintor
> Soubera com tal primor
> Tua imagem estampar.
>
> Foste por amor criada,
> Bonita e formosa, e assim
> Em meu coração pintada,
> Se te perderes, amada,
> *Alma, buscar-te-ás em Mim.*
>
> Porque sei que te acharás
> Em meu peito retratada,
> Tão ao vivo desenhada,
> Que, em te olhando, folgarás
> Vendo-te tão bem pintada.[6]

---

[3]   7 M 2, 6.
[4]   Cf. 7 M 2, 7. Teresa cita Jo 17,21 livremente, de memória, pois, como diz ela, não sabe onde está esta citação; em seguida, cita Jo 17,19.
[5]   7 M 2, 8.
[6]   P 8, *Buscando a Deus.*

Em outras palavras: a pessoa, sendo transformada na relação pessoal com Cristo, encontra-se a si mesma, pois afinal, encontra-se com aquele à imagem de quem foi criada...

O "eu" pessoal está como que esculpido, pintado em Jesus Cristo. Bela imagem. Nesta expressão de Teresa – de que a imagem da pessoa está esculpida em Jesus Cristo – encontramos eco de outros místicos de sua época que haviam falado da imagem da alma em Deus.[7] Há, entretanto, um núcleo peculiar em Teresa. Ela percebe a pessoa de Cristo, em sua divindade e humanidade – "sacratíssima Humanidade" – como sustentadora da pessoa humana. Há aqui um eco do tema paulino da criação da pessoa em Cristo antes da constituição do mundo. Cristo, humano perfeito, sustenta a humanidade, e, portanto, ser perfeito é ser plenamente humano, é ser outro Cristo. E ser outro Cristo é ser transformado por ele pelo seu amor. Não significa assimilação ou fusão porque se trata de relação entre pessoas, como nos mostrou o processo de cristificação das *Moradas*. O ser da pessoa é transformado interiormente até que fique "a alma, digo, o espírito, feito uma coisa com Deus".[8]

Tal encontro da pessoa consigo mesma, à medida que é transformada em Cristo, é sensivelmente perceptível, passível de ser conscientemente afirmado. Teresa – testemunha mística do mistério de Deus na vida humana, testemunha mística da graça – fala-nos dessa ação humanizadora de Deus como sofrimento purificador e como alegria, deleite e gozo. Como morte progressiva da velha maneira de entender as coisas e agir, e nascimento de um novo olhar, de um novo entendimento, de uma nova vontade, atrelados à vontade de Deus e capacitados para uma nova prática. Esse reencontro é humanizador.

Nesta parte, apresentaremos dois temas capazes de nos mostrar *como Teresa experimentou e ensinou essa humanização*. O primeiro, a dialética de integração entre corpo e alma; o segundo, a formulação da

---

[7] Cf. MARTIN VELASCO, Juan de Dios. Búscame en ti – búscate en mí. In: MARTINEZ, T. E. et al. *Actas del Congreso Internacional Teresiano*. Salamanca: Universidad de Salamanca, 1983. v. II, p. 809-834 – aqui, p. 831, nota 134, na qual o autor reporta a Ruysbroeck, que exerceu influência sobre os místicos espanhóis.

[8] 7 M 2, 4.

resposta humana a Deus sobre os pilares da humildade, da entrega, do amor e do serviço.

No começo do século XX, Teresa foi admiravelmente descrita como uma mulher "eminentemente humana e toda de Deus".[9] Quanto mais humana, mais de Deus; quanto mais de Deus, mais humana. Veremos como a humanização é transformação interior em constante movimento, a caminho de uma existência humana mais integrada, em suas diversas dimensões. É o nascimento sempre contemporâneo da pessoa nova, fruto da recriação permanente de Deus.

---

[9] Expressão de Pedro Poveda, sacerdote espanhol e fundador da Instituição Teresiana, in: POVEDA, Pedro. *Amigos fortes de Deus*. Introdução, comentários e seleção de D. Gómez MOLLEDA. Rio de Janeiro: Intercultural, 2000. p. 109.

Capítulo 10

O processo de integração dialética entre corpo e alma

Introdução

Fato preocupante é pensarmos que, estando a dimensão espiritual bastante e diretamente afirmada na obra teresiana, possa a dimensão corpórea adquirir uma valorização negativa ou inferior.[1] Veremos, no entanto, como a experiência de nossa autora não se pauta por uma relação de oposição-exclusão e sim por uma *integração-inclusão* entre corpo e alma,[2] proporcionada pela centralidade da "sacratíssima Humanidade" de Jesus Cristo. A espiritualidade teresiana é integrada e integradora.

---

[1] Devemos muito ao estudo que fez Mercedes NAVARRO PUERTO em seu artigo "El cuerpo en Santa Teresa" (*Revista de Espiritualidad* 40 ([1981] 407-471). Baseia-se esta autora em *Livro da Vida, Fundações, Conceitos do Amor de Deus* e *Poesias*. Nosso itinerário seguirá algumas pistas desse artigo, sendo que estudaremos, além das obras trabalhadas por esta autora (com exceção de *Fundações*), também: *Moradas, Caminho de Perfeição, Exclamações* e *Relações*.

[2] Usaremos aqui os termos "relação de integração-inclusão" em contraposição à relação de "oposição-exclusão", expostos e utilizados por García Rubio. Segundo esse teólogo, a relação de integração-inclusão é a única adequada para expressar a riqueza da pessoa humana, "no entrecruzamento e complementariedade de suas dimensões positivas", como o são alma e corpo, oração e ação, teoria e prática e diversas outras dimensões. Historicamente, tais realidades foram se constituindo ora desvalorizadas uma em relação à outra, ora consideradas mutuamente excludentes. Cf. GARCÍA RUBIO, Alfonso. *Unidade na pluralidade*. O ser humano à luz da fé e da reflexão cristãs. 4. ed. São Paulo: Paulus, 2006. p. 95-114. A citação está na p. 107.

Como vimos na Parte I, a linguagem de Teresa sobre o corpo vem carregada do substrato filosófico-antropológico de seu tempo. Esse substrato reúne uma visão platônico-dualista, que povoa a *doctrina communis* no século XVI.[3] A essa noção soma-se uma visão negativa da mulher, sempre associada à "realidade inferior" do corpo e do sexo, como ser apenas necessário à reprodução e ao prazer masculino, embora teoricamente o Cristianismo sempre tenha defendido a sua dignidade e igualdade, enquanto pessoa, em relação ao homem.[4]

A concepção consciente que Teresa tem do corpo traz o substrato dualista de raiz platônica. Transparecem em sua obra distinções opositivas à alma. O corpo é a grosseira muralha do castelo interior,[5] e a alma está "aprisionada" (no original: "encarceladita") ao corpo.[6] Nos estados místicos mais elevados a pessoa sente o corpo e a miséria da vida como cativeiros.[7] Algumas passagens de *Vida* e a poesia *Vivo sem em mim viver* são bons exemplos:

> É grande liberdade ter por cativeiro viver e comportar-se de acordo com as leis do mundo! [...] não há escravo que não arrisque tudo para ser resgatado e voltar à sua terra.[8]

> Este cárcere!...
> em que a alma vive metida! [...]
> que morro de não morrer.[9]

Contudo, na dinâmica espiritual, mais clara em *Moradas*, e na própria maneira de expressar-se da santa, percebemos que ela pressupõe uma visão mais próxima da visão unitária do ser humano presente na dialética entre corpo, alma e espírito da corrente dos espirituais, do que da visão neoplatônica dualista. Por várias vezes a dimensão corpórea aparece. E aparece, tal como a alma e junto com ela, como dimensão

---

[3] Cf. Parte I, Capítulo 1, item "1.5. Antropologia tripartida: corpo, alma e espírito" deste livro.
[4] Cf. NAVARRO, El cuerpo en Santa Teresa, p. 409-410.
[5] Cf. 1 M 1, 2 e 5 M 1, 6.
[6] V 11, 15.
[7] Cf. V 21, 6 e C 32, 13.
[8] V 16, 7.
[9] P 1, "Aspirações à vida eterna".

que necessita transformar-se e humanizar-se na relação com Deus e com os irmãos.

Já vimos que o ponto de partida de Teresa de Jesus é uma atitude positiva diante das criaturas, pois Deus está presente em todas as coisas.[10] Todas elas falam de Deus:

> Em todas [as coisas] criadas por Deus tão grande e sábio deve haver imensos segredos de que podemos nos beneficiar [...]
> [...] em cada coisinha que Deus criou, há elementos que transcendem o entendimento, ainda que se trate de uma simples formiguinha.[11]

E entre todas a pessoa humana é a criatura mais admirável, criada à imagem de Cristo. Nosso itinerário terminará não na atitude estoica dos filósofos, mas num corpo que ama:

> Não penseis que a união consista em resignar-me eu à vontade de Deus a ponto de não sentir a morte de meu pai ou de meu irmão. Ou então, ao passar eu por sofrimentos e enfermidades, padecê-los com alegria. [...] Quantas coisas assim faziam os filósofos! [...] Aqui, só duas coisas nos pede o Senhor: amor a Sua Majestade e ao próximo.[12]

Vamos nos dedicar agora a apresentar vários aspectos relativos à dialética entre o corpo, a alma e o espírito na obra teresiana: o corpo físico; a libertação de amarras e dependências; a coerência entre gestos, palavras e sentimentos; a aceitação do corpo físico e feminino; a afirmação ativa da condição feminina e a crítica aos privilégios da condição masculina. Continuaremos estudando o diálogo corpo-alma-espírito; o corpo e as experiências "sobrenaturais"; as experiências que se impõem e evitam a desvalorização do corpo, e a reconciliação consciente com o corpo nas sétimas moradas e nas experiências eucarísticas. Terminaremos vendo como o corpo é um corpo que sente, é mistério de fé, de esperança e de amor.

---

[10] Cf. V 18, 15 e R 18. Cf. parte II, capítulo 4, item "3. A presença de Deus na pessoa e em todas as coisas 'por presença, potência e essência'", deste livro.
[11] 4 M 2, 2.
[12] 5 M 3, 7.

1. O corpo físico

O primeiro ponto a ser notado é que Teresa não omite sua dimensão física e as exigências inerentes a ela. Não esconde, sequer atenua o sofrimento físico pelo qual pessoalmente passa, o mesmo aconselhando aos outros em se tratando de sofrimentos fortes e não imaginários: "[...] é muito pior encobri-lo [...] e grande erro não se apiedar".[13] A descrição pormenorizada dos efeitos da doença que a acometeu nos primeiros anos da vida religiosa[14] permitiu hoje realizar diagnósticos clínicos sobre ela.[15]

Não se trata aqui de descrever o quadro das doenças físicas e a preocupação com a saúde referidos por nossa autora, o que seria sobejamente ampliado se nosso estudo incluísse *Cartas* e *Fundações*. Assinalamos apenas sua pouca saúde e sua menção, no último capítulo de *Vida*, às suas dores e ao "vômito costumeiro".[16] Em *Moradas*, já no Prólogo, declara suas dificuldades ao escrever o livro: a primeira, que o Senhor não lhe dá espírito nem desejo de fazê-lo; a segunda o "zumbido" na cabeça e "fraqueza" fortes que a acompanhavam havia três meses.[17] Isto significa que Teresa é consciente da dor que sente, do seu tempo de duração e coloca a dificuldade física ao lado da dificuldade espiritual. Em seguida, confessa que a "natureza se aflige muito" com enfermidades frequentes e múltiplas ocupações. Nas moradas quartas, volta a falar do "ruído" da cabeça – tem a impressão de que nela correm rios caudalosos, cujas águas se precipitam. Ouve "muitos passarinhos e silvos". Na mesma morada, volta ao assunto e revela haver interrompido o livro devido aos "negócios" e à falta de saúde.[18] Nas quintas moradas, diz que a cabeça não aguenta reler o que escreve e, nas sextas, confessa que há quarenta anos sofre dessas dores e padecimentos, sem um dia sequer de trégua.[19]

---

[13] C 11, 1.

[14] Cf. V 6, 6ss.

[15] Um exemplo é SENRA VARELA, A. La enfermedad de Santa Teresa de Jesús: una enfermedad natural en una vida proyectada a lo sobrenatural. In: EGIDO MARTINEZ, Teófanes; GARCIA DE LA CONCHA, Víctor; GONZALEZ DE CARDEDAL, Olegario (dirs.). *Actas del Congreso Internacional Teresiano*. Salamanca, 1983. v. I, p. 1047-1056.

[16] V 40, 20.

[17] Cf M Pról. 1.

[18] 4 M 1, 10 e 2, 1.

[19] Cf. 5 M 4, 1 e 6 M 1, 7.

Certamente, Teresa participava da vivência cultural e sociológica que a mulher de seu tempo tinha de si. Elas eram vistas e se experimentavam como seres de corpo frágil.[20] Não poucas vezes, esta suposta fragilidade física, que se reflete também no psiquismo feminino, é motivo de conselhos especiais da santa. Segundo essa visão, as mulheres são mais fracas de compleição e mais sujeitas a somatizar a atividade espiritual, correndo, assim, o risco de debilitar a saúde. Podem também ser "fracas de cabeça" e imaginação, ou seja, veem tudo o que imaginam. Por isso devem distinguir bem entre arroubamentos místicos e fraquezas de mulheres, que "por tudo julgam entrar em êxtase". Elas devem fortalecer-se também porque a fraqueza natural costuma causar tristezas em pessoas sensíveis que choram por qualquer coisinha – choram tanto que depois não conseguem nem rezar nem seguir as Regras, levando a crer que algum humor lhes houvesse atingido o coração.[21] Já em *Caminho* aconselhava suas irmãs a esquecerem pequenos males e fraquezas de mulheres, discernindo o que é grave do que é imaginário e caprichoso.[22]

Apenas essas atitudes e conselhos da santa já demonstram a importância que tem a dimensão corporal para ela. Teresa conta com o corpo, nosso aliado. É sensível às sensações de dor e de prazer e é consciente de que a vida passa por ele.

É também consciente de que o corpo é capaz de resistência e de superar vulnerabilidades, ao receber um valor pessoal que o transcenda. Na sua experiência própria, conta-nos, nas moradas quartas, que, apesar das dores, não deixa de rezar nem de escrever. Todo o itinerário das moradas aponta para a fortaleza como dom, e para o serviço como atitude primordial – fortaleza e amor são dons que levam à superação do conceito de debilidade feminina, e Teresa conclama suas irmãs à oração como união com o Forte, visando ao serviço, sem subterfúgios

---

[20] Lembramos os termos utilizados pelo teólogo Domingo Báñez na *Censura* ao *Livro da Vida*, que há nele "muitas revelações e visões, as quais sempre se deve muito temer, especialmente se são de mulheres, que são mais propensas a crer que tais visões são de Deus...". Cf. parte I, capítulo 2.

[21] Cf. 4 M 3, 11 e 3, 14; 6 M 4, 2.9 e 6, 7.

[22] Cf. C 10, 5.

ou excusas.[23] Isto nos mostra como Teresa vê uma intrínseca relação entre as dimensões corpórea e espiritual, e também como percebe, em seu próprio corpo e no de suas irmãs, potencialidade suficiente que justifique uma visão menos frágil de si mesmas.

Quanto aos atos de penitência, Teresa atém-se ao fundamental. A ascética teresiana, como já vimos, não se situa na linha da austeridade que castiga o corpo, mas na linha de caminhar na humildade.[24] Não encontramos em suas obras expressões de ódio ou desprezo ao corpo. Ao contrário, encontramos expressões de respeito e amor, e crítica aos rigores de penitência. Para ela, os ímpetos de penitência que fazem perder a saúde não vêm de Deus, mas do demônio, disfarçado em anjo de luz, e podem prejudicar a saúde se são mal dosados. Uma pessoa fraca e doente não deve fazer muitos jejuns e penitências rigorosas.[25] Nas quartas moradas, aconselha as pessoas que encontram problemas na vida espiritual a se conhecerem melhor para que, diante dos problemas, não acabem perdendo a saúde.[26] Em outro momento, alerta para o fato de que a pessoa doente mais se distrai na oração.

A dimensão corpórea está em inter-relação com a dimensão psicológica. O corpo é corpo psicológico. Vemos em *Moradas* como para Teresa é necessário perceber bem como é a pessoa fisicamente para entender sua vida interior: se é de compleição fraca e deixa o corpo ser levado pelas experiências interiores, ou se tem a imaginação suscetível que leva a ver o que imagina. Ou se está muito doente, ou saudável. O caminho do castelo interior é sempre pessoal e resultante de diferentes variáveis. Este é um dos motivos pelos quais Teresa defende que há muitos caminhos para a perfeição.

O corpo não é uma realidade independente; tampouco é uma dimensão totalmente realizada. Por isso ele é parte integrante do processo de humanização, que pode ser divido em três momentos: uma gradual libertação de amarras que escravizam; uma gradual conquista

---

[23] Cf. 7 M 4, 10-11.
[24] Cf. 3 M 2, 8.
[25] Cf. 1 M 2, 16, C 15, 3 e V 13, 4.
[26] Cf. 4 M 1, 9.

de coerência entre gestos, palavras e sentimentos, ou seja, coerência entre corpo e alma; e uma aceitação do corpo físico e sexuado.

2. Libertação de amarras e dependências

A libertação de amarras tem por contrapartida um processo de autopossessão, autoconquista e autoconhecimento. Ela é inerente à relação de amor com o Outro que é Deus. O resultado é a passagem de um estado de escravidão das pessoas e do mundo (entendido aqui como aquilo que provoca alienação do verdadeiro "eu", e que propõe idolatrias no lugar do verdadeiro Deus) para um estado de liberdade em que é possível uma doação de si sem dependências prejudiciais que tenham, por correspondência, um corpo atado.

Nas conflituosas moradas segundas, Teresa apresenta o apego a amigos e parentes, bem como o desejo idolátrico de saúde, de honras, de negócios, prazeres e seduções do mundo, como artimanhas enganosas que impedem seguir adiante na verdadeira experiência de Deus. É necessário, neste momento, atitude crítica e doloroso rompimento com essas realidades. É preciso criar alternativas que permitam à pessoa libertar-se e aprender a doar-se.[27] Um pouco mais adiante, nas moradas quartas,[28] ensina que um dos efeitos de uma forte experiência de Deus (oração de quietude) é que a pessoa vai conquistando liberdade interior, "senhorio de si". Sente-se livre para trabalhar e seguir o Cristo sem medo das críticas alheias, sem medo até do sofrimento. Adquire audácia para o serviço. O corpo responde a esse estímulo interior e adquire liberdade diante do que antes o condicionava e prendia, e que Teresa denomina "gostos do mundo". Nas moradas quintas, aponta como a perseverança na vida espiritual leva a uma libertação real de parentes, amigos e posses, acompanhado de um desejo de "voar", servir a Cristo, livremente, nos irmãos. "Voar" não é apenas disposição interior. Também o corpo acompanha o mesmo desejo e o realiza amando e servindo.[29]

---

[27] Cf. 2 M 2-3.
[28] Cf. 4 M 3, 9.
[29] Cf. 5 M 2, 8.

Tal libertação não significa desprezo pelas pessoas e pelo mundo. Significa, isto sim, rompimento com toda a intrincada rede de dependências e manipulações que impedem ou dificultam que a pessoa aja com autonomia própria, escolha livremente seus valores e se realize como ser pessoal. Essas amarras, igualmente, impedem ou dificultam o desabrochar de verdadeiras relações interpessoais e sociais.

Quando tomamos consciência do rígido contexto social da Espanha do século XVI, estruturada sobre o triângulo honra-poder-saber, que estratificava as pessoas segundo sua linhagem parental, religião, sexo e riqueza, marginalizando os que se encontravam fora do círculo da "fidalguia" espanhola e perseguindo grupos socioculturais distintos, podemos perceber melhor o alcance de contestação social dessa posição teresiana. Verdadeiras relações interpessoais não podem prescindir da crítica e transformação social.

3. Coerência entre gestos, palavras e sentimentos

A humanização do corpo passa pelo processo de tornar coerentes gestos, palavras e sentimentos. É uma coerência entre corpo, palavras, vida, pés, mente, coração, vontade, mãos, lágrimas. Coerência que leva Teresa a afirmar a simultaneidade da oração vocal e mental. Não é oração "mexer com os lábios sem pensar o que dizemos".[30] "Não posso dizer isso sem lágrimas", confessa, ao lembrar-se de sua vida tão "mal gasta".[31] Sobre o amor aos irmãos, diz como ele pode ser facilmente reconhecido, manifestando-se aos olhos de todos, em seus indícios.[32] E, ao terminar as *Moradas*, conclama as irmãs a conformarem suas obras com os atos e palavras, completando que aquela que não conseguir fazer tudo de uma vez faça pouco a pouco.[33]

---

[30] 1 M 1, 7.
[31] 3 M 1, 3.
[32] Cf. 5 M 3, 8.
[33] Cf. 7 M 4, 7.

4. Aceitar o próprio corpo, aceitar-se mulher em tempos de adversidade

O processo de humanização passa também pela aceitação do corpo físico e sexuado. Já vimos que Teresa se queixa bastante de seu corpo, de suas enfermidades e sensibilidades. Mas sua atenção ao corpo a faz rejeitar toda imposição absurda sobre ele. A alma também tem de ceder ao corpo, compreendê-lo em sua saúde e em "seus tempos".[34] Haja vista a franca oposição da santa aos métodos de oração que, buscando não pensar em nada, aconselham prender a respiração.[35] Às irmãs que fragilizam sua saúde na oração de recolhimento, aconselha que abandonem o excesso de oração, durmam e comam bem até recobrarem as forças naturais.[36]

Não parece ter sido simples a Teresa a aceitação de sua condição feminina, marcada, no seu tempo, pela desvalorização da mulher em nível sócio-simbólico. Além da visão da mulher como corpo frágil, em torno dela circulavam as maiores desconfianças de que pudesse ser sujeito de atividades espirituais elevadas. A mulher não tinha acesso aos estudos, permanecendo em estado de ignorância e dependência dos homens "letrados" e "entendidos".[37] O corpo feminino impedia o trabalho apostólico e público – "falar em altos brados".[38]

Teresa reconhece esse estado lastimável. "Nossa ignorância de mulheres tem necessidade de tudo quanto há."[39] O inimigo pode enganar facilmente as mulheres e pessoas pouco instruídas porque não sabem distinguir entre faculdades e imaginação, assim como mil coisas que ocorrem na vida interior.[40] As mulheres são as "que pouco sabemos". Essas são algumas observações que Teresa faz das mulheres. Mas Deus quer que elas entendam a si mesmas e instruam-se.[41] Nas moradas

---

[34] Cf. 4 M 1, 14.
[35] Cf. 4 M 3, 6.
[36] Cf. 4 M 3, 13.
[37] Cf. PABLO MAROTO, Daniel de. La oración teresiana en su entorno histórico. *Revista Teresa de Jesús: Temas Teresianos*. Ávila, 1987, número especial, p. 103-114.
[38] R 1, 4.
[39] 1 M 2, 6.
[40] Cf. 5 M 3, 10.
[41] Cf. 4 M 1, 14.

sextas, faz uma oração para que Deus aja com sua grandeza em coisa tão "feminil e baixa" (a frágil borboletinha das quintas moradas) para que o mundo possa perceber a grandeza de Deus.[42] A situação das mulheres faz com que os homens, especialmente os confessores, transformem-se muitas vezes em verdadeiros juízes de mulheres, tornando a situação ainda mais insuportável.[43]

Somado a isso, Teresa percebe que a vida espiritual caminha para uma liberdade interior de criaturas feitas à imagem de Deus, que exige audácia missionária cada vez maior, fato que aflige muito as mulheres, vendo que não têm possibilidade de sair pelo mundo. "Há grande inveja dos que têm liberdade para alçar voz, proclamando quem é este grande Deus das Cavalarias".[44]

Teresa aceita seu corpo físico e sexuado, mas o faz de maneira ativa e crítica. É o que veremos a seguir.

5. Afirmação ativa da condição feminina e crítica aos privilégios da condição masculina

Notamos que o processo de afirmação e aceitação do corpo físico e sexuado é um processo conflitivo e ativo, buscando superação dos limites, especialmente aqueles culturalmente determinados.[45] *Moradas* expressa grande liberdade e ousadia em relação à mulher. Encontramos várias vezes uma ironia sutil na qual Teresa compara as mulheres débeis aos homens de letras e entendimentos. Teresa sabe que supera em si o que era tido como próprio de mulheres.

Vejamos momentos em que isso acontece.

Teresa não considera perdido o tempo que emprega em ensinar às mulheres, "que têm pouco saber", sobre os limites da natureza humana

---

[42] 6 M 6, 4.
[43] Cf. 6 M 1, 8-9 e as fortes palavras de Teresa contra os "juízes deste mundo", "todos varões", em CE 4, 1.
[44] 6 M 6, 3.
[45] Sobre o contexto de desqualificações e a atitude de Teresa, remeto ao meu estudo "Santa Teresa de Ávila: dez retratos de uma mulher humana e de Deus'". In: PEDROSA-PÁDUA, L.; CAMPOS, M. B. (orgs.). *Santa Teresa*. Mística para o nosso tempo. São Paulo/Rio de Janeiro: Reflexão/PUC-Rio, 2011. p. 103-129 (bem como a outros estudos do livro).

(no caso, sobre imaginações e distrações).[46] Ao longo de *Moradas* ela interpela suas irmãs mais de uma centena de vezes.[47] As incessantes referências à situação da mulher decorrem de sua percepção de marginalização e de sua confrontação e convivência com o mundo dos homens, dentro e fora da vida religiosa.

Em outro momento explica que os "entendidos" sabem aproveitar-se das criaturas de Deus para melhor se explicarem e se fazerem entender. Em seguida, inicia uma explicação sobre a oração, utilizando o simbolismo do bicho-da-seda – ora, conscientemente utiliza o procedimento dos "entendidos", fazendo-se também "entendida"![48]

Em outro momento, faz a apreciação de um dos livros de espiritualidade mais populares de seu tempo, o *Tercer Abecedario*, dizendo que seu autor devia entender bem sobre a oração de recolhimento ao compará-la com o que fazem o ouriço ou a tartaruga ao entrarem dentro de si mesmos. Após essa apreciação, entretanto, faz uma correção a esse conteúdo, dizendo que a tartaruga e o ouriço retraem-se quando querem e, ao contrário, o recolhimento não depende do querer.[49]

Em seguida, confessa sua pouca humildade e contesta a opinião de alguns espirituais de sua época que afirmavam ser possível reter o entendimento na oração de recolhimento. Para ela o entendimento não pode ser retido, ele faz parte da maneira humana de ser (não há para que "encantar" as faculdades, que são dom de Deus) – ele é, isto sim, rendido por Deus quando ele quer.[50] Eis nossa autora exercendo seu magistério...

Especialmente a partir das quintas moradas, quando as graças sobrenaturais se fazem mais frequentes, Teresa vai lançar uma verdadeira artilharia de críticas aos "semiteólogos" e aos "confessores temerosos" e pouco experientes. Com toda autoridade, faz nítida distinção entre os

---

[46] Cf. 4 M 1, 14.
[47] Cf. RODRÍGUEZ, José Vicente. *Castillo Interior o Las Moradas*. In: BARRIENTOS, Alberto (dir.). *Introducción a la lectura de Santa Teresa*. Madrid: Editorial de Espiritualidad, 1978. p. 321.
[48] Cf. 4 M 2, 2.
[49] Cf. 4 M 3, 3.
[50] Cf. 4 M 3, 4-6.

maus e os bons teólogos.[51] Sua ênfase se deve ao fato de que os bons teólogos são necessários e sua missão, como letrados, é ser luz para a Igreja.[52] Essa missão deturpa-se quando se arvoram, por insegurança ou medo, de serem juízes de mulheres.[53]

Teresa expõe sua opinião com naturalidade e firmeza, baseada numa longa experiência e certeza íntima das revelações de Deus, sempre confrontada com os "grandes teólogos". Sua contenda com homens de outras opiniões revela uma mulher segura de sua doutrina e empenhada em defendê-la: "[...] pode ser que eu me engane, mas, até ouvir outras razões de pessoas competentes, manterei esta opinião [...]".[54]

Afirmando a capacidade de discernimento da mulher, nossa autora afirma que pode acontecer de a pessoa, levada pelo caminho das graças extraordinárias, ter certeza, pelo que "lê, ouve e sabe pelos dez mandamentos", de que é um caminho que "leva ao céu" devido especialmente aos efeitos que produz. Entretanto, aos olhos de todos, parece que desobedece propositalmente o "confessor temeroso" que a aconselha a abandonar esse caminho.[55] Mais adiante, ratifica que é necessário um bom teólogo para iluminar o discernimento das grandes graças de Deus.[56] O bom "letrado", se não tem a experiência pessoal dessas graças, ao menos não desconfia de Deus e sabe do que ele é capaz de fazer. Entre uma pessoa espiritual e um bom teólogo, Teresa não esconde sua preferência pelo segundo. O melhor, entretanto, é que as duas características venham juntas.

Diante de um conselho dado a uma pessoa pelo confessor com o qual Teresa – por experiência e por conhecimento da opinião de um "grande letrado" – não concorda, ela aconselha, sobrepujando com grande autoridade o conselho anterior, que a pessoa apresente humildemente as razões contrárias a tal conselho e não o siga.[57]

---

[51] Cf. 5 M 1, 7-8.
[52] Cf. 5 M 1, 7.
[53] Cf. 6 M 1, 8.
[54] 6 M 2, 7.
[55] Cf. 6 M 6, 1-2.
[56] Cf. 6 M 8, 8-9.
[57] Cf. 6 M 9, 13.

Teresa exerce seu magistério com humildade, habilidade e liberdade. Talvez o ponto doutrinal por ela defendido com mais vigor tenha sido a necessidade da meditação da humanidade de Cristo em todos os estágios da vida espiritual, diante dos que defendiam que as pessoas espiritualmente elevadas deveriam se ater à meditação de sua divindade. Já vimos essa contenda quando falamos da corrente dos espirituais. Importa-nos aqui afirmar que Teresa expressa sua radicalidade e aconselha a todos: "[...] não acrediteis em quem vos disser outra coisa",[58] isto é, algo diferente do que ela, Teresa, diz. E, aos defensores da opinião contrária, pede que se expliquem mais extensamente, porque, excusa-se (talvez ironicamente), para as mulheres que não entendem bem as coisas, as explicações muito sumárias podem prejudicar...

Às mulheres "frágeis" dirige-se, nas moradas sétimas, destacando que o matrimônio espiritual é união com o Forte. E que esse vigor atinge também o próprio corpo. Fortalece-o e anima-o para o serviço. Teresa exorta suas irmãs à oração para que possam servir em grande fortaleza. Há uma superação da debilidade física pela força interior: Marta e Maria devem andar sempre juntas, isto é, forte união com Deus e serviço em fortaleza. Esse é o alvo que Teresa incentiva acertar. E que o argumento de não poder ensinar nem pregar, como os apóstolos, não intimide sua ação; que não se satisfaçam por haver desejado coisas impossíveis. O caminho é realizar obras possíveis, que se traduzam em serviço e amor aos que estão próximos.[59] Seu conselho pode ser resumido nesta frase: "[...] desde que façamos o que pudermos, Sua Majestade nos dará forças para fazê-lo cada dia mais e melhor".[60]

Mas, frustradas todas as possibilidades, sempre restará o interior feminino como espaço inalienável de liberdade. Grande espaço, em contraste com o pequeno espaço físico reservado às mulheres. No castelo interior é permitido entrar sem licença de superiores.[61] Ninguém

---

[58] 6 M 7, 5.
[59] Cf. 7 M 4, 14.
[60] 7 M 4, 15.
[61] Cf. Epíl. 1.

pode impedir que se entre no castelo interior e que se chegue ao aposento central.[62] O interior feminino é o espaço inviolável de liberdade.

Com muita humildade Teresa acaba deslocando as fronteiras dos conceitos socioculturais sobre as mulheres e por elas vivencialmente experimentados em algum nível. Por isso dissemos que o processo de aceitação de seu corpo físico e sexuado é conflitivo e ativo, buscando explodir certos limites sufocantes para as mulheres. Esse processo, ao mesmo tempo que é vivido por ela, faz parte de seu magistério.

Sob seus ensinamentos, a "debilidade", "fraqueza" e incapacidade para receber altas graças de Deus, atribuídas à mulher, são recolocadas em seu devido lugar.

Por um lado, há toda uma defesa da saúde (especialmente no que diz respeito à prática ascética). Um contínuo incentivo a que as mulheres conheçam bem suas reações físicas, seus sentidos, para que sejam fortalecidos e engajados no movimento desencadeado pela entrega pessoal à ação de Deus, que constitui imensa força interior e exterior. Chamam a atenção as insistentes palavras de Teresa sobre as lágrimas, dom valorizado na espiritualidade de sempre e característica normalmente vinculada às mulheres. Nesse texto, leva as mulheres a perceberem como nem sempre é de Deus o chorar – o importante é praticar as virtudes.[63]

Por outro lado, Teresa prova ainda que nem todo acontecimento extraordinário procede da debilidade física e emocional de mulheres, mas de uma ação real de Deus, que se revela em quem ele quer e da maneira que escolhe – também nas mulheres.[64] O que importa, verdadeiramente, é jamais colocar limites às obras de Deus.

Teresa altera também a fronteira que delimitava o entendimento da teologia e o magistério aos homens e, pior, negando a capacidade de raciocínio e entendimento das mulheres. Provou, na prática mais do que na teoria, que saber e sabedoria não correspondem necessariamente ao sexo masculino. As *Moradas* servem de alerta aos homens, que,

---

[62] Cf. Epíl. 2.
[63] Cf. 6 M 6, 7-9.
[64] Cf. 6 M 3, 8. E também 6 M 8 e 9.

arvorando-se em entendidos, em virtude de princípios que não sejam o conhecimento teológico (com especial destaque à Sagrada Escritura) e o dom do discernimento espiritual, acabam por prejudicar os outros.

Mas a maior e mais profunda afirmação da mulher enquanto pessoa, em todas as suas dimensões, é a própria obra teresiana, especialmente *Castelo Interior*. Verdadeira exegese da afirmação da criação à "imagem de Deus". O fato de a obra ter sido escrita por uma mulher, com imensa consciência de sê-lo, e de ter mulheres por destinatárias diretas e explícitas, reforça a perspectiva radicalmente inclusiva do termo "imagem e semelhança de Deus" às mulheres.

6. O diálogo corpo-alma-espírito

Em toda a obra teresiana podemos encontrar menção à pessoa como corpo e alma, ou corpo, alma e espírito; são, no entanto, termos diferenciados. Já vimos que o espírito é o fundo, o centro e o interior da alma, zona privilegiada da pessoa humana onde habita Deus. É interioridade à qual a pessoa tem acesso na medida que vive o processo de interiorização, levado pelo Espírito de Deus e permitido pela abertura humana. Vimos também que a alma é a dimensão que exerce as faculdades humanas do pensar, querer, recordar, amar, escolher, sentir. Ela é sede da memória, do entendimento e da vontade, segundo a antropologia da época. O corpo, por sua vez, tem ora a conotação negativa de ser "mal hóspede da alma", ora a conotação positiva de possibilitar a expressão da vida interior. Alma e espírito, embora distintos, são inseparáveis – vimos que uma das definições do espírito é a vontade abrasada pelo amor. Assim, o termo mais utilizado por nossa autora, "alma", conota também o espírito, a não ser que explicitamente os distinga.[65]

---

[65] Cf. parte I, capítulo 1, item "5. Antropologia tripartida: corpo, alma e espírito"; e capítulo 4, item "2.2. O que Teresa entende por "alma". A descoberta do espírito, com suas consequências para a experiência e doutrina teresianas, foi tratada na parte III, capítulo 6, itens "6.6. O Espírito é fogo que faz descobrir o espírito humano", "9.1. A espiritualização como comunhão do Amor com o amor humano" e "9.2. A espiritualização como comunhão do Espírito com o espírito humano".

A atitude teresiana na relação corpo-alma é uma atitude dialogante, quase política. O diálogo pode ser facilitado se não é mediado pela força, mas pela suavidade e pela paciência com as misérias que vêm do "pecado de Adão" e que não dependem da vontade da pessoa. O corpo é limitado. A pessoa necessita comer e dormir sem poder excusar-se, mesmo que isso lhe custe. As misérias humanas – imaginação, distrações... – como que escarnecem da alma, mas a alma não deve jamais culpar-se daquilo que procede da natureza, da fantasia e do "demônio".[66]

A relação entre corpo, alma e espírito, entretanto, não se dá sem conflitos. Na doença de sua juventude, aquela que a esperavam morta "receberam viva; o corpo, no entanto, estava pior que morto".[67] Deus lhe restabelece alma e corpo. Nossa autora nos narra que São José, santo de sua especial devoção, livra-a de muitos perigos do corpo e da alma.[68] Observa também que, ao visitar seu pai no leito de morte, estava ela mais doente da alma do que ele do corpo, sendo que a bondade de Deus, "vida de todas as vidas", dá saúde ao corpo e à alma.[69] Até mesmo já nos graus mais adiantados da vida espiritual Teresa vai continuar com "grandes trabalhos" da alma e do corpo. É consciente de ser intercessora pela saúde de almas e de corpos.[70]

A relação entre corpo e alma deve ser, segundo Teresa, de política colaboração. A alma – esta "aprisionada" – participa das misérias do corpo – "hóspede tão ruim".[71] Por isso é importante atender o corpo com passatempos, conversas e passeios, para que ele melhor sirva à alma. A alma, por sua vez, não deve ser arrastada, mas levada com suavidade.[72] É preciso conhecer o espírito para não afligir o corpo e a alma,[73] e às vezes é preciso trabalhar com o corpo para descansar a alma.[74]

Encontramos, também, uma dimensão ascética no sentido de deixar o corpo para favorecer o espírito, abandonando os excessos de cuidados.

---

[66] Cf. 2 M 10 e 4 M 1, 10-12.14.
[67] V 6, 2.
[68] V 6, 6; cf. V 6, 9.
[69] Cf. V 7, 14 e V 8, 6.
[70] Cf. V 38, 30 e 39, 5.
[71] V 11, 15.
[72] Cf. V 11, 16.
[73] Cf. V 13, 14.
[74] Cf. C 34, 4.

Para Teresa, é impossível fazer um acordo tal entre corpo e alma, em que nem se perca, por um lado, o descanso, as honras, o conforto e as regalias e, por outro, não se perca a Deus. Querer esse acordo perfeito implica caminhar muito lentamente na vida espiritual.[75] Não é necessário ter medo do silêncio e da solidão e outras virtudes temendo a perda da saúde. Não é o excesso de mimos e regalias que trarão a saúde. O que importa mesmo é ousar mais para entregar a vida.[76]

Teresa alerta para o perigo de devotar alma e espírito ao corpo caprichoso, porque o corpo é exigente: quanto mais regalias, mais necessidades.[77] É necessário vencer a obsessão pela morte e pela doença, senão nunca ninguém caminhará na vida espiritual. Também é importante tratar as exigências do corpo com bom humor: "[...] se o corpo zomba de nós tantas vezes, porque não zombaríamos dele também alguma?".[78]

Enfim, encontramos sua instigante frase constante em *Conceitos do Amor de Deus*: "O corpo engorda, a alma enfraquece...".[79] Teresa quer evitar a atitude corporal comodista e obsessiva, temerosa de sofrer, de sentir dores, de trabalhar, de se atrever e de se entregar.[80]

7. Corpo e experiências "sobrenaturais"

Com relação às experiências "sobrenaturais", no sentido teresiano da experiência que não pode ser provocada pela própria pessoa,[81] o corpo adquire o duplo sentido de limite e de beneficiado.

Ele é limite porque impede a pessoa de realizar as penitências desejadas. Impede que a alma experimente tudo aquilo que, intui, pode experimentar, estorva o gozo do conhecimento das realidades divinas trinitárias. Nas palavras de Teresa, ele se constitui em nossa "inferioridade natural".[82]

---

[75] Cf. V 13, 4. 5.
[76] Cf. V 13, 7.
[77] Cf. CE 13, 1; 15, 3 e 16, 2.
[78] C 11, 5.
[79] CAD 2, 15.
[80] Cf. CAD 2, 28.
[81] Cf. R 5, 3.
[82] C 19, 6. Cf. R 1, 7; R 5, 15; R 47.

Mas além de limite o corpo é transformado, beneficiado, dilatado em suas potencialidades. Ele sai ganhando quando se rende ao espírito, "ele mesmo corta sua cabeça por não se entregar".[83] As graças interiores têm suas influências na saúde e no bem-estar do corpo, podendo ser por ele sentidas.[84] A experiência mística é apreendida pelo corpo em sua dupla dimensão de sofrimento ou deleite.[85] O corpo não tem outra opção que não seja render-se à ação do espírito, entregar-se em Deus – "empregando tudo em Deus".[86] Ele é moldado pela ação do espírito, transformado.[87] A vida espiritual leva consigo o corpo. Uma alma sã ajuda a passar com alegria até os males corporais graves. A desolação e o mal, por sua vez, danificam corpo e alma.[88] O senhorio da alma é também o do corpo, e a experiência espiritual do inferno igualmente o arrasta consigo.[89]

Ao arrastar corpo e alma na experiência mística, mostra o Senhor que não somos os donos nem de um nem de outro. Tudo é dele. Ele tudo atrai a si. Toda a pessoa, toda a sua vida – "nada se opõe ao Seu poder".[90] Teresa mesma intui que, no arroubamento místico, ao elevar também o corpo, Deus dá mostras de seu amor pelo corpo físico, corpo de pecado:

> [...] ama tanto um verme tão podre a ponto de dar a impressão de que não se contenta em levar a alma a si, *querendo levar também o corpo, mesmo sendo este tão mortal e de terra suja* – pois assim se tornou por causa de muitas ofensas.[91]

---

[83] C 28, 7; cf. CE 17, 1.

[84] Cf. R 1, 23; V 20, 21.

[85] Cf. V 29, 13; 16, 4. V 17, 8; 17, 1; 20, 3; C 31, 3 mostram este deleite experimentado pelo corpo.

[86] R 4B, 18. Cf. R 5, 7; R 5, 14 e V 28, 13.

[87] Cf. V 20, 12. Cf. também a impressionante experiência do transpassamento de Maria, mãe de Jesus, em R 15, 1. 6.

[88] Cf. V 29, 8; 30, 15; 31, 3.

[89] Cf. V 31, 12 e 32, 3.

[90] V 20, 6.

[91] V 20, 7.

O resultado é que tanto o espírito como o corpo se tornam desapegados de si mesmos, tornam-se doação a Deus e ao próximo.[92]

Quanto mais elevadas as graças místicas, mais aparece a interdependência e, ao mesmo tempo, a distinção entre o corpo, a alma e o espírito. Corpo e alma se distinguem claramente. As realidades da alma não podem ser representadas com as do corpo.[93] Muitas vezes, Teresa tem a impressão de que a alma quer sair do corpo por não poder ser por ele contida, ou o espírito parece estar fora do corpo.[94] O que se vê com os olhos do corpo é diferente do que se vê com os olhos da alma;[95] a intercessão de Teresa é mais pelas almas que pelos corpos;[96] ela tem a clara experiência de ter o corpo enfermo e o espírito "querendo tempo para si".[97] Corpo e alma obedecem a leis diferentes. O corpo cresce limitadamente e não torna a decrescer; a alma, por sua vez, não cresce de modo linear, pois pode regredir. Na linguagem de *Castelo Interior,* as moradas não são enfileiradas, uma após a outra, embora sempre haja um centro.[98] Outras vezes, tanto o corpo quanto a alma tornam-se impotentes diante da ação de Deus.[99] O espírito se rebela contra o corpo e a alma que, por sua vez, buscam remédio para viver.[100] Quanto mais no interior do espírito se dá a ação de Deus, menos o corpo sente ou participa de maneira ativa, e a alma se purifica como o ouro no crisol.[101]

Enfim, corpo, alma e espírito são dimensões distintas que integram a pessoa. Essa percepção, já intuída em *Vida* e *Relações*, é finalmente nomeada em *Moradas*.[102] A riqueza da vida espiritual está justamente na dialética que conjuga, articula, vertebra e inter-relaciona tais dimensões.

A relação entre eles chega a fortes níveis de tensão escatológica – desejo de morte – quando a alma se vê afastada daquele que a pode

---

[92] Cf. V 20, 8.
[93] Cf. R 18.
[94] Cf., por exemplo, V 38, 17.9; V 20, 3 e R 5, 12.
[95] Cf., por exemplo, V 38, 7; 7, 7; C 28, 6 ou R 4B, 20.
[96] Cf. V 39, 5.
[97] Cf. V 40, 20.
[98] Cf. V 15, 12 e 1 M 2, 8.
[99] Cf. V 18, 1 e 20, 4.
[100] Cf. V 20, 14.
[101] Cf. V 20, 15-16.
[102] Cf. V 20, 10; R 5, 11 e 7 M 1, 11 e 2, 10.

preencher e, ao mesmo tempo, deseja ver a Deus.[103] A alma não quer outra coisa a não ser o Criador. Ela "morre por morrer". Essa experiência maltrata o corpo, que se torna, então, corpo-castigo e não condição natural.[104] O capítulo onze das sextas moradas corresponde ao ápice dessa tensão, na qual a vida se torna martírio insuportável e a solidão da alma recrudesce, percebendo que nada nem ninguém pode matar sua sede, a não ser Deus, com a água que deu à samaritana.[105] A poesia *Ais do Desterro* retrata esse desejo de morte e a realidade corpórea como um desterro:

> Quem é que ante a morte,
> Deus meu, teme, aflito,
> Se alcança por ela
> Um gozo infinito?
> Oh! Sim o de amar-te
> Sem mais te perder!
> *Com ânsias de ver-te*
> *Desejo morrer!*[106]

O mesmo encontramos na poesia *Vivo sem em mim viver*:

> Ó morte...
> não tardes em me atender,
> *que morro de não morrer.*[107]

E ainda na grave *Exclamação*: "Ó morte, morte, não sei quem te pode temer, pois em ti está a vida".[108]

Essa forte tensão só não se volta toda contra o corpo, provocando a morte física, porque a alma percebe que ele não é a causa do seu sofrimento: a alma sabe-se igualmente criatura, necessitada de Deus. A ausência de Deus não é sofrimento apenas do corpo, mas também do

---

[103] Cf. 6 M 6, 6; 7, 3.
[104] Cf. R 5, 14.
[105] Cf. 6 M 11, 5. Cf. também V 17, 1.
[106] P 7.
[107] P 1.
[108] Excl 6, 2.

íntimo da alma, o espírito.[109] Nenhuma criatura da terra ou do céu a faria companhia, mas só e apenas aquele que é objeto de seu amor.[110] Aquele sofrimento, traduzido pelo sentimento de solidão radical, não procede do corpo. Ele é o sentimento de incompletude que procede da condição de criatura que se realiza apenas no Criador.

Desta maneira ocorre a perda do medo da morte: "Os que amarem a Deus... devem morrer mais suavemente".[111]

Teresa experimenta assim sua finitude radical, sua contingência. Experimenta que não é senhora de si mesma nem da história de sua própria vida, nem da natureza. O sentimento é de impotência e dependência radicais. Diante de Deus, Teresa perde todo sentimento de grandeza e é remetida à sua verdade criatural.

8. Experiências que se impõem e evitam a desvalorização do corpo

No entanto, já constante no *Livro da Vida* e reafirmado dentro das sextas moradas, impõe-se a experiência da Humanidade de Cristo, que a fará ater-se à necessidade de contemplar Cristo, especialmente nos mistérios da Paixão, e segui-lo na oração e na vida. Impõe-se a experiência do "divino corpo",[112] que leva à afirmação de que não somos anjos. Impõe-se a percepção interior ou visão imaginária de Cristo sempre a seu lado, caminhando com ela como testemunha de tudo o que ela fazia.[113] Impõe-se a experiência das mãos de Cristo, com sua grandíssima beleza, do divino rosto e de toda sua Humanidade ressuscitada, a imagem do Cristo vivo.[114]

---

[109] Cf. 6 M 11, 3.
[110] Cf. 6 M 11, 5.
[111] V 38, 5.
[112] V 22, 1.
[113] Cf. 27, 2.
[114] V 28, 1-3. Pensamos também que as visões dos corpos glorificados, em especial o de São Pedro de Alcântara, de quem tanto lhe impressionaram as penitências, ao mesmo tempo fortalecem e são fruto de sua valorização da dimensão corpórea de Cristo e das criaturas. Cf. V 36, 20.

A humanidade de Cristo é o fundamento que possibilita não recear as coisas corpóreas.[115] É impossível o afastamento dessa dimensão. A pessoa não é uma "alma de anjo", ela está neste "corpo mortal". Como vimos, Teresa é defensora da importância da humanidade de Cristo. A experiência teresiana dessa humanidade é inequívoca e irrevogável: dela vem todo bem. É uma experiência tão real e positiva que, subjetivamente, Teresa *não quer* outro bem a não ser o que vem de Cristo, mesmo aceitando a hipótese de que seja possível meditar apenas a sua divindade, prescindindo de sua humanidade.[116]

No entanto, pensamos que as experiências de *Vida* e das sextas moradas não trouxeram a Teresa a reconciliação com o corpo e com a vida terrena, o "querer viver", que brotasse de suas entranhas, de seu centro mais profundo, do interior de sua experiência sobrenatural. Essas grandes experiências foram, no arco de toda a experiência teresiana, a evidência do desejo de Deus e da dor de sua ausência. Foram a manifestação da purificação necessária ao corpo para corresponder às exigências evangélicas. Foram parte da peregrinação do Espírito Santo junto à alma em direção ao reconhecimento do Cristo em sua radicalidade trinitária. As sextas moradas são fascinantes pela experiência de amor intenso, mas seu ponto de chegada é a "sede"[117] e a consideração da vida como "sonho".[118]

9. A reconciliação consciente com o corpo: sétimas moradas e Eucaristia

A presença trinitária como "companhia" e o matrimônio espiritual das moradas sétimas vêm reconciliar Teresa com sua criatureidade, a partir do centro de sua experiência sobrenatural. Uma das transformações da alma, na sétima morada, é oferecer a Deus o *querer viver*, como a *"oferenda mais custosa* que ela pode lhe dar"[119] para servir ao

---

[115] Cf. 6 M 7, 14 e V 22, 10.
[116] Cf. 6 M 7, 15.
[117] 6 M 11, 5.
[118] V 40, 22.
[119] 7 M 3, 7. Itálico nosso.

Crucificado. E em sua última conta de consciência, escrita um ano antes de sua morte, afirma que, "a alma não quer nem a morte nem a vida", sendo que a presença das três Pessoas remedia a ausência e "fica o desejo de viver".[120] Daí nasce a paz verdadeira. Acaba-se o desejo de morte, embora, em alguns momentos, ele ainda sobrevenha. Só aí lhe brota do coração o desejo de viver para servir a Deus.

As palavras do matrimônio espiritual também enviam à vida e ao serviço, como mostram as palavras de Teresa: "[...] disse que já era tempo de tomar como seus os interesses divinos, enquanto ele cuidaria dos interesses dela".[121]

Vemos como a dimensão corpórea não está ausente dessas palavras: Deus cuida da pessoa, de seus interesses (no original, de suas "coisas"). Deus assume a nossa humanidade continuamente, como fez em Jesus. Embora a experiência do matrimônio espiritual seja mística, é evidente que o seu conteúdo contempla a totalidade da pessoa e envia a esta totalidade.

Esse matrimônio produz efeitos de renovação. A alma sente muito bem a presença de Deus que dá a vida. E a pessoa irrompe em palavras, reconhecendo esse Deus como fonte e sustento da vida. Sustento que é comparado ao leite que brota dos "peitos" de Deus. Chama-nos a atenção como, na maturidade espiritual das sétimas moradas, Teresa utiliza imagens da criança no colo de sua mãe, sendo alimentada pelo leite de seus seios. A maturidade espiritual não descansa num mundo de certezas, ao contrário, é encontro com a inocência original que jovialmente possibilita relações humanas renovadas desde suas raízes. Esse leite conforta toda a guarnição do castelo, inclusive os sentidos do corpo, a fim de "[...] confortar aqueles que servem materialmente aos noivos".[122] O corpo torna-se servidor dessa relação de amor.

A vida que procede de Deus é comparada ao "leite" que jorra e alimenta; à "água" caudalosa que sacia; a "alguém" que dá vida à vida da pessoa; ao "sol" de onde procede a luz fulgurante que ilumina as

---

[120] R 6, 9.
[121] 7 M 2, 1.
[122] 7 M 2, 6.

faculdades. Mais concretas não poderiam ser as comparações que Teresa traça da vida de Deus. As disposições interiores se renovam. Há um esquecimento de si próprio. A alma nem se reconhece de tão transformada que está, empregando todo o seu tempo em promover a glória de Deus.

Finalmente, a pessoa aceita a vida e oferece o querer viver para servir o Crucificado. A vida cotidiana transforma-se no ponto de convergência da graça de Deus e da resposta humana. Não há outro espaço de verdade que o viver e conviver cotidianos. Imenso, torna-se o desejo de servir. Na oração, acabam-se as securas e trabalhos e ficam a memória e a ternura para com o Senhor. O diálogo com Deus permanece constante, pois Deus quer estar sempre se comunicando e a pessoa respondendo como Paulo, que quer saber sempre de Deus o que ele quer que ele faça.[123]

O corpo fica fortalecido e dilatado em seus sentidos para comportar, conscientemente, a presença do Senhor. Revela-se claramente o sentido da vida espiritual: a ação, as obras, o serviço.

Só nas sétimas moradas encontramos a integração entre corpo, alma e espírito, que juntos se engajam na ação apostólica. O itinerário teresiano revela-se, assim, como um caminho, em que pouco a pouco essas dimensões vão se harmonizando.

No itinerário de integração e harmonização, ressaltamos como fundamentais as experiências eucarísticas. Constantes em *Relações*, elas são datadas a partir de 1575, ou seja, três anos após o matrimônio espiritual.[124] Desde *Vida* Teresa nos testemunha que alma e corpo descansavam e eram sanados na Eucaristia.[125] Em *Caminho*, encontramos a mesma experiência.[126] Parece-nos, no entanto, que Teresa, mesmo após a experiência do matrimônio espiritual, passa ainda como que por uma purificação do desejo de morte e convencimento do valor de sua

---

[123] Cf. At 9,6.
[124] Como vimos, as visões trinitárias datam de 1571 e o matrimônio espiritual, de 1572, segundo MAS ARRONDO (*Teresa de Jesús en el matrimonio espiritual*. Avila: Instituición Gran Duque de Alba, 1993. p. 189). Lembramos que *Moradas* foi escrito em 1577.
[125] Cf. V 30, 14.
[126] Cf. C 34, 6.

própria vida, corpo e serviço, através da Eucaristia. Em nossa opinião, as experiências eucarísticas ajudarão, de maneira decisiva, a viver com radicalidade a dimensão positiva do corpo e da vida terrena, que será testemunhada em *Moradas* e na última *Relação* de nossa autora.

Teresa percebe que a alma se faz uma com o corpo do Senhor, o que lhe provoca grande transformação interior.[127] Entende que, na Eucaristia, há uma misteriosa união entre a oferenda do corpo do Cristo e o Pai que o recebe.[128] Finalmente, após a experiência trinitária em que percebe que apenas o Filho se havia feito carne, ou seja, após compreender o significado da Encarnação, Teresa compreende em seu interior estas palavras: "Pensa, filha, que, depois de acabada a vida, não Me podes servir como o fazes agora. E come por amor a Mim e dorme por amor a Mim, e tudo o que fizeres seja por Mim".[129]

Que admirável é ver o processo de humanização e integração em Teresa de Jesus. Dificilmente poderemos encontrar um testemunho tão eloquente da relação e tensão entre corpo e alma. Ao fazê-lo, em suas experiências e reflexões, Teresa deixou-nos um caminho de humanização do corpo. Essa humanização exige um "sim" que vem do fundo sincero da entrega de si mesmo, uma resposta que parte do encontro com o Crucificado e da experiência de que o limite da vida verdadeira não é a morte física, mas a vida em Cristo. Viver assim é a glória do cristão.

Encontramos ecos da teologia paulina e joanina na experiência e doutrina teresianas. Como não entender aqui a experiência de Paulo que o leva a exclamar: "Estou preso neste dilema: sinto o desejo de partir e estar com Cristo, mas permanecer neste mundo é mais necessário por causa vossa" (cf. Fl 1,23-24)? Vemos também como a reconciliação com o corpo se dá concomitantemente ao processo de cristificação. Nele, a tensão escatológica se desloca do desejo de morte para a glória da cruz: "Sua glória está em poder ajudar em alguma coisa o Crucificado".[130]

A reconciliação com o corpo não significa rompimento da relação dialética entre ele, a alma – psique – e o espírito. A integração acontece

---

[127] Cf. R 49.
[128] Cf. R 57.
[129] R 56. Itálico nosso.
[130] 7 M 3, 6.

depois de forte distinção entre eles. O lugar onde se dá a integração é o centro, o interior humano, o espírito humano. Dessa maneira, a reconciliação com o corpo é também processo concomitante à espiritualização, entrega amorosa de todo o ser ao Cristo. Passa-se da afirmação prevalente do polo não corpóreo ao polo corpóreo, vivido no tempo e no espaço cotidiano. A vida concreta torna-se a medida da vivência cristã em plenitude. A afirmação da integração, vivida no tempo e no espaço cotidiano, é ensinada no plano magisterial por nossa autora e assumida na sua experiência pessoal. Trata-se, na verdade, de um sim teologal, proporcionado pela união de amor ao destino redentor de Cristo.

A entrega da vida e do corpo foi assim cantada na poesia *Sou vossa, sois o meu fim*:

> Eis aqui meu coração:
> deponho-o na vossa palma;
> minhas entranhas, minha alma,
> meu corpo, vida e afeição.
> Doce esposo e redenção,
> a vós entregar-me vim:
> que mandais fazer de mim?[131]

10. O corpo que sente: sentidos

Os sentidos do corpo, canais de comunicação e abertura, são despertados e solicitados a se engajarem no processo de humanização, materializando uma nova comunicação da pessoa com Deus, consigo própria, com os outros e com o mundo.

Três sentidos aparecem com maior frequência em sua obra: a visão, a audição e o tato. Enfocaremos prevalentemente o livro *Moradas*.

O olhar está sempre desperto e aprende a prestar atenção nas "maravilhas" de Deus. *Moradas* é convite constante à imaginação, acendida pelo olhar. Os apelos visuais se sucedem como cascata, na linguagem simbólica teresiana. Imaginamos o castelo interior feito de cristal, onde está a fonte de água, onde brilha o sol resplandecente. Símbolos da

---

[131] P 5.

natureza são evocados: da abelha ao palmito, do ouriço à tartaruga, o bicho-da-seda em seus detalhes, a borboletinha branca. Teresa fala também da pedra preciosa que levamos em caixinha de ouro. Os elementos da natureza estão igualmente presentes: a terra, o fogo com suas centelhas que sempre saltam para fora e para cima, a água em forma de fonte, de riachinho e de mar. O céu também empresta suas comparações: a ação de Deus compara-se ao cometa. Em outro momento, nossa escritora lembra-se da ave fênix da mitologia e, mais adiante, utilizando um símbolo social, reporta à sala da duqueza de Alba, cheia de enfeites, para explicar um efeito de oração.

Essa linguagem viva conota uma pessoa habituada a olhar, observar, contemplar. Teresa nos ensina a adquirir um olhar desperto, capaz de ir além dos olhos do corpo. Descobrira, ao longo de sua experiência, que se pode olhar com os "olhos da alma". O olhar adquire uma profundidade e uma extensão espirituais, busca detalhes para expressar claramente o que sente e vê. Sua explicação sobre o pecado nos diz que ele "não deixa ver" a beleza do castelo. Também os animais nocivos, as cobras, víboras e animais daninhos "cegam" para que a pessoa não veja nada além deles próprios. O mundo interior é um complexo de luzes e sombras, por isso o olhar deve discernir a luz, as formas, as direções. Há moradas mais escuras, outras mais claras. Teresa aconselha a colocar os olhos em Cristo, fonte de todo bem.[132] Afirma de Deus que ele é luz para que a pessoa veja bem o caminho e faça o discernimento da direção.[133] Cristo é o guia dessa aventura.

A visão vai além dos olhos do corpo e também da alma. Teresa sente que algumas experiências, como a visão intelectual, têm sua raiz num profundo que ela não consegue explicar, mas que produzem, entretanto, certeza de serem reais e não fruto da imaginação – de fato, a alma "vê". O raio de sentimentos de nossa autora transborda o que ela mesma consegue explicar, mas a certeza de sua experiência não é obscurecida.[134]

---

[132] Cf. 1 M 2, 11.
[133] Cf. 2 M 6.
[134] Digno de nota é sua expressão de incentivo a que os cristãos sigam o Cristo: "*veréis* como *vemos* a Dios y nos *vemos* tan metidas en su grandeza como está este gusanillo en este capucho"

A audição é outro sentido fundamental. O corpo de quem se deixa guiar pela espiritualidade de Teresa é um corpo em contínua atitude de escuta. Deixa que os outros penetrem na própria vida. É corpo que provoca respostas e atitudes.

No princípio da vida espiritual, a pessoa tudo ouve e escuta – vozes exteriores e interiores – e não percebe ao menos as contradições. A alma das primeiras moradas é comparada ao surdo-mudo; nas segundas, ao mudo, pois a pessoa começa a escutar Deus, seus chamados e seus convites, mas não sabe ainda falar, isto é, sua pessoa inteira ainda não consegue ser coerente e responder ao que escuta. Por isso as moradas segundas são de conflito e luta, uma "barafunda" em que a pessoa se divide entre mil solicitações que a seduzem. É o momento de escutar as Escrituras, os sermões, as palavras e conselhos de pessoas boas. Teresa insiste na necessidade de aprender a escutar aqueles de quem Deus se serve para falar e chamar. Insiste na necessidade de procurar pessoas que já entraram nos "salões vizinhos ao do Rei" e conversar com elas, pois, de tanto conversar, a alma acaba atraída para onde elas estão. Daí em diante, a pessoa vai se habituando a escutar Deus na oração. Começa a limitar e escolher o que escuta. Essa atitude leva a uma progressiva harmonia interior.

A atitude de escuta transborda para as relações fraternas. Vemos nas *Moradas* inúmeros conselhos para que se escutem as irmãs, escutem também sua linguagem não verbal como suas atitudes e debilidades físicas, e que o tratamento a cada uma seja personalizado.

O ouvido adquire, como a visão, a forma de ouvido de fé, que escuta o interior; são os "ouvidos da alma". Teresa descobre que os ouvidos possuem profundidade e extensão espirituais. Assim, na oração de recolhimento, a alma escuta o assovio do bom pastor e as faculdades e sentidos recolhem-se ao castelo. Em outro momento, o Senhor transpassa o coração como um "trovão", embora não possamos ouvi-lo. Nas moradas sextas, a alma recebe a graça de ouvir o Senhor em impressionante

---

(5 M 2, 6). Conforme nota da edição das *Obras completas* da EDE, o texto autógrafo de *Moradas* apresenta a correção do Padre Gracián: ele risca *vemos* (a Deus) e o substitui por *contemplamos*. Parece que considerou exagero o que hoje admiramos na narrativa teresiana, o jogo com a repetição de palavras.

riqueza de possibilidades de escuta: umas palavras vêm de fora, ou do mais íntimo da alma ou da parte superior do espírito; outras vêm do exterior e se ouvem com os ouvidos.[135] Com experiência tão rica, Teresa pode expressar-se afirmando que há momentos em que a "alma está como quem ouve".[136] No matrimônio espiritual o espírito estará sempre como Maria aos pés de Jesus, escutando-o. As palavras que o Senhor "diz" cumprem-se; a pessoa escuta e dispõe-se a esse cumprimento.

É fundamental descobrir os olhos e ouvidos interiores: "Muitos prejuízos me causou não saber ser possível ver sem usar os olhos do corpo".[137] Isto é ainda mais verdadeiro se lembramos que, na experiência mística, Teresa nunca viu nada com os olhos do corpo e nunca ouviu nada com os ouvidos temporais.[138] Em *Exclamações*, encontramos uma expressão de dor pelos que não descobrem esses olhos e ouvidos e acabam se perdendo:

> Ó Senhor, *quem pôs tanta lama nos olhos da alma para que ela não enxergue isso* antes de estar nessa situação? Ó Senhor, *quem lhes tapou os ouvidos para não escutarem* as muitas vezes em que se fala disso e a eternidade desses tormentos.[139]

Também o tato é importante em *Moradas*, por dois motivos: pela capacidade de receber e discernir as sensações e pela capacidade de doação, pois a vida espiritual leva eminentemente à ação – seu objetivo são as obras e o serviço. Só um corpo atento ao toque prazenteiro ou doloroso das pessoas e das coisas, atento às sensações provocadas pelos elementos naturais, como o fogo e a água, é capaz de se expressar com a infinidade de expressões sensoriais constantes na obra teresiana e relativas à vida espiritual. É necessário perceber os "toques" de Deus, seu calor que queima e abrasa a alma, provocando "dor saborosa". E também sua ação, que, como água, mina e unge toda a pessoa.[140]

---

[135] Cf. 6 M 3, 1.
[136] 6 M 3, 14.
[137] V 7, 7.
[138] Cf. R 4A, 15.
[139] Excl 11, 2. Itálico nosso.
[140] Cf. 7 M 3, 9; 6 M 11, 2.4; 4 M 2, 6.

Na interpretação original que Teresa faz do texto evangélico de Marta e Maria, ambas são igualmente valorizadas. Maria está longe de ser aquela que viveu sempre aos pés do Senhor.[141] Essa interpretação conota a importância das mãos e dos pés que dão forma à ação, tomam contato com a realidade, com os objetos, com o espaço físico, com o outro, especialmente o corpo doente e pobre. As mãos são mãos para os demais, mãos realistas, duras do trabalho, suaves para o carinho, que lavam os pés de Jesus. São mãos desejosas de penitência e cruz, para assim continuar em si, e em todo o seu corpo, os sofrimentos de Cristo.[142] "O amor não é fabricado na imaginação, mas provado por obras", diz Teresa nas terceiras moradas.[143] O importante é colocar em prática tudo o que se sabe.[144]

O paladar e o olfato tampouco estão ausentes. Se a pessoa humana é comparada ao esplêndido castelo de cristal, alegoria principal de *Castelo Interior*, com a mesma naturalidade o castelo é comparado ao palmito: as moradas não são enfileiradas, mas como camadas que envolvem o centro saboroso, que é o salão principal. A união com o Rei é o que de mais saboroso se pode imaginar. Isto sem falar do vinho de sua adega, que inebria de amor. Mais tarde, na última morada, explica nossa autora que alma e espírito são distintos, embora sejam um; eles trabalham de maneira diferente, conforme o "sabor" que o Senhor lhes queira dar.[145] Por sua vez, a ação de Deus, na pessoa, é comparada ao braseiro perfumado cujo odor se espalha por todo o castelo.[146] Percepção sutil e intuitiva dos perfumes do Espírito, o olfato interior está atento igualmente aos maus odores emanados das águas fétidas do castelo e do verme com que é comparada a pessoa humana afastada de Deus, que é claridade e limpeza.

A espiritualidade de nossa Doutora mística passa por um corpo que sente, com todos os sentidos e amplitude. Aberto às formas de

---

[141] Na interpretação teresiana do texto lucano de Marta e Maria, Maria e Maria Madalena são a mesma pessoa.

[142] Cf. 5 M 1, 7.

[143] 3 M 1, 7.

[144] Cf. 5 M 1, 6.

[145] 7 M 1, 11.

[146] Cf. 4 M 2, 6.

estímulos coerentes com a dedicação que faz de sua existência, e atento ao discernimento dessa coerência. À predisposição positiva para com as coisas corpóreas une-se a uma poderosa orientação de todos os estímulos ao projeto de vida escolhido. A espiritualidade teresiana conta com a capacidade dos sentidos. Por outro lado, tem plena certeza de que o mundo dos sentidos não é suficiente para explicar o mistério da pessoa humana.[147] A pessoa e o mundo não se reduzem ao imediatamente sensível, ao positivo e verificável, pois eles são também feitos de realidades inapreensíveis, capazes de estimular e fazer viver, e que, de alguma maneira, Teresa "sente" serem verdade:[148] "[...] como podemos ter tanta certeza daquilo que não vemos? Não sei. Só sei que digo a verdade".[149]

Em nível da linguagem, os sentidos – patrimônio comum de todas as pessoas – tornam-se veículos de explicações profundas. Assim, explicações profundas tornam-se compreensíveis – também patrimônio de todas as pessoas.

11. O corpo como mistério de fé: seguimento

O corpo é mistério espiritual, por sua possibilidade de deixar transparecer Deus. O corpo é corpo de fé, de esperança e de amor.

O corpo, humanizado na relação pessoal com Jesus Cristo, tem de ser um corpo diferente, senão a fé não seria fé vivida por pessoas humanas. É outro modo de estar no mundo. O trato com Jesus transforma gestos e atitudes corporais. O corpo transforma-se em corpo em seguimento.

Tal seguimento é diferente das "boas obras" que não procedem de Deus.[150] Teresa percebe muito bem a dimensão corporal-concreta de toda crença e ideologia.

---

[147] Teresa fala várias vezes, especialmente nas sextas moradas, do "silêncio dos sentidos": Deus os domina e os deixa sem ação. Ao "acordarem", experimentam-se como que purificados. Essa experiência, sobrenaturalmente percebida por Teresa, aponta, na verdade, para a experiência cristã na qual o encontro com Deus, longe de ser passividade paralisante, é um encontro transformante que, entre muitos efeitos, reorienta os sentidos.

[148] Cf. 6 M 7, 6 e 7 M 1, 7.

[149] 5 M 1, 11.

[150] 1 M 2, 1.

O corpo, humanizado por Cristo, ama ativamente. O amor não encapota o corpo, imobilizando-o numa errônea crença de que o essencial está no êxtase ou no enlevo da oração. Não. A fé encarnada, que ensina o Cristo, põe o corpo num movimento cujo sentido é o próximo, o outro, o que sofre. Corpo disposto a padecer, a cansar-se – como São Paulo e os apóstolos – a morrer. Corpo disposto ao trabalho e às obras, finalidade do matrimônio espiritual.[151] O sossego no interior (paz) é em troca de muito menos sossego no exterior. Em termos fortes: há uma verdadeira guerra a tudo o que é corporal para que não fique ocioso.[152] A companhia que a pessoa traz em si a fortalece, pois é a companhia do "forte" por excelência. Assim, corpo de fé participa da fortaleza divina, no serviço e na morte.

A força adquirida ao beber o vinho na adega, onde o Esposo introduz a alma, redunda em todo o corpo, "como acontece com o alimento que, recebido no estômago, dá forças à cabeça e a todo o corpo".[153] Daí também surge um novo conflito: por mais que trabalhe, tudo parece pouco, tal a força interior.

O corpo não está fora do raio da fortaleza adquirida na oração. A oração é para o serviço de Deus: Marta e Maria têm que andar sempre juntas.

O serviço é realizado com radicalidade, pois ser escravos de Deus é ser escravos do mundo. O Deus a que se segue é o Deus crucificado, que se fez escravo de todos.

Assim, por um lado a alma não pode viver à custa do corpo, devendo respeitá-lo em sua saúde, ritmos e tempos. O corpo é, mesmo, critério de legitimidade da atividade interior, que deve ser pacífica e suave, e não penosa ao corpo.[154]

Por outro lado, é impossível uma total satisfação justaposta entre corpo e alma. O corpo tem de estar a serviço da opção fundamental de fé para que não se crie uma divisão irreconciliável. Concentrar toda

---

[151] Cf. 7 M 4, 5-6.
[152] Cf. 7 M 4, 10.
[153] 7 M 4, 11.
[154] Cf. 4 M 3, 6.

a atenção no corpo é correr o risco de que jamais se perceba o sentido profundo da pessoa habitada por Deus.[155]

O corpo de fé é um corpo comunitário, vivido numa relação de carinho, respeito e doação recíprocos: "[...] se ela [alma irmã] sente alguma dor, doa-vos como se a sentísseis vós. E, se for necessário, jejuai para que ela coma; não tanto por ela, mas porque sabeis que o vosso Senhor deseja isso".[156]

O corpo de fé é um corpo-liturgia, que explode em louvores a Deus, ao seu Cristo e ao Espírito Santo. Louva o Senhor em suas "maravilhas" através de gestos, palavras e, especialmente, serviço e obras. Teresa bem entende que São Francisco de Assis e São Pedro de Alcântara saíam pelos campos apregoando os louvores de Deus: "[...] que boa loucura, irmãs!".[157]

O corpo de fé permanece, entretanto, corpo de pecado, sujeito à tentação e ao mal. A ação egoísta do demônio encontra-se como risco em todas as moradas, espalhando desconfiança na ação de Deus em Cristo. O maior pecado é não avançar na relação com Deus, frustrar a vocação de união com ele. A pessoa permanece, assim, corpo inerte, que não ama, não serve, não se doa, não se dispõe a avançar para além do sofrimento. Cultiva amor próprio, fecha-se em si mesma. Projeta sua própria vontade em Deus e, assim, torna-se vulnerável e sujeita às pessoas e às estruturas, aos prazeres mais imediatos, aos amigos e parentes, sem conseguir "voar" mais alto, livremente.

12. O corpo como mistério de esperança: um outro céu

O corpo, humanizado por Cristo, é corpo de esperança. Por um lado, a pessoa, por Jesus Cristo, tem esperança em tudo o que é corpóreo e humano. Por outro lado, o corpo é atravessado pela esperança escatológica da plenitude, do "céu", que não pode ser realizada na finitude

---

[155] Cf. Cf. 1 M 1, 2.
[156] 5 M 3, 11.
[157] 6 M 6, 11.

do corpo. Essa esperança ressoa fortemente nas moradas sextas, onde Teresa testemunha que há um céu dentro da alma, um

> [...] aposento do céu empíreo que devemos ter no interior de nossa alma. Pois, se Deus habita em nós, *está claro* encontrar-se em alguma destas moradas.[158]

E, em outro momento, afirma: "Assim como o tem no céu, Deus *deve possuir na alma* um pouso, digamos outro céu, onde só ele habita".[159]

O corpo é também corpo-paraíso, atravessado pela transcendência poderosa e grande de Deus. Uma das mais fortes experiências místicas de Teresa é ter sido conduzida a esse aposento, a morada que é só de Deus. Ela não consegue explicar como é esse aposento e descreve apenas o bem que essa graça realiza e como faz que, em seguida, a pessoa busque apenas amar e servir como Cristo amou e serviu, mesmo no sofrimento. A pessoa vê claro, então, que tudo é nada ao lado de ter como nosso o "Senhor de todos os tesouros, e do céu, e da terra".[160] O corpo é experimentado como incompleto e peregrino. Por isso, muitas vezes o corpo é experienciado como desterro, como saudade.

Tal incompletude, vivida finalmente na esperança, motiva a entrega da vida em compaixão com os pecadores e sofredores, como Jesus fez. Ver Jesus sofrendo é sofrer também, sofrer junto com os que sofrem. Este é o amor que a esposa recebe do Esposo: um amor que segue o de Cristo. Nossa autora nos lembra que, no Livro do Cântico dos Cânticos, o Esposo introduz a esposa em sua adega e ali lhe ordena o amor.[161] A esposa, então, segue o caminho da cruz, sofre com Cristo imitando dele o mesmo amor.[162] A esposa sabe que o corpo que morre com Cristo é com ele ressuscitado.

O corpo de esperança é a tradução da experiência do limite absoluto.

---

[158] 6 M 4, 8. Itálico nosso.
[159] 7 M 1, 3. Itálico nosso.
[160] 6 M 4, 11.
[161] Cf. Ct 2,4.
[162] Cf. 5 M 2, 13 e 3, 11-12.

13. O corpo como mistério de amor

O corpo, humanizado por Cristo, é corpo de amor. A raiz deste amor é o amor que Deus lhe tem. Amor que se entrega, não importando mais saúde, doença ou sofrimentos. A gratuidade é característica desse amor, que se torna, assim, mediação de graça. A santa ensina que o natural do amor é agir sempre e de mil modos. As pessoas muito apaixonadas não servem por salário, mas gratuitamente, em conformidade com palavras e atitudes.[163]

Das imagens que Teresa usa em *Moradas* para se expressar, muitas são de caráter corporal: esposos, beijo, braços, abraços, imagem "esculpida". Ela sabe, por exemplo, que a comparação que faz entre a união profunda com Deus e o matrimônio é grosseira, pois o espiritual e o corpóreo são dimensões diferentes. Entretanto, afirma não ter encontrado outra comparação que defina tão bem esta verdade.[164]

Com isso, dá a entender como a raiz de todo amor é Deus. E o amor humano, mesmo sendo o melhor exemplo encontrado, ainda é pálida comparação com o amor com que Deus ama.

Cativado pela pessoa de Jesus, o corpo humanizado vai se assemelhando a ele, vivendo a vida que ele viveu, tornando-se "escravo do mundo", como ele foi.[165]

Enfim, na aventura existencial que tem, em *Moradas*, sua máxima expressão, o corpo está sempre presente, ativa ou passivamente, deixando-se alterar pela ação de Deus. A ascética implica uma renúncia, um esvaziamento daquilo que pode estorvar a ação de Deus, e dispõe o corpo à ação mística. Tal ação mística é um amor que envolve e transforma toda a pessoa, tornando-a cada vez mais humana.

Na experiência mística, o Espírito invade todas as raízes humanas, atravessa sua personalidade e psicologia. O corpo, plasticamente, reage à ação do Espírito. Teresa, entretanto, não se refugia na experiência mística, ao contrário, insiste na absoluta gratuidade da ação de Deus. O corpo não é reação psicossomática a essa experiência. Ele é, isto sim,

---

[163] Cf. 6 M 9, 18 e 7 M 4, 7.
[164] Cf. 5 M 4, 3.
[165] 7 M 4, 8.

transparência, janela da alma, espelho do que acontece em seu interior, revelando sua razão de viver. É sinal que expressa a relação amorosa entre Deus e a alma. É corpo transformado e capacitado ao trabalho, à luta, ao serviço aos irmãos e a Deus neles. O serviço é a síntese do corpo capacitado para o amor.

Enfim, corpo comunicativo, aberto à vida, eminentemente relacional. Mediação do amor interpessoal. A experiência vivida e ensinada pela Doutora de Ávila é uma experiência integradora básica do ser humano como pessoa. Está, por isso mesmo, apta a superar o dualismo entre corpo e alma e a viver em riqueza a relação dialética entre ambos.

Teresa havia entrado em guerra contra o limite corpóreo. A paz com o corpo só lhe veio na descoberta vital da Trindade. E comparou o seu limite com a oferta indefesa de Deus, em Cristo, que se fez limite e fragilidade, *se fez carne*. Aceitou o limite quando percebeu que Cristo é a última palavra de Deus, e não a morte que tanto anelava. Daí veio sua força para a entrega em amor, com e como Cristo. Confrontada com seu limite, Teresa experimentou Deus como pura, eterna e divina ativação das suas forças e possibilidades humanas para o amor – esta é a resposta de Deus à finitude humana.

Capítulo 11

A resposta humana

Introdução

Vimos a relação de integração entre corpo, alma e espírito enquanto processo de humanização. Passemos a outro sinal da espiritualidade teresiana como caminho humanizador.

Consiste no desenvolvimento da resposta humana a Deus, que depende deste gesto incomunicável de liberdade, sempre possibilitado pela liberdade de Deus que abre espaço ao humano. Teresa levou muito a sério o mistério do Deus que "espera", pacientemente, a resposta livre da pessoa, sem deixar de suscitar, pelo Espírito, esta resposta. Já no Prólogo do *Livro da Vida* Teresa louva ao Deus "que tanto a esperou".

Parte importante da resposta humana, na espiritualidade teresiana, consiste no cultivo e no aprofundamento de algumas atitudes ou virtudes que Teresa considera fundamentais: o amor, o desapego e a humildade. Elas estão enunciadas no início de *Caminho de Perfeição*:

> A primeira é o *amor de umas para com as outras*; a segunda, o *desapego de todo o criado*; a terceira, a *verdadeira humildade* – que, embora tratada por último, é a principal, abarcando todas.[1]

---

[1] C 4, 4. Itálico nosso.

A elas nos dedicaremos agora. Não nos interessa aqui apresentar como nossa autora discorre sobre essas atitudes em *Caminho*. Interessa-nos apenas interpretá-las enquanto resposta humana à experiência do Mistério.

1. Humildade: virtude primordial

A verdadeira humanidade, que é recriada por Deus, não pode acontecer sem a "humildade", pela qual a pessoa afirma a centralidade de Deus em sua vida, e não a si própria.[2] Para afirmar essa centralidade é necessário um reconhecimento de Deus como aquele do qual vêm todas as graças, e de si mesmo como ser indigente e necessitado de Deus. Não há conhecimento próprio, verdadeiro e não ilusório, sem a humildade.[3] Em *Relações*, encontramos uma síntese do que é a humildade, escutada em seu interior: "Filha, [...] Esta é a verdadeira humildade: saber o que se pode e o que Eu posso".[4]

Essa humildade que reconhece a Deus como guia e fonte da dinâmica espiritual é a virtude primordial a ser desenvolvida por aquele que se dispõe a seguir pelo caminho da oração, a entrar no castelo interior. A humildade é a base do edifício espiritual. Se ela não é verdadeira, o próprio Senhor não irá querer edificar muito alto, para que o edifício não caia. Deus é o condutor do processo, e a pessoa deve se render a ele de maneira total.[5] Render-se a ele é render-se também aos irmãos: Teresa aconselha a querer ser a menor, a buscar como dar prazer e servir aos outros – nesse caso, o bem maior é feito a si própria, porque a humildade é a pedra firme que segura o castelo.[6] Com humildade, consegue-se muito diante de Deus, que se dá de todo àquele que se entrega totalmente. A humildade é a rainha que dá xeque-mate ao Rei.[7]

---

[2] Cf. HERRAIZ, Maximiliano. *Sólo Dios basta; claves de la espiritualidad teresiana*. 2. ed. Madrid: Editorial de Espiritualidad, 1981. p. 256.

[3] Cf. 6 M 11, 7.

[4] R 28.

[5] Cf. HERRAIZ, *Sólo Dios basta; claves de la espiritualidad teresiana*, p. 250.

[6] Cf. 7 M 4, 8 e C 15, 2.

[7] Cf. C 16, 2. Para a história da redação e comentários desta passagem em que a humildade é comparada à dama (rainha) do jogo de xadrez, ver: ALVAREZ, T. *Paso a paso;* leyendo con Teresa su *Camino de Perfección*. Burgos: Monte Carmelo, 1996. p. 87-94.

É já clássica a definição teresiana da humildade como "andar em verdade":

Certa vez, pensando eu por que Nosso Senhor aprecia tanto a virtude da humildade, deparei logo [...] com o seguinte: sendo Deus a suma Verdade, e *a humildade, andar na verdade,* eis a razão da sua importância.[8]

De que verdade fala Teresa? Fala-nos do mistério de Deus, revelado em Cristo, tal como a temos nas Escrituras. A verdade da boa-nova de Jesus Cristo que, em sua vida, morte e ressurreição – sagrada Humanidade – insere-nos no amor de Deus, que se estende a toda a humanidade. Andar na verdade é transcender a lógica humana orgulhosa e adentrar na lógica da fé, que nos coloca em relação com este mistério, para viver dele e nele conformar a vida. Para entrar no mundo da relação com o mistério – âmbito da fé – é preciso empreender o voo, ou viagem da fé, que leva a abandonar os caminhos conhecidos da autossuficência e do fechamento orgulhoso ao mistério e aos demais. A verdade é entender que Deus assume e diviniza a pessoa, "mora" nela. E assim, funda uma realidade nova que pode ser compreendida e experimentada na oração e confirmada com obras e virtudes, pois a verdade é endereçada à vida, não para um deleite espiritual e intelectual.[9]

No século XX, o Concílio Vaticano II vai afirmar a necessidade de conhecer o "Evangelho como fonte de toda verdade salvadora e de toda norma de conduta".[10] Teresa ensina que é necessário a humildade para viver e permanecer neste terreno da fé – é necessário a humildade para perceber das Escrituras sua Verdade salvífica. Por isso a exortação à humildade está presente em todas as moradas e em toda a obra literária teresiana.[11]

Foi pela humildade que Deus se fez homem. A humanidade de Cristo é o espelho de toda humildade. Dele é que se aprende o que é ser humilde, e se conhece como estamos longe de sê-lo. Pela humildade a

---

[8] 6 M 10, 7. Itálico nosso.
[9] Cf. 4 M 2, 8 e 3, 3.
[10] Cf. DV 7.
[11] Cf. Humildad. In: FR. LUIS DE SAN JOSE. *Concordancias de las obras y escritos de Santa Teresa de Jesús.* 3.ed. Burgos: Ed. Monte Carmelo, 1982. p. 673-681.

pessoa conhece o pouco que pode e o muito que pode Deus.[12] Pela mesma humildade se conhece as grandes coisas que a pessoa pode realizar com a força da graça.[13] Pela humildade a pessoa reconhece a gratuidade do amor de Deus, que se dá mesmo sem que haja merecimento. Pela humildade mantém-se vivo o temor de Deus pelo qual se conhece que nenhuma morada há sem possibilidade de recaída.[14] Pela humildade a pessoa percorre todas as moradas, das mais externas às mais interiores, tendo sempre presente a possibilidade de avançar, mas também de recuar, recair. Não se acomoda a uma morada, como a um ganho pessoal, mas permanece no caminho, no processo. A humildade é como a abelha, que nunca se acomoda em nenhuma flor.[15] A humildade é efeito de graças místicas e garantia de sua autenticidade. Ela prepara novas graças: Deus não deixa de favorecer quem em verdade se humilha diante de Deus.[16]

Quem não a entende ou não procura anda em ilusão e mentira.[17]

2. Despojamento e entrega

A graça de Deus é o pressuposto de todo desapego ou despojamento (no original, "desasimiento"). Trata-se de uma forte orientação à vontade de Deus, que se realiza num processo pascal de morte e renascimento. Há o desapego, por amor, de tudo o que seja criatura.

Ao longo da vida espiritual, Deus vai agindo continuamente e, por esta autocomunicação ativa, a alma vai se dispondo, vai se desapegando. O desapego é, ao mesmo tempo, efeito da vida mística e atividade humana. Acontecem várias mortes, progressivas e processuais, de diversos aspectos e apegos da pessoa humana, revelando a dimensão pascal da experiência de Deus.

---

[12] Cf. 1 M 2, 9.
[13] Cf. 1 M 2, 10-11.
[14] Cf. 3 M 1, 1 e 7 M 4, 3.
[15] Cf. 1 M 2, 8.
[16] Cf. 4 M 2, 10.
[17] Cf. 6 M 10, 7.

Aqui retomamos o sentido da ascese teresiana. A palavra final é de vida e amor, mas quem não aceita morrer não se reveste da verdadeira humanidade. Quem não aceita, neste tempo e neste espaço, viver a vida em suas limitações e riscos, também não se reveste de verdadeira humanidade.

O despojamento ou desapego não é um vazio de vontades, mas aceitação progressiva da vontade de Deus, mediante o seguimento de Cristo, que leva a ter os "mesmos sentimentos" dele.

Muitas mortes se sucedem na dinâmica de interiorização, cristificação e filiação. Apontaremos algumas, na dinâmica ascendente em direção à vida das sétimas moradas.

Morte da maneira de ver e estar no mundo, onde há absolutização e relação de dependência com as suas "coisas": dinheiro, honras, prazeres, amigos e parentes. Tudo isso é relativo, finito; por isso não deve ser fonte de manipulação. A relação com todas essas coisas tem de ser de senhorio e liberdade.[18]

Morte do desejo de recompensa: passagem da atitude do jovem rico para a atitude do servo inútil. O primeiro entristeceu-se ao ver o que teria de deixar para seguir Jesus, certamente achando que o benefício não valia custo tão elevado. Por isso não seguiu adiante. Deus é impotente e indefeso diante dessa atitude humana: "[...] o que pode, segundo vos parece, fazer o Senhor, se ele há de dar o prêmio de acordo com o amor que lhe temos?".[19] A atitude gratuita do servo inútil é a única capaz de fazer avançar qualitativamente no seguimento de Jesus, pois liberta o amor que não mede recompensas.[20]

Morte do medo de perder a saúde no serviço a Deus.[21] Aqui vemos um alerta ao fechamento nas próprias dificuldades físicas e psíquicas, que se sobrepõe à novidade que a abertura a Deus e aos demais pode trazer e traz, até mesmo para a saúde psíquica e física.

---

[18] Das primeiras às sextas moradas. Ênfase nas segundas.
[19] 3 M 1, 7.
[20] Cf. Moradas terceiras.
[21] Cf. Moradas quartas.

Morte do amor próprio e do orgulho em relação a Deus. Morte do egoísmo e do comodismo. Autodoação no amor que serve aos irmãos e a Deus neles.[22]

Morte do medo do sofrimento e da morte. O amor adquire audácia profética.[23]

Morte do desejo da morte física e oferta do desejo de vida, do "querer viver". O amor torna-se perfeita oblação de si mesmo.[24]

Há neste processo uma colaboração humana na recepção e fidelidade à autocomunicação de Deus. A pessoa colabora ativamente. Como Teresa deixou claro na parábola do bicho-da-seda, ela faz o que está ao seu alcance, embora tudo seja pouco diante da ação de Deus. A disposição humana pode ser sintetizada na decisão da vontade e na prática permanente do despojamento.[25]

A decisão da vontade é a "determinação" de seguir no caminho espiritual,[26] e o despojamento é uma disposição de realizar a entrega à vontade a Deus. A vontade é a "joia" a ser oferecida a Deus, colocando-se a vontade própria na dele até a união das vontades.[27] Na morada sétima, vemos que o espírito que se une ao Espírito de Deus é um espírito desapegado de todas as coisas corpóreas.

Deus é o todo, por isso exige o desapego de tudo.[28] Exige o desapego de parentes e amigos, de riquezas e necessidades corporais; desapego do eu interior – "já sabeis que não há pior ladrão do que o que fica em casa",[29] dos desejos de honra e soberba e dos cuidados consigo mesmo, dos caprichos da carne, "amiga de regalos".[30] Trata-se de um determinar-se a morrer para o mundo.[31] Sem essa atitude não há possibilidade de caminhar na vida espiritual, não há paz, não há liberdade interior, não há liberdade diante das pessoas nem envio para a missão.

---

[22] Cf. Moradas quintas.
[23] Cf. Moradas sextas.
[24] Cf. Moradas sétimas – cf. 7 M 3, 7.
[25] Cf. MAS ARRONDO, A. *Teresa de Jesús en el matrimonio espiritual.* Avila: Instituición Gran Duque de Alba, 1993. p. 370.
[26] V 11, 15.
[27] Cf. C 32, 7.12.
[28] Cf. C 8, 1.
[29] C 10, 1.
[30] Cf. C 2; 8; 10, 1; 12; CAD 2, 8.11.12.14.15.
[31] Cf. CAD 3, 12.

Teresa convoca incessantemente, em sua obra, para a entrega total a Deus. Só assim Deus pode dar tudo o que ele mesmo deseja oferecer. Para nossa autora, a pessoa afastada de Deus é uma ameaça a si mesma, seu "pior ladrão". O início de sua vida após a conversão diante do "Cristo chagado", sua nova vida, é aberta com uma exclamação que retrata esta necessidade de entrega: "[...] louvado seja o Senhor, que me livrou de mim mesma".[32] Pois Deus se dá a quem por ele tudo deixa, sem fazer distinção de pessoas.[33] Em *Caminho*, afirmará que "[...] este Rei só se entrega a quem se dá de todo a Ele".[34] Deus respeita a pessoa, sua liberdade, mas esta deve seguir lutando com intrepidez para seguir neste caminho.[35] Em *Conceitos do Amor de Deus*, volta a afirmar que Deus não costuma e não pode deixar de dar-se a si mesmo a quem "[...] a Ele se dá por inteiro".[36]

Terminamos com as exclamações de Teresa que nos mostram o desejo de entrega definitiva da vontade e da liberdade a Deus. Ela deseja a morte do "eu", cego e egoísta. Tem tal confiança em Deus e em seu amor que entende que a maior liberdade é fazer-se, dele, escravo. Não fazer a vontade de Deus é castigo:

> Não me castigueis dando-me o que quero e desejo se vosso amor (que em mim viva sempre) não o desejar. Morra já esse eu, e viva em mim outro que é mais do que eu e, para mim, melhor do que eu, para que eu o possa servir. Que ele viva e me dê à vida; reine, sendo eu a cativa, pois minha alma não quer outra liberdade.
>
> Como será livre quem estiver distante do Sumo Bem? Que maior e mais miserável cativeiro pode haver do que estar a alma solta das mãos do seu criador? Ditosos os que, com fortes grilhões e correntes dos benefícios da misericórdia de Deus, se virem presos e incapacitados a fim de serem poderosos para se soltarem. Forte como a morte é o amor.[37]

---

[32] V 23, 1.
[33] Cf. V 27, 2.
[34] C 16, 4.
[35] Cf. C 20, 2.
[36] CAD 6, 9.
[37] Excl 17, 3.

Teresa reconhece que, na nossa existência, o livre-arbítrio, antes de significar liberdade, é um escravo da liberdade pessoal se esta liberdade não está ligada à vontade de Deus:

> Ó livre-arbítrio, tão escravo de tua liberdade se não viveres ancorado no temor e no amor de quem te criou! Ó quando virá o ditoso dia em que te hás de ver afogado no mar infinito da Suma Verdade, onde já não serás livre para pecar nem o quererás ser, porque estarás protegido de toda miséria, familiarizado com a vida do teu Deus.[38]

Teresa entende que a participação na natureza divina significa união da vontade com Deus, ou seja, entender o que ele entende e amar o que ele ama:

> [...] quando te entranhares nesse Sumo Bem e entenderes o que Ele entende, amares o que ama e gozares do que goza. Quando tiveres perdido tua mutável natureza (vontade), deixarão de haver mudanças; porque a graça de Deus terá podido tanto que te fez partícipe de Sua divina natureza, e com tamanha perfeição que já não poderás nem quererás poder esquecer-te do Sumo Bem nem deixar de gozá-lo juntamente com o Seu amor.[39]

Há a entrega da liberdade e desapego de todas as criaturas:

> Mas quero viver e morrer aspirando e pretendendo a vida eterna, que possuir todas as criaturas e todos os seus bens, que haverão de se acabar. Não me desampares, Senhor, porque em Ti espero; que a minha esperança não seja confundida. Que eu te sirva sempre, e faz de mim o que quiseres.[40]

Em *Moradas*, esta entrega da vontade e da liberdade a Deus está definida em sua resposta ao que significa "ser espiritual". O que é ser uma pessoa verdadeiramente espiritual? Teresa responde:

---

[38] Excl 17, 4.
[39] Excl 17, 5.
[40] Excl 17, 6.

É fazer-se escravo de Deus, marcado com o seu selo, o da cruz. Assim nos poderá vender como escravos de todo mundo, como ele próprio foi. Com isso não nos injuria, mas nos concede imensa graça. Já lhe entregamos toda a nossa liberdade.[41]

Essa resposta de Teresa exemplifica a vocação de total abertura da pessoa humanizada. Vejamos as partes dessa expressão que vai à raiz da liberdade.

"Fazer-se". Significa abertura de si mesmo às suas próprias possibilidades. De acordo com nossa autora, há muitas maneiras de estar dentro de si mesmo: muitas pessoas nem sequer reconhecem o seu mundo interior; outras estacionam no começo do caminho de autoconhecimento; outras vão desbravando suas moradas... estas são as que "se fazem" porque se deixam fazer por Deus, fonte da liberdade, e não por si mesmas ou pela sociedade. "Fazer-se escravo" corresponde a um ato livre de entrega da liberdade. Não é uma decisão que nasce pronta, mas que se faz no dia a dia. A pessoa percebe que é sujeito de um processo de libertação da liberdade no qual é sua responsabilidade o ato último de entregar-se e despojar-se de si mesma.

"Escravos de Deus". Significa relação de abertura a Deus, fonte de todo amor verdadeiro e criador. É aceitação livre de sua vontade na certeza de que a essa vontade corresponde o desenvolvimento de todas as potencialidades que humanizam a pessoa. A entrega da liberdade a Deus é a fonte e raiz da verdadeira humanidade, da verdadeira relação com os outros, com o mundo e com o profundo de si mesmo.

"Escravos do mundo, como Ele foi". Significa relação de total abertura aos outros e ao mundo, pois o Deus a quem se entrega a liberdade é o Deus pessoal revelado em Jesus Cristo. Ora, fazer-se escravo de Deus é ter uma vida como a de Jesus Cristo, que foi uma vida de serviço e amor aos irmãos. Vida vivida com os limites da condição humana. Vida vivida neste mundo criado e sempre recriado por Deus, e transformado pelos homens e mulheres que são, por isso, cocriadores. Vida vivida no

---

[41] 7 M 4, 8.

conflito de um mundo marcado pelo pecado, que se opõe ao amor e desumaniza – por isso vida marcada pelo sinal da cruz.

Dessa maneira, vemos que a outra face do despojamento é a entrega. O despojamento, para Santa Teresa, não é um ato vazio e abstrato, mas pleno da atitude positiva da entrega radical. A pessoa humana, capacidade de abertura, é por isso capacidade de entrega.

3. Serviço e amor, amor e serviço

A experiência interna de realização humana profunda corresponde a um encontro profundo com Cristo, em seu mistério da encarnação. Há liberdade para realizar a vontade de Deus e há empatia com os sentimentos de Cristo, como resume o Apóstolo Paulo na Carta aos Filipenses (cf. Fl 2,5). O serviço surge como resposta à motivação evangélica do amor, não ao desejo de recompensas. Como afirma nossa Doutora, servir é próprio das almas enamoradas, que servem gratuitamente.[42]

É possível até afirmar que, quanto maior o amor, maior a capacidade de trabalho e de sofrimentos no trabalho. Em uma *Relação*, Teresa associa o amor ao trabalho, tanto da parte de Deus quanto da parte da pessoa humana. Em direção à pessoa humana, parte do Senhor um grave chamado: "Pensas, filha, que o merecimento está no gozar? Ele não está senão em trabalhar, em padecer, em amar". E, da parte do Pai, vem a mesma relação entre o pedido do trabalho e a resposta em amor: "Crê, filha, que Meu Pai dá maiores sofrimentos àqueles que mais ama, e que a estes responde o amor".[43]

Daí, todo o realismo da espiritualidade teresiana. Do início ao fim de *Moradas*, o horizonte da vida espiritual é o amor a Deus e ao próximo, nisto consiste a "perfeição verdadeira".[44] Inúmeras vezes Teresa vai alertar para o conteúdo evangélico da perfeição. Mas especialmente o fará nas moradas quintas, onde encontramos "uma das mais belas

---

[42] Cf. 6 M 9, 18.
[43] R 36, 1.
[44] Cf. 1 M 2, 17; 5 M 3, 10 e 7 M 4, 15.

páginas da teologia e da pedagogia do amor cristão".[45] A perfeição, diz reiteradas vezes, não está em receber graças extraordinárias de Deus. Essas graças são pura gratuidade. Por isso as pessoas que não as recebem não devem se preocupar. Nem devem procurar tais graças. O importante é seguir o Senhor. A perfeição está na adesão à sua vontade:[46]

> Que julgais, filhas, ser a Sua vontade? Que sejamos completamente perfeitas, a fim de nos tornar uma só coisa com o Filho e com o Pai, como Sua Majestade pediu. Olhai quanto nos falta para chegar a isso! [...] E, para chegarmos, o Senhor não precisa conceder-nos grandes consolos; basta o dom que nos fez, enviando Seu Filho para ensinar-nos o caminho.[47]

E em seguida: "[...] só duas coisas nos pede o Senhor: amor a Sua Majestade e ao próximo. É nisso que devemos trabalhar".[48]

O amor ao próximo, ao contrário do amor a Deus, logo é conhecido. Teresa, aludindo livremente à Primeira Carta de São João, afirma às suas irmãs que, quanto mais adiantadas no amor ao próximo, mais o estarão no amor de Deus. Tão grande é o amor de Deus aos homens que, em paga do amor que se tiver a eles, fará crescer o amor que se tem a Deus.[49] Mas a raiz do amor ao próximo é o amor de Deus – o fundamento do amor aos irmãos é teologal.[50]

O amor se traduz em obras. Por isso Teresa exorta à prática da caridade. A caridade teresiana é realista: nada de ideias grandiosas, porque o importante é aplicar-se no que é também miúdo. Dá-nos alguns exemplos da prática do amor a santa que reformou sua Ordem e fundou pessoalmente vários Carmelos reformados em toda Espanha: dar algum alívio à irmã enferma, sofrer junto com a que sofre, dar de comer

---

[45] CASTELLANO CERVERA, Jesús. *Introducción al estudio y lectura del Castillo Interior de Santa Teresa de Jesús*. Roma: Teresianum, 1992. p. 78. (fotocop.) Refere-se a 5 M 3, 6-12.
[46] Cf. 4 M 2, 9, onde a santa dá vários motivos pelos quais não se deve buscar as graças sobrenaturais, mesmo porque tal esforço seria inútil, dada a gratuidade da graça, e ressalta o que é verdadeiramente importante.
[47] 5 M 3, 7.
[48] 5 M 3, 7.
[49] Cf. 5 M 3, 8.
[50] Cf. 5 M 3, 9-10.

mesmo que se tenha de jejuar, alegrar-se se alguém é louvado mais do que a si mesmo, em suma, fazer com amor o que estiver ao alcance.[51]

O amor evangélico, que se traduz em serviço e em obras, será o único conteúdo de vida da pessoa que em Cristo redescobriu sua própria humanidade.

A experiência mística desemboca no mesmo imperativo do amor. Nas últimas moradas encontramos, nos dois últimos capítulos, a explicitação da dimensão ética determinada pelo matrimônio espiritual. O matrimônio espiritual, união com Cristo ressuscitado, terá por imperativos éticos o seguimento do Cristo crucificado. Isto significa que ele se faz à luz do glorificado.[52]

A união com Cristo provoca efeitos que atingirão toda a pessoa. O primeiro, um esquecimento de si mesmo, quando se passa a trabalhar pelas "coisas" de Cristo, sem deixar, pontualiza nossa autora, de cumprir as atribuições corriqueiras e comuns, de acordo com o próprio estado. O segundo, um grande desejo de padecer, pela vontade de que se faça a vontade de Deus. Em seguida, a alegria interior na perseguição e amor aos que fazem ou desejam o mal; um imenso desejo de servir, tanto que não mais se deseja morrer, mas viver muitos anos com grandíssimos trabalhos; um grande desapego de tudo, com o desejo ocupado apenas em algo que aproveite a alguém. Por último, deixar de temer o mal, o "demônio", e confiar somente em Deus.[53] Esses efeitos constituem a "progressiva transformação práxica e perceptível de toda a pessoa humana como resultado da relação interpessoal de encontro".[54]

Vinculadas aos efeitos do matrimônio espiritual estão as virtudes. No léxico teresiano, as virtudes possuem sentido bastante amplo, como "toda atitude que, feita vida, favorece a entrega de toda a pessoa à vontade de Deus".[55] A virtude por excelência é o amor ao próximo, mas este é inseparável do despojamento de si, ou desapego, e da humildade.[56]

---

[51] Cf. 7 M 4, 15.
[52] Cf. MAS ARRONDO, *Teresa de Jesús en el matrimonio espiritual*, p. 399-404.
[53] Cf. 7 M 3, 2. 4. 5. 6. 8.
[54] MAS ARRONDO, *Teresa de Jesús en el matrimonio espiritual*, p. 403.
[55] MAS ARRONDO, *Teresa de Jesús en el matrimonio espiritual*, p. 404. Cf. 4 M 3, 9.
[56] Cf. 5 M 3.10 e C 16, 2.

Toda essa transformação da pessoa tem um fim: capacitar o cristão a receber de Deus o maior presente que ele pode dar: uma vida conforme à que viveu seu Filho amado.[57]

Assim, vemos que tanto o itinerário da experiência ordinária do seguimento de Cristo quanto o itinerário da experiência mística da união com Cristo, no matrimônio espiritual, desembocam no imperativo do serviço e das obras:

> Pois isto é oração, filhas minhas; para isto serve este matrimônio espiritual: *para fazer nascer obras, sempre obras.*[58]
> Desejo, irmãs minhas, que procuremos alcançar exatamente esse alvo. Apreciemos a oração e ocupemo-nos dela, não para nos deleitar, mas *para ter essas forças para servir.*[59]

Serviço e obras vêm, entretanto, não sem sofrimentos ou apesar do sofrimento. Serviço e obras vêm justamente *através* do sofrimento, do "muito padecer",[60] e de "tormentos espantosos", pois é um serviço de amor aberto num mundo de pecado. Pois o Cristo, no qual a pessoa redescobre sua humanidade, é o Crucificado, e esta é a última palavra e vontade do Pai.

Por que essa ênfase no "muito padecer"? Porque o realismo teresiano em nenhum momento despreza a força do pecado, que coloca incontáveis obstáculos, internos e externos, às obras do amor. Sofrimento, obstáculos e trabalhos sem descanso foram a vida do Filho, como também o foram a vida dos que viveram próximo dele, como a sua "gloriosa" Mãe, como Paulo – "que não teve um dia de descanso [...]; tampouco o deve ter tido à noite, uma vez que nela ganhava o que havia de comer" –,[61] como Pedro – que seguiu para a morte em Roma após ter visto e ouvido o Senhor –, como Madalena e como Marta.[62]

---

[57] Cf. 7 M 4, 4.
[58] 7 M 4, 6. Itálico nosso.
[59] 7 M 4, 12. Itálico nosso.
[60] 7 M 4, 4.
[61] 7 M 4, 5.
[62] Cf. 7 M 4, 5 e 4, 12.13.

Nas sétimas moradas, Teresa volta a afirmar o conselho dado nas primeiras: olhar para Cristo.[63] Mas se ali o objetivo era aprender de Cristo a humildade, aqui a ênfase é olhá-lo para configurar-se a ele nas obras: "Ponde os olhos no Crucificado e tudo vos parecerá pouco".[64]

Enfim, os serviços e obras convertem-se em graça para os demais, sinal da presença de Deus atuante num mundo marcado pelo sofrimento.

Vemos, assim, que a mística de Teresa é militante, apostólica, útil. É pelas obras que se pode observar o amor, nelas se revela o amor, sem enganos. Mística do amor e do serviço se unem, se imbricam e se exigem na obra teresiana.

A essência da mística é teologal e, neste sentido, metaética. Mas, como podemos ver, trata-se de um ir além por implicação, não por desconexão. O polo acentuado da mística, e igualmente o da fé, é a gratuidade.[65] Na gratuidade e no amor se realiza o serviço aos irmãos.

Conclusões

Ao final deste itinerário, vemos com clareza como a experiência de Deus amor/Trindade é fonte de humanização. A chave dessa humanização é a Humanidade de Cristo, na qual somos esculpidos, e em quem estamos esculpidos, em misteriosa solidariedade.

A integração corpo-alma-espírito é característica do processo de humanização. Eles se integram na dialética de busca de comunicação com Deus. Todas as dimensões são importantes, sendo que o espírito é a sede ou âmbito de presença. Isto não significa uma desvalorização do corpo, como vimos em vários exemplos dados pela santa. O corpo é valorizado, integrado à psicologia humana. Deve ser respeitado em seu ritmo e tempos. O corpo não deve viver à custa da alma; tampouco a alma deve viver à custa do corpo.

---

[63] Cf. 7 M 4, 8.
[64] 7 M 4, 8; cf. C 26, 3.
[65] Cf. SCHILLEBEECKX, Edward. *Los hombres relato de Dios*. Salamanca: Ediciones Sígueme, 1995. p. 119.

O corpo feminino é objeto de especial valorização. Teresa potencializa aquele que era objeto de preconceitos e desqualificação sociossimbólica. Como exemplo, lembramos das disputas sobre espiritualidade entre os neoescolásticos e os espirituais. Vimos como os teólogos de Salamanca consideravam que a mulher impedia a perfeição do homem casado, em virtude da sexualidade.

A integração entre corpo e alma tem por grande desafio aceitar a finitude radical da criatura diante de Deus. A experiência de Deus, no entanto, não oferece uma finitude frustrante, mas uma transcendência que permite desenvolver e ativar os sentidos, tanto os exteriores como os interiores, assim como as capacidades humanas de sentir, lembrar-se, optar, querer, compreender. É a pessoa inteira que se recria na experiência de Deus.

A integração corpo-alma-espírito não se faz, na experiênca teresiana, senão após forte experiência da diferenciação e posterior integração. Essa deriva, por sua vez, do mergulho no mistério da Encarnação e do compromisso de Deus Pai para com a humanidade.

A abertura para responder a Deus em humildade, desapego e amor constitui outro sinal de humanização, sob a perspectiva da experiência de Deus na obra de Santa Teresa. Essas atitudes ou virtudes são o tripé que sustenta a resposta humana a Deus. Nós as analisamos sob a perspectiva da humanização. A capacidade de responder a Deus é humanização. Ela implica um êxodo do próprio "eu" egocêntrico e uma transformação de vida, atitudes e ações, segundo o Evangelho.

A humildade é a mais importante. Por ela a pessoa conhece sua própria verdade e aprende que não há melhor guia do que o próprio Deus, nem pior guia do que as ilusões do "eu" egoísta. O despojamento tem como contrapartida a entrega. E o amor só pode ser bem entendido se for concreto e medido pelas obras. O itinerário espiritual de experiência trinitária culmina na vontade de entregar a vida e servir e, de fato, entregar-se no serviço e no amor concreto.

Considerações finais

Chegamos ao final deste itinerário, em que pudemos entrar no contexto histórico-teológico de Santa Teresa, acompanhar suas paisagens interiores na experiência de Deus – Pessoas divinas – e perceber a admirável humanização de sua espiritualidade.

Finalizamos com algumas considerações.

- *A primeira consideração diz respeito às possibilidades abertas pela teologia da inabitação trinitária, com virtualidades sobre a teologia da criação.*

Trata-se de uma doutrina viva na história da teologia e do magistério da Igreja. Está presente na Bíblia (Jo 14,23), na Patrística, na teologia medieval, na teologia escolástica e em alguns teólogos até o Concílio Vaticano II. É testemunhada pelos místicos, e em Teresa adquire o posto de núcleo ao redor do qual se articula toda a sua multifacetada e globalizante experiência. Não mereceu nenhum desenvolvimento especial no Concílio Vaticano II. A inabitação trinitária pede uma interpretação em termos não tomistas, que distingue a presença natural da presença por graça. Ela se relaciona com as perspectivas atuais do tratado da graça, como a noção da graça como autocomunicação de Deus (Rahner).[1]

---

[1] Cf. GUERRA, S. Mística. In: PIKAZA, X.; SILANES, N. *El Dios Cristiano; diccionario teológico.* Salamanca: Secretariado Trinitario, 1992. p. 897-916 – aqui, p. 704-706. LADARIA, Luis F. *Teología del pecado original y de la gracia.* 2. ed. Madrid: BAC, 1997. p. 181. RAHNER, Karl. *Curso fundamental da fé.* São Paulo: Paulinas, 1989. p. 157-165. GARCIA ORDAS, A. M. *La persona divina en la espiritualidad de Santa Teresa.* Roma: Teresianum, 1967. p. 126-131. CUARTAS LONDOÑO, R. *Experiencia trinitaria de Santa Teresa de Jesus.* Burgos: Monte Carmelo, 2004. p. 495-509.

As fontes franciscanas de interpretação dessa Presença podem enriquecer o desenvolvimento da teologia da criação, com desdobramentos para a reflexão teológica sobre a ecologia.

- *Do ponto de vista da espiritualidade, consideramos muito importante redescobrir a presença de Deus no espaço interior, como vida, divinizando e agindo, sempre de maneira articulada com os espaços ético, estético, interpessoal e cósmico.*

A "mística do espaço interior" é fonte da redescoberta pessoal do Deus cristão. É a possibilidade de dizer "Deus" em primeira pessoa. É fonte das possibilidades de transformação, de espiritualização, cristificação e experiência do dom da filiação. É fonte de humanização. A mística cristã do espaço interior encontra-se com a dimensão ética, estética e interpessoal do Cristianismo. Nesse sentido, é potencializadora e não alienante.

Teresa nos lembra que é impossível, para quem não se descobre agraciado por Deus, ter ânimo para grandes coisas. Sua vida mesma testemunha a verdade dessas palavras. A espiritualidade do "espaço interior" é experiência forte, profunda e viva de Deus, endereçada *ao* serviço realizado como sinal do amor. No amor as obras não se consomem nem se gastam (CAD 7, 8). *Mística e práxis se unem na espiritualidade teresiana.*

A vida interior é uma exigência de humanização. Não é algo supérfluo. Não descobrir a dimensão da interioridade é desprezar toda a possibilidade de autocomunicação consciente de Deus. Por isso é, no entender de Teresa, uma forma de pecado. A vida interior não é egocêntrica, não é busca de um prazer pessoal. Ela é um ato de humildade, um êxodo do "eu" egocêntrico ao eu centrado e ancorado em Deus.

- *Também no terreno da espiritualidade, chamamos a atenção para as dimensões trinitárias da experiência de fé.*

Teresa nos mostra que podemos construir a história pessoal com o Espírito, com o Filho, com o Pai e, especialmente, a história da relação entre as Pessoas divinas. A experiência de Deus como relação entre Pai, Filho e Espírito Santo é a experiência determinante que origina a união radical de destino com o Cristo.

Testemunha do mistério de Deus, Teresa mostra que todos os cristãos estão chamados a uma intensa vida interior, transformada e dinamizada pela Trindade.

Podemos com ela afirmar que o seguimento de Cristo só é realizado na imersão no mistério trinitário, na fé. O seguimento de Cristo ancorado apenas na dimensão ética corre o risco de não ir adiante, de desmoronar, como o edifício construído sobre outro alicerce que não o reconhecimento de Cristo como o Filho, como revelação do amor de Deus. Para isso é necessária a humildade, que reconhece o próprio nada e a dependência de Deus.

Com relação ao Espírito, lembramos que ele nunca leva a si mesmo, ele é o "Medianeiro". *O Espírito não faz olhar para si mesmo*, ele "ata" o Pai ao Filho no amor, e o cristão à Trindade. Sua ação é silenciosa e discreta, é vivificadora. Às vezes torna-se violento, mas nunca para chamar a atenção para si mesmo, ou mesmo para a própria pessoa que o experimenta – ele só e apenas envia ao Cristo e à Trindade, "acordando" a pessoa com o amor e recriando a vida em todas as suas dimensões.

O dinamismo trinitário é multifacetado, como vimos. Ele implica autoconhecimento, transformação, processos de recriação e humanização. Por isso ele tem um quê de desafio, de lúdico, de jovial, de surpresa e novidade. Não há fórmulas ou sequências predefinidas.

- *A experiência de Deus passa pela crítica do sofrimento.*

Pudemos perceber como Teresa aprende a ser filha, e vai pouco a pouco descobrindo que o Pai e o Filho estão unidos em vontade. É o término da noção de um Deus unilateralmente poderoso, quase arbitrário, e o início da recepção renovada do Evangelho, baseado na revelação de Deus como poder indefeso do amor e da solidariedade, em Cristo. Teresa se rende a essa verdade ao perceber a solidariedade de Deus no seu sofrimento de Sevilha. Em outras palavras, Deus se revela nas histórias de sofrimento, de abandono aparente, de *sem sentidos* e *sem saídas*, Deus se revela nas situações de perseguição e morte. Faz parte do núcleo da fé amadurecer a relação entre Encarnação e Divindade--Trindade, única realidade que pode dar sentido ao sofrimento e levar ao seguimento radical de Cristo (matrimônio espiritual). Descobrir o amor crucificado, como Teresa fez, fez com que ela se engajasse na vida de Cristo.

- *O testemunho dos místicos é parte da tradição, a ser trabalhado e aprofundado pela teologia dogmática.*

Os místicos têm uma contribuição a dar para o progresso da compreensão da Revelação. Além disso, eles lembram à dogmática o seu fim e objetivo. É preciso continuar o processo de busca de desenvolvimento da teologia dogmática relacionada com a espiritualidade, proclamada em meados do século XX pelo Concílio Vaticano II e proposta nos inícios da Teologia Latino-americana da Libertação. Pensamos que a teologia dogmática deve inserir sistematicamente o testemunho dos místicos como parte da tradição, no seu labor teológico, além de manter o diálogo com o terreno da espiritualidade.

Enquanto há vida interior, há teologia mística. Assim foi no século XVI, assim continua hoje. Daí que, se queremos de fato a superação do "divórcio" entre teologia e espiritualidade, o teólogo e a teóloga devem cultivar a vida interior.

- *A integração de dimensões antropológicas corpo, alma e espírito é sinal de humanização e desafio para a formação.*

Esta integração é um desafio para a formação de leigos e religiosos. Ela não se dá, como vimos, "à força de braços", nem com voluntarismos. Mas é fruto de uma espiritualidade integradora, que valoriza todas as dimensões do humano e busca uma relação dialética entre elas, sem desvalorização de dimensões antropológicas fundamentais.

- *Gostaríamos de enfatizar a importância da raiz histórico-teológica na experiência de Deus.*

Ela ao mesmo tempo cria as motivações e oferece os desafios a serem respondidos pela teologia e pela espiritualidade. Os ambientes e movimentos podem ser criados e incentivados; ao mesmo tempo, os movimentos e correntes devem buscar responder aos questionamentos datados no tempo e no espaço, como Teresa nos mostrou com sua vida, posições teóricas e lutas.

- *Na obra de Teresa surgem elementos importantes para uma espiritualidade viva, humanizadora e integradora, dos quais destacaremos alguns.*

Antes de tudo, Teresa propõe *uma experiência*, a que se opõem o cultivo escasso da relação religiosa, a relação baseada em afirmações relativas à existência de Deus, ou ainda uma noção metafísica de Deus que não admite uma relação comunicativa. Apenas na experiência pode a liberdade render-se, abrindo-se, então, a ela os horizontes insuspeitados da grandeza, beleza e poder de Deus. A espiritualidade tem um sentido literal: é uma vida alterada permanentemente pelo Espírito de Cristo.

A espiritualidade teresiana é *articulada pela experiência trinitária*, dentro da qual desenvolve cada vez mais a relação com Cristo. O seu centro é o cultivo de uma relação pessoal com Cristo, pelo Espírito, para o Pai. Cultiva uma experiência religiosa, orante, na qual Cristo é a princípio "bom vizinho", depois "amigo", por fim "esposo". O encontro progressivo implica cada vez mais amor, cumplicidade, entrega e serviço. Habituar-se a olhar para Cristo e trazê-lo sempre na memória e junto de si, "divino e humano juntos", é o começo deste caminho, que aos poucos se torna purificador dos sentimentos, sentidos e faculdades. O seguimento de Cristo é radical, exige o abandono dos apegos de honra, riqueza e saber; exige a gratuidade do servo inútil; exige abraçar as "armas da cruz".

É uma espiritualidade *bíblica*, que conhece a Bíblia e a medita. A chave não está na quantidade de textos conhecidos, mas na profundidade de sua assimilação e internalização.

É uma espiritualidade *integradora*, que se utiliza de todas as potencialidades humanas para a relação com Deus: faculdades, sentidos, corpo, imaginação e sentimentos.

É uma espiritualidade *aberta à natureza e ao cosmos* como sacramentos do amor e da bondade de Deus.

É uma espiritualidade *alicerçada na humildade*, isto é, "caminhar em verdade". Essa verdade é o reconhecimento existencial do protagonismo de Deus, Senhor de toda a criação e da história – o protagonismo não é da pessoa. Essa humildade é também alicerce eclesial: o protagonismo é de Deus, Senhor da criação e da história, que se revelou em Jesus crucificado. O momento primeiro é místico: olhar Jesus, escutar sua Palavra...

É uma espiritualidade explicitamente *exigente e aberta a Deus, às pessoas e ao mundo*. Encarnação e Trindade não se separam. O dom recebido e ressaltado por Teresa é a fortaleza, união com o Forte para tempos difíceis (poderíamos traduzi-la por coerência de vida). É uma espiritualidade forte para tempos de crise e para ter ânimo para "grandes coisas". "Marta e Maria hão de andar sempre juntas."

É uma espiritualidade *eclesial*, que combina estrita fidelidade à Igreja (nos Prólogos e Epílogos de seus livros encontramos referência à submissão de Teresa à Igreja) e liberdade para abrir caminhos novos para a vida cristã.

É uma espiritualidade *ecumênica*, pois capaz de perceber o núcleo fundamental da fé cristã e de dar respostas às grandes questões que atingem o coração humano.

É uma espiritualidade *para* o serviço a Deus e ao próximo.

- *Finalmente gostaríamos de lembrar que Teresa nos ensina a não colocar limites a Deus, à experiência de Deus. Trata-se de uma atitude que se converte em intuição profética do diálogo inter-religioso.*

Epílogo

De modo semelhante ao tempo de Teresa, vivemos hoje um contexto de busca de Deus, com atuação de várias correntes de espiritualidade. É tempo de discernimento. Muitos cristãos desejam uma perspectiva mais integrada da vida de fé. Está vivo o desejo de salvação, de libertação, de justiça, de experiência do mistério de Deus. Surgem novos místicos. Por sua vez, a teologia é desafiada a rever a noção de Deus criador e salvador, no retorno às fontes bíblicas e místicas.

Teresa continua, em sua generosidade, ajudando a Igreja e a todos, de todas as religiões e mesmo agnósticos e ateus que se aproximam dela com interesse, neste encontro com o mistério de si mesmos, do mundo e de Deus. Seus escritos são como um rio que continua correndo vivo entre nós. São um tesouro que Teresa deixou por herança. Neles encontramos sua doutrina e, mais do que isso, sua vida e seu espírito. Como clássicos, seus livros são objeto de estudos diversos. Eles oferecem luz a todos os tratados teológicos – espiritualidade, antropologia, eclesiologia, Trindade, cristologia...[1] Cada vez mais, a Doutora da Igreja vem sendo estudada em perspectiva multidisciplinar e inter-religiosa.

A santa de Ávila nunca verá um estudo definitivo sobre sua obra e sua pessoa. Assim, este livro é apenas uma contribuição aos estudos teresianos. Profeta, Teresa continuará iluminando a espiritualidade de novas gerações em religiões diversas, com sua luz e força, coragem e liberdade, alegria e bom humor, profundidade e humildade. Continuará atual pelos testemunhos que deixou: a presença viva de Deus em sua vida e uma vida verdadeiramente humana.

---

[1] Apenas a bibliografia em torno do quarto centenário de morte da santa somou cerca de 2.500 títulos. Cf. Bibliographia IV Centenarium Mortis S. Teresiae a Jesu 1981-1983. *Carmeliti Teresianum Carmeli Teresianum, ABCT* 28 (1981-1983) 1-261. A bibliografia do V Centenário de nascimento será, certamente, ainda maior.

Bibliografia

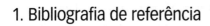

1. Bibliografia de referência

SANTA TERESA DE JESUS. *Caminho de Perfeição*. 3. ed. São Paulo: Paulus, 1987.

_____. *Castelo Interior ou Moradas*. 4. ed. São Paulo: Paulus, 1981.

_____. *Castillo Interior*. Ed. Tomás Álvarez y Antonio Mas: reproducción en facsímil, transcripción, notas críticas, nota histórica, léxico. Burgos: Monte Carmelo, 1990.

_____. *Epistolario*. Dir. Alberto Barrientos. 2. ed. Madrid: Editorial de Espiritualidad, 1984.

_____. *Livro da Vida*. 3. ed. São Paulo: Paulus, 1983.

_____. *Obras completas*. Madrid: BAC, 1959. Apêndice ao t. III, "Letras recibidas".

_____. *Obras completas*. Ed. Efrén de la Madre de Dios y Otger Steggink. Madrid: BAC, 1962.

_____. *Obras completas*. Dir. Alberto Barrientos. 3. ed. Madrid: Editorial de Espiritualidad, 1984.

_____. *Obras completas*. Dir. Alberto Barrientos [com revisão textual, introduções e notas]. 4. ed. Madrid: Editorial de Espiritualidad, 1994.

_____. *Obras completas*. Coord. Frei Patricio Sciadini. Trad. texto estabelecido por T. Álvarez. São Paulo: Carmelitanas/Loyola, 1995

_____. *Obras completas*. Ed. Tomás Álvarez. 10. ed. Burgos: Monte Carmelo, 1998.

2. Bibliografia sobre a autora

2.1. Livros

ALVAREZ, Tomás. *Comentarios a Vida, Camino y Moradas de Santa Teresa.* Burgos: Monte Carmelo, 2005.

_____. *En torno al Castillo Interior de Santa Teresa.* Roma: [Teresianum], 1978. [Texto castelhano dos artigos publicados na revista *Il Messaggero del Bambino Gesù*, Gênova, julho-agosto/1977.]

_____. *Paso a paso;* leyendo con Teresa su *Camino de Perfección.* Burgos: Monte Carmelo, 1996.

_____. *Santa Teresa y la Iglesia.* 2. ed. Burgos: Monte Carmelo, 1980.

_____. *Sulla dottrina della N.S.M. Teresa nel libro delle Mansioni.* Roma: [Teresianum], 1956. (Note "pro-auditoribus").

_____; CASTELLANO, Jesús. *Teresa de Jesús, enséñanos a orar.* Burgos: Editorial Monte Carmelo, 1981.

ALVAREZ, Tommaso; CASTELLANO, Gesù. *Nel segreto del Castello;* il cammino della preghiera in Santa Teresa D'Avila. Firenze: Edizioni OCD, 1982.

ALASTRUE, Pilar. *Una mujer, Teresa de Jesús.* Salamanca: Sígueme, 1981.

ANCILLI, E. (Ed.). *Teresa de Gesú;* personalità, opere, dottrina. Roma: Teresianum, 1981.

AVELAR, Maria Carmen Castanheira. *Experiência mística e comunicação teológica:* estudo sobre o estilo pedagógico da Teologia de Teresa de Jesus, na "Vida", no "Caminho" e no "Castelo Interior". Tese de doutorado em Teologia (digitalizada). Rio de Janeiro: PUC-Pontifícia Universidade Católica do Rio de Janeiro, 1998 (inédito).

BARRENA SANCHEZ, Jesús. *El rostro humano de Teresa de Avila.* Salamanca: Sígueme, 1981.

BERARDINO, Pedro Paulo. *Itinerário espiritual de Santa Teresa de Ávila.* Mestra de oração e Doutora da Igreja. 2. ed. São Paulo: Paulus, 1999.

BOSCO, Cristina. *Teresa, mujer y ruin.* Madrid: Alderabán, 1998.

CASTELLANO CERVERA, Jesús. *Guiones de doctrina teresiana.* Castellón: Centro de Espiritualidad Santa Teresa, 1981.

_____. *Introducción al estudio y lectura del "Castillo Interior" de Santa Teresa de Jesús.* Roma: Teresianum, 1992. (fotocop.)

CASTRO, Secundino. *Cristo vida del hombre*. Madrid: Editorial de Espiritualidad. 1991.

_____. *Cristología teresiana*. Madrid: Editorial de Espiritualidad, 1978.

_____. *Ser cristiano según Santa Teresa*. Madrid: Editorial de Espiritualidad, 1981.

_____ et al. *Hombre y mundo en Santa Teresa*. Madrid: Editorial de Espiritualidad, 1981.

CUARTAS LONDOÑO, Rómulo. *Experiencia trinitaria de Santa Teresa de Jesús*. Burgos: Monte Carmelo, 2004.

DENEUVILLE, D. *Santa Teresa de Jesús y la mujer*. Barcelona: Herder, 1966.

EFREN DE LA MADRE DE DIOS. *El monte y el castillo;* la vida de la gracia en Santa Teresa y San Juan de la Cruz. Avila: Asociación Educativa Signum Christi, 1987.

_____. *Tiempo y vida de Santa Teresa*. 2. ed. Madrid: BAC, 1977.

_____; STEGGINK, O. *Tiempo y vida de Santa Teresa*. Madrid: BAC maior, 1996.

EGIDO, Teófanes; GARCÍA ORO, José; LLAMAS, Enrique et al. *Perfil histórico de Santa Teresa*. Madrid: Editorial de Espiritualidad, 1981.

ETCHEGOYEN, Gastón. *L'amour divin*. Essai sur les sources de Sainte Thérèse. Bordeaux/Paris: Biblioteque de l'Ecole del Hautes Études Hispaniques, 1923. fasc. IV.

FERNANDEZ ALVAREZ, Manuel (dir.). *La Universidad de Salamanca*. Salamanca, 1989. I: Historia y proyecciones.

FORTES, Antonio. *Lexico de Santa Teresa de Jesús*. Burgos: Monte Carmelo, 1997.

FR. LUIS DE SAN JOSE. *Concordancias de las obras y escritos de Santa Teresa de Jesús*. 3. ed. Burgos: Ed. Monte Carmelo, 1982.

FRAY LUIS DE LEON. *De la vida, muerte, virtudes y milagros de la Santa Madre Teresa de Jesús*. Edición y estudio al cuidado de María de Jesús Mancho y Juan Miguel Prieto. Salamanca: Universidad de Salamanca, 1991.

GARCIA, Ciro. *Santa Teresa de Jesús;* nuevas claves de lectura. Burgos: Monte Carmelo, 1998.

GARCIA ORDAS, A. M. *La persona divina en la espiritualidad de Santa Teresa*. Roma: Teresianum, 1967.

GARRIDO, J. Cristino. *Experiencia de la vida sobrenatural en la vida teresiana*. Burgos: Monte Carmelo, 1969.

GRACIAN, Jerónimo. Escolias del P. Jerónimo Gracián a la vida de Santa Teresa compuesta por el P. Ribera. *Monumenta Historica Carmeli Teresiani.* Fontes selecti 3. Roma: Instituto Histórico Teresiano, 1982.

HERRAIZ, Maximiliano. *A oração, experiência libertadora;* espiritualidade da libertação e experiência mística teresiana. Tradução de *La oración, experiencia liberadora* por Maria Stela Gonçalves e Adail Ubirajara Sobral. São Paulo: Loyola, 1993.

_____. *Introducción a "Camino de Perfección" de Teresa de Jesús.* Castellón: Centro de Espiritualidad Santa Teresa, 1981.

_____. *Introducción a Las Moradas de Santa Teresa.* Castellón: Centro de Espiritualidad Santa Teresa, 1981.

_____. *Introducción al "Livro de la Vida" de Santa Teresa.* Castellón: Centro de Espiritualidad Santa Teresa, 1982.

_____. *La oración, historia de amistad.* Madrid: Editorial de Espiritualidad, 1981.

_____. *Santa Teresa, maestra de espirituales.* Madrid: Raxant (Instituto de Espiritualidad a Distancia), 1984.

_____. *Sólo Dios basta;* claves de la espiritualidad teresiana. 2. ed. Madrid: Editorial de Espiritualidad, 1981.

HUGUENIN, Marie-Joseph. *L'expérience de la miséricorde divine chez Thérèse d'Avila.* 10. ed. revue et corrigée. Fribourg Suisse/Paris: Editions Universitaires Fribourg/Editions du Cerf, 1993.

IZQUIERDO SORLI, Montserrat. *Teresa de Jesús, una aventura interior;* estudio de un símbolo. Avila: Instituición Gran Duque de Alba, 1993.

LLAMAS-MARTINEZ, Enrique. *Santa Teresa de Jesús y la Inquisición española.* Madrid: C.S.I.S., 1972.

LÓPEZ DÍAZ-OTAZU, Ana Maria. *Amor y libertad en Teresa de Jesús.* Madrid: Narcea, 1986.

_____. *Experiencia de fe en Teresa de Jesús.* Madrid: Narcea, 1981.

_____. Un rostro de mujer: la personalidad humana de Teresa de Jesús. *Humanística e Teologia*, Instituto de Ciências Humanas e Teológicas do Porto, jan-abril/1982, Fase 1, p. 21-58.

LORENZ, Erika. *Teresa de Ávila.* Las tres vidas de una mujer. Barcelona: Herder, 2005.

MADARIAGA, Salvador de. *Mujeres españolas.* Madrid: Espasa Calpe, 1972. Colección Austral.

MARTÍN DEL BLANCO, Mauricio. *Santa Teresa de Jesús; mujer de ayer para el hombre de hoy*. Bilbao: Mensajero, 1975.

MAS ARRONDO, Antonio. *Acercar el cielo*. Itinerario espiritual con Teresa de Jesús. Santander: Sal Terrae, 2004.

_____. *Teresa de Jesús en el matrimonio espiritual*. Avila: Instituición Gran Duque de Alba, 1993.

NAVARRO PUERTO, Mercedes. *Processo del yo-alma en "Las Moradas" de Santa Teresa: dinámica y interpretación psicológica*. Villena, 1992.

PABLO MAROTO, Daniel de. *Dinámica de la oración*. Madrid: Editorial de Espiritualidad, 1973.

_____. *Santa Teresa de Jesús, Doctora para una Iglesia en crisis*. Burgos: Monte Carmelo, 1981.

PÁDUA, Lúcia Pedrosa de. *O mistério de Deus em Santa Teresa*. Experiência do mistério trinitário na obra de Teresa de Jesus. Tese de doutorado em Teologia (digitalizada). Rio de Janeiro: Pontifícia Universidade Católica do Rio de Janeiro, 2001. 2 volumes.

PEDROSA-PÁDUA, Lúcia; CAMPOS, Mônica B. (orgs.). *Santa Teresa*. Mística para o nosso tempo. São Paulo/Rio de Janeiro: Reflexão/PUC-Rio, 2011.

PEREZ, Joseph. *Teresa de Ávila y la España de su tiempo*. Madrid/México/ Buenos Aires/San Juan/Santiago/Miami: Algaba, 2007.

PIKAZA, Xavier et al. *Experiencia de oración desde Santa Teresa de Jesús*. Burgos: Monte Carmelo, 1982.

PIÑERO VALVERDE, María de la Concepción. *Memória e ficção; o Castelo de Teresa e outros temas ibero-americanos*. São Paulo: CEMOrOc – Centro de Estudos Medievais Oriente e Ocidente-USP/Factash Editora, 2008.

RIBERA, Francisco de. *La vida de la madre Teresa de Jesús*. (Salamanca, 1590). Madrid: Librería de Francisco Lizcano, 1863.

RODRIGUEZ, Isaias. *Santa Teresa de Jesús y la espiritualidad española*. Madrid: Consejo Superior de Investigaciones Científicas/Instituto "Francisco Soares", 1972.

ROSSI, Rosa. *Teresa de Ávila; biografía de una escritora*. Trad. de *Teresa d'Avila. Biografia di una scrittrice* por Marieta Gargatagli. Barcelona: ICARIA, 1984.

ROYO MARÍN, Antonio. *Doctoras de la Iglesia; doctrina espiritual de Santa Teresa de Jesús y Santa Catalina de Siena*. 3. ed. Madrid: BAC, 1979.

SANTA TERESA DE JESUS Doctora de la Iglesia. Documentos oficiales del Proceso Canónico. Madrid: 1970.

SANCHO FERMÍN, F. J.; CUARTAS LONDOÑO, R. (dir.). *El Libro de la Vida de Santa Teresa de Jesús. Actas del Congreso Internacional Teresiano.* Burgos: Monte Carmelo/Universidad de la Mística-CITes, 2011.

_____. *El libro del Camino de Perfección de Santa Teresa de Jesús. Actas del Congreso Internacional Teresiano.* Burgos: Monte Carmelo/Universidad de la Mística-CITes, 2012.

_____. *Las Moradas del Castillo Interior. Actas del Congreso Internacional Teresiano.* Burgos/Ávila: Monte Carmelo/Universidad de la Mística-CITes, 2014.

SCIADINI, P. *Teresa D'Ávila.* São Paulo: Loyola, 1992.

VALLEJO, Gustavo. *Fray Luis de León;* su ambiente, su doctrina espiritual, huellas de Santa Teresa. Roma: Colegio Internacional de Santa Teresa, 1959.

VV.AA. *Teresa de Jesús. Mujer, maestra, cristiana.* Madrid: Ed. Espiritualidad, 1982.

_____. *Vita cristiana ed esperienza mistica.* Roma: Teresianum, 1982.

2.2. Partes ou capítulos de livros

ALVAREZ, Tomás. Admiración, estupor, espantar(se): gesto filosófico primordial en Teresa. In: *Estudios Teresianos.* Burgos: Monte Carmelo, 1996. v. III, p. 313-332. Publicado por primeiro em *Giornale di Metafisica* (Nuova Serie), IV, 1982, p. 505-524.

_____. Antecedentes literarios del *Camino de Perfección.* In: *Estudios Teresianos.* Burgos: Monte Carmelo, 1995. v. I, p. 447-481. Extrato de *Camino de Perfección.* Roma: Tipografia Poliglota Vaticana, 1965. t. II: Introducción, transcripción del autógrafo de Valladolid, p. 30-66.

_____. Cronología teresiana. In: *Estudios Teresianos.* Burgos: Monte Carmelo, 1995. v. I, p. 5-20.

_____. Desde los deseos, hasta la muerte. In: *Estudios Teresianos.* Burgos: Monte Carmelo, 1995. v. I, p. 737-750. Publicado por primeiro em *Monte Carmelo* 88 (1980) 547-558.

_____. "Determine": *Camino* 1, 2. In: *Estudios Teresianos.* Burgos: Monte Carmelo, 1996. v. III, p. 505-513. Publicado por primeiro em *Monte Carmelo* 100 (1992) 341-349.

_____. El "voto de obediencia" de Santa Teresa y sus tres relatos autógrafos. In: *Estudios Teresianos.* Burgos: Monte Carmelo, 1996. v. II, p. 229-257. Publicado por primeiro em *Ephemerides Carmeliticae* 15 (1964) 155-176.

_____. El ideal religioso de Santa Teresa de Jesús y el drama de su segundo biógrafo. In: *Estudios Teresianos.* Burgos: Monte Carmelo, 1995. v. I, p. 573-615. Publicado por primeiro em *Monte Carmelo* 86 (1978) 203-238.

_____. El primer texto mariano del *Livro de la Vida*: 1,7. In: *Estudios Teresianos.* Burgos: Monte Carmelo, 1996. v. III, p. 455-463. Publicado por primeiro em *Monte Carmelo* 97 (1989) 159-168.

_____. El segundo autógrafo del *Camino.* Avatares de su elaboración. In: *Estudios Teresianos.* Burgos: Monte Carmelo, 1996. v. II, p. 509-530. Publicado por primeiro em *Monte Carmelo* 98 (1990) 129-166.

_____. "Está el alma como un niño": *Camino* 31,9. In: *Estudios Teresianos.* Burgos: Monte Carmelo, 1996. v. III, p. 515-521. Publicado por primeiro em *Monte Carmelo* 93 (1985) 148-153.

_____. Este Dios nuestro, "ganoso de hacer mucho por nosotros": *Moradas* 6, 11, 1. In: *Estudios Teresianos.* Burgos: Monte Carmelo, 1996. v. III, p. 449-454. Publicado por primeiro em *Monte Carmelo* 100 (1992) 541-546.

_____. Fray Luis de León revisa la edición príncipe de las *Obras* de Santa Teresa. In: *Estudios Teresianos.* Burgos: Monte Carmelo, 1995. v. I, p. 511-522. Publicado por primeiro em *Monte Carmelo* 100 (1992) 521-532.

_____. Fray Luis de León y Santa Teresa de Jesús. El humanista ante la escritora. In: *Estudios Teresianos.* Burgos: Monte Carmelo, 1995. v. I, p. 483-510. Publicado por primeiro em *Teresa de Jesús. Estudios histórico-literários* (Roma: Teresianum, 1983. p. 7-100).

_____. Glosa a la bibliografía del doctorado teresiano. In: *Estudios Teresianos.* Burgos: Monte Carmelo, 1996. v. III, p. 609-664. Publicado por primeiro em *Ephemerides Carmeliticae* 22 (1971) 495-542.

_____. Introducción al *Camino de Perfección.* In: TERESA DE JESUS. *Camino de Perfección..* Roma: Tipografia Poliglota Vaticana, 1965. t. II: Introducción, facsímil, transcripción del autógrafo de Valladolid, p. 7-168.

_____. "Iré hablando con ellas en lo que escribiré": *Moradas*, Pról, 4. In: *Estudios Teresianos.* Burgos: Monte Carmelo, 1996. v. III, p. 569-574. Publicado por primeiro em *Monte Carmelo* 101 (1993) 161-166.

_____. Jesucristo en la experiencia de Santa Teresa. In: *Estudios Teresianos.* Burgos: Monte Carmelo, 1996. v. III, p. 11-43. Publicado por primeiro em *Monte Carmelo* 88 (1980) 335-365.

_____. Jesucristo en Teresa de Jesús. In: *Estudios Teresianos.* Burgos: Monte Carmelo, 1996. v. III, p. 353-363. Publicado por primeiro em *Vida Religiosa* 53 (1982) 271-277.

_____. Los *Conceptos* y su edición príncipe. In: *Estudios Teresianos.* Burgos: Monte Carmelo, 1996. v. II, p. 343-354. Publicado por primeiro na Introdução à edição fac-símile da edição príncipe de *Conceptos del Amor de Dios* em *Primeras Ediciones Teresianas* n. 3, Burgos, 1979.

_____. Oración, camino a Dios: el pensamiento de Teresa. In: *Estudios Teresianos.* Burgos: Monte Carmelo, 1996. v. III, p. 45-101. Publicado por primeiro em *Ephemerides Carmeliticae* 21 (1970) 305-367.

_____. "Poned los ojos en el Crucificado": *Moradas* 7, 4, 8. In: *Estudios Teresianos.* Burgos: Monte Carmelo, 1996. v. III, p. 481-490. Publicado por primeiro em *Monte Carmelo* 100 (1992) 139-148.

_____. Santa Teresa di Gesù mistica. In: VV.AA. *Vita cristiana ed esperienza mistica.* Roma: Teresianum, 1982. p. 199-230.

_____. Santa Teresa maestra de vida espiritual. In: *Estudios Teresianos.* Burgos: Monte Carmelo, 1996. v. III, p. 333-351. Publicado por primeiro em *Confer* 80 (1982) 685-702.

_____. Santa Teresa: perfil histórico e itinerario espiritual. In: *Estudios Teresianos.* Burgos: Monte Carmelo, 1995. v. I, p. 21-45. Publicado por primeiro em *Monte Carmelo* 89 (1981) 319-340.

_____. Santa Teresa y el drama de los judeoconversos castellanos del Siglo de Oro. *Estudios Teresianos.* Burgos: Monte Carmelo, 1995. v. I, p. 141-168.

_____. Santa Teresa y la experiencia de la Eucaristia. In: *Estudios Teresianos.* Burgos: Monte Carmelo, 1996. v. III, p. 365-372. Publicado por primeiro em *Monte Carmelo* 89 (1981) 541-548.

_____. Santa Teresa y las mujeres en la Iglesia: *Camino* 3. In: *Estudios Teresianos.* Burgos: Monte Carmelo, 1996. v. III, p. 491-504. Publicado por primeiro em *Monte Carmelo* 89 (1981) 121-132.

_____. Santa Teresa y los movimientos espirituales de su tiempo. In: *Estudios Teresianos.* Burgos: Monte Carmelo, 1995. v. I, p. 405-446. Publicado por primeiro em italiano com o título "Santa Teresa e i movimenti spirituali del suo tempo" em *Santa Teresa maestra di orazione* (Roma: Teresianum, 1963. p. 9-54).

_____. Sentido polémico de *Camino de Perfección*. In: *Estudios Teresianos*. Burgos: Monte Carmelo, 1996. v. II, p. 531-555. Publicado por primeiro em "Santa Teresa y la polémica de la oración mental. Sentido polémico del *Camino de Perfección*" em *Santa Teresa en el IV Centenario de la Reforma Carmelitana* (Barcelona: Universidad de Barcelona, 1963. p. 39-61).

_____. "Solas com El solo": *Vida* 36,29. In: *Estudios Teresianos*. Burgos: Monte Carmelo, 1996. v. III, p. 465-470. Publicado por primeiro em *Monte Carmelo* 101 (1993) 155-160.

_____. "Teología, palabra sobre Dios": en *Vida* 4,10. In: *Estudios Teresianos*. Burgos: Monte Carmelo, 1996. v. III, p. 433-441. Publicado por primeiro em *Monte Carmelo* 93 (1985) 154-162.

_____. Teresa de Jesús contemplativa. In: *Estudios Teresianos*. Burgos: Monte Carmelo, 1996. v. III, p. 103-171. Publicado por primeiro em *Ephemerides Carmeliticae* 13 (1962) 9-62.

_____. Testigo fuerte de esperanza Cristiana. In: *Estudios Teresianos*. Burgos: Monte Carmelo, 1996. v. III, p. 173-188. Publicado por primeiro em *Monte Carmelo* 95 (1987) 303-317.

_____. "Yo te daré libro vivo": *Vida* 26,5. In: *Estudios Teresianos*. Burgos: Monte Carmelo, 1996. v. III, p. 443-448. Publicado por primeiro em *Monte Carmelo* 100 (1992) 335-340.

_____; CASTELLANO CERVERA, Jesús. Actualidad y razón teológica del doctorado de Santa Teresa. In: ALVAREZ, T. *Estudios Teresianos*. Burgos: Monte Carmelo, 1995. v. I, p. 683-701. Publicado por primeiro em *Fe y magisterio eclesiástico; doctorado de Santa Teresa*. (XXVIII Semana Española de Teología. Madrid, 1971. p. 393-406).

ANCILLI, Ermanno. La mistica ambito di esperienza e di ricerca. In: VV.AA. *Vita cristiana ed esperienza mistica*. Roma: Teresianum, 1982. p. 18-32.

ANDRES MARTIN, Melquiades. La religiosidad de los privilegiados: Santa Teresa y el Erasmismo. In: EGIDO MARTINEZ, Teófanes; GARCIA DE LA CONCHA, Víctor; GONZALEZ DE CARDEDAL, Olegario (dirs.). *Actas del Congreso Internacional Teresiano*. Salamanca, 1983. v. I, p. 169-198.

BERNARD, Charles A. Teologia e mistica. In: VV.AA. *Vita cristiana ed esperienza mistica*. Roma: Teresianum, 1982. p. 123-136.

CASTELLANO CERVERA, Jesús. El doctorado de Santa Teresa y su nueva presencia teológica: balance y perspectivas. In: ROS GARCIA, Salvador (coord.). *La recepción de los místicos;* Teresa de Jesús y Juan de la Cruz.

Salamanca/Avila: Ediciones Universidad Pontificia/Centro Internacional Teresiano-Sanjuanista, 1997. p. 205-228.

_____. Esperiencia del misterio cristiano in Santa Teresa. In: VV.AA. *Vita cristiana ed esperienza mistica.* Roma: Teresianum, 1982. p. 231-276.

_____. Espiritualidad Teresiana. In: BARRIENTOS, Alberto (dir.). *Introducción a la lectura de Santa Teresa.* Madrid: Editorial de Espiritualidad, 1978. p. 105-201.

_____. Mística e ontologia trinitaria. In: CODA, Piero; ZÁK, L'ubomír (edd.). *Abitando la Trinità;* per un rinnovamento dell'ontologia. Roma: Città Nuova, 1998. p. 255-279.

_____. Teresa di Gesú nel suo ambiente spirituale. In: BORRIELLO, L. *Teresa d'Avila;* una donna di Dio per il mondo di oggi. Napoli: Dehoniane, [1982]. p. 25-78.

CASTRO, Secundino. Aproximación al pensamiento religioso de Teresa. In: VV.AA. *Teresa de Jesús. Mujer, maestra, cristiana.* Madrid: Ed. Espiritualidad, 1982. p. 63-80.

_____. El profetismo de Santa Teresa ante el siglo XXI. In: ROS GARCIA, Salvador (coord.). *La recepción de los místicos;* Teresa de Jesús y Juan de la Cruz. Salamanca/Avila: Ediciones Universidad Pontificia/Centro Internacional Teresiano-Sanjuanista, 1997. p. 235-242.

_____. Jesucristo y su misterio. In: VV.AA. *Teresa de Jesús. Mujer, maestra, cristiana.* Madrid: Ed. Espiritualidad, 1982. p. 137-156.

_____. La experiencia de Cristo, centro estructurador de *Las Moradas.* In: EGIDO MARTINEZ, Teófanes; GARCIA DE LA CONCHA, Víctor; GONZALEZ DE CARDEDAL, Olegario (dirs.). *Actas del Congreso Internacional Teresiano.* Salamanca, 1983. v. II, p. 927-944.

CEREZO GALAN, Pedro. La experiencia de la subjetividad en Teresa de Jesús. In: ROS GARCIA, Salvador (coord.). *La recepción de los místicos;* Teresa de Jesús y Juan de la Cruz. Salamanca/Avila: Ediciones Universidad Pontificia/Centro Internacional Teresiano-Sanjuanista, 1997. p. 171-204.

CHECA, Rafael. Arraigo espiritual del Carmelo Teresiano-Sanjuanista en América Latina. In: ROS GARCIA, Salvador (coord.). *La recepción de los místicos;* Teresa de Jesús y Juan de la Cruz. Salamanca/Avila: Ediciones Universidad Pontificia/Centro Internacional Teresiano-Sanjuanista, 1997. p. 709-726.

CONDE, Carmen. La más humilde aproximación a Santa Teresa de Jesús. In: EGIDO MARTINEZ, Teófanes; GARCIA DE LA CONCHA, Víctor;

GONZALEZ DE CARDEDAL, Olegario (dirs.). *Actas del Congreso Internacional Teresiano*. Salamanca, 1983. v. II, p. 945-960.

DOBHAN, Ulrich. El mensaje teresiano ante el siglo XXI. In: ROS GARCIA, Salvador (coord.). *La recepción de los místicos;* Teresa de Jesús y Juan de la Cruz. Salamanca/Avila: Ediciones Universidad Pontificia/Centro Internacional Teresiano-Sanjuanista, 1997. p. 243-249.

_____. Teresa de Jesús y la emancipación de la mujer. In: EGIDO MARTINEZ, Teófanes; GARCIA DE LA CONCHA, Víctor; GONZALEZ DE CARDEDAL, Olegario (dirs.). *Actas del Congreso Internacional Teresiano*. Salamanca, 1983. v. I, p. 121-136.

EGIDO, Teófanes. Ambiente histórico. In: BARRIENTOS, Alberto (dir.). *Introducción a la lectura de Santa Teresa*. Madrid: Editorial de Espiritualidad, 1978. p. 43-104.

_____. La biografía teresiana y nuevas claves de comprensión histórica. In: ROS GARCIA, Salvador (coord.). *La recepción de los místicos;* Teresa de Jesús y Juan de la Cruz. Salamanca/Avila: Ediciones Universidad Pontificia/Centro Internacional Teresiano-Sanjuanista, 1997. p. 45-60.

_____. Presencia de la religiosidad popular en Santa Teresa. In: EGIDO MARTINEZ, Teófanes; GARCIA DE LA CONCHA, Víctor; GONZALEZ DE CARDEDAL, Olegario (dirs.). *Actas del Congreso Internacional Teresiano*. Salamanca, 1983. v. I, p. 197-228.

GONZALEZ DE CARDEDAL, Olegario. Realidad y experiencia de Dios en Santa Teresa: contenidos específicos de esta experiencia teologal. In: EGIDO MARTINEZ, Teófanes; GARCIA DE LA CONCHA, Víctor; GONZALEZ DE CARDEDAL, Olegario. *Actas del Congreso Internacional Teresiano*. Salamanca: Universidad de Salamanca, 1983. v. II, p. 835-881.

GONZALEZ NOVALIN, José Luis. Teresa de Jesús y el Luteranismo en España. In: EGIDO MARTINEZ, Teófanes; GARCIA DE LA CONCHA, Víctor; GONZALEZ DE CARDEDAL, Olegario (dirs.). *Actas del Congreso Internacional Teresiano*. Salamanca, 1983. v. I, p. 351-388.

GONZALEZ-CARVAJAL S., Luis. El Carmelo Teresiano-Sanjuanista ante la cultura del siglo XXI. In: ROS GARCIA, Salvador (coord.). *La recepción de los místicos;* Teresa de Jesús y Juan de la Cruz. Salamanca/Avila: Ediciones Universidad Pontificia/Centro Internacional Teresiano-Sanjuanista, 1997. p. 627-644.

GUERRA, Santiago. Teología y santidad: nuevas perspectivas de la teología y misión teológica del Carmelo Teresiano-Sanjuanista. In: ROS GARCIA,

Salvador (coord.). *La recepción de los místicos;* Teresa de Jesús y Juan de la Cruz. Salamanca/Avila: Ediciones Universidad Pontificia/Centro Internacional Teresiano-Sanjuanista, 1997. p. 645-666.

GUTIERREZ NIETO, Juan Ignacio. El proceso de encastamiento social de la Castilla del siglo XVI: la respuesta conversa. In: EGIDO MARTINEZ, Teófanes; GARCIA DE LA CONCHA, Víctor; GONZALEZ DE CARDEDAL, Olegario (dirs.). *Actas del Congreso Internacional Teresiano.* Salamanca, 1983. v. I, p. 103-120.

HERRAIZ, Maximiliano. Dios en la história del hombre. In: VV.AA. *Teresa de Jesús. Mujer, maestra, cristiana.* Madrid: Ed. Espiritualidad, 1982. p. 123-136.

_____. Proyecto pastoral de Santa Teresa: apuntes para una reflexión. In: ROS GARCIA, Salvador (coord.). *La recepción de los místicos;* Teresa de Jesús y Juan de la Cruz. Salamanca/Avila: Ediciones Universidad Pontificia/Centro Internacional Teresiano-Sanjuanista, 1997. p. 229-234.

_____. Vida mística teresiana: culminación del proceso de comunicación divina. In: VV.AA. *Trinidad y vida mística.* Salamanca: Secretariado Trinitario, 1982. p. 101-120. Também em *Estudios Trinitarios* 16 (1982) 241-260.

JIMENEZ DUQUE, Baldomero. La oración, lugar privilegiado para la experiencia. In: EGIDO MARTINEZ, Teófanes; GARCIA DE LA CONCHA, Víctor; GONZALEZ DE CARDEDAL, Olegario (dirs.). *Actas del Congreso Internacional Teresiano.* Salamanca, 1983. v. II, p. 961-972.

LLAMAS-MARTINEZ, Enrique. *Cuentas de Conciencia.* In: BARRIENTOS, Alberto (dir.). *Introducción a la lectura de Santa Teresa.* Madrid: Editorial de Espiritualidad, 1978. p. 373-382.

_____. Teresa de Jesús y los alumbrados. Hacia una revisón del "alumbradismo" español del siglo XVI. In: EGIDO MARTINEZ, Teófanes; GARCIA DE LA CONCHA, Víctor; GONZALEZ DE CARDEDAL, Olegario (dirs.). *Actas del Congreso Internacional Teresiano.* Salamanca, 1983. v. I, p. 137-168.

MACCISE, Camilo. El Carmelo Teresiano-Sanjuanista de cara al tercer milenio. In: ROS GARCIA, Salvador (coord.). *La recepción de los místicos;* Teresa de Jesús y Juan de la Cruz. Salamanca/Avila: Ediciones Universidad Pontificia/Centro Internacional Teresiano-Sanjuanista, 1997. p. 769-786.

MARQUEZ VILLANUEVA, Francisco. El símil del *Castillo Interior:* sentido y génesis. In: EGIDO MARTINEZ, Teófanes; GARCIA DE LA CON-

CHA, Víctor; GONZALEZ DE CARDEDAL, Olegario (dirs.). *Actas del Congreso Internacional Teresiano.* Salamanca, 1983. v. II, p. 495-522.

MARTIN VELASCO, Juan. "Búscame en ti - búscate en mí". In: EGIDO MARTINEZ, Teófanes; GARCIA DE LA CONCHA, Víctor; GONZALEZ DE CARDEDAL, Olegario. *Actas del Congreso Internacional Teresiano.* Salamanca: Universidad de Salamanca, 1983. v. II, p. 809-834.

_____. Espiritualidad antigua y nueva. In: ROS GARCIA, Salvador (coord.). *La recepción de los místicos;* Teresa de Jesús y Juan de la Cruz. Salamanca/ Avila: Ediciones Universidad Pontificia/Centro Internacional Teresiano-Sanjuanista, 1997. p. 605-626.

MAS ARRONDO, Antonio. Acerca de los escritos autógrafos teresianos: *Vida, Castillo Interior* y *Relaciones.* In: ROS GARCIA, Salvador (coord.). *La recepción de los místicos;* Teresa de Jesús y Juan de la Cruz. Salamanca/ Avila: Ediciones Universidad Pontificia/Centro Internacional Teresiano-Sanjuanista, 1997. p. 81-134.

MOIOLI, G. Dimensione esperienziale della spiritualità. In: CALATI, B.; SECONDIN, B.; ZECCA, T. P. *Spiritualità. Fisionomia e compiti.* Roma: Las, 1981. p. 45-62.

MONTALVA, Efrén J. M.; BARRIENTOS, Alberto. Cronología Teresiana. In: BARRIENTOS, Alberto (dir.). *Introducción a la lectura de Santa Teresa.* Madrid: Editorial de Espiritualidad, 1978. p. 25-42.

PABLO MAROTO, Daniel de. Alma, pecado y mundo. In: VV.AA. *Teresa de Jesús. Mujer, maestra, cristiana.* Madrid: Ed. Espiritualidad, 1982. p. 137-156. Publicado também na *Revista de Espiritualidad* 41 (1982) 181-198.

_____. *Camino de Perfección.* In: BARRIENTOS, Alberto (dir.). *Introducción a la lectura de Santa Teresa.* Madrid: Editorial de Espiritualidad, 1978. p. 269-310.

_____. Los libros de Teresa de Jesús. In: VV.AA. *Teresa de Jesús. Mujer, maestra, cristiana.* Madrid: Ed. Espiritualidad, 1982. p. 81-92.

_____. Resonancias históricas del *Camino de Perfección.* In: EGIDO MARTINEZ, Teófanes; GARCIA DE LA CONCHA, Víctor; GONZALEZ DE CARDEDAL, Olegario (dirs.). *Actas del Congreso Internacional Teresiano.* Salamanca, 1983. v. I, p. 41-64.

PAGOLA, José Antonio. Mística, pastoral y nueva evangelización. In: ROS GARCIA, Salvador (coord.). *La recepción de los místicos;* Teresa de Jesús y Juan de la Cruz. Salamanca/Avila: Ediciones Universidad Pontificia/Centro Internacional Teresiano-Sanjuanista, 1997. p. 667-686.

PEDROSA-PÁDUA, Lúcia. Espiritualidade integradora: o testemunho privilegiado de Santa Teresa de Ávila. In: GARCÍA RUBIO, Alfonso (org.). *O humano integrado;* abordagens de antropologia teológica. Petrópolis: Vozes, 2007. p. 181-207.

_____. Evolucionismo e espiritualidade: contribuições da mística para uma revisão da imagem de Deus. In: GARCIA RUBIO, A.; AMADO, J. P. *Fé cristã e pensamento evolucionista.* Aproximações teológico-pastorais a um tema desafiador. São Paulo: Paulinas, 2012. p. 221-253.

_____. Mística y profecía en la espiritualidad cristiana. El testimonio de Santa Teresa de Jesús. In: SANCHO FERMIN, Francisco Javier; CUARTAS LONDOÑO, Rómulo (dir.). *El Libro de las Fundaciones de Santa Teresa de Jesús. Actas del III Congreso Internacional Teresiano.* Burgos/Avila: Monte Carmelo/CITeS-Universidad de la Mística, 2013. p. 401-419.

_____. Relações e afeto nas cartas de Santa Teresa. In PEDROSA-PÁDUA, Lúcia; CAMPOS, M. B. (orgs.). *Santa Teresa.* Mística para o nosso tempo. São Paulo/Rio de Janeiro: Reflexão/PUC-Rio, 2011. p. 187-201.

_____. Santa Teresa de Ávila. Dez retratos de uma mulher "humana e de Deus". In: PEDROSA-PÁDUA, L.; CAMPOS, M. B. (orgs.) *Santa Teresa.* Mística para o nosso tempo. São Paulo/Rio de Janeiro: Reflexão/PUC-Rio, 2011. p. 103-129.

_____. Teresa de Jesús y la experiencia del Espíritu: acción silenciosa, humanización e irradiación apostólica. In: SANCHO FERMIN, (dir.). *La identidad de la mística: fe y experiencia de Dios. Actas del Congreso Internacional de Mística.* Avila 21-24 Abril 2014. Burgos/Avila: Monte Carmelo/ CITeS - Universidad de la Mística, 2014. p. 721-742.

_____. Vida e significado de Santa Teresa de Jesus. In: PEDROSA-PÁDUA, Lúcia; CAMPOS, M. B. (orgs.). *Santa Teresa.* Mística para o nosso tempo. São Paulo/Rio de Janeiro: Reflexão/PUC-Rio, 2011. p. 19-53.

PEREZ, Joseph. Cultura y sociedad en tiempos de Santa Teresa. In: EGIDO MARTINEZ, Teófanes; GARCIA DE LA CONCHA, Víctor; GONZALEZ DE CARDEDAL, Olegario (dirs.). *Actas del Congreso Internacional Teresiano.* Salamanca, 1983. v. I, p. 31-40.

RODRIGUEZ, José Vicente. *Castillo Interior* o *Las Moradas.* In: BARRIENTOS, Alberto (dir.). *Introducción a la lectura de Santa Teresa.* Madrid: Editorial de Espiritualidad, 1978. p. 311-371.

ROS GARCIA, Salvador. Santa Teresa en su condición histórica de mujer espiritual. In: ROS GARCIA, Salvador (coord.). *La recepción de los místicos;*

Teresa de Jesús y Juan de la Cruz. Salamanca/Avila: Ediciones Universidad Pontificia/Centro Internacional Teresiano-Sanjuanista, 1997. p. 61-80.

ROVIRA BELLOSO, J. M. La autoridad de la experiencia mística: valor, critério, límites. In: EGIDO MARTINEZ, Teófanes; GARCIA DE LA CONCHA, Víctor; GONZALEZ DE CARDEDAL, Olegario (dirs.). *Actas del Congreso Internacional Teresiano.* Salamanca, 1983. v. II, p. 1017-1026.

RUIZ SALVADOR, Federico. Dos testigos supremos de Dios: Teresa de Jesús y Juan de la Cruz. In: EGIDO MARTINEZ, Teófanes; GARCIA DE LA CONCHA, Víctor; GONZALEZ DE CARDEDAL, Olegario (dirs.). *Actas del Congreso Internacional Teresiano.* Salamanca, 1983. v. II, p. 1027-1046.

SANGNIEUX, Joel. Santa Teresa y los libros. In: EGIDO MARTINEZ, Teófanes; GARCIA DE LA CONCHA, Víctor; GONZALEZ DE CARDEDAL, Olegario (dirs.). *Actas del Congreso Internacional Teresiano.* Salamanca, 1983. v. II, p. 747-764.

SENRA VARELA, A. La enfermedad de Santa Teresa de Jesús: una enfermedad natural en una vida proyectada a lo sobrenatural. In: EGIDO MARTINEZ, Teófanes; GARCIA DE LA CONCHA, Víctor; GONZALEZ DE CARDEDAL, Olegario (dirs.). *Actas del Congreso Internacional Teresiano.* Salamanca, 1983. v. I, p. 1047-1056.

STEGGINK, Otger. Experiencia de Dios y afectividad. ¿Cuán afectiva es la mística? y ¿Cuán mística es la afectividad en Teresa de Jesús? In: EGIDO MARTINEZ, Teófanes: GARCIA DE LA CONCHA, Víctor; GONZALEZ DE CARDEDAL, Olegario (dirs.). *Actas del Congreso Internacional Teresiano.* Salamanca, 1983. v. II, p. 1057-1074.

_____. Mistica affettiva e affettività mistica in Teresa di Gesù. In: BERNARD, C. A. *L'Antropologia dei Maestri Spirituali.* Simposio organizato dall'Istituto di Spiritualitá dell'Università Gregoriana. Torino: Paoline, 1991.

VAZQUEZ FERNANDEZ, Antonio. Las "Moradas del *Castillo Interior*" como proceso de individuación. In: EGIDO MARTINEZ, Teófanes; GARCIA DE LA CONCHA, Víctor; GONZALEZ DE CARDEDAL, Olegario (dirs.). *Actas del Congreso Internacional Teresiano.* Salamanca, 1983. v. II, p. 1075-1121.

VERGOTE, Antonio. Una mirada psicológica sobre la mística de Teresa de Avila. In: EGIDO MARTINEZ, Teófanes; GARCIA DE LA CONCHA, Víctor; GONZALEZ DE CARDEDAL, Olegario. *Actas del Congreso Internacional Teresiano.* Salamanca: Universidad de Salamanca, 1983. v. II, p. 883-896.

2.3. Artigos

ADOLFO DE LA MADRE DE DIOS. Vista panorámica de la vida espiritual según Santa Teresa. *Revista de Espiritualidad* 22 (1963) 585-606.

ALBERTO DE LA V. DEL CARMEN. Presencia de San Agustín en Santa Teresa y en San Juan de la Cruz. *Revista de Espiritualidad* 14 (1955) 170-174.

ALVAREZ, Tomás; CASTELLANO CERVERA, Jesús. Santa Teresa de Jesús. *Ephemerides Carmeliticae* 19 (1968) 9-44.

ANDRÉS MARTÍN, M. Erasmismo y tradición en las *Cuentas de Conciencia*. *Revista de Espiritualidad* 40 (1981) 253-275.

ANDUEZA, Maria de la Concepción. Significado de la luz en la espiritualidad de Santa Teresa. *Revista de Espiritualidad* 29 (1970) 190-242.

ARRUPE, Pedro. La intimidad con Dios fuente de la actividad apostólica. *Revista de Espiritualidad* 29 (1970) 497-498.

AUBIN, P. Intériorité et extériorité dans les *Moralia* de S. Grégoire le Grand. *Recherches de Science Religieuse* 62 (1974) 117-166.

BAUDRY, Joseph. La place du Saint-Esprit dans la spiritualité du Thérèse d'Avila. *Carmel* 23 (1975) 59-82.

_____. Pédagogie thérésienne de l'imitation des saints dans le livre de la *Vida. Teresianum* 33 (1982) 587-618.

BESNARD, A. M. El místico nos enseña que Dios es el compañero de nuestra existencia humana. *Revista de Espiritualidad* 29 (1970) 299-302.

BLAS DE JESUS. El pecado en la ascética teresiana. *Monte Carmelo* 68 (1960) 7-48.

BORRIELLO, Luigi. Amore, amicizia e Dio en S. Teresa. *Teresianum* 33 (1982) 283-330.

BOUDOT, Pierre. Thérèse d'Avila, la portée philosophique de son combat. *Carmel* n. 26, 1982-2, p. 100-109.

BOVA, Ciro. Teresa di Gesù e il suo ambiente spirituale. *Rivista di Ascetica e Mistica*, n. 3, jul-set/1998, p. 247-269.

BRÄNDLE, Francisco. La fe que se hace vida. *Revista de Espiritualidad* 54 (1995) 523-543.

CAPANAGA, Victorino. San Agustín y la espiritualidad moderna. *Revista de Espiritualidad* 14 (1955) 156-169.

CASTELLANO CERVERA, Jesus. Cristo imagen y camino del hombre nuevo. Doctrina espiritual de Teresa de Jesús y Juan de la Cruz. *Teología Espiritual* 26 (1982) 251-269.

_____. El entramado bíblico del *Castillo Interior*. *Revista de Espiritualidad* 56 (1997) 119-142.

_____. "Eminens doctrina". Un requisito necesario para ser Doctor de la Iglesia. *Teresianum* 46 (1995) 3-21.

_____. Lectura de un símbolo teresiano. *Revista de Espiritualidad* 41 (1982) 531-566.

_____. Presencia de Santa Teresa en la espiritualidad actual. *Teresianum* 33 (1982) 181-232.

CASTRO, Secundino. Aproximación al pensamiento religioso de Teresa. *Revista de Espiritualidad* 41 (1982) 63-80.

_____. Jesucristo en la mística de Teresa y Juan de la Cruz. *Teresianum* 41 (1990) 349-380.

_____. Jesucristo es el Señor. *Revista Teresa de Jesús: Temas Teresianos*. Avila, 1987, número especial, p. 55-66.

_____. Jesucristo y su misterio. *Revista de Espiritualidad* 41 (1982) 137-156.

_____. La vida y la luz, la muerte y las tinieblas: gracia y pecado. *Revista Teresa de Jesús: Temas Teresianos*. Avila, 1987, número especial, p.147-154.

_____. Mística y cristología en Santa Teresa. *Revista de Espiritualidad* 56 (1997) 75-117.

_____. Teología teresiana del mundo. *Revista de Espiritualidad* 40 (1981) 381-405.

_____. Vivir y experimentar la palabra de Dios. *Revista de Espiritualidad* 43 (1984) 549-570.

CHORPENNING, Joseph F. Fray Luis of Leon's writings on St. Teresa of Jesus: a defense of mysticism and religious reform. *Teresianum* 43 (1992) 133-174.

COLOMINA TORNER. Jaime. La santidad cristiana según Santa Teresa. *Teología Espiritual* 26 (1982) 211-227.

DOMINGUEZ REBOIRAS, F. El amor vivo de Dios: apuntes para una teología de la gracia desde los escritos de Santa Teresa. *Compostellanum* 15 (1970) 5-59.

_____. La teología de la gracia en Santa Teresa. *Compostellanum* 19 (1974) 5-64.

DONAZAR ZAMORA, A. Santa Teresa de Avila, signo de revolución. *Revista de Espiritualidad* 29 (1970) 454-461.

EFREN DE LA MADRE DE DIOS. Doctrina y vivencia de Santa Teresa sobre el misterio de la Santísima Trinidad. *Revista de Espiritualidad* 22 (1963) 756-772.

_____. La Santísima Trinidad, sol del mensaje teresiano. *Estudios Trinitarios* 13 (1979) 255-265.

_____. O místico representa los valores de la verdad que no pasa. *Revista de Espiritualidad* 29 (1970) 322-324.

_____. Teresa de Jesús y Juan de la Cruz. Sistematizaciones de la vida espiritual cristiana. *Monte Carmelo* 97 (1989) 285-313.

EGIDO, Teófanes. El tratamiento historiográfico de Santa Teresa. *Revista de Espiritualidad* 40 (1981) 171-189.

_____. Santa Teresa y las tendéncias de la historiografía actual. *Teresianum* 33 (1982) 159-180.

ENRIQUE DEL SDO CORAZÓN. Doctrina y vivencia de Santa Teresa sobre el misterio de Cristo. *Revista de Espiritualidad* 22 (1963) 773-812.

EULOGIO DE SAN JUAN DE LA CRUZ. Principios teológicos fundamentais en la doctrina teresiana. *Revista de Espiritualidad* 22 (1963) 521-577.

GABRIELE DI S. MARIA MADDALENA. Realizzazioni. L'inhabitazione divina in S. Teresa de Gesù. *Vita Carmelitana* 6 (1943) 26-45.

GARCIA EVANGELISTA, A. La experiencia mística de la inhabitación. *Archivo Teológico Granadino* 16 (1953) 63-326.

GARCIA ORDAS, A. M. Características de la experiencia teresiana. *Revista de Espiritualidad* 25 (1966) 38-61.

_____. Expresión cristiana de la afectividad. *Revista de Espiritualidad* 31 (1972) 183-197.

_____. La vita trinitaria nella spiritualità di Santa Teresa. *Rivista di Vita Spirituale* 23 (1968) 538-557.

GARCIA ORO, José. Reformas y Observancias: crisis y renovación de la vida religiosa española durante el Renacimiento. *Revista de Espiritualidade* 40 (1981) 191-213.

GARRIDO, J. Cristino. Experiencia teresiana de la vida de la gracia. *Monte Carmelo* 75 (1967) 344-391.

GIOVANNA DELLA CROCE. La Vita Christi di Landolfo di Sassonia e Santa Teresa D'Avila. *Carmelus* 29 (1982) 87-110.

_____. Peculiaridades de la mística teresiana. *Revista de Espiritualidad* 29 (1970) 462-478.

GONZALEZ CORDERO, Francisco. La teología espiritual de Santa Teresa de Jesús, reacción contra el dualismo neoplatónico. *Revista Española de Teología* 30 (1970) 3-38.

GONZALEZ DE CARDEDAL, Olegario. La oración y la mística: experiencia que unifica praxis, palabra y amor. *Sal Terrae* 70 (1982) 99-112.

GUSTAVO DEL NIÑO JESÚS. Censores de los manuscritos teresianos: Las correcciones de la Autobiografía teresiana, de Bánez a Fray Luis de León *Monte Carmelo* 65 (1957) 42-60.

HERRAIZ, Maximiliano. Biblia y espiritualidad teresiana. *Monte Carmelo* 88 (1980) 305-334.

_____. Dios en la historia del hombre. *Revista de Espiritualidad* 41 (1982) 123-136.

_____. Donación de Dios y compromiso del hombre. *Teresianum* 33 (1982) 331-360.

_____. Teresa de Jesus, Maestra de experiencia. *Monte Carmelo* 88 (1980) 269-304.

HUGUENIN, Marie-Joseph. Santa Teresa y la experiencia de la Misericordia de Dios. *Monte Carmelo* 99 (1991) 217-220.

HUERGA, Alvaro. La mística vivencial de Santa Teresa. *Angelicum* 59 (1982) 277-301.

IDÍGORAS, José L. Santa Teresa, una mística para hoy. *Revista Teologica Limense* 15 (1981) 267-288.

JIMÉNEZ DUQUE, Baldomero. Actualidad de Santa Teresa. *Revista de Espiritualidad* 29 (1970) 157-178.

_____. La experiencia mística de Santa Teresa. *Compostellanum* 27 (1982) 197-215.

_____. Santa Teresa y la "historicidad". *Teresianum* 33 (1982) 91-132.

LEAL CARRILLO, Dolores Teresa. La Humanidad de Cristo en Santa Teresa. *Naturaleza y Gracia* 28 (1980) 349-357.

LLAMAS, E. Santa Teresa de Jesús y la religiosidad popular. *Revista de Espiritualidad* 40 (1981) 215-252.

_____. Teresa de Jesús y su encuentro con Cristo: una constante en su biografía. *Religión y Cultura* 26 (1980) 791-819.

LLAMAS, Román. Santa Teresa y su experiencia de la Sagrada Escritura. *Teresianum* 33 (1982) 447-513.

_____. Teresa de Jesús, testigo de la Palabra de Dios. *Revista Teresa de Jesús: Temas Teresianos.* Avila, número especial, 1987, p. 67-78.

LÓPEZ, Rafael. El lenguaje metafórico-alegórico en los escritos de Santa Teresa de Jesús. *Revista Teológica Limense* 15 (1981) 289-315.

LÓPEZ-BARALT, Luce. Santa Teresa de Jesús y el Islam: Los símbolos de los siete castillos concéntricos. *Teresianum* 33 (1982) 629-678.

LÓPEZ DÍAZ-OTAZU, Ana Maria. La personalidad de Teresa de Jesús. *Teología Espiritual,* v. 26, n. 77, 1982, p. 177-209.

LOPEZ SANTIDRIAN, Saturnino. El consuelo espiritual y la Humanidad de Cristo en un maestro de Santa Teresa: Fr. Francisco de Osuna. *Ephemerides Carmeliticae* 31 (1980) 161-193.

MARTIN DE JESUS MARIA. El concepto del alma humana en las *Moradas* de SantaTeresa. *Revista de Espiritualidad* 1 (1942) 206-214.

MARTIN, Mauricio. Visiones místicas en Santa Teresa de Jesús. *Monte Carmelo* 76 (1968) 3-39 e 367-427.

_____. Visiones místicas en Santa Teresa de Jesús. *Monte Carmelo* 79 (1971) 243-264.

MARTÍN DEL BLANCO, Mauricio. Hacia una teología existencial de la gracia y del pecado en la vida, experiencia y doctrina de Santa Teresa de Jesús. *Estudios* 32 (1976) 509-533.

_____. Hacia una teología existencial de la gracia y del pecado en S. Teresa. *Teología Espiritual* 21 (1977) 185-209.

_____. Los fenómenos extraordinarios en la mística de Santa Teresa de Jesús. *Teresianum* 33 (1982) 361-409.

_____. Mística y humanismo en Santa Teresa de Jesús. *Monte Carmelo* 89 (1981) 465-484.

MAURY BUENDIA, Miguel. Puntos clave en la interpretación teológica de la experiencia teresiana de la gracia. *Monte Carmelo* 95 (1987) 283-302.

MOLTMANN, Jürgen. Mística de Cristo en Teresa de Avila y en Martín Lutero. *Revista de Espiritualidad* 42 (1983) 459-478.

MUÑOZ ALONSO, Adolfo. Concepto del mundo y de las cosas en Teresa de Jesús. *Revista de Espiritualidad* 22 (1963) 489-498.

NAVARRO PUERTO, Mercedes. El cuerpo en Santa Teresa. *Revista de Espiritualidad* 40 (1981) 407-471.

_____. Teresa de Jesús limpia de corazón. *Revista de Espiritualidad* 42 (1983) 287-324.

PABLO MAROTO, Daniel de. Alma, pecado, mundo. *Revista de Espiritualidad* 41 (1982) 181-198.

_____. La oración teresiana en su entorno histórico. *Revista Teresa de Jesús: Temas Teresianos*, Avila, 1987, número especial, p. 103-114.

_____. Oración teresiana, balance y nuevas perspectivas. *Teresianum* 33 (1982) 233-281.

_____. Santa Teresa y el Protestantismo español. *Revista de Espiritualidad* 40 (1981) 277-309.

PAULUS PP. VI. Litterae Apostolicae "Multiformis Sapientia Dei". In: *Acta Apostolicae Sedis* 63 (1970).

_____. Litterae Apostolicae quibus Sancta Teresia Abulensis Doctor Ecclesiae renuntiatur. *Ephemerides Carmeliticae* 22 (1971) 391-398.

PEDROSA-PÁDUA, Lúcia. Contribuições da mística de Santa Teresa de Jesus para o diálogo inter-religioso. *Atualidade Teológica* 39 (2011) 458-474.

_____. Mística e profecia na espiritualidade cristã. O testemunho de Santa Teresa de Jesus. *Horizonte*, Belo Horizonte, jul./set. 2012, v. 10, n. 27, p. 757-778.

_____. "Que lástima é não saber quem somos": mística e antropologia no *Castelo interior* ou *Moradas* de Santa Teresa de Ávila. *Atualidade Teológica* 22 (2006) 9-34.

_____. Santa Teresa: eminentemente humana e toda de Deus. A pessoa humana no *Castelo Interior* ou *Moradas* de Santa Teresa. *Grande Sinal* 5 (1996) 587-601.

_____. Teresa de Ávila: testemunha do mistério de Deus. *Perspectiva Teológica* 96 (2003) 155-186.

PILA, M. La presencia de Dios vivo resplandece en su obra. *Revista de Espiritualidad* 29 (1970) 507-509.

POLI, Tullio. "Recogimiento", "recogerse" en Santa Teresa de Jesús (1560-1577). *Monte Carmelo* 88 (1980) 501-529.

PRADOS MUÑOZ, Manuel. Santa Teresa de Jesús y la Compañia de Jesús. *Manresa* 54 (1982) 75-78.

PRIETO HERNÁNDEZ, Juan Miguel. Los orígenes de la alegoría del castillo teresiano. *Teresianum* 42 (1991) 585-608.

RAHNER, K. La experiencia personal de Dios más apremiante que nunca. *Revista de Espiritualidad* 29 (1970) 310-312.

RODRÍGUEZ, José Vicente. Actualidad teresiano-sanjuanista. *Revista de Espiritualidad* 40 (1981) 601-613.

_____. Teresa de Jesús: capacidad y actitud de asombro. *Revista Teresa de Jesús: Temas Teresianos*, Avila, 1987, número especial, p. 211-218.

RODRIGUES, Leandro. Cristo en el centro del alma según San Agustín y Santa Teresa. *Revista de Espiritualidad* 37 (1964) 171-185.

RODRIGUEZ SAN PEDRO, L. E. Libros y lecturas para el hogar de Don Alonso Sanchez de Cepeda. *Salmanticensis* 34 (1987) 169-188.

ROF CARBALLO, Juan. La estructura del alma según Santa Teresa. *Revista de Espiritualidad* 22 (1963) 413-431.

ROS GARCIA, Salvador. El Dios que vive en Teresa. *Revista Teresa de Jesús: Temas Teresianos*, Avila, 1987, número especial, p. 147-154.

_____. Juan de Avila y Teresa de Jesús: el valor de una carta (fotocop.). Avila: [Centro Internacional Teresiano-Sanjuanista, 1998].

SCHILLEBEECKX, E. Profetas de la presencia viva de Dios. *Revista de Espiritualidad* 29 (1970) 319-321.

SEGUNDO DE JESUS. Doctrina teresiana del amor al prójimo. *Revista de Espiritualidad* 22 (1963) 637-667.

STEGGINK, Otger. Teresa de Jesús, mujer y mística ante la teología y los teólogos. *Carmelus* 29 (1982) 111-129.

VANDENBROUCKE, F. El místico experimenta lo que nosotros creemos. *Revista de Espiritualidad* 29 (1970) 315-318.

VÁSQUEZ FERNANDEZ, Antonio. Notas para la lectura de *Las Moradas* de Santa Teresa desde la psicologia profunda. *Revista de Espiritualidad* 41 (1982) 463-530.

VIVES, Josep. Abiertos al futuro para estar abierto a Dios. Teresa contra la involución espiritual y social. *Sal Terrae* 70 (1982) 113-124.

VOLL, Urban. The beauty of the *Interior Castle*. *Angelicum* 59 (1982) 302-322.

2.4. Verbetes de dicionários

ALVAREZ, Tomás. Teresa de Jesús. In: PIKAZA, Xabier; SILANES, Nereu. *El Dios cristiano; diccionario teológico*. Salamanca: Secretariado Trinitario, 1992. p. 1344-1353.

2.5. Bibliografias

Coleções

Archivum Bibliographicum Carmelitanum: ABC. Roma.

"Bibliographia IV Centenarium Mortis S. Teresiae a Jesu 1981-1983". *Carmeliti Teresianum Carmeli Teresianum: ABCT* 28 (1981-1983) 1-261 [há 2.409 títulos]

Bibliographia Internacionalis Spiritualitatis: BIS. Roma: Teresianum.

Artigos

SANCHEZ, Manuel Diego. Bibliografía del Centenario Teresiano. *Teresianum* 34 (1983) 355-451.

SIMEÓN DE LA SAGRADA FAMILIA. Bibliografía del Doctorado Teresiano. *Ephemerides Carmeliticae* 22 (1971) 399-494.

2.6. Dicionários

ALVAREZ, Tomás (dir.). *Diccionario de Santa Teresa.* Burgos: Monte Carmelo, 2002.

3. Bibliografia temática: contexto histórico-teológico da mística espanhola, humanização e experiência de Deus

3.1. Livros

ALFARO. J. *De la cuestión del hombre a la cuestión de Dios.* 3. ed. Salamanca: Ediciones Sigueme, 1997.

AMARAL, L.; KÜENZLEN, G.; DANNEELS, G. *Nova Era; um desafio para os cristãos.* São Paulo: Paulinas, 1994.

ANDRES MARTIN, Melquiades. *Historia de la mística de la Edad de Oro en España y America.* Madrid: BAC, 1994.

_____. *La teología española en el siglo XVI.* Madrid: BAC, 1977. v. II.

_____. *Los recogidos; nueva visión de la mística española (1500-1700).* Madrid: Fundación Universitaria Española, 1976.

ANJOS, Márcio Fabri dos (org.). *Teologia e novos paradigmas.* São Paulo: Loyola/Soter, 1996.

ANTONIAZZI, C. A. et al. *Nem anjos nem demônios. Interpretações sociológicas do pentecostalismo.* Petrópolis/Rio de Janeiro: Vozes/CERIS, 1994.

ARIES, P.; DUBY, G. *Historia de la vida privada;* la comunidad, el estado y la familia en los siglos XVI y XVIII. Madrid: Taurus, 1991. t. VI.

BALMA, Hugo de. *Sol de contemplativos.* Edição a cargo de Teodoro H. Martin. Salamanca: Sígueme, 1992.

BATAILLON, Marcel. *Erasmo y España;* estudios sobre la historia espiritual del siglo XVI. México/Buenos Aires: Fundo de Cultura Económica, 1966.

BELTRÁN DE HEREDIA, Vicente. *Comentarios inéditos a la "Prima Secundae" de Sto. Tomás.* Salamanca: Biblioteca de Teólogos Españoles, 1960. t. I – De fine ultimo et de actibus humanis (qq. 1-18).

_____. *Controversia "De certitudine gratiae" entre Domingo de Soto y Ambrosio Catarino.* Salamanca: Imp. Diocesana Calatrava, 1941.

_____. *Domingo Bánez y las controversias sobre la gracia; textos y documentos.* Salamanca: Biblioteca de Teólogos Españoles, 1968.

_____. *Domingo de Soto; estudio biográfico documentado.* Salamanca: Biblioteca de Teólogos Españoles, 1960.

_____. *Las corrientes de espiritualidad entre los dominicos de Castilla durante la primera mitad del siglo XVI.* Salamanca: BTE, 1941.

BENNASSAR, Bartolomé. *La España del Siglo de Oro.* Barcelona: [s.n.], 1983.

_____. *Los españoles; actitudes y mentalidades.* Madrid: [s.n.], 1985.

BERGER, P. L. *Rumor de anjos; a sociedade moderna e a redescoberta do sobrenatural.* Petrópolis: Vozes, 1997.

BINGEMER, Maria Clara L. *Alteridade e vulnerabilidade. Experiência de Deus e pluralismo religioso no moderno em crise.* São Paulo: Loyola, 1993.

_____. *O mistério e o mundo;* paixão por Deus em tempos de descrença. Rio de Janeiro: Rocco, 2013.

BOFF, Leonardo. *A Trindade, a sociedade e a libertação.* Petrópolis: Vozes, 1986.

_____. *Ecologia, mundialização, espiritualidade.* São Paulo: Ática, 1993.

_____. *Tempo de transcendência; o ser humano como um projeto infinito.* Rio de Janeiro: Sextante, 2000.

BOMLI, P. W. *La femme dans l'Espagne du siècle d'or.* La Haye: Martinus Nijhoff, 1950.

CASALDALIGA, P.; VIGIL, J. M. *Espiritualidade da libertação.* Petrópolis: Vozes, 1993.

CILVETI, Angel L. *Introdución a la mística española.* Madrid: Ediciones Cátedra, 1974.

CODINA, Víctor. *Los caminos del Oriente Cristiano;* iniciación a la teología oriental. Santander: Sal Terrae, 1997.

COLLANTES, Justo. *La fe de la Iglesia Católica.* Madrid: BAC, 1986.

COMBLIN, José. *Cristãos rumo ao século XXI.* São Paulo: Paulus, 1996.

_____. *O Espírito Santo e a libertação.* Petrópolis: Vozes, 1987.

CONGAR, Y. *La fe y la teología.* Barcelona: Herder, 1981.

DE LUBAC, H. *Exégese Médiévale. Les quatre sens de l'Ecriture* I. Paris: Aubier, 1959.

DOIMO, Ana Maria. *A vez e a voz do popular.* Rio de Janeiro: Relume Dumará/ANPOCS, 1995.

DOMINGUEZ ORTIZ, A. *El antiguo Régimen; los Reys Católicos y los Austrias.* Madrid: Alianza Universidad, 1973.

FERNANDEZ ALVAREZ, M. *La sociedad española en el Siglo de Oro.* Madrid: Gredos, 1989. 2 v.

FERNANDEZ-A. DIAZ. *Historia de España.* Madrid: Gredos, 1987. v. VIII: Los Austrias mayores y la culminación del Imperio (1516-1598).

FORTE, Bruno. *A Trindade como história.* São Paulo: Paulus, 1987.

FORTMAN, Edmund J. *Teología de Dios.* Santander: Sal Terrae, 1969.

GALILEA, Segundo. *El futuro de nuestro pasado; los místicos españoles desde América Latina.* Madrid: Narcea, 1985.

GARCIA DE LA CONCHA, Víctor. *El arte literario de Santa Teresa.* Barcelona: Ariel, 1978.

GARCIA RUBIO, Alfonso. *A caminho da maturidade na experiência de Deus.* São Paulo: Paulinas, 2008.

_____. *O encontro com Jesus Cristo vivo. Um ensaio de cristologia para nossos dias.* 14. ed. São Paulo: Paulinas, 2010.

_____. *Unidade na pluralidade. O ser humano à luz da fé e da reflexão cristãs.* 4. ed. São Paulo: Paulinas, 2006.

GENUYT, F. M. *El misterio de Dios.* Barcelona: Herder, 1968.

GIBELLINI, Rosino. *La teología del siglo XX.* Santander: Sal Terrae, 1998.

GONZÁLEZ DE CARDEDAL, Olegario. *Jesús de Nazaret; aproximación a la cristología.* Madrid: BAC, 1975.

_____. *La entraña del cristianismo.* Salamanca: Secretariado Trinitario, 1997.

_____. *Misterio trinitario y existencia humana; estudio histórico-teológico en torno a San Buenaventura*. Madrid/México/Buenos Aires/Pamplona: Rialp, 1966.

GONZALEZ MONTES, A. *Fundamentación de la fe*. Salamanca: Secretariado Trinitario, 1994.

GRANADA. Luis de. *Libro de la oración y meditación*. BAE VIII.

GUTIERREZ, Gustavo. *A verdade vos libertará*. São Paulo: Loyola, 2000.

_____. *Beber en su próprio pozo. En el itinerario espiritual de un pueblo*. Lima: CEP, 1983.

_____. *El Dios de la vida*. Lima: Instituto Bartolomé de la Casas/CEP, 1989.

HATZFELD, Helmut. *Estudios literarios sobre mística española*. Madrid: Gredos, 1968.

HUERGA, Alvaro. *Historia de los alumbrados (1570-1630)*. Madrid: Fundación. Univ. Española, 1978. v. II.

JIMENEZ DUQUE, Baldomero. *Mística; la experiencia del Misterio*. Valencia/México/Santo Domingo: EDICEP, 1995.

_____. *Teología de la mística*. Madrid: BAC, 1963.

JOHNSTON, William. *El ciervo vulnerado;* el misticismo cristiano hoy. Madrid: Paulinas, 1986.

_____. *Teología mística;* la ciencia del amor. Trad. de *Mysthical Theology* (Londres: Harper Collins Publishers, 1995) por Ma. B. Ibarra. Barcelona: Herder, 1997.

JÜNGEL, Eberhard. *Dios como misterio del mundo*. Salamanca: Sígueme, 1984.

LADARIA, Luis F. *Antropología teológica*. Madrid: Universidad Pontificia Comillas, 1983.

_____. *Teología del pecado original y de la gracia*. 2. ed. Madrid: BAC, 1997.

_____. *El Dios vivo y verdadero;* el misterio de la Trinidad. Salamanca: Secretariado Trinitario, 1998.

LAREDO, Bernardino de. Subida del monte Sión. Introd. de J. B. Gomis. In: *Místicos Franciscanos Españoles II*. Madrid: BAC, 1948.

LATOURELLE, R. *Teología de la revelación*. Salamanca: Sígueme, 1977.

LEVINAS, E. *Totalidad y infinito*. Salamanca: Sígueme, 1987.

LIBANIO, João Batista; MURAD, Afonso. *Introdução à teologia; perfil, enfoques, tarefas*. São Paulo: Loyola, 1996.

LOPEZ-BARALT, Luce; PIERA, Lorenzo. *El sol a medianoche. La experiencia mística; tradición y actualidad.* Madrid: Trotta, 1996.

MARQUEZ, Antonio. *Los alumbrados; orígenes y filosofía.* Madrid: Taurus, 1980.

MARTÍN VELASCO. Juan. *El fenómeno místico; estudio comparado.* Madrid: Trotta, 1999.

_____. *La experiencia cristiana de Dios.* 3. ed. Madrid: Trotta, 1997.

_____. *Metamorfosis de lo sagrado y futuro del cristianismo.* Santander: Sal Terrae, 1998.

_____ et al. *Interrogante; Dios.* Santander/Madrid: Sal Terrae/Fe y Secularidad, 1996.

MENENDEZ PELAYO, Marcelino. *Historia de los heterodoxos españoles.* Santander: Consejo Sup. Inv. Científicas, 1947.

MIRANDA, Mário França. *Um homem perplexo; o cristão na sociedade.* São Paulo: Loyola, 1989.

MOLTMANN, J. *O espírito da vida.* 2. ed. Petrópolis: Vozes, 2010.

MOREIRA, A.; ZICMAN, R. (orgs.). *Misticismo e novas religiões.* Petrópolis: Vozes/USF, 1994.

MUÑIZ RODRIGUEZ, Vicente. *Experiencia de Dios y lenguaje en el "Tercer abecedario espiritual" de Francisco de Osuna.* Salamanca: Universidad Pontificia, 1986.

OSUNA, Francisco de. *Místicos franciscanos españoles II; Tercer abecedario espiritual de Franscisco do Osuna.* Ed. de S. López Santidrián. Madrid: BAC, 1998.

_____. *Tercer abecedario espiritual.* Ed. de M. Andrés. Madrid: BAC, 1972.

PABLO MAROTO, Daniel de. *El camino cristiano.* Salamanca: Universidad Pontificia, 1996.

_____. *Historia de la espiritualidad cristiana.* Madrid: Editorial de Espiritualidad, 1990.

PANIKKAR, Raimon. *Iconos del mistério;* la experiencia de Dios. Barcelona: Península, 1998. [Ed. brasileira: *Ícones do mistério;* a experiência de Deus. São Paulo: Paulinas, 2007.]

PANNEMBERG, Wolfhart. *Teologia sistemática.* Madrid: Universidad Pontificia Comillas, 1992. v. I.

PFANDL, L. *Cultura y costumbres del pueblo español de los siglos XVI e XVII. Introducción al estudio del siglo de oro.* Barcelona: Araluce, 1959.

PHILIPS, Gerard. *Inhabitación trinitaria y gracia; la unión personal con el Dios vivo.* Salamanca: Secretariado Trinitario, 1980.

PIKAZA, Xavier. *Dios como espíritu y persona.* Salamanca: Secretariado Trinitario, 1989.

PORCILE SANTISO, María Teresa. *La mujer, espacio de Salvación; misión de la mujer en la Iglesia, una perspectiva antropológica.* Montevideo: Trilce, 1991.

POVEDA, Pedro. *Amigos fortes de Deus.* Introdução, comentários e seleção de D. Gómez Molleda. Rio de Janeiro: Intercultural, 2000.

RAHNER, Karl. *Curso fundamental da fé.* São Paulo: Paulinas, 1989.

_____. *Experiencia del Espíritu.* Madrid: Narcea, 1977.

ROVIRA BELLOSO, J. M.. *Tratado de Dios uno y trino.* Salamanca: Secretariado Trinitario, 1993.

SAN AGUSTÍN. *Obras II . Las Confesiones.* Madrid: BAC, 1951.

SAN BUENAVENTURA. *Obras I. Itinerario de la mente a Dios.* Madrid: BAC, 1945.

SANTO INÁCIO DE LOYOLA. *Exercícios espirituais.* São Paulo: Loyola, 1985.

schillebeeckx, Edward. *Los hombres relato de Dios.* Salamanca: Sígueme, 1995.

_____. *Situación y tareas de la teología hoy.* Salamanca: Sígueme, 1969.

SCHNACKENBURG, Rudolf. *La persona de Jesucristo, reflejada en los cuatro evangelios.* Trad. de *Die Person Jesu Christi* (2. ed. Friburgo de Brisgovia: Verlag Herder, 1994) por C. Ruiz-Garrido. Barcelona: Herder, 1998.

STAGLIANO, A. *Il misterio del Dio vivente.* Bologna: EDB, 1996.

SUDBRACK, Josef. *Mística; a busca do sentido e a experiência do absoluto.* São Paulo: Loyola, 2007.

TOMÁS DE AQUINO. *Suma teológica.* Ed. de A. Correia. São Paulo: Siqueira, 1946.

TORRES QUEIRUGA, Andrés. *Creo en Dios Padre.* Santander: Sal Terrae, 1986.

_____. *Recuperar la creación:* por una religión humanizadora. Santander: Sal Terrae, 1997.

_____. *Un Dios para hoy.* Santander: Sal Terrae, 1997.

VALENTE. J. A. *La piedra y el centro.* Madrid: Taurus, 1983.

VASSE, Denis. *L'Autre du désir et le Dieu de la foi; lire aujourd'hui Thérèse d'Avila.* Paris: Éditions du Seuil, 1991.

VAZ, Henrique Cláudio de Lima. *Antropologia Filosófica I.* São Paulo: Loyola, 1992.

_____. *Experiência mística e filosofia na tradição ocidental.* 2. ed. São Paulo: Loyola, 2000.

VÁZQUEZ DE PRADA, V. *História económica y social de España.* Madrid: Confederacion Española de Cajas de Ahorros, 1978. v. III: Los siglos XVI y XVII.

VERGOTE, Antonio. *"Amarás al Señor tu Dios"; la identidad cristiana.* Trad. de *Tu aimeras le Seigner ton Dieu... L'identité chretienne* (Paris: Les Éditions du Cef, 1997.). Santander: Sal Terrae, 1999.

VATICANO. *Compêndio do Vaticano II;* constituições, decretos, declarações. Petrópolis: Vozes, 1967.

VIVAR FLORES, Alberto. *Antropologia da libertação latino-americana.* Trad. por Luis Laurentino da Silva. São Paulo: Paulus, 1991.

VON BALTHASAR, H. U. *Ensayos teologicos.* XX. Madrid: Ediciones Cristiandad, 1964. I *Verbum Caro,* Col. Teologia y Siglo.

_____. *Gloria; una estética teológica.* Trad. de *Herrlichkeit; Schau der Gestalt* (Einsiedeln: Johannes Verlag, 1961) por E. Saura. Madrid: Ediciones Encuentro, 1985. v. I: La percepción de la forma.

_____. *Puntos centrales de la fe.* Madrid: B.A.C., 1985.

VV.AA. *Experiencia religiosa; las variedades de la experiencia religiosa.* Madrid: Universidad Pontificia Comillas, 1989.

ZAS FRIZ, Rossano. *La teología del símbolo de San Buenaventura.* Roma: Pontificia Università Gregoriana, 1997.

3.2. Partes ou capítulos de livros

CABALLERO, Fermín. Censura de los Maestros Fr. Melchor Cano y Fr. Domingo de Cuevas sobre los Comentarios del Catecismo Cristiano y otros escritos de Fr. Bartolomé de Carranza [Amberes 1559]. In: *Conquenses ilustres II. Vida del Ilustrísimo Melchor Cano.* [Madrid 1871], Apêndice 58, p. 536-615.

GONDRAS, Alexandre-Jean. L'Évolution des questions de la présence de Dieu dan les êtres d'Alexandre de Halès a Saint Bonaventure. In: *Colloques Internationaux du Centre National de la Recherche Scientifique n. 558.* Paris: Editions du CNRS, 1977. p. 713-724.

HUERGA, Alvaro. La vida cristiana en los siglos XV y XVI. In: *Historia de la Espiritualidad*. Barcelona, 1969. t. II.

LESBAUPAIN, Ivo. Igreja Católica no Brasil e política: a história recente. In: *Cadernos Atualidade em Debate* 41, Rio de Janeiro: IBRADES, abril--maio/1996, p. 3-10.

PEDROSA-PÁDUA, Lúcia. Espaços de Deus: pistas teológicas para a busca e o encontro de Deus na sociedade plural. In: OLIVEIRA, P. A. R.; DE MORI, G. (orgs.). *Deus na sociedade plural;* fé, símbolos, narrativas. Belo Horizonte/São Paulo: SOTER/Paulinas, 2013. p. 21-46.

_____. Espaços de transcendência. A integração dos espaços estético, ético, interpessoal e interior na experiência de Deus. In: BARROS, P. C. *A serviço do Evangelho*. Estudos em homenagem a J. A. Ruiz de Gopegui, sj, em seu 80º aniversário. São Paulo: Loyola, 2008. p. 141-161.

_____. Evolucionismo e espiritualidade: contribuições da mística para uma revisão da imagem de Deus. In: GARCIA RUBIO, A.; AMADO, J. P. *Fé cristã e pensamento evolucionista*. Aproximações teológico-pastorais a um tema desafiador. São Paulo: Paulinas, 2012. p. 221-253.

_____. Os demônios estão soltos. Sobre as ameaças do nosso tempo. In: GARCIA RUBIO, A.; AMADO, J. P. *Espiritualidade cristã em tempos de mudança. Contribuições teológico-pastorais*. 2. ed. Petrópolis: Vozes, 2010. p. 193-214.

RAHNER, Karl. Mystische Erfahrung und mystische Theologie. Texto italiano: Esperienza mistica e teologia mistica. In: *Teologia dell'esperienza dello Spirito*. Roma: E. Paoline, 1977. p. 523-536.

_____. Sobre el concepto de misterio en la teología católica. In: *Escritos de teologia*. Madrid, 1964. v. IV, p. 53-101.

RODRIGUEZ, José Vicente. El misterio trinitario en Dionisio Areopagita y su influjo en la mística española del siglo XVI. In: VV.AA. *Trinidad y vida mística*. Salamanca: Secretariado Trinitario, 1982. p. 35-76. Também em *Estudios Trinitarios* 16 (1982) 175-216.

SCHILLEBEECKX, E. Experiencia y fe. In: BÖCKLE, F. et al. *Fe cristiana y sociedad moderna*. Madrid: SIM, 1990.

SOBRINO, J. Espiritualidad y teología. In: *Liberación con Espíritu*. Santander: Sal Terrae, 1985.

VIVES, J. La Trinidad de Dios en la Teologia de la Liberación. In: PIKAZA, X.; PANNENBERG, W.; FORTE, B. *Pensar a Dios*. Salamanca: Secretariado Trinitario, 1996. p. 285-307.

3.3. Artigos

BOFF, Clodovis. Uma análise de conjuntura da Igreja Católica no final do milênio. *Revista Eclesiástica Brasileira* 56 (1996) 138.

CASTELLANO CERVERA, Jesus. Cultura e spiritualità. *Teresianum* 48 (1997) 53-78.

CASTRO, Secundino. La oración de Jesús, experiencia colmante de Dios. *Revista de Espiritualidad* 54 (1995) 265-292.

CHIRICO, Maria Antonietta. La mistica cristiana tra eros e agape. *Rivista de Ascetica e Mistica*, n. 3/4, jul-dez/1997, p. 423-455.

CILLERUELO, Lope. Influencia de S. Agustín en la espiritualidad cristiana hasta la Edad Media. *Revista de Espiritualidad* 14 (1955) 125-155.

DOMENICO DI AGRESTI. Filone di sviluppo nella riforma monastica del Savonarola. *Rivista di ascetica e mistica* 67 (1998) 439-458.

GAITAN, José Damián. La mística: fenomenología y reflexión teológica. *Revista de Espiritualidad* 45 (1986) 387-391.

GARCIA ROJO, Ezequiel. A propósito de la modernidad y de la postmodernidad. *Revista de Espiritualidad* 48 (1989) 358-388.

_____. Cultura y cristianismo, hoy. Un fenómeno de extrañamiento. *Revista de Espiritualidad* 54 (1995) 455-490.

GOYA, Benito. La fe, fuente de madurez humana. *Revista de Espiritualidad* 54 (1995) 491-521.

GUERRA, Santiago. El reto del discurso cristiano: decir hoy "Dios" significativamente. *Revista de Espiritualidad* 53 (1994) 255-315.

_____. La meditación y el dinamismo trinitario. *Revista de Espiritualidad* 45 (1986) 337-369.

_____. Meditación y drogas. *Revista de Espiritualidad* 45 (1986) 371-386.

GUTIERREZ, Miguel. Experiencia y comunicación de la experiencia. *Revista de Espiritualidad* 49 (1990) 567-582.

MERTENS, H.-E. Su nombre es Belleza: experiencia estética y fe cristiana. *Selecciones de Teología* 36 (1997) 83-91.

MUÑIZ RODRÍGUEZ, V. Presencia de Dionisio Areopagita en Francisco de Osuña y Bernardino de Laredo. *Naturaleza y Gracia* 40 (1993) 315-327.

PASTOR, Félix Alexandre. El discurso del método en teología. *Gregorianum* 76, 1 (1995).

PEDROSA-PÁDUA, Lúcia. Espiritualidade e Bíblia. Integração e humanização geradas por um Livro vivo. *Atualidade Teológica* 46 (2014) 58-80.

_____. Mística, mística cristã e experiência de Deus. *Atualidade Teológica* 15 (2003) 344-373.

PRUNIERES, Louis. Le témoignage septiforme de l'univers. *Études Franciscaines* 22 (1972) 129-174.

ROS GARCIA, Salvador. Mística y nueva era de la humanidad: legitimación cultural de la mística. *Teresianum* 40 (1989) 551-572.

ROVIRA BELLOSO. J. M. La reflexión sobre el misterio de Dios en la teología del siglo XX. *Revista Española de Teología* 50 (1990) 319-340.

VANDENBROUCKE, V. Le divorce entre théologie et mystique: ses origines. *Nouvelle Revue Théologique* 82 (1950) 372-389.

VAZ, Henrique Cláudio de Lima. Antropologia tripartida e exercícios inacianos". *Perspectiva Teológica* 23 (1991) 349-358.

VENCHI, Innocenzo. La fortuna del Savonarola nei secoli: santità e spiritualità. *Rivista di ascetica e mistica* 67 (1998) 363-386.

3.4. Verbetes de dicionários

ADOLPHO DE LA M. DE DIOS. Espagne: l'âge d'or. In: *Dictionnaire de Spiritualité*. v. IV, cc. 11-27.

BAIER, W. Ludolphe de Saxe. In: VILLE, M. et al. (ed.). *Dictionaire de Spiritualité*. v. IX, p. 1136 ss.

GUERRA, S. Mística. In: PIKAZA, X.; SILANES, N. *El Dios cristiano: diccionario teológico*. Salamanca: Secretariado Trinitario, 1992. p. 897-916.

HAUCK, F. Ménein. In: *Grande lessico del Nuovo Testamento*. Brescia: Paideia, 1971. v. 7, p. 25-32.

_____. Moné. In: *Grande lessico del Nuovo Testamento*. Brescia: Paideia, 1971. v. 7, p. 40-44.

JUAN DE SAHAGÚN DE LUCAS. Misterio. In: PIKAZA, Xabier; SILANES, Nereu. *El Dios cristiano; diccionario teológico*. Salamanca: Secretariado Trinitario, 1992. p. 890-897.

LÓPEZ GAY, Jesús. Mystique. In: VILLE, M. et al. (ed.). *Dictionnaire de Spiritualité*. Paris: Beauchesne, 1980. v. X, p. 1889-1984.

MOIOLI, G. Mística cristã. In: FIORES, S.; GOFFI, T. (org.). *Dicionário de espiritualidade*. São Paulo: Paulus, 1993. p. 769-780.

RAHNER, Karl; BERGER, Klaus; AUER, Johann. Graça. In: *Sacramentum Mundi*. Barcelona: Herder, 1984. v. 3, p.306-345.

SUDBRACK, J. Espiritualidad. In: *Sacramentum Mundi.*. Barcelona: Herder, 1982. v. 2, p. 830-849

SUTTER. A. Mistica. In: ANCILLI, E. (org.). *Dizionario enciclopedico di spiritualità/2*. Roma: Città Nuova Editrice, 1990. v. II, p. 1625-1630.

Sumário

Abreviaturas das obras de Santa Teresa 7
Abreviaturas gerais 6
Edições utilizadas 8
Apresentação 11
Prólogo 19
Introdução geral 21
    Mística e Teologia 24

Parte 1

Contexto histórico-teológico
de Teresa de Jesus

Introdução 29

Capítulo 1. A corrente dos espirituais 31

    1. Um ambiente: desejo de reforma espiritual 31

    2. A corrente dos espirituais e sua influência em Santa Teresa 35

    3. Fontes 37

    4. Uma antropo-teologia 41

    5. Antropologia tripartida: corpo, alma e espírito 41

    6. Um elemento comum: a oração mental 45

    7. Características doutrinais 47

    8. Horizonte de compreensão e vivência do
       Mistério de Deus: espírito e razão unidos 56

    Conclusões 58

Capítulo 2. A corrente neoescolástica e os conflitos
entre as correntes de espiritualidade..61

Introdução 61

1. A Escola de Salamanca 62

2. Confronto com a corrente dos espirituais..69

3. Neoescolásticos, espirituais e movimentos heterodoxos..................85

Conclusões 94

Capítulo 3. Influxos teológicos e espirituais imediatos na vida
e obra de Santa Teresa 97

Introdução 97

1. Cosmologia e religiosidade popular...98

2. Teresa de Jesus e a Bíblia: o conhecimento do Deus bíblico 104

3. Influências patrísticas na experiência e na obra de Santa Teresa......110

4. Noções sobre Deus presentes no contexto vital teresiano 115

Conclusões 125

PARTE 2

Deus vivo está presente no humano:
núcleos teológico-experienciais da mística teresiana

Introdução 129

Capítulo 4. A graça como presença comunicante,
experimentável e transformante do próprio Deus 131

1. Viver em graça e oração 131

2. A presença de Deus na alma 139

3. A presença de Deus na pessoa e em todas as coisas
"por presença, potência e essência" 144

Conclusões 156

Capítulo 5. A experiência trinitária: "divinas Pessoas",
"divina companhia" 157

Introdução 157

1. O crescimento no entendimento da Trindade:
"entender de uma maneira estranha" 158

2. A compreensão vital do amor trinitário... 159

3. A experiência da inabitação trinitária: "uma certeza estranha"......... 161

4. Conteúdo das experiências trinitárias 162

5. A presença habitual de Deus amor na vida de Teresa de Jesus 172

Conclusões 175

PARTE 3

Deus é vida que recria a vida.
Itinerários da mística teresiana: caminhos do Espírito, caminhos do Cristo, caminhos do Pai

Introdução 179

Capítulo 6. A experiência do Espírito: um caminho de transformação 183

Introdução 183

1. A silenciosa ação vivificadora do Espírito 185

2. O Espírito e a oração 190

3. O Espírito leva ao Cristo 191

4. O Espírito Santo é autor da vida mística 194

5. O Espírito conduz a uma interiorização libertadora 196

6. O Espírito e a oração de união: a entrada na "zona de fogo" da experiência mística 200

7. O Espírito é "medianeiro": o Mediador 225

8. Uma pneumatologia indutiva 227

9. A experiência do Espírito leva a uma espiritualização 227

Capítulo 7. A experiência do Filho, "sagrada Humanidade": um caminho de cristificação 235

Introdução 235

1. A experiência de Cristo é um processo que cresce e se desenvolve na vida de Teresa 236

2. A experiência do Filho no Livro da Vida 239

3. "Filho de tal Pai": O Filho em Caminho de Perfeição, Exclamações, Poesias e Relações 247

4. O Filho e o matrimônio espiritual 249

5. "O homem – que alegria! – é Deus" 250

6. A cristificação como processo das sete moradas do castelo interior 251

Capítulo 8. A experiência do Pai: um caminho de redescoberta de Deus 277

Introdução 277

1. Pai-Nosso 278

2. As orações ao Pai Eterno 281

3. Teresa teve de aprender a ser filha com o Filho de Deus 291

4. Relação Pai e Filho: o livro das *Moradas* 295

5. O "matrimônio espiritual" com Cristo como selo da filiação 299

6. Deus, "escravo de todo o mundo" 300

7. A terceira conversão de Teresa:
descobrir Deus solidário e assumir a existência
terrena com suas consequências ("querer viver") 302

Capítulo 9.   Deus permanece mistério 305

1. O campo do inefável: a dificuldade
e a insuficiência da linguagem 305

2. O campo do inesgotável: Deus e o humano são mistério 307

PARTE 4

Humanização à luz da experiência de Deus.
Quanto mais humana, mais de Deus.
Quanto mais de Deus, mais humana

Introdução 313

Capítulo 10.   O processo de integração dialética entre corpo e alma 317

Introdução 317

1. O corpo físico 320

2. Libertação de amarras e dependências 323

3. Coerência entre gestos, palavras e sentimentos 324

4. Aceitar o próprio corpo, aceitar-se mulher
em tempos de adversidade 325

5. Afirmação ativa da condição feminina e crítica
aos privilégios da condição masculina 326

6. O diálogo corpo-alma-espírito 331

7. Corpo e experiências "sobrenaturais" 333

8. Experiências que se impõem e evitam
a desvalorização do corpo 337

9. A reconciliação consciente com o corpo:
sétimas moradas e Eucaristia 338

10. O corpo que sente: sentidos 342

11. O corpo como mistério de fé: seguimento 347

12. O corpo como mistério de esperança: um outro céu............................349

13. O corpo como mistério de amor 351

Capítulo 11. A resposta humana 353

Introdução 353

1. Humildade: virtude primordial..354

2. Despojamento e entrega 356

3. Serviço e amor, amor e serviço 362

Conclusões 366

Considerações finais...369

Epílogo 375

Bibliografia 377

Rua Dona Inácia Uchoa, 62
04110-020 – São Paulo – SP (Brasil)
Tel.: (11) 2125-3500
http://www.paulinas.com.br – editora@paulinas.com.br
Telemarketing e SAC: 0800-7010081